安裴智◎著

——中国文艺批评家、
作家访谈录

多面折射的
文化光影

中国社会科学出版社

图书在版编目（CIP）数据

多面折射的文化光影：中国文艺批评家、作家访谈录／安裴智著.
—北京：中国社会科学出版社，2017.9
　ISBN 978 - 7 - 5203 - 0453 - 5

　Ⅰ.①多…　Ⅱ.①安…　Ⅲ.①作家—访问记—中国—现代
Ⅳ.①K825.6

中国版本图书馆 CIP 数据核字（2017）第 115294 号

出 版 人	赵剑英
责任编辑	郭晓鸿
特约编辑	席建海
责任校对	韩海超
责任印制	戴　宽

出　　版	中国社会科学出版社
社　　址	北京鼓楼西大街甲 158 号
邮　　编	100720
网　　址	http://www.csspw.cn
发 行 部	010 - 84083685
门 市 部	010 - 84029450
经　　销	新华书店及其他书店

印刷装订	北京君升印刷有限公司
版　　次	2017 年 9 月第 1 版
印　　次	2017 年 9 月第 1 次印刷

开　　本	710 × 1000　1/16
印　　张	30
插　　页	2
字　　数	376 千字
定　　价	138.00 元

凡购买中国社会科学出版社图书，如有质量问题请与本社营销中心联系调换
电话：010 - 84083683

目　录

第一辑　文艺批评家篇

第二辑　作家艺术家篇

序一

媒体优势与批评精神

贺绍俊

认识安裴智有二十多年了。我们的相识是缘于共同的职业，那时候我在《文艺报》社做编辑，安裴智在《太原日报》社做编辑。《太原日报》是一份地方综合类报纸，时政新闻是其重点，但安裴智与报社同人充分利用这块阵地做文学的文章，他们为报纸办了一个文学副刊"双塔"，由著名作家冰心题写刊名。安裴智负责"双塔"副刊的文学评论版，一干就是十年。20世纪90年代，他经常来北京组稿，我也成了他的作者对象。没想到后来我们又有了同样的经历：离开媒体进入大学从事学术研究。我去了沈阳师范大学，安裴智去了深圳职业技术学院，他现在是该学院人文学院的副教授。以我自己的经验来看，安裴智现在虽然是大学的教授，但他不会像大多数的大学教授那样乐于将自己的思想关闭在校园里。多年媒体工作的训练，使他有了一颗开放的心，从而即使从事学术研究，也能够让现实的风雨飘洒在学术研究的平台上。他的又一部体现其学术特点的著作《多面折射的文化光影——中国文艺批评家、作家访谈录》即将出版了，他希望我为此写一点文字，我欣然答应，因为我从他的著作里也看到了自己学术经历的痕迹。

学术研究，通俗地说是做学问。做学问是很苦的事，有一个词是形容做学问的，叫作皓首穷经，意思是为了学问头发都白了却依然在穷尽对经典的钻研，这就是做学问的境界。真要做到皓首穷经，就不得不摆脱外界的各种干扰和诱惑，两耳不闻窗外事。难怪有人说，只有将自己关在象牙塔里才能做出大学问。"象牙塔"因此也就成了人们指责专家学者脱离现实的词语。然而不得不承认，学术研究的确需要与现实保持一定的距离，才能保证学术研究的纯粹性和科学性。但当代文学比较特殊，从事当代文学研究的学者也许需要具有更多的现实热情，因为当代文学与现实的关系太密切。当代文学本身就是文学现实的构成，处在不断向前延伸的动态发展中，具有明显的不确定性和动态性，曾有学者以此得出当代文学不宜写史的结论，这样的结论显然是从一般学术研究的特点出发来思考问题的。在这些学者看来，把当代文学当成学术研究对象的话，就难以摆脱现实的干扰，因此必须等待当代文学在时间的推移中沉淀下来，成为历史，才能成为学术研究的对象。但学术研究没有必要变得如此的谨小慎微，应该有勇气迎接现实的挑战，学术研究为什么不能直接以现实为研究对象呢？事实上，当代文学研究经过几十年的努力，如今已经成了一门重要的学科，当代文学的动态性和不确定性，既是对研究者的极大挑战，也是激活研究者创新精神的主要媒介。这也构成了当代文学研究的一些独特的经验和方法。比方说，当代文学研究与当代文学批评的互动关系，就是当代文学研究的特点之一。一方面，许多当代文学研究的学者又是当下文学实践中重要的文学批评家；另一方面，一些在文学实践中磨炼出来的文学批评家转身去做当代文学研究，也做得风生水起，成绩斐然。安裴智就属于后者。

安裴智曾经在文学实践中摸爬滚打，他做媒体副刊编辑，组织并直接参与了很多有影响的文学活动。比如，1995年2月，他在北京大三元酒家，举办京城文化名人"双塔"副刊组稿会，著名作家、艺术家、批评家王蒙、丁聪、方成、黄宗江、唐达成、刘心武、何西来、牧惠、舒展等参加。同时，他又以文学批评家的身份对文学现实发言。这一切都为他后来专门从事学术研究做了充分而又独特的积累和准备。他最早出版的文学评论集《守望与突进》，应该还是他在媒体工作期间的成果，正如已故当代文学学者何西来先生在其序言中所说，从这部评论集中可以看出安裴智的学养。他说："一般来说，培养一个批评家比培养一个作家需要更长的周期，其中的学养是一个非常重要的因素。书读得不多，没有雄厚的知识积累，没有纵向和横向的比较与鉴别，你就很难对一个作品做出准确的判断和评价。如果说，作家、艺术家可以是学者型也可以不是学者型，那么，一个好的评论家，就必须是够格的学者，至少也应该在朝这个方向努力。我以为，安裴智在这方面的努力是非常自觉的，他的不少文章都体现出程度不同的学理性。"因此，安裴智后来转向大学从事学术研究，媒体的经验和思维习惯不仅没有成为他职业转向的阻碍，相反倒成了他的一种优势。他曾直接参与文学现实的经验更有助于他在学术研究中有效地处理当代文学的动态性和不确定性。《多面折射的文化光影——中国文艺批评家、作家访谈录》是安裴智长期以来先后对数十位文艺家进行访谈的结集。文化访谈，是20世纪80年代中期以来兴起的一种批评形式，其兴起离不开媒体的推动，这种批评形式之所以受到欢迎，是因为它有效地将媒体优势与批评精神沟通了起来。安裴智90年代初曾在一家媒体精心打造文学批评园地，出于职业的敏感，他很早就采用了访谈这一新的批评形式，并深谙其特点。访谈最大的特点就是对话。我们的时代从对立和对抗走向了对话，这是一种文化的进步。文化访谈的应运而生正说明了文学批评把握住了时代的脉搏。安裴智的可贵之处不仅在于他最早掌握了访谈这一新的批评形式，而且还在访谈中深刻体现了对话的精神。当然这得益于他在学养上的充分准备，他具备了对话的能力。从这些访谈中可以看出，安裴智首先能够敏锐地抓住文化热点，确定访谈的主题。同时能够发现热点背后的学术要点，通过对话导引出访谈者的学术见解。因此安裴智的每一篇访谈都具有文化内涵和学术深度，不少访谈文章在当时就产生了较大的反响，被中国人民大学书报资料中心权威刊物《文艺理论》《文化研究》等转载。从这部文化访谈集中，可以看出安裴智具有鲜明的媒体人的思维方式。媒体人的思维方式首先突出体现在新闻敏感性上。其次，他能将媒体批评与学院批评有机地结合起来，吸取各自的长处，并形成自己的学术优势。所以，即使现在安裴智是一名大学教授，从事当代文学专业的教学和研究，但我更愿意将他视为一名文学批评家，一名打通了学院派和实践派之间隔膜的文学批评家。

安裴智的学术实践让我们对中国的媒体有了更准确的了解。媒体与中国现当代文学有着不可分割的关系。中国新文学的诞生就是建立在19世纪末到20世纪初的中国现代媒体兴起的大背景下的，中国现代媒体是孕育中国新文学的母体。当代文学批评自然也离不开现代媒体的支持。我是在20世纪80年代进入媒体的，安裴智是在90年代初期进入媒体的。21世纪初，他又南飞岭南，进入深圳特区的另一家更大的媒体。可以说，我们的文学批评都是从媒体上起步的。从20世纪80年代起，媒体在中国社会发展的进程中起到的作用越来越不能低估，特别是进入90年代，甚至可以说中国当代文化处在一个媒体的时代，几乎一切公共或个人的生存活动都需要通过媒体作为中介。文学更是如此，媒体充当了推波助澜的角色。正是在这样的背景下，出现了媒体批评的提法。后来媒体批评受到的攻击和贬斥多于对它的褒奖，究其原因，大概主要在于媒体批评基本上是站在媒体的立场而非文学的立场，在很大程度上，媒体立场与文学立场是难以统一协调起来的。但进一步追问下去的话，就发现我们对媒体与文学的关系的判断是充满偏见的，至少对媒体的认识是不全面的。所谓媒体批评，是指在大众媒体上发表的对文学作品和文学事件进行评说的文章。媒体批评成为一种重要的现象大概也就是21世纪前后的事情。媒体也对文学批评表现出极大的兴趣，因为它需要文学批评所具有的权威面貌、理论色彩和评判立场，但支撑这一切的文学批评的独立品格却被阉割掉，以便更好地服务于媒体的实际利益。随着国内媒体大战，媒体批评迅速发展起来。媒体批评的直接结果之一便是使得文学批评变成了公众化的角色，而另一个结果便是造成了社会的普遍误解，以为炒作最厉害的媒体批评就是媒体批评的全部，因此也就对媒体批评持强烈否定的态度。殊不知，中国当代的媒体具有其复杂性。媒体具有信息传播功能和意识形态功能，二者统一在市场法则下。但中国不是一个完全的市场经济体制社会，它影响到媒体的运作机制不仅要服膺于市场法则，而且要服膺于意识形态法则。中国媒体的许多奇怪现象就是由于受制于双重法则而产生的。但在双重法则面前，由于运作机制的区别，不同的媒体就会有偏重于市场法则或偏重于意识形态法则的区别。因此我们必须区别对待中国的媒体，特别需要区别对待大众媒体和小众媒体。大众媒体是文学的敌人，小众媒体则是文学的亲密朋友和合作伙伴。中国目前有上百种文学刊物，还有专业性的文学报纸，如《文艺报》《文学报》，它们的发行量一般都很小，只能说是小众媒体，但从文学传播的角度看，真正发挥举足轻重作用的不是那些大众媒体，而是这些专业性的文学报刊。我们对媒体进行了这样的区分，同时也就会意识到，不同媒体上的批评具有不同的功能。我们不应该以媒体批评的概念笼而统之地抹杀其区别。因此，我将大众媒体上的文学批评称为时尚化批评，而将文学专业报刊这类小众媒体上的文学批评称为实质性批评。时尚化批评是建立在消费意识形态基础之上的，它抢人眼球，热闹轰动，但它不触及文学的实质；它会影响到大众的文学兴趣，却不会影响到文学性的消长。实质性批评是建立在精英意识形态基础之上的，它静悄悄地出现，甚至出来就被人遗忘，但它触及文学的实质，它能揭示文学的走向、弘扬文学的精神价值。安装智可以说是小众媒体批评群体中难得的一员，他曾经工作过的媒体并不处在文化中心城市，要坚守实质性批评更不容易。安装智不仅坚守了，而且还将一个非中心的小众媒体做成了当代文学批评的重要阵地。

安装智的批评实践和学术实践是很特别的，他以自己的努力融洽了媒体与文学的关系，同时又勾连起媒体批评与学院派批评；如今他又将媒体的现实敏锐性和现场感带入了学院派批评之中。安装智既然已是大学的教授，按说应该以教学和学术研究为主，但我更希望他把主要精力放在文学批评上，因为他做的是不一样的文学批评，他有多方面的优势，如今又站在学术的平台上，一定会给文学批评带来新的动势。

2016 年 10 月 3 日于北京

（贺绍俊，中国当代文学研究会副会长，沈阳师范大学特聘教授、中国文化与文学研究所副所长；曾任《文艺报》常务副总编辑，《小说选刊》主编，著名文学评论家）

序二

学术访谈的价值

傅书华

在中国当前的文化生态及公众的精神生活中，学术访谈是一种特别值得给予提出并加以强调的文体。

学术访谈是一种学术文体，也是一种新闻文体，学术性与当下性是这种文体的基本属性，用学术性来支持对当下学界或公众所普遍感到困惑的社会问题的深层解说，是学术访谈的功能与效用；被访者是对所谈及问题领域的权威学者，形成了访谈的权威性，并因了这种权威性而构成了对所谈问题解说的公信力。对所访谈问题的当下性，则使这一访谈在时间的流动中，成为了历史长河的一部分，使其具有了史料性，并由于时间维度的引入，在现实空间的四维存在中使这一访谈虽然已时过境迁，但仍不失其现实性的存在。

安裴智的《多面折射的文化光影》就是这样的一个实例，这样的一部学术访谈文集。

这部文集采访了 30 位学者与作家，涉及文学、艺术学、美学等领域，时间跨度为 1995 年到 2010 年。

对 1995—2010 年人文界热点问题的敏锐对应，是这部文集的一个显著特点。譬如关于救亡压倒启蒙的争论，关于文学主体性的争论；红楼梦热、张爱玲热、散文热、"韩流"热、国学热、名著改编热、狼文化热、诺贝尔文学奖热等；对俄苏文学、"80 后"作家群体、深圳青年作家群、海马影视创作室、深圳水彩画创作等文化现象的及时评价；对贾平凹、莫言、王安忆、池莉等著名作家的尖锐指责，等等。这些访谈，在当时有着极强的现实意义与现实作用，又给 1995—2010 年这 15 年间中国的人文界留下了时代的印痕，让后人得以一窥这 15 年中国的人文生态，一窥这 15 年中国人文界的历史进程。

譬如，对蓝英年先生的访谈。苏联文学曾经对中国现代文学产生过极大的影响，特别是对 20 世纪 30 年代的左翼文学与 20 世纪 50 年代的共和国文学。可以说，20 世纪 30 年代左翼文学的代表作《子夜》及 20 世纪 50 年代的"百花文学"就是苏联文学直接影响下的结果，这是可以理解的，"北方吹来十月的风"嘛。但由于历史的原因，苏联"解冻"后的文学状况多年来不为中国公众所知，但伴随着历史反思大潮的到来，这种状况有所改变。尤其是，中国 20 世纪 70 年代中期之后的思想解放运动与苏联 20 世纪 50 年代中期的历史进程具有惊人的相似性，这使苏联"解冻"后的文学对中国公众的思想解放产生了极强的积极作用与现实意义。蓝英年先生是国内研究苏联"解冻"后文学状况的首屈一指的专家，正是通过对蓝英年先生的访谈，通过蓝英年先生在访谈中对索尔仁尼琴的介绍，使国人对苏联"解冻"后文学的思想价值有了比较清晰的理解，也让我们在今天看到了昔日苏联"解冻"后文学在中国的传播过程，在中国思想解放运动中的积极意义。再譬如，"韩流"是 21 世纪影响中国大众文化生活的重要文化现象，一集不落地收看并争相议论长而又长、似乎永远距离结尾遥遥无期的韩剧成为当时中国强劲的文化时尚，"茶发"在其时的中国更是流行一时。可以说，其时的"韩流"在实际生活中极大地影响着中国大众的日常生活与精神塑形。裴智对马相武关于"韩流"的访谈，对此作了清晰而又深入的学理说明。确实，当中国完成了从政治革命转入经济建设的历史转型时期，个人性的日常生活就成了中国大众最为重要的生活内容，并因此把日常生活审美性提到了时代价值范型转型的高度，以日常生活独树一帜的"韩流"正是因此而被中国大众所狂捧。之所以是"韩流"，是由于时尚文化总是为经济的发展程度所限定，从文化高位向低位流动，韩国文化与中国传统文化的亲和性、日本文化形象的"脱亚性"等，又促成了"韩流"在中国的兴盛一时。再譬如，改编名著曾在 21 世纪之初红极一时，裴智对张德祥的访谈，对中国古典名著、现代文学名著、红色经典的改编热作了比较全面的论述，时至今日，让我们有机会得以回顾当时的文化景观。

这些访谈，不仅给一个历史时段的文化进程留下了时代性刻痕，而且在今天回望过去时，仍时时提醒着我们那在历史进程中新生的历史可能萌芽性地存在，开阔着我们的文化视野并引发着我们今日的反思。譬如，中国今天的文化生产力从价值形态考察，主要由 1930 年、1950 年、1980 年这三个代际群体构成，随着 20 世纪 30 年代生人在今天实际文化生产中的淡出，占据今日文化生产主力位置的是 20 世纪50 年代生人群体，以及生命形态、人生经验、价值构成与中国市场经济同步生成的 20 世纪 80 年代生人群体，这两部分人成为今日中国文化生产的主要力量。在历史性的时代转型中，新的年轻一代往往会成为时代的风云人物，五四时代即是明证之一。只是今天中国的"80

后"一代，还仅仅是"浮出历史地表"而没有形成引领时代的相应空间，但 20 世纪 50 年代生人与 20 世纪 80 年代生人之间的"张力"关系，也因此具备了丰富深刻的历史性内涵。因之，作为 20 世纪 50 年代生人的白烨对 20 世纪 80 年代生人的评价，就具有了不容忽视的存在价值。譬如，深圳作为改革开放时代中国的特区，自有可以与作为政治文化中心的北京、作为经济文化中心的上海对话的前沿性先锋性，这种前沿性先锋性，在深圳青年一代中，在作为时代最为敏锐的感受形态的文学中，有着更为鲜明的体现。如是，李敬泽在访谈中所提出的深圳青年作家群的出现改变了中国文学的地图，从而对深圳青年作家群予以充分定位与肯定，就值得给予特别重视。李敬泽的这一看法，已然在现实中发生了极大的影响，但对这一看法进行深入全面的阐发在今天仍不失其现实的迫切意义。再譬如，在今日中国日益激烈的市场化竞争及文化生产的市场化所带来的种种矛盾中，如何看待"狼性"，如何看待名噪一时且在文化生产市场化方面取得成功的"海马"影视创作室的经验，都是未完成的话题。

这些访谈，不仅在话题、内容、观念上构成了我们今天得以重新认识的"史性"价值，更因为被访谈的人是事件的亲历者，所以在细节方面也为我们提供了第一手鲜活的史料，让我们对过去岁月的认识更具有血肉的丰富性，这是学术研究文章所难以具备的。譬如，通过对周汝昌的访谈，不仅让国人得以明了"红学"的价值之所在，让今天的我们看到了其时中国"红学"研究的进展状况，也让我们看到了作为"红学"权威的周汝昌进入"红学"领域的具体情境，看到了构成这一情境的种种细节，这些细节是研究历史的真实性、丰富性所不可缺失的，也恰恰是我们以往研究历史所常常忽视的。

访谈中的历史性真实，还需要访谈者对访谈对象有充分的尊重，即不以自己的观点对所访谈对象的观点作任意的压缩，以为历史存真，让后人得以看到其时学界各种不同的主要观点及争论所在。譬如，就我所知，安裴智在救亡压倒启蒙、文学的主体性等方面的观点、见解与被访者王朝闻先生就有着极大的分歧，但这并不影响访谈中王朝闻先生意见的充分表达，且王朝闻先生的观点作为一方代表，自有其历史价值之所在。伴随着一个重要的历史时段"一页风云散"，如何看待历史风云人物的自我表达，如刚刚过去的历史时代政治风云人物的回忆文字，在访谈中对一个时代的个人言说，成为我们今天应该给予特别重视及科学评判的问题。这些言说，尽管其中不乏因不可避免的自我辩护而对历史真相的扭曲，但作为一种历史性的真实存在，是有着其独特的历史真实的价值的，这在今天的访谈工作中尤其需要特别指出。

如是，这样的学术访谈就有了极高的学术含量与文化含量，有了较强的现实作用与历史意义。做这样的访谈，需要访谈者有比较广阔的学术视野，对人文学界的热点问题有着良好的敏锐感受，同时又有一定的学术水准，且还需要花费大量精力做充分的案头准备工作。如此，才能对所需要访谈的问题有着准确的判断，才能选准访谈的对象，也才能在访谈中有能力不断地引申问题，形成对话。但我更感兴趣的，是学术访谈这样一种学术文体形式的现实意义。近年来，学术论文有越写越艰涩晦奥的趋势，一个并不复杂的问题用各种概念绕来绕去，这其中体现的是言说者主体的缺失，是概念成了外在的言说者。学术访谈，直接针对问题发言，言说主体鲜明、明白如话。不是说学术论文也要写得浅显易懂，但学术访谈主体性的"在场"、学术访谈的文风，对校正目下学术论文写作艰涩晦奥的弊端，我以为不无益处。我还特别希望有更多的学术访谈让学术研究走出象牙之塔，将学术界的成果传播于公众之中，用学术解说解公众精神之困惑。学术乃天下之公器，中国学术本来是有关心社会、改造社会的优良传统的。比如明末至清的硕儒顾亭林、章太炎、康南海、梁任公等人，是很重视学术的经世致用的。民国后，学术在动荡的乱世中为构建现代社会提供了丰厚的思想资源。20世纪40年代至70年代，学术走向社会，却又曾一度很畸形地滑向了另一个极端。20世纪80年代，拨乱反正，学界思潮引领着社会思潮，影响着社会生活公众生活，学界中的中国现当代文学甚至一度成为中国社会思潮的"尖兵"。20世纪90年代之后，中国学界注重自身"岗位"建设，却也日渐疏离于迫切的社会现实问题，疏离于中国大众的现实问题精神生活，更有甚者，甚至转向注重书上作书，对学问的实际应用性多有看轻，学界的学术论文、著作数量虽然成倍增长，但大众的精神生活却依然因为失去了必要的思想性精神资源的支持与引领而日益流于苍白平庸。面对现实问题，价值观念动荡、浮躁、不知所往成为今日中国时代的精神表征。注重学术的应用性，用学术性提升大众文化大众精神，是今天时代的题中应有之义，且颇急迫，而学术访谈则是学术思想界将自身研究成果转化为公众精神生活资源，并参与现代社会生活构建的最值得重视和倡导的学术文体之一。

裴智是从报社转入高校任教的，我以为这其中有着他独有的优势：见多识广、视野开阔、知识结构博杂，且对变革高校的人文教学有着积极的意义与作用。高校的人文教学本应与社会现实有着血肉的联系，并因此使高校的人文教学有着活水之源的滋养。但目下中国高校的人文教学似乎有着越来越脱离社会现实的苗头，越来越成为一种封闭的知识体系，不能将知识形态转化为价值形态，不能实际地作用于社会人生，且将学术的应用性与学术水准作不应有的对立。报社作为新闻媒体，与社会现实水乳交融、无法切割，裴智从报社转入高校，其强烈的现实人文情怀与介入学术的角度、方式，正是他在高校从事教学与学术研究的优势所在，这本《多面折射的文化光影》学术访谈集，就是他在这方面的一个学术成果，是他成功转入高校人文教学与研究的一个证明。

但我对裴智也有着新的期待。这本学术访谈集证实了裴智发现问题、提出问题的学术能力，他在访谈中所涉及的问题是那十五年间中国人文学界的重要问题，受访者又多是该问题领域的领军人物，其所表达的观点，是那一时代一方一派的代表性观点，如果裴智用文笔优美的学术随笔的文体，结合这些问题，结合这些受访者及其所表达的观点，系统地说明或阐释一下其时的人文语境，并对这些问题、受访者及其观点作出自己的评析，我想，那一定是一本非常受公众欢迎的、有相当学术含量的学术著作，且这类学术著作也会给我们现在比较沉闷的学术著作的出版、接收现状，吹来一股清新之风。我衷心地期待着。

谨以为序。

2016 年 10 月 13 日于太原

（傅书华，太原师范学院教授、文学院院长，文学博士，硕士生导师，中国赵树理研究会副会长，《名作欣赏》副总编辑，著名文学评论家）

序三

重温思想涌动的文化涛声

张德祥

　　读安裴智这本《多面折射的文化光影》，有些意想不到的收获。首先，它把我带回到世纪之交的特定文化环境中，刚刚过去的一幕幕文化景观如在眼前，距今也仅十来年光景，但又有些恍若隔世。确实，这十来年社会发展变化的速度很快，尤其是互联网新媒体兴起之后，思想文化传媒领域的各种八卦层出不穷，耸人听闻、虚张声势，唯以"抓人"为目的的"标题党"更是无所不用其极，把人的精神带入了碎片化、感性化、粗鄙化，以阅读量、点赞量为衡量标准，"文章"也一惊一乍起来了，魂不守舍、装傻卖萌、瞒天过海。回过来读这本批评家、作家访谈集，文字是那样平静舒缓，似促膝而谈，娓娓道来，诚恳而真切。是的，这里的访谈，是谈思想，谈思考，谈艺术，谈文化，谈精神，谈问题，谈天道人伦意境，所以有一种纵深感、辽阔感，有一种灵性与觉悟。虽然这里的观点我未必全都认同，但每一位受访者的态度都是认真的，都是严肃思考后的表达。杂志与报纸，是阅读，是理性，是思考。杂志与报纸的出现，实际上伴随着一种思维能力的培养。杂志与报纸的衰落，使与其相伴的心境与思维习惯也渐渐退场了。短短十来年，传媒发生了新变，电子传媒、数字化新媒体的兴起，视觉冲击力与听觉震撼力替代了静夜思，除了喧嚣与炫目，已经很久没有感受到这些文字带来的平静与宽阔。因此，读《多面折射的文化光影》，有一种亲切感，有一种回到过去的温馨，重温思想与文化的绵长与恒远。

现在媒体上流行明星访谈、真人秀、绯闻之类隐私爆料，很少看到对没有视觉听觉刺激力的作家、批评家的访谈。因为这种访谈没有收视率、点击率，更深的原因是这类访谈做起来难度很大。要访谈一个作家，就要熟悉他的作品；要访谈一位学者，就要熟悉他的学说。这就要求访谈者做大量的案头工作，要有充分的访谈准备，才能与受访者在一个平台上对话，最重要的是平时的积累与文化素养。只有这样，才能是一种深入灵魂的访谈，是一次有准备的探险。采访者的水平决定提出问题的水平，问题的水平决定能否调动受访者的思维活力。我们在《多面折射的文化光影》里看到的每一篇访谈，应当说，思想张力十足，精神饱满，充分调动了受访者的思想储藏与思维活力，尖锐、深刻、酣畅，实话实说而又新见迭出。就对世纪之交文艺界活跃人士的深入访谈而言，我还没有看到谁能与安装智比肩。从这个意义来看，收集在这本书里的文字，是一道独特的风景，多侧面、多角度聚焦近20年来文艺思潮趋向。即使今天读来，涛声依旧，仍然能感受到当年思想涌动的拍岸激情与心灵旌旗的激扬。是的，我看到安装智用学术智慧的钥匙打开了受访者的学术心灵，我看到的是真诚与坦荡，而不是今天的各种"秀"。

安装智先后在北方与南方的两家大报做了20多年副刊编辑。后来，他又转行进入深圳特区的一所大学工作。这个访谈录里所收文章，大多是他在做副刊编辑时写成。我们知道，编辑记者是为他人作嫁衣，看起来是一个没有多少创造性的职业。实际上，只有真正从事过这个职业的人，尤其是具有敬业精神的编辑，才能真正感受到这个职业的重要与难度。副刊编辑是专家也是杂家，一个好的副刊编辑，不仅要知识扎实、文字功底好，更重要的是有见识与眼光，识文知人。在这一点上，安裴智当之无愧是难得的人才，这得益于他的学术修养。你看他对周汝昌先生的访谈，实际上就是忘年交的相知相惜："周先生虽是一位以考证出名的、好像是钻故纸堆的'红学泰斗'、古典文学专家，却也是一位有着曹雪芹、贾宝玉那种真性情与李贽所说'童心'的才情学者。他是以一颗富有激情的诗人之心来解读《红楼梦》，因而他的红学随笔是他与曹雪芹、贾宝玉进行心灵对话的过程。"我以为他对周汝昌先生的访谈是建立在深悟周先生的人品性情与红学研究成果的基础之上的，所以是一种轻松自如的对话，也是一种深入骨髓的对话。你再看他就"张爱玲现象"对张红萍的访谈，是我看到的对张爱玲现象解读最中肯、最到位、最妥帖的一篇文章，不管市面上流行什么奇谈怪论，学者自有自己的定力与灼见。

实际上，这本集子里的每篇访谈，都有其独特的思想闪光之处。而这些，都离不开访谈者灵锐的新闻敏感与犀利的学术洞察能力，能在那样一种日日剧变的历史语境与文艺潮流中，找对风向标，切中访谈之要害，提炼出一些有学术含量的访谈话题，切中肯綮，这需要一种学术眼光与知识结构。访谈包含了提问与回答两个部分，如果访谈者所提问题妥当、有学术水准，专家回答起来也会十分精辟，从而体现学术价值，这是一个良性互动。如美学家王朝闻谈市场经济条件下的文艺生态与美学研究，以唯物辩证法的审美观来观照与解析现实中的审美现象和艺术实例，话锋所指，直击 20 世纪 90 年代偏离文艺发展规律的诸种怪现象，痛击艺苑时弊，揭示美学真谛，铮铮良言有铁板铜琶金石之声，启人心智，催人警醒。再如，俄罗斯文学专家蓝英年在接受访谈时，对诺贝尔文学奖获得者、被誉为"俄罗斯的良心"的世界著名作家索尔仁尼琴的文学思想与精神追求作出了独到的阐释，认为"他那巨大的道德勇气，他对人的尊严、对人性的呼唤，对专制制度的痛恶，对民主与自由的追求，这都是他的作品的思想价值和文化贡献。也可以说，索尔仁尼琴是人类尊严和不屈精神的代名词。"这样的分析与论断无疑是振聋发聩的，对于中国学界重新认识与评价俄罗斯"潜流文学"与流亡文学，看清长期以来被尘埃蒙蔽的历史真相，无疑是一剂清醒之良药。再如，著名作家莫言、曹文轩、李锐、杨黎光等谈文学创作，文化批评家郑培凯、张柠、马相武、阎晶明等谈非遗保护、昆曲传承、文化共享、"韩流"入侵、狼图腾现象；文学批评家白烨、李敬泽、李建军等人谈"80后创作"、文学批评与区域性青年作家群的崛起等，都是一种新闻性与学术性的交融与共鸣，有真知灼见。可以说，接受文化访谈的 30 位人物，大多是国内一流的学者、作家，他们对文艺创作与文学研究的看法代表着当下中国文学艺术中最珍贵的声音，这使得文集中 28 篇文化访谈文章颇有一定的学术深度与时代特点，显示了一种广阔的研究视野与理论立场。学人作家对 15 年来中国文化艺术思潮与文学现象的分析、梳理、解读，闪耀着思想光芒，是非常珍贵的一笔文化资源。这些波澜起伏的文化思潮的学术访谈，从另一个侧面折射出当代学人与作家艺术家丰富而深刻的心灵历史，具有重要的文学史料价值和学术价值。

从文学到影视，从戏曲到书法，从建筑到陶瓷，从园林到茶艺，从古典到现代，从中国到外国，真可谓多面折射的文化光影。从访谈的专家类型之多、流派之多、跨越时间之长，说安装智是个杂家也不为过。作为曾经做了 21 年的报纸副刊编辑，安裴智是个热心人，视野开阔，知识博杂，结交广泛。28 篇文化访谈传递着真、善、美的永恒诗意，为读者提供了丰富、深刻、典雅的精神食粮。读此书，就似与诸多方家面对面、心照心，享受一次文化思想的碰撞与交流，开卷有益。

2016 年 10 月 1 日于山西东陈翟村

（张德祥，中国文艺评论家协会副主席，中国文联电视艺术中心主任，中国作家协会影视文学委员会委员，《当代电视》杂志主编，中国传媒大学特聘教授、博士生导师，研究员，著名文艺评论家）

第一辑 文艺批评家篇

时间：1995 年 2 月 16 日

地点：北京市朝阳区红庙北里王朝闻先生家

艺术的选择与选择的艺术

——王朝闻先生访谈录

王朝闻，文艺理论家、美学家、雕塑家、艺术教育家，新中国马克思主义文艺理论和美学的开拓者与奠基人之一。1909 年 4 月 18 日生于四川省合江县。历任中央美术学院教授、副教务长，《美术》杂志主编、顾问，中国美术家协会副主席、顾问，中国艺术研究院副院长，美术理论硕士、博士生导师，《红楼梦学刊》主编，中华美学学会会长、名誉会长，中国作家协会顾问，国务院学位委员会第一届学科评议组成员，全国政协第三、四、五、六届委员等。

王朝闻一生的成就主要包括新中国成立前的艺术实践（即雕塑与绘画），和新中国成立后的美学、文艺理论、艺术理论研究。王朝闻 70 多年的艺术与学术活动横跨美术、文学、戏剧、电影、曲艺、民间文艺、摄影等领域，多学科交叉。著有《美学概论》《论凤姐》《新艺术创作论》《论艺术的技巧》《审美谈》《雕塑雕塑》《一以当十》《喜闻乐见》《隔而不隔》《审美的敏感》《审美心态》《王朝闻文艺论集》《论戏剧》《东方既白》《趣与悟谐》《断简残篇》《〈复活〉的复活》《神与物游》《吐纳英华》《石道因缘》等 50 余部。1998 年，《王朝闻集》22 卷出版，汇集了他在六十多年间的主要著述。王朝闻还主编了《中国民间美术全集》14 卷、《中国美术史》12 卷、《八大山人全集》5 卷。2004 年 11 月逝世，享年 96 岁。

王朝闻先生（张建国　摄）

　　1995 年 2 月 16 日，早春的北京，春寒料峭，冷风飕飕。我应约来到京东红庙北里文化部宿舍楼的一所公寓，一位满头银丝、穿着深蓝色中式褂子、戴着深度黑色眼镜、满口川音的 86 岁老人接待了我。这位精神矍铄、说话有力、思维清晰的长者，就是我国老一辈文艺理论家、美学家、雕塑家王朝闻先生。王朝闻先生居住的宿舍楼极普通，与他美学大师的身份形成鲜明的反差。客厅里靠墙立着一个古雅的雕花书柜，柜子内外，摆满了书籍与各种形状的石头与雕塑，琳琅满目，很有特色，营造出一个很有浓郁氛围的艺术世界。在这个由书籍、石头与雕塑构成的艺术客厅，我拜谒了王朝闻先生，并就社会转型的特定历史语境下，文学艺术的生态境遇、存在的问题以及文艺的出路、走向、抉择等话题，对他进行了一次学术访谈。

　　对于王朝闻先生，我很早以前就开始接触他的艺术作品与文艺理论著作了。1981 年初夏，我初中毕业前夕，老师带领全班同学到离家乡 30 多里远的文水县云周西村，参观"刘胡兰烈士纪念馆"。那时我年方 15 周岁，参观、学习、了解了另一个 15 岁同龄少女在 34 年前英勇就义的英雄事迹，心灵倍感震撼与感动。纪念馆内，矗立着一尊刘胡兰烈士牺牲时的雕像，至今 14 年过去了，仍深深地留在我的脑海里：向上仰起的头颅，齐耳的短发，高挺的鼻梁，紧闭的双嘴，凸起的胸脯，紧握的拳头，朴素的衣着，笔直的身体，忧郁、愤懑而坚毅的眼神，把这位 15 岁少女共产党员视死如归的英雄形象塑造得栩栩如生、丰满生动，极有精神内涵，也因此深深地刻在了我幼小的心灵里。及至长大成人，迈入大学殿堂，才在一本书里得知，这尊《刘胡兰》圆雕作品，竟是出自大名鼎鼎的美学家、雕塑家王朝闻先生之手。

　　说到王朝闻先生对我们这些 20 世纪 80 年代大学生的学术影响，

不得不提他主编的《美学概论》。作为新中国第一部概论性质的美学教材，此书堪称中国马克思主义美学学科建设的一次集体探索的成果，哺育了一代学子，功莫大焉。以今天的目光视之，也许此书的观念传统、保守了一些，但对我们这些80年代的莘莘学子来说，刚刚从精神废墟与文化荒漠中走来、带着青春的梦想与光泽、带着理想主义的激情和追求，在拨乱反正、文艺美学尚处于萌芽状态和起步阶段的高校，《美学概论》却是难得的精神食粮。我对美学和文艺理论产生浓厚兴趣，正应追溯到80年代中期大学春秋之季。正是读了王朝闻先生主编的《美学概论》之后，我狂热地爱上美学与文艺理论。除选修文艺美学课程外，我还在课外阅读了大量有关文艺美学的书。经典的美学，新出版的当代美学、文艺学，都买来读。当时，北京大学出版的"文艺美学丛书"数十本，我都买了，由此对新中国成立后几次美学大讨论以及美学论争的代表人物与观点有了一个清晰的了解。后来，我攻读中国古代文学专业的硕士研究生，方向为"元明清小说与戏曲"，又对中国古典小说美学、戏曲美学产生了浓厚兴趣。

1991年夏，我参加工作后，专职编辑《太原日报》"双塔"副刊的文学评论版，因为从事报纸副刊文艺评论的编辑与写作，我积极关注当代美学、文艺学的发展动态，关注理论发展与思潮动向，以便从中吸取营养，作为研究文学艺术的方法，用来解析文学艺术实践中的问题。同时，我与国内美学界和文艺评论界保持着密切的联系，加入了中华美学学会，参加"全国审美文化学术研讨会"。在副刊编辑之余，多年担任山西省美学学会副秘书长，执行编辑《山西美学通讯》。1991年4月19日，山西省美学学会会长李翔德先生赴京拜谒王朝闻先生，邀请王先生给山西省美学学会题词。王先生搦翰执笔，写了一段话："美学研究有各自不同的着眼点，我却觉得必须立足于美育这一客观需要，同时还必须顾及地域性特征。山西在审美对象和美学思想方面的丰富性，令人向往。当代美学家定将发挥这一地方优势，为社会主义文化建设做出富有学术个性的贡献。"王朝闻先生的话道出了美学研究的真谛，既肯定了山西省美学学会的研究成果，也为学会今后的学术研究指明了方向。1994 年 12 月 21 日，为纪念《太原日报》"双塔"文艺副刊 2000 期，我带领报社副刊部同人来到北京朝阳区红庙北里王朝闻先生寓所。拜访之余，邀请他为《太原日报》"双塔"文艺副刊 2000 期题词。王朝闻先生爽快答应了。取出狼毫，研好墨，铺好纸，我们给他压住纸的两角，他深情地写下了如下一段话："文艺在社会主义建设中的巨大作用，主要在于代表群众健康的趣味与正确的愿望与理想。美与丑相对立，颂美而抑丑，相当于太原之双塔，两手互相依赖而产生积极效应。祝贺《太原日报》'双塔'文艺副刊创刊 2000 期。"这为我们报纸副刊的健康发展指明了美学方向，使我们深受鼓舞。

王朝闻先生 20 世纪 30 年代就读于著名的杭州国立艺术专科学校，有着深厚的艺术理论功底与丰富的艺术创作经验。抗战爆发后，王先生奔赴延安，在鲁艺、华北联大任教，从事美术创作以及文艺理论和美学的研究。他原名王昭文，乃"郁郁乎文哉"之意，是注定要为中国文化奋斗一生的。后来，取《论语·里仁》"朝闻道，夕死可矣"之义，更名王朝闻，更表明他矢志追求真理和理想的知识分子情怀。孔子讲"士志于道"，中国知识分子向来有匡时济世、感时忧国、经世致用、报效国家之优秀传统。王朝闻先生一生追求真理、追求进步，真正做到了"志于道、据于德、依于仁、游于艺"，是一位"学"、"艺"合一、在学术研究与艺术创作两个方面均有斐然成就的大学者、大艺术家；他从动荡的民国走来，在对真理与光明的不懈追求中，逐渐成长为新中国有代表性的马克思主义文艺理论家、美学专家、雕塑艺术家。

20世纪90年代中叶，社会转型，经济模式转轨，人们的道德思想也悄然发生了变化。文坛上，西方现代主义思潮纷纷涌入，林林总总的新潮理论丰富了文学批评的研究方法，开阔了国内学人的视野，打破了文艺理论界长期僵化、保守的局面，为批评的多元化和健康发展提供了新颖的视角。但是，就在市场经济大潮、消费主义浪潮汹涌奔来，行将淹没国人精神生存的最后一片孤岛时，文学艺术界却泥沙俱下、浑水摸鱼，出现了许多令人担忧的情况。我们应该如何看待这些文化现象呢？王朝闻先生以一种娓娓道来、润物细无声的方式，生动、形象、具体、亲切地回答了这些问题。接受访谈时，王朝闻先生没有板着面孔说一些抽象的大道理，而是从艺术实例和现实中的审美现象出发，以小见大，见微知著，道出美学的真谛。王朝闻先生这次接受访谈的要点，是对建立社会主义市场经济体制新形势下，我国文化艺术领域面临的新选择提出自己的思考，对不断出现的某些与时代相脱节、与人民的审美需求相脱节、与艺术规律相脱节的文艺怪现象提出严肃的批评，指出文艺界目前在创作和研究两方面存在的误区。王朝闻先生对社会转型过程中当代中国文化变革和价值重建提出了许多宝贵意见。他善于把自然现象、社会现象、艺术现象放在唯物辩证法的世界观下加以分析，风趣幽默，睿智清醒。聆听王朝闻先生之清音，如沐春风，似饮甘泉。在两个多小时的采访中，86岁高龄的王老精神很好，十分健谈，而且思维清晰，感情激昂。笔者强烈感受到这位学界泰斗对我国当代文化建设和学术研究的丝丝忧患之情和拳拳关注之心。

"救亡压倒启蒙"论的实质

安裴智：实行社会主义市场经济体制，把一股空前浩大的商品经济浪潮冲向了神州大地。当代中国的文化建设出现了严重的二律背反现象。一方面，人文学科，特别是基础性学科面临重重困难，步履维艰；另一方面，种种新的文化热点、热浪、热潮却阵阵泛起，使人眼花缭乱，目不暇接。应该怎样正确看待这种现象呢？

王朝闻：这种看似矛盾的文化现象实质上并不矛盾。这涉及美学研究中的一个基本命题，即主体与客体、个性与共性的辩证关系。我们每个人都是在一定的时代和社会环境中生活的，时代性、生存环境是客体，是共性。人是主体，是个性。每个人对同一概念的理解是大有差别的，这就是主体在起作用。但不管主体之间的差别多大、多明显、多尖锐，仍脱离不了客体的限制。我们今天的时代性，主要体现于实行市场经济的新体制，这是每个人面临的现实背景。随着新体制的确立、社会结构的变化和转型，旧的上层建筑中的一系列体系和范畴受到了动摇和挤压。其中一些在挤压中跟不上新体制的步伐，从而形成一个短暂的过渡和适应时期。一些比较抽象的、纯理论性的人文学科，尤其是基础性学科首当其冲地受到了冲击，面临着一个重新选择和价值定位的问题。出路在哪里？这需要科学地引导。同时，新的价值体系尚未完全建立起来，在这个过程中，就容易产生一些浑水摸鱼的混乱现象、怪异现象。文学艺术作为意识形态的一个重要组成部分，也出现了种种令人担忧的问题。

安裴智： 从您的美学著作和文艺评论集中可以看出，您对文学、戏剧、美术、舞蹈、曲艺有着十分浓厚的兴趣，因而也特别擅长艺术作品的欣赏和分析，并以此为基础，确立了您一生的文艺评论和美学研究的道路。能以您熟悉的文学和戏剧为切入点，谈谈当前文艺界出现了哪些偏离艺术发展规律的怪现象吗？

王朝闻： 近年来，文艺界确实出现了种种不能令人满意的、使人堪忧的问题，呈现出一种急功近利的浮躁状态，一种竭力想适应市场经济形势，却又不知道如何正确地适应、正确地对待，把握不好方向的混乱状态，以至于出现了一系列严重偏离时代要求、偏离人民群众审美需求、偏离艺术创作规律的怪现象。这种怪现象在文学、戏剧、电视剧、雕塑等领域都有十分突出的表现。在文艺理论领域，前几年有一些所谓的现代理论家喊出了一个很有刺激性和煽动性的怪调，即"救亡压倒启蒙"论。他们反对政治，骂我们这些人是政治的奴仆，讽刺我们是呆木头，说抗日战争、解放战争冲击了"五四"精神，压倒了正在进行的文化启蒙运动，致使启蒙中途夭折，一直没有彻底地进行下去。这个论调是荒唐的。日本帝国主义侵略我国，文化界受到冲击是没法避开的，当时，对中华民族来说，救亡是第一位的，是压倒一切的头等大事，而且，救亡本身就是一种启蒙，两者并不冲突，是可以很好地配合、协调起来的。1937 年卢沟桥一声炮响，标志着抗日战争揭开序幕，这是当时的历史背景，是广大知识分子共同面临的一个新的国际形势、政治形势，谁也避不开。从美学的角度看，这就是客体。正是在这样的历史条件下，我党才逐步确立了抗日救亡、文艺为工农兵服务的方针，这是根据客体的变化和需要而作出的积极选择。我没有给资本家的钱袋当奴仆，却甘心选择人民这个主人，我坚信，我们这一代知识分子的选择是不会错的。长期以来，文艺界一直有一种"主体性"的论调在作怪，不时掀起几个波浪。这种过分强调文学主体性的结果，就是完全忽视了客体的存在，忽视了历史背景、社会环境、政治形势、时代特色等外在因素对文学的反作用和制约性，也就是割裂了主体与客体、个性与共性的辩证关系，这是偏离了艺术美学规律的一种反马克思主义的倾向，也是一种形而上学的美学观。这种背离马克思主义美学规律的怪调，曾一度在文坛泛滥，成为20世纪80年代中期至今文艺理论界的一个文化热点，可见其诱惑性之大。

王朝闻先生 （右） 接受安裴智的学术访谈（张建国 摄）

八个包公和二十个萧恩

安裴智：除了理论界，这种偏离艺术发展规律的怪现象，在您熟悉的戏剧和艺术领域有哪些表现呢？

王朝闻：在戏剧和电视剧领域，近年来出现的偏离艺术创作规律、艺术表演规律、艺术发展规律的怪事也时有抬头之势。比如，1995 年春节联欢晚会的一个节目，一下子出来了八个包公，都是一样的面孔，一样的服装，一样的动作。这说明什么问题呢？简直莫名其妙。这是违背艺术典型的塑造规律的。典型，是独特的"这一个"，是把许多单个人身上共同具有的特点集中起来，通过典型化的艺术塑造手段，概括到一个人物身上，典型是"单个人"，不是群体。包公的典型形象只能有两个：一个是真包公，一个是假包公；一个代表正义的清官，一个代表丑恶的伪装清官的赃官；一个是被肯定的，一个是被否定的。现在包公这么多，而且同时出现在一个舞台上、一个节目里，这算什么呢？包公形象的集体化，说明某些文艺工作者是不尊重艺术典型规律的。不久前上海举行"梅兰芳周信芳诞辰 100 周年纪念会"，在一个节目里出现了好多个小和尚，好多个尼姑，我觉得不可理解。在《打渔杀家》戏里，除一个萧恩外，还有 20 多个小萧恩跟在后边，穿着一样的服装。这是什么玩意儿呢？确实让人奇怪，不可理解。有人觉得这无所谓，但我认为这是当前艺术创作、艺术表演中普遍存在的一个问题。任何事物都有理由，没有无理由的事物。任何形式都有一定的内容，形式主义也有内容。同样，任何艺术作品都要表达一个基本观点，都有主题和倾向性。那么，八个包公和二十个萧恩的主题是什么呢？倾向性是什么呢？要告诉观众一个什么样的道理呢？不可理解。戏曲这个艺术形式到底是什么？有人说戏曲是写意的，有人说戏曲是综合艺术，这些概念我不太感兴趣，到底是写意还是非写意？这个问题涉及戏曲艺术的本质。实际上，任何艺术都有写意与写实的问题。什么道理呢？它都存在一个提炼取精的问题，即使是抽象派艺术也是这样。中国诗词最讲抽象、含蓄，但目前有些作品的抽象恰好把艺术最精华、最精彩的部分给"抽"掉了。任何艺术美学都要解决联系与差别、特殊与一般、有与无、虚与实、写意与写实等一系列问题。在这个前提之下，艺术家可以采取各种新颖的形式，使用不同的手法。虽然千变万化，却万变不离其宗，总有一个明晰的、基本的观点、思想、倾向贯穿于始终。否则，就是一种对艺术的不负责，对观众和读者的不负责、不尊重。

古典名著的改编问题

安裴智：古典名著改编成电视剧是这两年影视界的一个热点。1987年以来，中央电视台陆续将《红楼梦》《西游记》《聊斋志异》《封神演义》等古典小说搬上了荧屏。去年又推出了84集大型连续剧《三国演义》。据新闻媒体透露，《水浒传》《东周列国志》《金瓶梅》等一批古典名著不久也将搬上荧屏，与广大观众见面，请您从尊重艺术规律的角度谈一下古典名著的改编问题。

王朝闻：对古典名著的改编问题，需要用历史的眼光、辩证的态度来看待。所谓历史的眼光，就是发展的眼光。时代在向前发展，科学技术、文化和人们的审美观念也在向前发展。随着市场经济体制的确立，电子文化、电视文化逐渐成为 90 年代中国的一种重要文化现象，对古典小说的阅读构成了强大的冲击。可以说，用电视剧这种崭新而独特的艺术形式来直观地再现古典小说的情节和内容，就成为市场经济时代文化发展的一大特征。所以，我们不能不说古典名著改编成电视剧是顺应历史发展潮流的。所谓辩证的态度，是指既要看到这种改编在继承和弘扬中华民族优秀文化传统，特别是在普及古典文学知识方面所起的作用，又要从艺术良心出发，毫不留情地指出这种改编由于艺术形式的转换和商品经济因素的介入所造成的对原著的背离和某种程度上的歪曲。就现已播出的这几部电视剧来说，《西游记》《封神演义》《聊斋》基本上把原著那种特有的内涵和意蕴通过形象的画面展现出来了。《红楼梦》电视剧的一个毛病是把原著随意割裂开来，没有处理好写实与写意的关系，原著特有的一种美学神韵没有体现出来。《三国演义》在播出后成为文苑的一个畸形热点，该剧在艺术典型的塑造、艺术结构的安排方面，都有许多偏离原著、偏离艺术规律的地方。长达 120 回的历史画卷被人为地硬性压缩为 84 集，这是很不艺术的做法。看这个电视剧让人感到别扭，我们知道演员是在吃力地演戏，却得不到一点美的享受。至于《水浒传》，听说只拍28 集，后来又看报纸，增加到 41 集，也难脱急功近利之俗，也是忧大于喜。现在的导演、编剧太多了，但真正尊重艺术规律、美学规律者，到底有几人呢？

雕塑创作的盲点与假古董假文物的泛滥

安裴智：您是一位艺术家型而非哲学家型的美学家。之所以这样说，是因为您有着长期的艺术实践，培养了一种敏感而独特的艺术触觉。您从 30 年代起就开始学习雕塑，新中国成立以来，曾以《毛泽东选集》封面上的毛泽东侧面像浮雕、《刘胡兰》圆雕等作品闻名于海内外。这些作品，含蓄中见淳朴、单纯中见丰富。您能联系自己的雕塑实践，谈一谈当前雕塑创作存在的问题吗？另外，建筑领域有哪些违背时代要求和历史发展规律的怪现象存在呢？

王朝闻：新时期以来，我把主要精力放在艺术美学的研究上，相对来说对雕塑花费的时间要少些。《刘胡兰》圆雕是我 1951 年塑成的，原高 1 米。1956 年山西省要建立刘胡兰陵园，提出将我的这幅作品原样翻大到 3 米高。1957 年，由中央美院雕塑系学生照原样放大。在放大过程中，学生们加进了自己的意思，在神态、脸色、精神气质上都没有体现出原作的神韵和风貌。放大后的刘胡兰雕塑，无论从面部、背部、眼神还是姿态等方面来讲都有点儿程式化，更像一个中年妇女，而不像十四五岁那样一个风华正茂的农村小姑娘，削弱了刘胡兰淳朴质朴的性格特点。直到 1986 年我再次到吕梁才发现了这一点。为此，我心里一直有一种负疚之感，觉得这样来塑造一个革命烈士问心有愧，也是令人遗憾的。虽然近几年我的主要精力不在雕塑上，但雕塑界也常有一些朋友寄作品来请我过目。这些作品确实有比较好的，但也有许多作品仍然是没有处理好艺术美学的特殊与一般、联系与差别、个性与共性的关系。有些作品太想当然，任由主体随意发挥，这是不行的。艺术美学不能不考虑它产生的历史背景，也要考虑它出现的历史作用、社会影响，我们要对社会负责，对人民负责，对观众、读者负责也就是对自己负责。前不久，湖南省的一位雕塑家把他的雕塑照片寄来，说要开画展。这幅雕塑刻画的是唐朝大诗人李白醉酒的情形。但它没有准确、传神地刻画出李白醉酒的优美姿态和特有气质，而是丑化、歪曲了李白的艺术形象。这幅雕塑刻画的是李白头朝下横躺在一匹马上，醉了。以这样一个雕塑来塑造李白，那么，李白是个什么玩意儿呢？起什么作用呢？给人们的印象，李白就是个醉鬼，这就糟啦！李白确实爱喝酒，并且也有醉的时候，但他确实是个天才呀，他的诗歌艺术确实是一种了不起的创造。他对月亮的喜欢、描摹真是很美的。他写三峡之月"山月随人归"，山月怎么可能跟着你走呢？他就有那种感觉，真是了不起的创造。所以，把他雕成一个醉鬼，不好，丑化了他作为一个诗歌天才的正面形象。任何一幅雕塑都要考虑它所起的作用，是对人们有益的，还是有害的，是尊于历史的，还是违背历史的。

在建筑领域出现的一个违背历史发展规律的怪现象，是人为地制造假古迹、假文物、假古董，借"古迹"发财。现在的旅游点、风景点很多，到处都在修什么"宫"、"洞"、"城"，如"秦始皇宫"、"三国演义城"、"水浒城"等，简直莫名其妙。现在，有些人是那样荒唐，他们不去保护真文物、真古迹，而是大量制造假古迹、假古董，把我国的旅游事业、文化事业搅得一塌糊涂，这是当代旅游建筑业的一大误区，是与时代相脱节、与人民的审美需求相脱节的一大文化怪胎。这说明在市场经济浪潮的冲击下，我们的文化建设是很迷茫的，是存在一定问题的，市场经济新形势下的文化建设也面临着一个新的选择和价值定位的问题。

《三国演义》里的美学

安裴智：《三国演义》是一部在民间流传甚久、家喻户晓的古典名著。随着84集电视剧《三国演义》的播出，我国又掀起一个新的"三国热"。人们通过各种方式表达自己对这部名著的看法，议论较多的是《三国演义》里的人物和战争。您能就读者和观众普遍关心的人物和战争这两个方面来谈谈《三国演义》里的一些有意义的美学话题吗？

王朝闻先生（张建国 摄）

王朝闻：关于《三国演义》里的美学，这是一个大题目，非三言两语所能说清。清人毛宗岗在评点《三国》时就表露出许多极其深刻而丰富的小说美学思想，可以说，他是我国第一位研究《三国演义》美学的人，但他是以古代文人的眼光来审视这部小说，缺乏当代学者的那种深厚的历史唯物主义和辩证唯物主义的理论眼光，因而路子未免窄了些，视野也不够开阔，这也是时代的一种局限性。《三国演义》这部艺术精品包含的美学思想是多方面、多层次的，是立体交叉的。我们可从战争美学、人物美学、心理美学、结构美学、语言美学、兵器美学、服饰美学、武打美学等不同层面进行研究，但遗憾的是，我们至今还未有体系全面的一部《三国演义》美学专著。在人物形象的塑造和战争艺术的描写上，《三国演义》里有趣的美学话题确实很多。比如，诸葛亮、姜维等艺术形象，就体现了艺术美学中个性与共性、主体与客体的审美关系。艺术美学最终离不开条件，条件就是关系，包括内部关系、外部关系。诸葛亮与姜维都是忠心耿耿的智谋超人，都很有军事才能，但他们所处的历史条件不行。这个特定的历史条件就是：连年征战四川老百姓受不了；从四川打中原，路途遥远；成都宫廷以黄皓为代表的宦官的陷害。对曹魏集团来说，这是一种不战而胜的战争艺术。所以，要把诸葛亮、姜维摆在一定的历史条件下辩证地看，才能领会这些艺术人物性格的全面内涵。又如，关羽土城被围，迫不得已而降，也是一种客体对主体的限制。再如，曹操、司马懿都既爱才又妒才，二人的性格构成一种矛盾统一体。司马懿这个人很鬼，在某些方面讲，司马懿就是个艺术家。诸葛亮几次派人去污辱他，他都稳如泰山，反讥诸葛亮"食少事繁，岂能久否？"他以一种本能的直觉来推测他眼睛看不见的东西，而且推测得那么准确，难道与艺术创作不是一个同样的道理吗？但我们能据此而为司马懿翻案吗？显然不能。因为评价历史人物，一定要看历史条件。从历史的观点看，曹操、司马懿对统一北方确实起过不小的作用，但我们不能因此而说曹操、司马懿不是个流氓。60年代郭沫若为曹操翻案，只看到曹操统一北方的积极作用，隐瞒了曹阿瞒从小说谎、欺骗叔叔、"宁肯我负天下人，不能天下人负我"的缺点和滥杀无辜的低劣人格。这种认识就有失偏颇了。把曹操性格中对立、矛盾的方面主观地割裂开来，是违背艺术美学规律的。《三国演义》里的战争也是一种艺术，如《空城计》中诸葛亮抓住司马懿多疑的心理特点，使对方怀疑自己有埋伏从而以空城吓退雄师，真是一种艺术创造。还有诸葛亮智算华容、三气周瑜、造木牛流马，都可以说是一种艺术的创造。但即使如此，我们也不能说诸葛亮没有一点缺点：重用马谡就是他的一大失误。所以，诸葛亮的性格也是一种矛盾统一体。另外，造谣是艺术，诈降也是艺术，而知己知彼，方能百战不殆，涉及心理美学的一些相关问题，也都跟艺术有关系。再比如，邓艾引兵从阴平偷袭成都，也是一种"明修栈道，暗度陈仓"的战争艺术；黄盖苦肉计、群英会蒋干中计等，都涉及艺术美学中虚与实、有与无、真与假等一系列相生相克的概念之间的辩证关系。可以毫不夸张地说，《三国演义》是按照美的规律来刻画人物心理、塑造艺术形象、描写战争艺术的。

卢沟桥、赵州桥美学风格之比较

安裴智：雕塑是一种三维空间艺术，是一种复杂的造型艺术。在这点上，建筑与雕塑有共同之处。请您从建筑美学的角度谈谈卢沟桥与赵州桥、清凉山宝塔与少林寺宝塔在美学风格和知名度上有什么相同与不同？这种不同又说明了什么？

王朝闻： 在中国建筑史上，卢沟桥与赵州桥都是很了不起的一个奇迹，因造型、结构、形状、材料、建造方式、工序的不同而形成了不同的美学风格。同时，因二者所处的历史条件、时代背景的不同，它们的历史知名度和建筑意义也不同。从建筑美学角度讲，这两个桥既有共同点，也有不同点。两座桥都建造得非常科学，材料运用与构造搭配合理，造型也大体相似；但桥洞不同。赵州桥是一个大的桥洞，即只有一个大拱，大拱的两肩上，各有两个小拱；卢沟桥是 11 个桥洞，是十一孔联拱桥。赵州桥是因其在中国建筑史上独一无二的奇特地位而闻名于世的；卢沟桥则更多地是因为"七七事变"而出名，卢沟桥因所处的历史地位特殊故名声也特殊。如果不承认历史的因素促成了它的出名，那就违反历史了；但如果一味强调历史，而排斥、抹杀了桥本身的风格和特点，则又违反艺术美学规律了。自然辩证法强调，没有运动就没有事物，没有矛盾就没有事物。矛盾是什么？就是运动，运动是什么？就是条件、关系。同样，清凉山宝塔与嵩山少林寺宝塔也是因所处历史背景的不同和政治因素的介入，而产生了截然不同的价值意义。从年代的古远和造型的美不美来说，清凉山宝塔与少林寺宝塔各有特点，但清凉山曾是革命的圣地，那么，清凉山宝塔的美学价值就超出了塔本身而升华为一种理想的象征，一种延安精神的象征。少林寺宝塔是十分迷人的。少林寺宝塔有十几层，在阳光的照射下，它上午、下午的美学效果也是不同的，上午的光线晒在塔的上头，到下午时阳光又返照回去，每时每刻都有变化。少林寺宝塔是静止的，但在一定条件下给人的美感却是动的。这说明什么问题呢？说明人的感觉跟客观对象之间存在一定的关系。客观对象是固定的，人的感觉是有变化的。张三、李四的感觉因为个体的不同而不同，艺术美学就是要解决主体与客体之间的这种关系。主体感受客体，主体反映客体，但是因条件、关系的不同，它反映出来的形态就不一样。卢沟桥与赵州桥、清凉山宝塔与少林寺宝塔的美学价值和历史意义不同，正是因为如此。

主体与客体的审美关系

安裴智：您编写的《美学概论》自 1981 年出版以来，在中国当代美学教育、文艺理论教学中发挥了重要作用。从《新艺术创作论》《王朝闻文艺论集》《审美谈》《审美形态》《再再探索》《雕塑雕塑》《〈复活〉的复活》等文艺美学、文艺评论著作中可以看出，您是很重视艺术性和创作个性的研究的。那么，您近来是否在撰写新的文艺美学著作？在新的文艺美学论著中，您将侧重于研究艺术美学中的什么新问题？它与您以前出版的艺术美学著作有什么不同？通过这些新著，您主要想强调的美学观点和美学命题是什么？

王朝闻：我最近正在撰写两本新的文艺美学著作。一本是《神与物游》，另一本是《寓神于象》，这两本书主要以民间美术、民间诗词、民间曲艺、工艺、美术、旅游文化为研究对象，着重研究、揭示主体与客体的审美关系。两本书都预计写 20 章，每章十五六节。人都处于一定的时代和环境之中，不管每个人对同一事物的理解有多么尖锐的差别，仍然属于一个主体与客体的关系问题，没有主体就没有客体。事物的运动、对立统一产生了自然物。文化是人劳动实践的产物。人的实践就是主体不断适应客体、改造客体的历史过程。当这种适应和改造达到一定历史阶段时，客体就会反过来促使主体产生新的思维。感性思维、理性思维都是客观被主观的反映，主体反映客体不管变化多少都是这样。我喜欢到外面去看看石头，这石头与人的关系是什么呢？我们在社会生活中，有了一点感受能力和一定的审美经验，就会有一定的审美观念，这个主观条件就是我对石头感兴趣的原因。思维活动，不管是感性思维还是理性思维，不管是艺术思维还是逻辑思维，都是一种主体对客体的反映，反映的形态是多种多样的。如果用这样的态度来看问题，没有哪一门艺术没有共同点。艺术美学这个东西，你就是要找出它的特殊性，就是要解决联系与差别、特殊与一般、有与无、虚与实、个性与共性之间的关系。共同点是什么？差别是什么？我们要用马克思主义的反映论，即历史唯物主义和辩证唯物主义反映论来看待这个问题。任何艺术，不管是纪实性作品，还是虚构性作品；不管是诗歌、小说，还是游记、戏剧，都有一定的个性。怎样去认真地反映它，都有特殊性和不同的着重点。如《前赤壁赋》和《后赤壁赋》，《前出师表》和《后出师表》的着重点、表达风格是不同的，但苏东坡的观点、诸葛亮的观点是前后一致的。这就涉及艺术创作的个性与共性的关系，这也是我这两本书要深入探讨的一个课题。

　　1994 年 12 月 21 日，　王朝闻先生为《太原日报》"双塔"文艺副刊 2000 期题词　（张建国　摄）

市场经济新形势下中国文学艺术的选择

　　安裴智：90 年代以来，随着社会的转型、文化的变革和市场经济新体制的建立，美学界和文艺理论界也表现得十分活跃，进入了一个新的寻找话语的时期。尤其是近年来，理论界提出了一大批新口号、新旗帜、新流派，美学界去年也提出了要进行"审美文化研究"的新规划。面对不断涌现的理论新潮、美学新潮，您是怎么看的？您对当代美学研究、文艺理论研究、文化建设有什么希望和要求呢？在新形势下，中国的文学艺术应选择一条什么样的发展道路呢？又该怎样去选择？

　　王朝闻：这个问题不好谈。这两年我很少参加外面的活动，和他们也不大接触。他们的观点怎么样我也不大清楚。不过，我觉得，当前美学界、理论界涌现出这么多新的艺术思潮，与当年把西方现代派拿到中国来，是有相似之处的，有共同点的。第一次世界大战以后，资本主义社会发生了普遍的信仰危机，欧洲人对现实不能理解，产生了虚无主义思想。与这种混乱的现实相适应，文学艺术也产生了各种新流派。这是环境所使然。就艺术本身来说，产生了康定斯基、蒙德里安的抽象派，接着又产生了马蒂斯的野兽派、毕加索的立体主义等现代艺术。就是说，除社会条件的矛盾外，文化艺术本身也有内部矛盾。这些新的艺术流派、文学流派在当时所起的作用，就是引起了对社会前途的关心，对人生命运的考虑，这在西方当时还是有一定的积极意义的。中国改革开放以来，也引进了大量西方新理论、新思潮，但有些观点确实成问题。总而言之，艺术美学是用艺术的形态去反映自然现象、社会现象，这终归是一个反映与被反映的关系。艺术的创造与欣赏都要从现实出发，引进和提出任何一种新思潮、新理论，都要看它在人民群众中起的作用如何，要看广大读者的接受能力如何。关于当前及今后美学研究、文艺理论研究、文化建设的方法和方向，我觉得还是一个学风问题。最重要的有两条：一是要从实际出发，端正学风，不弄虚作假。实事求是不等于机械地反映，而是辩证地反映，是辩证思维，不是机械思维。对人民负责、对历史负责、对艺术负责，也就是对自己负责。不负责，人活着就没有意义。二是做学问要下苦功夫，忌讳从概念到概念、从名词到名词、从理论到理论的抽象空洞的说教式研究，那不可取，要真正懂艺术，融会贯通，才能搞美学研究。在市场经济新形势下，文学艺术的创作和研究确实面临着一种新的选择和价值定位的问题。选择什么？怎样选择？本身也有一个艺术性、科学性的问题。但不管形势变化多大，我们的文学艺术，我们的美学研究和文化建设，都应该扭正方向，转移到科学化、艺术化、正常化的轨道上来，一切都应尊重艺术规律，尊重时代发展的要求，尊重广大人民群众的审美需求和审美接受能力。这就是新形势下中国文学艺术发展的正确选择，是符合马克思主义辩证法和反映论的一种艺术而科学的选择。

原载《太原日报》1995 年 4 月 18 日，全文转载于中国人民大学书报资料中心《文艺理论》1995 年第 9 期

时间： 1995 年 2 月 17 日

地点： 北京市朝阳区红庙北里周汝昌先生家

《红楼梦》：中华民族的文化圣典

——周汝昌先生访谈录

周汝昌（1918 年 4 月 14 日—2012 年 5 月 31 日），字玉言，别署解味道人。天津人。燕京大学西语系本科、中文系研究院毕业。曾任华西大学、四川大学外文系讲师、人民文学出版社古典部编辑，中国艺术研究院研究员、顾问，著名红学家、古典文学研究家、书法家、诗人，全国政协第五届至第八届委员，中国曹雪芹研究会名誉会长，美国威斯康星大学客座教授。

周汝昌一生精力倾注于《红楼梦》研究、古典诗词研究、书法研究以及中华文化研究，著述宏富，研究深广，出版有 60 多部学术著作。代表作《红楼梦新证》是红学史上一部具有划时代意义的里程碑著作，奠定了中国现代红学的基础。其后的《曹雪芹小传》《恭王府考》《献芹集》《石头记鉴真》《红楼梦与中华文化》《红楼梦的历程》《恭王府与红楼梦》《红楼艺术》《红楼梦的真故事》《红楼小讲》《红楼夺目红》《红楼十二层》《我与胡适先生》《红楼梦里史侯家》等几十部红学专著，展示了他在红学领域的精深造诣和创造性成果。

周汝昌还著有《永字八法》《书法艺术答问》《兰亭秋夜录》《千秋一寸心：周汝昌讲唐诗宋词》《诗词赏会》等，编注《范成大诗选》《白居易诗选》《杨万里选集》，其超凡的诗词创作才华、独具个性的书法艺术与淡泊名利的做人境界，尤为学林推重。

周汝昌先生（张建国 摄）

　　曹雪芹的《红楼梦》诞生 200 多年来，一直成为读书界关注的热点。嘉庆年间京都《竹枝词》有云："开谈不说《红楼梦》，读尽诗书也枉然。"足见此书在文人心中的地位与在社会上的影响。这部世界名著初名《石头记》，最初以抄本的形式在社会上流传时，就受到文人的欢迎。曹雪芹死后，皇族诗人永忠写下《因墨香得观红楼梦小说吊雪芹》三首绝句。其中一首说："传神文笔足千秋，不是情人不泪流。可恨同时不相识，几回掩卷哭曹侯！"可见其文学价值之高。后来，书商程伟元委托文人高颚续补了原著佚失的后四十回内容，第一次使《红楼梦》以 120 回的版本形式固定下来，由此促成了该著的第一次大普及，很快在读书人中形成一股读"红"旋风。而自嘉庆到清末，《红楼梦》的各种翻刻本多达 70 余种，同时，出现了逍遥子的《后红楼梦》等 40 多种续书，仲振奎的《红楼梦传奇》等 15 种戏曲脚本，形成了一个"红楼现象"。比之前代的畅销书，如写绿林豪杰的《水浒》、写帝王将相的《三国》，均无写儿女痴情的《红楼》有如此众多的续书、翻刻与文艺改编本。而长期以来，欣赏、研究这部小说已经成了一门学问——红学。进入 20 世纪 80 年代，皇皇"红学"终于被公认为是一门足以与甲骨学、敦煌学相鼎立的"显学"。《红楼梦》博大精深的思想文化含量，使我们对它刮目相看。鲁迅先生对《红楼梦》评价说："自有《红楼梦》出来以后，传统的思想和写法都打破了。"（《中国小说的历史的变迁》）说明这部作品不仅在小说文体技法上有着较之传统小说的重大突破，它所蕴含的文化积淀也是何等深厚，储存的文化信息量也非常大，渗透在字里行间的文化思想更具有一种不同于传统文学的"新质意义"。所以说，《红楼梦》已经成为民族传统文化的化石和标本了，这是中国任何一部小说都难以达到的高度。可以说，《红楼梦》既是中国传统文化百科全书式的集大成的展示，更是中国传统文化登峰造极的一个表现与高峰，《红楼梦》传承了中华文明的百代风流，其完美的程度可以无愧地称为中国古典美学最辉煌的代表。同时，曹雪芹又对中国传统文化内在机理的根本构成——儒道释互补——提出了质疑与批判，曹雪芹对以"儒道佛"互补为特征的中华文化产生了彻底的幻灭，创造性地提出一种异质文化，对中国人精神结构的重建进行"补天"。这就是鲁迅先生所说的这部小说打破"传统思想"的地方。

这几年《红楼梦》是一个热点，盖因为进入20世纪90年代中期以来，80年代那样一个激情燃烧的岁月、文学狂热的年代已经渐渐远离我们而去。"文学热"过去后，中国进入一个大众文化的时代与"传统文化热"的时代。在当代文学领域找不出可以让读者兴奋的焦点话题时，人们就将关注的目光转向了古代与传统。于是，国学热、经学热、传统文化热、"红楼热"就出现了。市场上出现了大量研读《红楼梦》的书籍，著名作家刘心武续写《红楼》，覃研"秦学"，成为红迷关注的热点，台湾学者蒋勋也在台北等地开设《红楼》讲座。于是，有一个时期，新闻界有一些女性白领，即女记者、女编辑曾经这样说，喝普洱、练瑜伽、看一场先锋实验话剧、读《红楼梦》，是都市小资"四件雅事"。当然，这只反映了一小部分城市白领的审美好尚，缺乏普遍性与代表性。从接受美学的角度看，不同的读者，由于人生阅历、知识结构、教育背景、理解能力、审美能力之差异，对《红楼梦》有不同的看法是可以理解的。鲁迅先生所谓："单是命意，就因读者的眼光而有种种。经学家看见《易》，道学家看见淫，才子看见缠绵，革命家看见排满，流言家看见宫闱秘事……"所谓100个人眼里有100个哈姆雷特，100个人眼中有100个贾宝玉，即是此理。比如，有的人着眼于《红楼梦》文本、人物关系而展开赏析，尽管比较感性、浮浅，但也不失为一种解读与认识。那么，作为一个中国人，透过眼花缭乱、五花八门的"红楼热"的现象，究竟应该如何理解中国古代这部最伟大的小说——《红楼梦》的主旨思想及其与中国文化的关系？《红楼梦》到底是一部什么样的著作？

带着这些问题，我于1995年2月17日上午9时至11时，来到北京朝阳区红庙北里周汝昌先生寓所，对著名红学家、古典文学专家周汝昌先生进行了一次学术访谈。周汝昌先生蜗居于京东一处普通楼房的二楼，是文化部的宿舍楼。室内布置极其简朴，几乎没有装修，简易的水墨石地板已经被岁月磨蚀得很旧很糙了，客厅摆着一张简陋的圆形餐桌，靠墙是陈旧的布沙发，铺着朴素的蓝格花布，旁边是一个简易书柜，厅里有序地摆放着花盆、椅子、书籍等日常杂物。没有豪华家具，没有高级音响，甚至还不如普通的北京市民家庭。然而，一进客厅，我还是被吸引住了，一侧墙壁上悬挂着的一幅竖长书法作品让我眼前一亮。这是《红楼梦》"大观园试才题对额"里林黛玉的那首《世外仙源》："名园筑何处，仙境别红尘。借得山川秀，添来景物新。香融金谷酒，花媚玉堂人。何幸邀恩宠，宫车过往频。"挺秀遒媚、瘦劲露锋的字体，一看就知是周汝昌先生的书法墨宝。那时的周先生已经77岁高龄，虽然过着俭朴清贫的读书写作生活，却红光满面，精神矍铄。他满头银丝，体形清癯，说话声音语气极儒雅柔和，慈眉善目间，浑身散发着一股超凡脱俗的飘逸气质。由于前几年我在《太原日报》"双塔"副刊经常编发周先生的文化随笔与红学文章，他对我已经很熟悉了。他记性很好，一见我，就说出了我的名字，紧拉着我双手，问工作问生活，对后学表现出无私关怀的热情与扶掖。周先生称自己是"半盲叟"，虽然耳聋目盲，但他坚持每天伏案钻研，在几个女儿的轮番帮助下，靠口述交流研究红学，每年有数本新作问世，令人肃然而起敬意。

那天，周先生的两个女儿、中国艺术研究院助理研究员周伦玲、周月苓陪同我进行了采访。周先生虽然耳朵已经听不太清楚，眼睛也不很好，但这丝毫不妨碍我们的交流。谈起《红楼梦》来，他思维清晰，语调温文尔雅。整个访谈中，特别感人的，就是他那颗透明而稚嫩的"童心"，是那样的清纯明净、斯文率真，这是他作为一个优秀知识分子的人格魅力。周先生为人单纯，身上充溢着的浓浓书卷气，是一名纯粹的学人、一个真正的红学"痴人"和文化"赤子"才有的内在气质，是最可贵的文化品质。所谓"腹有诗书气自华"，在周先生身上得到最完美的体现。周汝昌先生饱读诗书，表现出谦谦君子的精神风范。我想起了一句古话："君子如玉，人品如竹。"《红楼梦》第37回贾探春《咏白海棠》诗云："玉是精神难比洁，雪为肌骨易销魂。"从周汝昌先生身上，我看到了一种"玉"的君子品德。《礼记》曰："君子比德如玉。"玉集大地之灵气，荟日月山川之精华，洁白而有灵性。玉已成为君子的化身和代表，是纯洁之物。听周汝昌先生谈论《红楼》，如清风吹拂，似甘泉入心，真正感受到一种温润如玉、洁身如玉的君子风范。

周汝昌先生是继胡适之后新中国红学研究第一人，被誉为当代"红学泰斗"。他几乎每天都过着与世隔绝的书斋生活、写作生活，他生活在一个清静、安谧的红楼世界里，远离外面的滚滚红尘与花花世界。在"仙境别红尘"的红楼世界里，他将自己的一生献给了红学研究。他是国内著名古典文学专家、诗人、红学家，旧诗功底深，写得好。此外，他还是书法家，其书法既有王右军之遗风，也有宋徽宗瘦金体的味道。我自1993年开始与周汝昌先生交往，感到先生仙风道骨，童心至纯，人品、文品、书品均属一流，是稀有的国宝级大师。

我的大学老师梁归智先生是周汝昌先生的私淑弟子，多年研究《红楼梦》探佚学。1981 年由山西人民出版社出版红学著作《石头记探佚》，就是周汝昌先生作序，给予了很大的学术支持。因而，我这次对周先生的访谈自然就从探佚学开始了。

周汝昌先生（右）接受安裴智的学术访谈（张建国·摄）

在胡适鼓励下走进"红学"殿堂

安裴智：200 多年来，《红楼梦》成为社会关注的热点，欣赏、研究这部小说已经成了一种专门的学问——红学。自您于 1953 年由棠棣出版社推出红学研究力作《红楼梦新证》以来，您一直关注与研究曹雪芹原著《红楼梦》80回后佚失的内容。不仅自己撰写探佚论文，也一直支持红学界其他学者从事《红楼梦》的探佚研究。程高续书被称为"狗尾续貂"，从总体的思想倾向到每个红楼人物的命运结局、故事走向及语言风格，都较曹氏原著相去甚远，尤其是将宝黛爱情悲剧简单地写成贾母、凤姐的"掉包计"迫害所致。贾府败落后，又写"兰桂齐芳"、"沐皇恩贾家延世泽"等，均违背了曹氏原著的精神风貌与悲剧风格。周先生自"新红学"以来，被称为胡适之后研究《红楼梦》的第一人，一生力倡探佚，主张要找回《红楼梦》后30回被遗失的内容，恢复曹雪芹的悲剧美学思想。那么，您从研究《红楼梦》之始，就已经意识到探佚学的重要性了吗？

周汝昌：探佚涉及对《红楼梦》这部文学名著的正确认识。探佚学从一开始就是"红学"中一个最根本、最重要的问题，因为这是所有关于《红楼梦》研究中最重大、最根本的问题。探佚的思路不建立，对《红楼梦》的一切研究均不及根本，是"无根"之浮萍。至于20世纪40年代末我开始《红楼梦》研究的时候，我对探佚学还没有多大的认识。意识到探佚的重要性，那是后来的事。

安裴智：周老，您一开始研究《红楼梦》的时候，对这部著作是一个什么样的认识？您是从上燕京大学的时候就开始研究《红楼梦》的吗？您是如何走上"红学"研究道路的？

周汝昌：是的。我在读燕京大学的时候开始钻研《红楼梦》。燕京大学是北京大学的前身，不过现在已经不存在了，1952年就与北京大学合并在一起。前两年，刚成立了一个燕京研究院，由燕京大学北京校友会与北京大学分校合办。目前，《燕京学报》也在复刊，这是一个很好的消息，它是适应新的形势而采取的措施。燕京研究院最新的学科，目前以经济、管理、信息科学等为重点。人文科学的发展看来得一步一步创造条件。燕京那个大学真好，我受益就是在燕京大学。我大概在民国二十九年，即 1940 年秋进入燕京大学读书，才读了一年多就因遭日寇封校，被迫辍学离校。直到抗战胜利之后，才于 1947 年以插班生身份又考入燕园。我读的是西语系。我对《红楼梦》的研究，如果从渊源上讲，那当然是很早了。从很小的初中、高中时候，我就对《红楼梦》产生了某种程度的兴趣，当然是局限于一定的形式。那个我们不谈。那是小孩子的事情。真正喜欢《红楼梦》，是在燕京大学读书时期，但那时读《红楼梦》不是为了红学研究。我这个人的个性，是对学术有兴趣，但我一开始研究的不是《红楼梦》，目标多得很。当时的主要精力是英译陆机的《文赋》，闲暇时做些散碎的考证和翻译。后来，由于有一个老家兄周祜昌（现在已经不在世了）——他是我的四哥，可以说，是他将我引入了《红楼梦》这一巨大的中华文化课题上来的。1947 年，当时四哥在天津，偶然借得一本亚东图书馆排印的《红楼梦》，见卷前面有胡适先生的考证文章，他忽然对曹雪芹发生了兴趣，就给我来信。他说，胡适当年只找到了敦诚的《四松堂集》，由此书让世人知道了曹雪芹其人其事。但是，胡适费了很大的力气，就是没有找到敦诚的哥哥敦敏的诗集《懋斋诗钞》。四哥认为敦敏的诗集很重要。建议我在京城的各大图书馆去查查。我听了以后，就来到燕大图书馆去查看。这么一查，敦敏的诗集《懋斋诗钞》就在图书馆的一个冷僻的角落里摆着，没人过问。借到手后，我一口气读完了敦敏的这部诗集，在里边就发现了六首有关曹雪芹的很重要的诗。如有一首，《题芹圃画石》："傲骨如君世已奇，嶙峋更见此支离。醉余奋扫如椽笔，写出胸中块垒时。"觉得敦敏此诗很能见出雪芹的性格。当时我心中很有些想法，于是就写了一篇简单的文章《曹雪芹生卒年之新推定——〈懋斋诗钞〉中之曹雪芹》。这大概是在民国三十六年，即1947年11月。此文的主要观点，是提出了曹雪芹出生于雍正二年（甲辰，1724年），卒于乾隆二十八年（癸未，1764年2月1日）。当时我是个学生，文章写出来后，也没有发表的欲望，也不是为了要图个什么。那会儿真是天真、单纯得很。写完了，就放在自己书桌上，还有一些书、稿件，乱七八糟的，都在上边堆放着，那就算完啦。这只能说是我开始接触《红楼梦》，还是有点兴趣的。

提出雪芹卒年"癸未说"，引起胡适关注

安裴智：关于曹雪芹的逝世年份，红学界主要有壬午说、癸未说两种。壬午说，其根据不过是脂砚斋的一条批语。甲戌本第一回脂批："能解者方有辛酸之泪，哭成此书。壬午除夕，书未成，芹为泪尽而逝。余尝哭芹，泪亦待尽。每意觅青埂峰再问石兄，奈不遇癩头和尚何？怅怅！"而著名的"癸未说"，是您首先于1947年提出的，就是在《曹雪芹生卒年之新推定——〈懋斋诗钞〉中之曹雪芹》的文章中，您提出了曹雪芹是死于癸未年，即1764年？您的依据是什么？

周汝昌："癸未说"的依据是敦敏的《懋斋诗钞》，有《小诗代柬寄曹雪芹》一首诗："东风吹杏雨，又早落花辰。好枉故人驾，来看小院春。诗才忆曹植，酒盏愧陈遵。上巳前三日，相劳醉碧茵。"《懋斋诗钞》是严格编年的，在此诗前三首《古刹小憩》下有"癸

未"两字纪年。《小诗代柬》既在癸未纪年后第四首，应是癸未年的诗。这是认为曹雪芹卒于癸未（乾隆二十八年）除夕的根据。

安裴智：那这篇文章后来是如何引起大学者胡适先生的关注的？

周汝昌：民国三十六年（1947）11月，我写成《曹雪芹生卒年之新推定——〈懋斋诗钞〉中之曹雪芹》这篇小文之后，过了很久，我的一位老师，顾随，是有名的词人、文学家，他在燕京大学、辅仁大学等很多学校兼课，叶嘉莹就是他的弟子。我们关系很好，通信最多、最频繁，我也是顾先生的门生弟子之一。那时候，他有一回给我来信说，你也可以练习写作。顾随先生不希望我做学者，希望我做个文人。顾先生对我期望很大，很看重我。他说："你如果没事，可以写作，有作品可以给我寄来，我替你介绍给报纸发表。"我当时并没有写作的欲望，但又不愿意辜负老师的心意而交白卷。于是，我想起手头有两篇已写好的小稿子，一个稿子是研究书法的，考证初唐书法家欧阳询《皇甫碑》的年代的；另外一个稿子就是发现这六首有关曹雪芹诗歌的文章。我一想，我没有别的文章，就把这两个很现成的稿子寄给顾随先生。顾先生就转给了赵万里。赵万里先生是一个很有名的学者，是国学大师王国维的同乡兼门生，也是曲学大家吴梅的弟子，当时是北京图书馆善本室主任、版本目录学专家、文献学专家。赵万里先生看了我的这两篇文章，当然他最有兴趣的是关于曹雪芹的这篇。他就在《天津民国日报》的"图书"副刊发表了，大概是1947年12月5日。我的这篇《曹雪芹生卒年之新推定——〈懋斋诗钞〉中之曹雪芹》公开发表之后，大学者胡适先生看到了，他很高兴，认为这是个大发现。两天后，即12月7日，胡适先生就主动给我写信来。胡适先生认为："《懋斋诗钞》的发现，是一大贡献，《红楼梦》的史料添了六首诗，最可庆幸。"胡适先生给我的信是通过赵万里先生转给我，赵先生见了此信，掂出了其中的学术分量，就把胡适的信也在《天津民国日报》的"图书"副刊发表了，这是 1948 年 2 月 20 日。我是在此信刊出后才见到信的手迹的。这样一来，学术界对由我的"甲辰说"、"癸未说"所引发的曹雪芹生卒年这个问题开始关注、讨论，影响越来越大，出现了一股研红新潮。

安裴智：红学界有一种观点，认为您从事的《红楼梦》考证工作与胡适的考证是一个路子。是这样吗？您走上红学考证研究的学术道路，是否受过胡适先生研究方法的影响？

周汝昌：为什么我对这个问题说这么多呢？我告诉你这个红学史的脉络。我在《天津民国日报》"图书"副刊发表《曹雪芹生卒年之新推定——〈懋斋诗钞〉中之曹雪芹》一文的时候，正是胡适作《红楼梦考证》之后的 26 年。胡适的红学论文问世以后，这一门红学等于是无人继承，这是很粗略地说。那么，这一下子不要紧，引起了我们讨论的兴趣。当时，我是一个学生，大学者胡适先生主动给我来信，当然引起一个今天所谓的轰动。可是呢，我们的见解有同，也有异。从一开始，我一个青年学生并不为胡适的文化声名、学术威望所慑服。我这个人简直单纯、简单到极点啦。当时，对不同的意见我一直在跟他争。所以，我对《红楼梦》研究的这个兴趣，一方面是得到了胡适先生的重视，有了精神动力；另一方面，不同观点又要与他争论。究竟哪个是真理？我认为只有钻研才可搞清楚。这样，一个青年学子本来并不是要搞什么"红学"，结果，在胡适先生的精神鼓励下，我一下子就进去了，走进了《红楼梦》研究的大门。进去以后就出不来了。我跟你讲这个，我研究红学，是在胡适《红楼梦考证》发表之后沉寂 26 年、无人继承的情况下，开始做这样的研究工作的。

我跟你讲这个红学的大脉络，然后你才好理解我这个研究是怎么回事，它在红学史上的地位，和我走的这个路子，我的理想、目标，等等。否则的话，就很难谈起。

胡适红学考证之功过

安裴智：1921 年，胡适发表了《红楼梦考证》，次年，俞平伯写了《红楼梦辨》（再版改名《红楼梦研究》）。历史学家顾颉刚为俞平伯此书写序言，提出，这两本书的问世，标志着"旧红学的打倒，新红学的成立"。自此，进入"新红学"时期。所以，200 多年的红学一般就分为两个阶段。从清朝乾隆年间到民国初年是第一个时期，称为"旧红学"；从"五四"以后直至新中国成立后，属于"新红学"。一般认为，以索隐为手段与特征的旧红学不是科学的文学研究，使红学走进了"对号入座"的死胡同。那么，胡适、俞平伯的"新红学"研究有共同点吗？有什么区别？

周汝昌：胡适先生对《红楼梦》的考证确实是在 1921 年，这个你可以去查。那么，第二年，俞平伯的《红楼梦辨》就出来啦。俞平伯的这一部书，也就是说，是新红学的第一部专著，这个作用当然是十分重要。现在一般人都稀里糊涂，胡、俞并称，仿佛就没有分别。其实不是的。胡适的《红楼梦考证》是一篇论文，不足三万字；俞平伯的《红楼梦辨》呢？是一部书，有十五万字。那么，一部书，它的性质和胡适那种考证就完全是两回事。也就是说，你不能够认为胡适与俞平伯走的是一条路子。其实，俞平伯是另外一条路子，在《红楼梦》的版本上做了一些比较，主要是欣赏、评论，这个我就不多说了，你会有你的理解。我强调的是走胡适这一条路子。表面上说，红学史料、曹雪芹家世的考证，走这条路子的，根本没有人，俞平伯完全不是干这个的。这一点你必须清楚。那么，我说的这些话，主要是说，我走的这个路子，在表面上看起来，那确实是"胡适派"，如果就这么说，这不是好话。可是我的这个路子，从曹雪芹的家世、生平、时代背景，一切资料全面掌握。当然，所谓"全面"，受我那个时代条件的局限，我所要看的与《红楼梦》有关的书仅仅是一部分。我借不到，或者说当时不能够拿到手的书，那很多。我仅仅是学校里的一个学生。可是，就在这样的情况之下，我那阵的红学考证成绩，受了胡适的影响。以后呢，发表出来，海内外学界大吃一惊，那个时候我的考证研究引起的学术影响是很大的，我也没有料到。那么，这样说起来，我走的这个路子就是胡适的路子吗？又不是。我从查阅曹雪芹本人的家世史料开始，一直扩大到这个家族的全部历史，由这个家族的全部历史，再扩大、联系到整个的清代史。这样的考证、推论方法，并不是胡适先生的方法，也不是他所要的结果。今天看来，他当时的红学认识虽然有一定的局限性，但是，他筚路蓝缕，开创红学考证的功劳很大。而且，胡适先生最初写《红楼梦考证》的目的不是为了红学，他是为了提倡白话小说。他是从给亚东图书馆的一套书写序开始入手考证《红楼梦》。1920年，上海亚东图书馆开始陆续出版新标点本系列小说。亚东老板汪孟邹催促胡适给《红楼梦》的新标点本写个序言，以配合当时的书籍宣传。这才有了《红楼梦考证》这篇文章。胡适是被动完成任务，不是主动热衷于"红学"研究。一位书商催生了一篇传世宏文，可谓现代学术史上的一段佳话。胡适把《儒林外史》《水浒传》等几部白话小说名著的内容与作者均做了详尽的考证，他是平均对待几部白话小说。当时他对"红学"并无意，大脑中并没有"红学"这个概念。"红学"这个词独立出来，像现在这么热门，有这么大的发展空间，这都是后来的情况。你要用这个历史的眼光来看待红学史中的现象与问题。

安裴智：著名的"自传说"就是在《红楼梦考证》里提出来的吧？那您觉得胡适作为"新红学"开山之祖，他的主要红学贡献是什么？

周汝昌：胡适写的《红楼梦考证》这篇文章贡献很大，确认了曹雪芹是《红楼梦》的作者这一地位，弄清了曹家家世的来龙去脉，认定《红楼梦》"是一部隐去真事的自叙"，提出了"自叙传"，考清了高鹗的身世，确认《红楼梦》后四十回为高鹗所补。在胡适之前，学界认为曹雪芹这个人到底有没有都不很确定。所以，《红楼梦考证》的出现，有其一定的学术价值。胡适提出"自传说"，对《红楼梦》的作者、家世、版本进行考证，第一次从文学的角度，提出《红楼梦》是作者曹雪芹在自己家族题材的基础上写成的一部自传体的小说。不能猜谜语。是文学作品，不能对号入座。新红学的诞生，使红楼梦研究步入良性、健康的发展之路。其成果极大地超越了以王雪香、张新之和姚燮为代表的题咏、评点派红学，也超越了以王梦阮、沈瓶庵、蔡元培等为代表的索隐派红学，将红学研究推到了一个前所未有的高度，真正地将其纳入了科学研究的范畴。但是，尽管如此，我们也不能说胡适先生的"新红学"研究就没有瑕疵了。胡适认为，曹雪芹祖父曹寅家里曾经是荣华富贵，这个富贵人家后来坐吃山空，子孙们没能继承家业，自己败落了。他就是这样的观点，没有从曹家跟清代历史大时代的关系、曹家与清代康雍乾三朝政治兴衰的角度去看待曹家的败落，胡适这方面接触、谈论得少。我并不是贬胡适。这是事实，你可以去看他的文章。我们讲学术，我决无意贬谁捧谁。你听我这话，咱们是讲学问、求真理，不是针对人。那么，你了解这一点以后，你才理解我。人们骂我是"胡适派"、"考证派"，什么什么难听的话。他们哪里知道，其实，同样是"考证"，我与胡适先生的某些观点与方法也是大不相同的。1960 年 3 月，胡适在海外，他的朋友程靖宇寄给他一本我写的《红楼梦新证》，意在让他看到"周某批胡"的地方，惹他的恼怒。谁知，胡先生看了大为高兴。别人本来是要引他骂我，情况却正相反。胡适在给程靖宇的复函中说，"谢谢你寄给我的《红楼梦新证》。我昨天匆匆读完了，觉得此书很好。我想请你代我买三四册寄来，以便分送国内外的'红学'朋友。"同年 11 月 19 日，胡适先生在给作家高阳的复函中再次提到我的《红楼梦新证》，说，"汝昌的书，有许多可批评的地方，但他的功力真可佩服，他可以算是我的一个好徒弟。"我说这个话的意思是，海内海外，从不同角度，以不同的心情，骂我的，捧我的，都是把我当作了胡适的门徒。你明白吗？我要说的是这个。但是我并不是胡适一派的。我由开始研究曹雪芹本人的史料，扩充到曹雪芹家族的史料，乃至到整个清代中期的历史。例如，曹氏先祖为什么会落到一个八旗的包衣（奴隶）的地步？成为皇家的奴隶？曹家这个家族和清代的历史是一种什么样的关系？特别是清代前半期（从顺治到乾隆），种种政治风云和历史人物的命运变化，在曹家百年兴衰中所起的作用是什么？从清朝中期政治的、经济的、历史的种种社会状况的微妙变化入手，来考察曹家在政治历史风云中由盛转衰的、艰难的、难以逃避的悲剧命运。我是把这种整体情况研究出来。这个研究与考证，实际上与胡适先生单纯从曹家内部子孙不肖导致家族衰败的路子是不一样的。但是，没有一个人理解我的考证路子。曹家由盛转衰的悲剧命运与清中期政治历史风云的关系，是我把其中的整个原因研究出来的。这样的工作是相当扎实的，我没有一句空话。那么这个基本清楚了。

周汝昌先生（左）与安裴智（张建国　摄）

从"文化小说"的视角看待《红楼梦》

安裴智：是的。这一点，在您的《红楼梦新证》里讲得很清楚。周老，我们虽然离开曹雪芹写作《红楼梦》的时代已经有 200 多年了，但《红楼梦》一直生活在我们当代人的文化生活与精神生活中，

"红楼热"也成为当下中国文化界的一个有意思的景观。那么，作为一个中国人，透过眼花缭乱、五花八门的"红楼热"的现象，究竟应该如何理解中国古代这部最伟大的小说——《红楼梦》的主旨思想及其与中国文化的关系？《红楼梦》到底是一部什么样的著作？关于《红楼梦》，有的人说它是中华文化的大百科全书。可以这么理解吗？而关于《红楼梦》的主题，过去主要有"爱情悲剧说"、"政治悲剧说"等多种。您觉得应该如何理解《红楼梦》这部小说的文化内涵呢？

周汝昌：今天世人所谈的，一谈起曹雪芹的家世与生平，一谈起《红楼梦》的家族政治悲剧，基本就是那点知识。基本都是在我的红学研究的大框架之内的。那么，这就算完成红学研究的任务啦？这就是我的最高理想吗？不是！我今天谈的，主要是这个做学问的路子。我在这个研究过程中已经意识到《红楼梦》这部作品的了不起，不是人们用空话所说的，伟大呀，最伟大的小说呀，最伟大的文学作品呀。这都是空话。那么，《红楼梦》怎么个伟大啊？人们说不上来，平常都是那些套语，形象鲜明呀，性格突出呀，语言优美呀。这还伟大？一部名著达不到这个条件能成为名著吗？仅仅靠这些怎么能称《红楼梦》是伟大的呢？你想一想，这很可笑的。他们没有看到《红楼梦》的真正伟大之处。简单地说吧，我一步步地从朦胧一直到越来越清楚，我得到一个认识，就是认为《红楼梦》是我们中国文化领域内，以小说为外在形式、以中华文化为内涵、为本质的最伟大的著作。或者说，《红楼梦》是我们中华民族的一部古往今来、绝无仅有的"文化小说"。这样的一个提法，我觉得才能比较准确地概括《红楼梦》的思想精髓。我们所处的是一个不同的时代，你要理解不同时代的语境下，人们的认识是不同的。比如，新中国成立初期，那个时候正处于革命的热潮，一切都是以"左"的东西来衡量。那个时候没有人敢谈什么中国传统文化。你不要忘了这个时代背景，那跟今天太不同了。所以，在那样的特殊年代，我们根本不敢也不能像我刚才那样说话。那个年代，一说起《红楼梦》来，就是什么反封建礼教呀，揭露封建阶级的腐败呀，抨击封建官场的黑暗呀，描写封建社会的衰亡与崩溃呀；《红楼梦》是给封建社会唱挽歌呀，贾宝玉怎么叛逆呀，主要是流行这个论调。你怎么能说《红楼梦》是中华文化的集中体现？所以，《红楼梦》的文化内涵这个话题不是那么好谈的。但是，实际上，我一直就是把《红楼梦》视作中华文化的集大成体现的一个艺术杰作。在较早版本的《红楼梦新证》里，我说过这样的话：那样的社会，那样的家庭，已经是不可能再存在了。但是，如果我们想了解那样的社会和家庭，没有一份翔实的历史记录，只能够向《红楼梦》小说中去做探讨、挖掘。这个话很浅，也很不全面。你今天体会一下那个意思要说的究竟是什么？也就是说，我们整个中华文化的这个庞大构造，国家、社会、民族、家庭、人伦、风俗、习惯、制度、礼节、修养，都在《红楼梦》这部书里。你懂我的意思吗？《红楼梦》反映的，其实是灿烂无比的中华文化。《红楼梦》内容宏富，包罗万象，确实可以被誉为中国传统文化的百科全书。其文化形态囊括了物质文化、制度文化、精神文化这三个基本层面。不要像过去那样，什么"爱情悲剧"呀、"政治悲剧"呀，来看待《红楼梦》，那样就视野小了。要从"文化小说"的高度看待《红楼梦》。这样静态、动态两方面的文化展现，物质文化、制度文化与精神文化的包罗万象般的全面呈现，都是前代小说所不具备的。所以，曹雪芹是一个惊人的天才，在他身上，仪态万方地体现了我们中华文化的光彩和境界。他是古今罕见的一个奇妙的"复合构成体"——大思想家、大诗人、大词曲家、大文豪、大美学家、大社会学家、大心理学家、大民俗学家、大典章制度学家、大园林建筑学家、大服装陈设专家、大音乐家、大医药学家……他的学识极广博，他的素养极高深，是一个奇才绝才。这样一个人写出来的小说，无怪乎有人将它比作"百科全书"，比作"万花筒"。虽然雪芹只是写了一个贵族家族的兴衰荣辱、离合悲欢，却实际是写了中华民族文化的万紫千红的大观与奇境。希望你采访我，能主要抓住这个精神。所以，我的研究路子，从民国三十六年（1947）至20世纪80年代，主要是把最基本的资料搜集、资料考证都做到位。但不是说，做得很完美，缺点很多，我自己知道的。但是，我已经没有那个条件了。本身事情多，又离开了大学，没有那样的好图书馆，也没有更多的精力来做这个事。所以，目前，我对《红楼梦》的考证基本告一段落了。以后呢？从20世纪80年代中后期至现今，我主要的研究路子，就是思索、探讨、挖掘这个《红楼梦》的文化内涵。你抓这个抓清了，你再给我评价。

安裴智：周老，具体地说，在您的红学研究的学术道路中，您是什么时候开始从材料的考证，转向探究《红楼梦》这部小说的思想内涵与文化意义的呢？

周汝昌：简单来说，就是从1986年在哈尔滨召开的第二次国际《红楼梦》学术会议（第一次国际红学会议于1980年在美国召开）后开始的。这个会梁归智也参加了。1986年，是我开始正式公开地提出《红楼梦》的文化意义的一年。在会上，《光明日报》记者采访我。他主要想问一个问题：周先生，你看这个"红学"今后发展的路子应该是什么样的呢？我说，今后红学研究的一个主要方向就是文化内容，即对《红楼梦》进行文化学意义上的研究。那么，我这样的提法，实际上是我自己的一个学术理想。如果说，20世纪50—70年代，我着眼于曹家历史、人物关系，仅仅是从红学外围与感性认识的层面去探佚，那么，80 年代中后期以来，尤其自 1987 年我去美国威斯康星大学访学归国以后，我的学术方向就有意地转向了研究《红楼梦》的文化意义。我给你举个例子，你也知道的。在海外，尤其是在美国与中国港台地区最有影响的一位大教授余英时，发表了两篇文章，把我们内地搞"红学"的这些人批得一文不值，那个口气轻薄得很。他最要紧的一句话，说"红学"这个东西已经走火入魔了，已经严重地脱离开文本。研究《红楼梦》应该回到文学，他认为我们搞的那一套都是歪路。其实呢，这个提法很可笑。我们并没有说《红楼梦》不是文学。我们研究这么大的红学，还是为了让读者更深入地理解曹雪芹《红楼梦》的文本内涵。余英时把两者对立起来了，而且他这样一个大教授的影响，在海外不得了啊！可现在我一点儿也不认输。为什么呢？还是那句话，胡适伟大不伟大？我也没有把他作为偶像。我照样跟他争，那么，你余英时我也照样跟你争。1992 年，我在《齐鲁学刊》发表了一篇文章《〈红楼梦〉研究中的一大问题》，反驳余英时。后来，《新华文摘》还全文转载了。我举这个例子，通通不是对人。你看，我走的这个红学研究路子不被人理解，有的骂我是"胡适派"、"考证派"，掉入了胡适唯心主义的泥坑里。这是一种；另外一种，就是海外的余英时这一派的观点。那意思简直是，周汝昌的这些研究跟《红楼梦》有什么关系呀？你看看，我们想走这个路子是很艰难的，不被人理解。我们想研究这样一个问题，你要说服人，除非你得有很大的学问。你说《红楼梦》代表我们中华文化，你得讲道理、举例子，你才能说服。现在，到了最后的这一阶段，我的理想是做这个工作。你明白吗？我这是很粗略地把我走的研究之路告诉了你。

安裴智：长期以来，您一直关注、支持《红楼梦》的探佚学研究。早在 1981 年，您给梁归智先生的红学探佚著作《〈石头记〉探佚》作序时，首次提出"曹学"、"探佚学"、"脂学"、"版本学"为红学四大分支，提出"红学"是足以与"甲骨学"、"敦煌学"相鼎足之"汉学"三大显学。那么，您是如何理解《红楼梦》探佚学与文化学之间的关系的？

周汝昌：这样说吧，"甲骨学"所代表的是夏商时代的古文古史的文化之学，即中国的上古文化；"敦煌学"所代表的是大唐盛世的艺术哲学的文化之学，即中国中古时期的文化；而"红学"所代表的是清代康乾盛世的思潮世运的文化之学，因而是中国近古文化的集大成体现。红学四支里，"曹学"、"脂学"、"版本学"都是基础，"探佚学"是灵魂，是关键。你不把《红楼梦》后 28 回的真故事有个整体的基本了解，那么，你怎么来看曹雪芹这个天才的头脑，他的思想、心灵、感情、理想、价值观，统统渗透在他的书里。你拿高鹗那个续补的东西能代表了曹雪芹原著？这个岂不是很荒唐么？所以，说什么也要争。我们从真的或接近真的《红楼梦》的作品出发，才能一步一步地探索《红楼梦》真正的思想价值、文化意义。所以，千言万语，所有的工作、所有的研究、所有的目标，都是为了这个。红学里包含了那么多不同的分支学科，除考证外，这学，那学，这个版本，那个版本，包罗万象。这本身也反映出，《红楼梦》包含着咱们整个的中华文化，万紫千红，包罗万象，没有哪一方面没有涉及。你对其中的一个方面不接触、不了解，你就不可能理解《红楼梦》的全部文化内涵。这并不是说，我们搞《红楼梦》研究就要这么纷乱，这么复杂，历史学、哲学、文化学、美学、文学、音乐学、戏曲学、建筑学、宗教学、民俗学、社会学、伦理学、心理学、服装学、饮食学、医药学，都要涉及；还有版本系统，脂批本系统就有 13 个古本，还有程高本系统，什么什么的，这个干吗呢？有人也许会问，这些与《红楼梦》研究有关吗？你想，你不这样的话，你怎么能理解这部世界巨著呢？所以，我们苦得很，就是没人理解，给你扣上个帽子、打个棍子，说些难听的话，射来明枪暗箭。这个我倒不计较。为什么呢？如果被那个吓倒，我早就不能干了。我一直坚持到今天，不是怕那个。你说我是为了什么？信念！那种发自内心的对《红楼梦》的真诚的信念，比宗教信仰还虔诚。没有这种强大的精神力量作支撑，我早就做不下去了。这就是说，通过《红楼梦》这个真正伟大的作品，来理解我们中华民族的文化精神，你就抓我这句话。我如果能够在这个话题上做一点事情，那是我一生最大的光荣。

红学是一门悲剧性学问

安裴智：这样说来，《红楼梦》的探佚研究倒有几分悲剧意味了？

周汝昌：把以上这几点给你说清了，你多少有点印象。然后，我再说这个意思。最后这一个意思也很真诚。我这个提法不知道是不是有点骇人听闻？但这是我真实的感觉，就是：红学这一门学问是一个带着很大的悲剧性的学问。这个话是什么意思呢？不是说《红楼梦》这个故事很不幸，家破人亡，落了片白茫茫大地真干净，走向悲剧结局。我是说，做这一门学问本身就带有很大的悲剧性。我给你说的意思是，刚才我已经那么粗略地给你讲了，从事红学这门学术研究，需要那么多方面的知识，而且有一种宿命的悲剧。

安裴智：这个悲剧性就是不被世人理解。

周汝昌：那当然啦。这也是悲剧性的。从事《红楼梦》研究的悲剧性是多层面的。不被人理解，是一层；第二层，因为它涉及了整个中华文化。所以，这个研究工作必须得是第一流的、全面精通各方面知识的大学者才有能力做。我这样说，一点都不夸张。我刚才说的那些你已经初有体会。那么，这个悲剧性正在这里。到哪里去找这样一个精通我们中华文化的这么多方面知识的第一流的大学者呢？有。大概也不过一两个。这一两个，比如说是我们一百年以来产生的大学者，你可以举出几位来。但是他们各人有各人的理想、目标、事业、研究的对象。谁来研究《红楼梦》？谁能够像我这样对《红楼梦》有如此高蹈的认识，从而舍得投入一生的精力去研究？如果你没有这个认识，那第一流大学者就肯为这么一部小说干一辈子么？这个悲剧性就很大了，落到我这样的人头上就已经很可怜了。这个话毫无自贬、夸张之意。这都是很真挚的。我是心有余而力不足。

安裴智：确实是这样的。您一生痴迷《红楼梦》，也是一辈子专门研究红学。正像您在 1985 年出版的红学论文集《献芹集》扉页的对联所云，"借玉通灵存翰墨，为芹辛苦见平生"。正是您一生从事红学研究事业的写照。

周汝昌：我们这一批所谓学者，比那第一流的老前辈大学者，那简直是望尘莫及，学力、学识、知识的丰富性均达不到。但是，悲剧性又在这儿，《红楼梦》研究恰恰就落到我们这样的人手里，这确实已经很不幸了。但是，今天的很多所谓的"红学家"可连我还不如。很多这个凑热闹的、慕名的，碰一碰，摸一摸，找一些红学里面的小玩意儿，搞一篇文章一知半解的，一鳞半爪的，都成了"红学家"了。那么，你说说，这个局面是不是很有悲剧性呢？我认为这个悲剧性很深刻。这是我们中华文化呀！我的千言万语，你仔细想一想，都归结到这里——中华文化——一个巨大的话题，怎么办？那么你如何处理、对待这些五花八门的现象，这个很要紧。

安裴智：您所说的情况在当前红学界确实很普遍、很严重。您是红学老前辈了，我们是晚学。我们年轻一代对《红楼梦》特别感兴趣的，应该从哪些方面做起呢？

周汝昌：我就盼望着你们一代又一代的人才，不要自己轻视自己，以现在的条件好好地培养自己，成为为我们这一门学问贡献力量的人。这个是我最大的心愿。如果你能把我今天说的这几点意思说清了，整明白了，那我就太高兴了，因为理解我的人很少。这个问题，我想是这样的，对那些红学史上的话题，今后你多多搜罗、注意，听不同的说法，形成你自己的独立见解，多闻多听多思多悟，就能自己悟出道理来。你现在是报纸副刊文学版编辑，这个工作岗位不要轻视它，这使你有很大的优越性，因为要接触很多像我们这样的一些老书生、关起门来接触不到的人。你正是要从这个非常复杂、好坏是非杂糅之中培养自己的辨别能力。你这个工作岗位不简单，我能体会。这正是能锻炼你个人才能的机会，不能轻视。你在自己编辑的"双塔"文学评论版开展有学术纪念意义的红学对话，探讨"如何进行红学探佚研究"和"进一步肃清程高伪续的思想流毒"。你们报纸敢发我的《探佚与打假》这么长的充满学术意味的大稿子，这没有一点大无畏精神是不敢刊发的。一个人做事情，就是要有胆有识。你有这个胆识，别人不这么做，我就要这么做。作为新的路子，都是由人开出来的嘛。别的报纸它不敢这么做，你们就敢这么做。

关于曹雪芹小像

安裴智：周先生，20 世纪 60 年代，具体地说，是 1963 年，在河南省博物馆保存着一个清代画像。当时，您亲目鉴定后写了文章，认为它是曹雪芹的画像。中国社会科学院文学研究所的刘世德先生也写了文章，对这个画像的真伪提出质疑，展开讨论。那么，这个曹雪芹画像到底是真的还是假的？有一种说法，说不是真的曹雪芹画像。对吗？今年 2 月 4 日的《文汇读书周报》刊发了一整版有关曹雪芹小像真假之谜的文章。您对这个事情是如何看待的？

周汝昌：我一直到现在还认为它是真的。但是这里面极其复杂。这个问题是这样的。1963 年，上海文化局局长方行，到河南去开文物工作会议，河南博物馆正在办展览。他看完展品以后，觉得没有什么值得关注的、重要的东西。他就问博物馆的管理员，你们还有什么收藏的有价值的东西？让我看一看。管理员把他引进博物馆内部，取出一部册页，好多页连在一起，十来个对开。翻阅后，他就发现了一张肖像，画页左上方有题记云："雪芹先生洪才河泻，逸藻云翔，尹公望山时督两江，以通家之谊，罗致幕府，案牍之暇，诗酒赓和，铿锵隽永。余私忱钦慕，爱作小照，绘其风流儒雅之致，以志雪鸿之迹云尔。云间艮生陆厚信并识。""雪芹"二字赫然在目，遂引起了方行的注意。于是，他在这张册页上插了一个纸条，委托博物馆管理员给他拍照后，寄到上海。他收到河南寄来的照片后，就通过王士菁转寄给我。让我鉴定、研究、辨别其真伪性质。过程就是这样的，曹雪芹小像是这么发现的。

这个册页别人也都看到了。过了一两年，文化部又再调来一个单页，我们从一开始就觉得，这里面肯定有人搞了鬼。收藏者与购买者联合在一起，千方百计地说这个是假的。实际上，那个购买者如果当时看了后认为不是真的，他就不应该买啊。他为什么要花钱买？当时人民币很值钱的。买的人给了5元钱，后面又补给人家10元，觉得太冤。结果到了后来，一个专家注意到这个事情，一考察，他们都改口了，变嘴了。买的人和博物馆有关人士千方百计地说这幅画像是假的。我就想追问，方行先生最初在博物馆看过的那个册页呢？去哪儿了？博物馆的人却改了口，不承认方行先生看过他们的册页了。既然这样，我要问，当时一本册页，是对开的，是一个整体。上面的每一个人像画，都是乾隆年的痕迹与风格。如果说这一个曹雪芹画像是假的，那你把与雪芹画像对开的另一个画像册页拿来，我们看看，比较一下。一整本画册，别的册页都不假，单单有雪芹画像的这个册页就假？你说这个事，怎么变成这样了？这里面有人搞了鬼。别的那一个册页不敢拿出来，又害怕由这个"假"的引起人的注目。说这个是假的，这个案子就销了。没人注意。就是这么回事。你明白了吗？河南博物馆与他们找的人异口同声，都是为那个假的来说话。拼命说这个画像是假的，一文不值，没人再理了，这个案子就销了。

书法重在一个"悟"

周汝昌先生（右）为《太原日报》"双塔"文艺副刊2000期赋诗作书 （张建国 摄）

安裴智：周老，刚才您主要谈了您的"红学"治学经历与对《红楼梦》这部小说的认识与理解。最后，我想再向您请教您的书法艺术。我个人非常喜爱您的书法艺术。有人说您的书法是瘦金体？您认为您的书法特色是什么？您平生致力于研究和弘扬中华文化，除早年在燕京大学读书时覃研陆机《文赋》外，后来，又专攻刘勰《文心雕龙》、曹雪芹《红楼梦》与王右军《兰亭序》。您个人在书法与"红学"研究方面，哪一个下的功夫更深一些？据说，您在"书学"上下的功夫要比"红学"多得多。是这样吗？

周汝昌：我的书法其实不是瘦金体。瘦金体是专指宋徽宗赵佶的书法。我的跟那个书法分别很大。我是一个求知欲望很强的人。我为什么要研究书法？汉字是中华民族独特的智慧创造，汉字书写也成了一门高超的艺术。书法是我们中华文化精气神的一种独特的表征。历代书法家都是我们中华文化中最伟大的人，我对他们都很仰慕。艺术家里，从书法的角度来说，大家都一致推崇王羲之。中国民间流传一副对联"谢草郑兰燕桂树，唐诗晋字汉文章"。这个"晋字"是书法学的真正命脉，代表着中国书法的高峰造诣。而"晋字"里最有代表性的就是王羲之的书法。那么，王羲之的书法到底有什么特点？为什么说王羲之的书法很伟大？当时，我初研书法艺术时，就是从这么一个简单的求知欲来开始的。我喜欢收集旧时的各种名碑佳帖。我20多岁时就把所能见到的一切有关王羲之的书帖，如《兰亭序》的各种摹本、翻刻本、石印本等都看得差不多了，虽不敢说是一件不漏，却也相当全。然后，慢慢地研究，一件件地研究。这个过程其实就是找一个"悟"。书法里"悟"很重要，因为书法假象很多。同样是《兰亭序》，因王右军原迹已经殉葬唐太宗昭陵，后人无法得睹。而唐代以后留下的各个摹本的旧帖与市面流行的同名帖虽然很多，却千差万别。同一个内容，不同的帖，翻刻一次，变一个样子；悟一次，感受就不一样。书法是很精致、很精微的艺术。你观察、甄别时，稍微一走样子就不对了、就变了，又得从这个帖子里重新寻找、鉴别。有真有假，从假中辨真，是极复杂的。这个道理从最复杂的《兰亭序》的无数摹本的比较与甄别中就可以看出来。《兰亭序》天下版本无数，王羲之真迹早已不存于世，唐代的精摹本，如"定武本"（欧阳询石刻摹本，发现于河北定武）、"神龙本"（所谓冯承素摹本）等，就曾在不同的历史时期，被后世人勉强视作"真迹"看待。由于年代久远，该帖久享盛名，对它的摹刻真伪就有不同的推断。有称为宋摹的，也有疑为米芾所摹的，而更多的则定为唐摹，如褚遂良摹本、虞世南摹本。它著录极多，并一再被刻入各种丛帖中。实际上，神龙本是描摹勾填，虞摹本、褚摹本是对照临写，都不是原迹了。我通过研究这些《兰亭序》摹帖，找到了一个最接近原作、原迹的版本。

安裴智：这个能分辨出来吗？是什么版本呢？

周汝昌：现在唯一幸存的就有这么一件最接近王右军原作、原迹的《兰亭序》，这就是保存于《三希堂法帖》中的元人陆继善摹本。它不同于那个千百年来相延已久、历史上曾被许多文化名人看作《兰亭》范本的"定武本"（欧阳询石刻摹本），也不同于近年来被视作所有唐代摹本中最接近王右军原迹、藏于故宫的"神龙本"（冯承素摹本），更不同于其他唐代摹本。我年轻时最喜欧阳询书法，却也无法从那个"遍地开花"、相传曾被黄山谷、宋高宗、姜白石等文学家一致称赞的"定武本"中寻觅到欧阳询笔法的"高妙"痕迹，对于这一个被世人视作《兰亭序》范本的欧阳询石刻摹本，我也提不起多少兴趣。谬称为冯承素摹本的"神龙本"虽然神完气足，但其明显的缺点，如下笔、行笔、斫笔、收笔等一些精微细致之处，多被摹失，足见其神采难及王右军原书之高度。真正让我豁然开朗、眼前一亮、神魂为之震动的，是元人陆继善摹本，字迹飞动变化，锋芒最存真、最具足、神妙不可言，可以说是直追右军原迹，比较接近原帖，是一个上等摹品。这个陆摹本，我过去曾与启功先生讨论，他早年曾见过原帖。他赠我陆本原迹小照片二帧，方知原件已经被收藏在了台北故宫博物院，内地只有《三希堂法帖》石刻留痕了。于是，我专程赴北海阅古楼查看"三希堂"石本，却刻字全无。没办法，我千方百计才在一家旧书市淘得《三希堂法帖》此卷的石拓本。

安裴智：周老，您曾在一篇文章中说过，中华文化有三大国宝，《兰亭序》《文心雕龙》《红楼梦》，皆属极品，后人永难企及，更不要说超越了。您也曾说过，您平生最钦服中华文化上的"三圣"："书圣"右军、"诗圣"老杜、"情圣"雪芹。那您觉得"书圣"右军的《兰亭序》，其美学特点与文化价值是什么？

周汝昌：《兰亭序》是王羲之的书法代表作，是王右军于行书中发挥侧锋行笔的最高峰，实乃书法创新的神品也，是书法史上的最大转折，无人能及。其美学风格平和自然，笔势委婉含蓄，遒媚健秀，被誉为"天下第一行书"。《兰亭序》最大的美学特点是"遒媚"，这是唐代人提出的。"遒"就是行笔峻利，不缓不弱，而又健举流逸，不塌不垮，不松不散；"媚"，是指笔姿有一种灵秀之气，是文化书卷气以及个人丰采气质的流露，不丑不陋，不粗不野，有一种清新俊逸、光彩照人之美。所以，兰亭奇致，张扬的是一种中华古典美学的风神与品格。经过唐太宗李世民的大力提倡，王羲之的书法被确认为当时书法艺术的典范。此后的一千多年，后人将他尊为"书圣"和中国书法文化的代表。

安裴智：《兰亭序》虽然在书法史上有着极高的地位和深远的影响，但在不同的历史时期也不断有人对其"真伪"提出质疑。最有名的就是20世纪60年代中叶，即1965年6月，历史学家郭沫若在《文物》杂志上，发表了一篇《从王谢墓志出土论〈兰亭序〉的真伪》的文章，之后，《光明日报》做了转载。郭老在此文章中提出了《兰亭序》不是王右军的真迹，由此引发了中国文史界一大批重量级文化名人的大争论。周老，您对这场争论是怎么看的？

周汝昌： 说《兰亭序》是假的，非王羲之的作品，这是郭沫若的说法。郭沫若提出《兰亭序》连字带文词都是假的。那场争论的背景是：当时，南京出土了几种东晋时代的墓志，尤其是王、谢两大家族族人的墓志。时任中国科学院院长的郭沫若认为，王、谢族人的墓志均为刀凿的隶书体，和王羲之用行书书写的《兰亭序》完全不一样，《兰亭序》失去了晋人惯用的隶书笔法，断定它不是晋代遗留下来的作品，认为王羲之时代书体还没有《兰亭序》那样的行书字，此种字是后来才有的。当时，南京的高二适先生、广州的商承祚教授以及章士钊先生、张伯驹先生、徐邦达先生，都不同意郭沫若的说法。后来，我写了一篇文章《兰亭综考》，对郭沫若的观点进行了反驳，通过翔实的考证得出结论，证明《兰亭序》确实是王羲之的作品。那不是空话，是很有科学依据的。任何事物都有一真一假，我的专门任务就是干这个的，打假辨真。什么都得争执。

1995 年 2 月 25 日初稿；2016 年 5 月 6 日修改

周汝昌先生（张建国　摄）

附　记

红楼风雨梦中人

——追忆周汝昌先生

2012 年 5 月 31 日黄昏，我下班刚至家中，忽接旧单位《深圳特区报》文化部主任唐亚明兄的电话，云著名古典文学专家、红学泰斗、诗人、书法家周汝昌先生于 31 日凌晨 1 点 59 分在北京家中驾鹤西去，享年 95 岁。唐兄素闻我与周汝昌先生保持着近二十年忘年交之珍贵情谊，于是命我速撰一篇追忆周先生的文章，明天就要在"人文天地"副刊头版见报。对一个学者来讲，九秩又五，已算高寿，但惊闻此噩耗，我还是不能接受此现实，感到非常惋惜，久久不能回过神来。这是中国古典文学界、红学界的重大损失。一个月前，我还给周伦玲女士去电，她说父亲身体很好，没病。但毕竟老了。4 月 14 日，95 岁寿辰时，也没发现有什么大问题，新华社记者唐师曾还去给老人拍了寿照，老人很高兴。谁知，仅仅一个月，先生就仙逝、离我们而去了。想到这儿，我内心非常难受。静静地打开书柜，望着 20 多来收藏的周先生的四十余种学术著作，轻抚着周先生亲笔签名赠送我的《恭王府考》《我与胡适先生》《红楼夺目红》《兰亭秋夜录》等 10 余本红学著作，再一次欣赏周先生 1995 年夏至书赠我的诗歌书法作品，还有他生前的数篇手稿，以及于 2003 年秋天为我的文学评论著作《守望与突进》所题写之书名，透过一个个挺秀道媚、瘦劲露锋却又饱含深情之书法笔迹，那张慈祥而睿智的耄耋老人的笑脸再次浮现在我眼前……

认识周汝昌先生，始于 20 世纪 80 年代末。那是 1988 年，我负笈并州，在山西大学攻读元明清小说与戏曲方向的硕士研究生。几位授课教师中，就有国学大师章太炎的关门弟子姚奠中先生的研究生梁归智教授。那时的梁师年近四旬，鼻梁上架一副深度近视眼镜，面容清秀，风度儒雅，仪态谦和，身上流溢着一股浓浓的书卷气，是属于有慧根的那类学者。梁师选择了被称作中国三大显学之一的红学作为学术突破口，年纪轻轻，就在常人不敢问津的红学世界劈山开路、筑疆拓土，成为继周汝昌先生之后《红楼梦》探佚学研究的顶梁柱和重要代表，他的《〈石头记〉探佚》成为继《红楼梦新证》以来又一部具有突破意义的探佚学力作。

1981 年，梁归智老师的红学探佚著作《〈石头记〉探佚》由山西人民出版社出版，周汝昌先生作序，首次提出了"探佚学"这一概念，认为当代红学已形成了曹学、脂学、版本学、探佚学四大分支学科。在关键意义上讲，只有这四大支才"够得上真正的'红学'"。周先生如此强调这"四学"的重要性，其用意并不是否认《红楼梦》的文本批评，而恰恰是太重视《红楼梦》独特的"这一个"文本，充分认识到《红楼梦》不是一本普通的古典小说，因而，要走进曹雪芹的灵魂和文化思想，就不能"用一般小说学去研究"，而必须以曹学、脂学、版本学和探佚学这四大分支学科为前提和基础。只有把曹雪芹的家世背景、脂砚斋批语的价值、各种版本文字的异同及后三十回被迷失的原稿内容搞清楚，才有可能真正读懂《红楼梦》的文本，才可以去从事"文本批评"，也才能认识到"红学"之所以能成为一门足以与"甲骨学"、"敦煌学"相鼎立的当代显学的特殊性。也就是说，只有"知人论世"，才可能正确地把握曹原芹原著的思想内容。

对梁归智老师的探佚学成果，周汝昌先生深为厚爱和器重，作出了高度的肯定和赞赏。周先生诗赠梁师："砥柱中流最可思，高音未必众皆知。人间事事迷真假，万里求贤一已奇。""奇冤谁为雪芹鸣？智勇能兼亦至情。红学他年即青史，董狐左马记梁生。""悬真斥伪破盲聋，探佚专门学立宗。地下有人应笑慰，感怀喜极泪脂红。"那时，梁师以一种富有美感的授课方式，从"谶语"、"谐音"、"影射"、"引文"和"化用典故"等几个方面，畅述了曹雪芹"草蛇灰线，伏脉千里"的奇特创作方法，为我们这些嗷嗷待哺的莘莘学子开启了一扇瑰丽奇异的红楼世界，描绘出一个《石头记》里被迷失的精彩世界，真如琼浆玉液灌心田，使我对《红楼梦》这部世界名著产生了如醉如痴般的迷恋，从心灵深处感应到其"传神文笔足千秋，不是情人不泪流"的审美价值。

当时，从情感和立场上，我倾向于接受周汝昌、梁归智等先生的探佚观点。于是，我对曹雪芹的家世、家族故事、脂砚斋和畸笏叟的批语产生了浓厚的兴趣，从图书馆借了《脂砚斋重评〈石头记〉》的几个早期版本，如甲戌本、己卯本、庚辰本、戚序本，从旧书摊上淘得《红楼梦》"梦稿本"。同时，精读了棠棣出版社1953年版的周汝昌先生的红学考证力作《红楼梦新证》以及胡适之先生的《红楼梦考证》、俞平伯的《红楼梦辨》《红楼梦研究》、蒋和森的《红楼梦论稿》、何其芳的《论〈红楼梦〉》、王朝闻的《论凤姐》、朱一玄的《红楼梦资料汇编》等。其中，多次精细研读了周先生的《红楼梦新证》。读后觉其体大思精，论证缜密，解决了"旧红学"所遗留的诸多问题，把胡适的"自传说"作了更详细的论证，对曹雪芹的家世、人物、籍贯出身、地点问题、雪芹生卒年等进行了周密的考证。海内外著名学者赞之为红学方面一部划时代的具有里程碑意义的重要著作，由此奠定了周汝昌先生在红学史上的学术地位。一般学界认同称周汝昌坐继胡适之后"新红学"第二把交椅。

实际上，《红楼梦新证》是周先生早年的作品，并不代表他一生的红学研究成果。他一生出版了40多部红学著作。90年代以后，他更侧重研究《红楼梦》的文化意义、红楼梦的艺术特色，更重"文本研究"，特别看重对曹雪芹哲学思想的研究。所以，他本人对说他是"考证派"是不太满意的。正像钱穆与余英时被称为"新儒家"的代表，而两位先生也是不认同的。

然而，红学以降的200年来，在多如过江之鲫的所谓"红学家"中，真正能有如此识见，如此认识高度的人，也就如周汝昌先生这样"才"、"学"、"识"俱备的少数几人。这不能不说是红学的悲剧。周先生的这种感悟，也常常招来那些缺乏鸿鹄高见的燕雀之徒的攻讦。红学界一直有种说法，说周汝昌从不研究《红楼梦》的文本，这是不了解先生的学术得出的妄语。实际上，周汝昌既探源曹雪芹的先祖家世和坎坷人生，又倾力于各种脂批版本的考辨比较，也用心于对《红楼梦》思想艺术的求索，是一种杂糅各"学"的综合研究。如《〈红楼梦〉与中华文化》是探讨《红楼梦》的思想意义的，《红楼艺术》《红楼艺术的魅力》二书是覃研其艺术特色的，都是一种纯粹的文本批评。但无疑，贯穿其"为芹辛苦见平生"的六十年红学历程的灵魂和精髓是探佚。周先生异于历史上其他红学家的最大特点，就是以"探佚"为精神灯塔，来照亮和统领一切红学。可以说，周先生这一"解味道人"，是以"探佚"为手段，来解曹雪芹原著之深"味"，可谓雪芹的"异代知音"！以周汝昌为代表的探佚学者认为，由于种种历史的原因，曹雪芹原著《红楼梦》的后三十回丢失了，《红楼梦》成为断臂维纳斯。现在流行的百二十回本《红楼梦》是真假合璧，其中的后四十回是高鹗的续写，是狗尾续貂，从人物命运、故事情节、作家的美学倾向到作品的思想价值取向诸方面，都违背了曹雪芹的创作原意，是对曹雪芹创作思想和美学追求的颠覆，因而要找回原著《石头记》里被迷失的世界，从而使"全璧"复原，还原曹雪芹《红楼梦》的"真本"、"原本"。可以说，百年红学步入20世纪八九十年代以来，出现的一个突出现象，就是形成了以周汝昌先生为领军人物，以徐恭时、梁归智、蔡义江、孙逊、杨光汉、王湘浩、丁维忠、刘心武等先生为骨干的探佚学新景观。

1991年秋，我从山西大学攻读中国古代文学专业硕士研究生毕业后，分配到《太原日报》社工作，负责编辑"双塔"副刊的"文学评论"版。由于工作需要，从1992年春天开始，我每年有两三次要到北京组稿。凭借这样的机会，我走进自己敬重的周汝昌先生的家里和生活中，得以亲承謦欬地聆听这位古典文学前辈学者的谆谆教诲，面对面地感应这位红学大师的心跳和呼吸，清享这位"新红学"代表人物藻耀而高翔的玉屑之谈。周先生慈祥睿智，却始终葆有一颗清纯的艺术童心。谈起《红楼梦》来，他神采飞扬、激情洋溢。那时，梁归智老师已成为周汝昌先生的私淑弟子，与周先生的学术来往较多。我就通过梁老师的介绍，开始约请周汝昌先生为我编辑的《太原日报》"双塔"副刊写稿。1994年3月，周汝昌先生给《太原日报》写来了《太原随笔》等一系列文章。文采斐扬，笔法灵动，情思绵长，字字珠玑，字里行间渗透着浓郁的书卷气，见出了深厚的文史功底。

1993年，受"红学"探佚人物周汝昌、梁归智学术观点之影响，著名作家刘心武开始"秦学"探佚研究。由于我与刘心武先生也走得较近，于是，1994年6月至11月，我策划在我编辑的《太原日报》"双塔"文学评论版开展一场有学术纪念意义的红学对话。这场"红学对话"论述的文学话题重大，持续的时间较长，这就是由著名红学家周汝昌、著名作家刘心武和青年红学家梁归智三人进行的一场关于"如何进行红学探佚研究"和"进一步肃清程高伪续的思想流毒"的对话。称其为"对话"，是因为这三人主要观点一致，分歧意见不大，但切入的角度和着眼的侧重点有异，探佚思路不同。刘、梁以商榷、论争的形式展开，周、刘又以书信、互勉的形式收场，共组发了 6 篇红学论文。刘心武的《秦学探佚的四个层次》《甄士隐本姓秦?》和周汝昌的《探佚与打假》以长篇论文的形式在副刊专版中推出。老红学家周汝昌一生提倡探佚，刘心武为"作家学者化"式的探佚新秀，梁归智则是较早取得探佚理论成果的一位代表人物。这三位红学探佚人物的身份的特殊性，决定了《双塔》文学评论版于 1994 年组织的这次"红学对话"将被重重地写进当代红学史中，这场"红学对话"的深广的学术意义和文化意义也将会在今后的日子里愈益显露出来。周汝昌先生在《探佚与打假》中一开篇就写道："《太原日报》的《双塔》版，愿意将几千字的版面惠予学术讨论，而且范围包容了红学中的探佚学，我不知全国市级日报能够这么做的共有几家? 令我心中充满了敬意。承安裴智同志的美意，要我参加争鸣，我真不应该辜负了这个宝贵的版面而'交白卷'，于是挥汗命笔，贡我拙意——用雪芹的话，就是'试遣愚衷了'。"（见《红楼梦的真故事》）

　　1995 年 2 月中旬，我受太原日报社编委会委托，赴京与中国记协国内部、中国作协创研部接洽、商榷，为下月要在太原召开的"全国首届报纸副刊研讨会暨太原日报《双塔》副刊 2000 期纪念会"做策划、筹备工作。除联系主办单位、邀请京城相关文化名人外，我的另一重要任务，是为太原日报"双塔"副刊 2000 期征集文化名人的书画墨宝。于是，乙亥仲春，我的足迹踏遍了京华的各个角落，迈入一个个耄耋老人的家中。从东郊十里堡到西郊魏公村，从北大畅春园到劲松蒲黄榆，从朝内南小街到安外东河沿，从赵堂子胡同到复外大街，从西便门外到团结湖东里，从沙滩红楼到水木清华，从西直门外到崇文门内，高楼馆所，四合小院，胡同深处，寻常巷陌，凡有人烟处，皆藏龙卧虎，有我欲寻访的高士仙人。周玉言先生作为享誉全国的红学家、古典文学专家，又是诗人、书法家，也长期是《双塔》的重要作者，自然在受邀范围。于是，我在电话里把这一心愿给周先生说了。周先生竟爽快地答应了。过了几天，他让我到他家取写好的诗与书法。周先生灵感一来，给太原日报《双塔》副刊赋诗一首："嵯峨双塔比瑜璠，三晋云岚簇太原；为有文章兼学术，两千风日煦花繁。"小字是："太原日报双塔副刊二千期，津沽周汝昌半盲七六叟。"

过了几天，北京名人书画墨宝征集工作行将结束。我突然想起应该对周汝昌先生做一个学术访谈。于是，2月17日上午，我来到位于北京红庙北里的周汝昌先生寓所，对其进行了一场深度学术访谈。周先生的大女儿周月苓、三女儿周伦玲女士陪同我采访。周先生给我详细谈了他于民国三十七年（1948年）六月，在燕京大学西语系读书时，向胡适先生借阅甲戌本《脂砚斋重评石头记》，并在胡先生的鼓励下，走上"新红学"考证之路的详细历程。聆听周先生畅谈对红学、文学和人生的看法，宛如"朝饮木兰之坠露兮，夕餐秋菊之落英"，清风扑面，甘泉灌心，真可以"疏瀹五藏，澡雪精神"，是一种难得的文化盛宴和精神洗礼。这不仅因为周先生才高八斗，谈吐儒雅幽默，更主要的是他那超越了世俗功利的冰雪人格，犹如诗仙灵均所讴歌的："扈江离与辟芷兮，纫秋兰以为佩"，"芳与泽其杂糅兮，唯昭质其犹未亏"，真正体现了一种"玉是精神难比洁"的人文知识分子的品格。周汝昌先生特别单纯，书卷气浓郁，永远葆有一颗童心。

走进周先生的心灵世界，仿佛踏入一片未经人踩过的碧绿青翠的芳草地，也如驾着飞艇远离混浊的岸边驶入一片寂静而蔚蓝的天然海域，使我又看到了滚滚红尘、滔滔浊世中清纯明净的一面，感受到一种巨大的文化存在和精神存在。

2月下旬，我返回并州后，就忙着与副刊部同仁准备"全国报纸副刊研讨会暨太原日报《双塔》副刊2000期纪念会"的具体事务了。如给参会的全国文化界名人寄发会议邀请函，草拟大会领导讲话稿等。当然，也给周汝昌先生发了正式的会议邀请。2月28日，周先生自北京家中给我寄来一信："安裴智同志：我因患足疾，不能去参加《双塔》2000期的庆典，十分遗憾，特此驰函遥贺。祝你们的副刊越办越有特色，为中华文化的振兴做出贡献！全国政协大会会期压缩了，日程更紧了。匆匆奉启，别不多叙。并颂 文荣！周汝昌95年2月28日。"在信中，周先生解释了他因年高不适未能远足与会的理由，语词中寄寓了一位耄耋老人对《双塔》副刊的美好祝愿。

进入夏至日，北京酷暑。周先生不忌高温溽热，心绪极佳地研墨提毫，搦翰铺纸，为我书写了一幅书法作品，是周先生一首诗的旧作："翠羽明珰事事新，几家疑假几疑真；陈王解道惊鸿赋，自是当时见洛神。"落款署名为："乙亥长至书旧作应裴智雅嘱，半盲七六叟周汝昌"。借曹植写《洛神赋》的典故，表明他对雪芹丢失的三十回原作矢志"探佚"之决心，让女儿周伦玲女士给我寄到了太原家中。如今，周先生的这幅书法作品，作为我的心中至爱，一直珍藏于书房。

2001年2月，我南飞鹏城，在深圳市特区文化研究中心工作六个月后，转调深圳特区报社，重操旧业，继续耕耘于文艺副刊这块芳草地，再度拿起了为别人做嫁衣的"金针"，在"罗湖桥"这块繁茂的园林，相继编辑"文艺评论"、"书香阅读"、"学人对话"、"名家新作"、"文史随笔"等版。于是，已经迈入耄耋之年的周汝昌先生，再度成为我约稿的对象。那是 2003 年 6 月，基于周先生红学研究之专长，我约请他为我报"罗湖桥"副刊的"名家随笔"版开设"红学散步"之专栏，每篇以一千多字的篇幅，以一种富有灵性的散文化笔法，从一些红楼人物的小处与细节写起，持续一年多，见出了周汝昌先生对《红楼梦》这部世界名著的理解与文本解读。这个专栏的系列文章，周先生写得字字珠玑，新见迭出，颇可见出他对《红楼梦》这一著作的独到理解。后来，周先生结集为《红楼夺目红》一书，由作家出版社出版，成为深圳特区报副刊史上的辉煌一页。

2003 年秋的一天，我的文艺评论著作《守望与突进》要付梓。我从深圳飞到北京，驱车红庙北里，登门拜谒周先生，表达了对周汝昌先生书法的欣赏与喜好之情。应我的盛情，周汝昌先生在两耳失聪、双目几乎失明的 85 岁高龄，搦翰展纸，为我题写书法墨宝"淡远"，寄寓了周先生淡泊明志的云水情怀。周先生还挥毫为我的文艺评论新著《守望与突进》题写书名，足见其奖掖后学之苦心。

自 20 世纪 90 年代以来，周汝昌先生一直在从事一种感悟式的红学批评。周先生本身是一位才气横溢的诗人、书法家，所以，他的学术随笔也就满溢着才气与灵气，不是那种教条的八股文风，不是那种空洞的抽象的说教，而是具备了"才情"，是"才"、"学"、"识"的有机融合。梁归智老师认为，周汝昌在治学过程中，反复强调对中华传统文化和艺术的灵悟与感受能力；他论学评文，强调文、史、哲三才会通，强调义理、考据、辞章三者兼备，强调感悟力、想象力、创造力，反对枯燥、生硬的分析与解剖。所以，周先生虽是一位以考证出名的、好像是钻故纸堆的"红学泰斗"、古典文学专家，却也是一位有着曹雪芹、贾宝玉那种真性情与李贽所说"童心"的才情学者。他是以一颗富有激情的诗人之心来解读《红楼梦》，因而他的红学随笔是他与曹雪芹、贾宝玉进行心灵对话的过程。周先生选择在"六一"儿童节前一天凌晨静静地离去，也足见先生永葆一颗艺术童心，人品清纯明净，是对传统文化通融于心的通才学者。

周汝昌先生一生的心血献给了中华文化研究，尤其是红学研究。他在旧体诗词的创作方面也很有成就。中国词曲界，向有所谓"南吴北顾"的说法，这是研究中国词与曲这两种文体最厉害的两位学术大师级的人物。"南吴"，即指生在苏州、曾经在南京的中央大学任教的词学家、曲学家吴梅，即吴瞿安先生，既是曲学研究家，又是曲作家、曲学理论家，创作了不少传奇剧作，在度曲、审曲等方面造诣精深，被誉为"近代制曲、度曲、顾曲、演曲、藏曲各色俱全之曲学大师"，他培养了任二北、卢冀野、唐珪璋、钱南扬、陈中凡、钱绍箕、赵万里、常任侠、浦江清、王季思、胡士莹、吴白匋等一大批古典文学学者；而"北顾"，即曾在北京的辅仁大学任教的顾随，字羡季，笔名苦水，别号驼庵，他培养了张中行、周汝昌、叶嘉莹、郭预衡、史树青、邓云乡、吴小如、黄宗江等一批大学者。周汝昌是"北顾"即顾随先生的高足。他 20 世纪 40 年代立雪顾门，从顾羡季先生游，而后卓然而为一代学术大家。在众多的顾门弟子中，周汝昌先生不仅是国内坐"新红学"第二把交椅的红学泰斗、古典文学专家，也是诗词修养极高、有诗词天赋的才子学者，还是一位风格独特的书法家。

周汝昌先生对中华文化葆有一颗挚爱之心，写得一手漂亮的书法，是当代一位杰出的书法家。其书艺宗"书圣"王右军，又承继宋徽宗赵佶的"瘦金体"，自成一家。周先生著有《永字八法》《书法艺术答问》《兰亭秋夜录》等书法理论著作。周先生的书法，瘦而不失其肉，转折处可明显见到藏锋，活用侧锋，笔墨细尖而有力，柔中见钢，遒媚劲峭，很有精、气、神。

周汝昌的红学研究中，贯穿着一种文化大视野。梁归智先生认为：周先生从进入红学研究领域的一开始，就把文献考据、义理思辨和艺术感悟三者紧密地结合在一起，自觉地把红学提升到"中华文化之学"和"新国学"的高度。周先生研红，重辞章、考据、义理之结合，也就是文、史、哲的"三才"之美。此即章学诚所谓"考订主于学，辞章主于才，义理主于识"也。进入20世纪90年代，周汝昌提出将红学定位于中华文化之学和"新国学"，正是要把曹雪芹的《红楼梦》升格为中华民族的文化经典、灵魂圣书、精神范本——同时它又是一部最伟大的艺术杰作。

周汝昌先生一生清贫。20世纪90年代，我曾去周先生家拜谒过他几次，2003年秋天是最后一次见他。他蜗居于北京朝阳区一幢简陋的楼房里。家里谈不上有什么家具，全是旧的桌椅，几乎没什么装修，很简陋，沙发上的布也是很旧的，也没有太多的藏书。家里简直寒酸、俭朴极了。但是他乐在其中。他是一位把一生献给《红楼梦》研究的老人和学者，心中唯有"红楼"，是一个"解味道人"，是解曹雪芹味道的人。梁归智老师形容周先生的性格，是"痴人"和"赤子"。他的一生全部投入红学研究中，为红学发痴，为人又单纯。他身上最可贵的品质是为人很率真，有一颗童心。他性情天真，对后辈晚学热情无私地支持和帮助。周先生在《献芹集》扉页题联曰"借玉通灵存翰墨，为芹辛苦见平生"。可见他为研究曹雪芹《红楼梦》而付出了一生的心血。

进入晚年，周汝昌先生的学术生命力仍十分旺盛。仅2005年这一年内，他就出版了9本红学著作，这是年轻学者都很难做到的。直到去世前的 2012 年春天，他还出版了《红楼新境》《寿芹心稿》两本红学新著。这样的研究效率与出书进度，是令人叹为观止的。周先生 5 月 31 日去世前一天，还与儿子周建临谈了《红楼梦》中的两个创新观点，并赋七绝一首，成为 95 岁高龄之绝笔，建临先生也给父亲回了一首《浣溪沙》。这样动人的细节，足见周汝昌先生对《红楼梦》与学术之爱，诚乃雪芹之异代知音也。他要把更多学问留给后人，此种精神令人十分钦佩。可以说，周汝昌先生是一个为《红楼梦》而生的红学赤子，他的红学研究一直陪伴到他的自然生命停止了运动。

周汝昌的去世对红学界损失很大，他是"新红学"的开拓者，同时，还是中华文化学家。他的逝世是中华文化的巨大损失。老人家年事已高，这是自然规律，我们只能节哀顺变。但是他给后人留下红学研究、古典诗词研究、书法研究的 60 余本著作和大量珍贵的书法作品，以及中华文化本体性的研究方式仍泽被后世。

2006 年 4 月，我的老师梁归智经过两年的勤奋写作，终于完成了 45 万字的《红楼风雨梦中人——红学泰斗周汝昌传》，由漓江出版社出版。这是国内第一部比较全面而有学术深度的周汝昌先生的传记。此书以周汝昌的《红楼梦》研究为主线，从一个红学专家的视角，勾勒周先生八十余载人生风雨，折射出一代学人的命运，展示了近百年来红学研究的风云激荡，揭示出周汝昌先生内在的一种文化精神。2011 年 11 月，《红楼风雨梦中人——红学泰斗周汝昌传》由凤凰传媒集团、译林出版社再版，著名文学评论家刘再复先生作序，称曹雪芹是中国文学第一天才，而其评周汝昌为"中华文学第一天才之旷世知音"。

周汝昌先生一生淡泊名利，唯对中华文化、对学术真理坚守不渝、穷追不弃，堪为学苑楷模。今天，95 岁高龄的周汝昌先生驾鹤西去了，红学界失去了一位擘画领域的开山大师，书法界失去了一位风格独特的大家，古典文学界失去了一位学力丰湛的泰斗，中国学术界失去了一位重量级的鸿儒。清纯明净、博学多才而有赤子情怀的周汝昌先生走了。他带走的，是一个波浪起伏的新红学时代；他给世人留下的，是无尽的精神财富与文学宝藏。

原载《深圳特区报》2012 年 6 月 1 日，2016 年 5 月 5 日修改

时间：2008 年 8 月 4 日

方式：电话访谈

蓝英年，著名俄罗斯文学专家、翻译家、教授。1933 年生，江苏省吴江市人。1945 年进入晋察冀边区，1955 年毕业于中国人民大学俄语系，曾在北京俄语学院、山东大学外语系、河北大学外语系执教，后在北京师范大学苏联文学研究所指导研究生，1989—1991 年赴苏联讲学两年。1993 年离休。

蓝英年 1956 年开始发表译著，1988 年加入中国作家协会，长期从事苏俄文学、历史的翻译研究和写作。离休后为《读书》《随笔》《博览群书》《文汇读书周报》和《收获》等刊物开设专栏，撰写思想随笔，这些文章是他对苏联文学重新思考的结果。20 世纪 90 年代后，随着苏联档案解密，蓝英年的研究兴趣也由俄苏文学转向俄国历史和苏联历史，翻译了许多有价值的有关俄苏历史的回忆录，让中国读者了解了一个真实的俄国和苏联的历史。

蓝英年的译著有《滨河街公寓》（合译）、《阿列霞》《库普林中短篇小说选》《回忆果戈理》《亚玛街》《日瓦戈医生》（合译）、《邪恶势力》（合译），以及中短篇小说数十篇。随笔集有《青山遮不住》《冷月葬诗魂》《被现实撞碎的生命之舟》《苦味酒》《利季娅被开除作协》《寻墓者说》《回眸俄罗斯》等。在他的笔下，总有一种令人害怕的真实，从那段并不遥远却迷雾重重的历史中，层层涌现；我们透过那些凛冽、荒诞和苦涩的人与事，咀嚼一个思想者的诚实和勇气。

索尔仁尼琴：「俄罗斯的良心」

——蓝英年教授访谈录

蓝英年教授

2008 年 8 月 3 日，1970 年度诺贝尔文学奖获得者、被誉为"俄罗斯的良心"的世界著名作家亚历山大·索尔仁尼琴在莫斯科的家中逝世，享年 90 岁。索尔仁尼琴是 20 世纪俄罗斯"非主潮文学"最重要的代表，是 20 世纪后半期最为显赫的俄罗斯"三大流亡作家"（另两位是纳博科夫、布罗茨基）之一。索尔仁尼琴的去世，不仅是俄罗斯文学的损失，也是世界文学的重大损失，在世界文坛与读书界引起了强烈的震动。文学爱好者们纷纷表达他们的哀悼与思念。索尔仁尼琴的意义，不仅仅是文学与文化的，更是人文的、思想的。他代表着人类的良知、尊严，代表着历史的良心与一种不屈的人格精神。可以说，索尔仁尼琴是世界优秀人文知识分子的杰出代表。笔者日前电话连线著名俄罗斯文学研究专家蓝英年先生，就索尔仁尼琴的文学成就与人生道路进行了采访。

索尔仁尼琴：人类尊严和不屈精神的代名词

安裴智：苏联著名作家亚历山大·索尔仁尼琴于昨日逝世。您作为长期研究俄罗斯文学的专家，此时此刻，最想说的是什么？

蓝英年：听到索尔仁尼琴去世的消息，我的心里感到很沉痛。我觉得，智慧、勤劳的俄罗斯人民失去了一位伟大的思想家。索尔仁尼琴的离世，标志着俄罗斯最后一个文学大师走了，他是苏联上一代作家中最后一位代表良知的作家。从此，在俄罗斯，像索尔仁尼琴这样具有深刻的思想高度和非常巨大的影响力的大师级作家，像索尔仁尼琴这样能够震撼苏联体制的思想家再也没有了，也许以后会出现，但现在是没有了。

安裴智：您认为索尔仁尼琴给俄罗斯人民以及世界人民的主要文化贡献是什么？

蓝英年：他用犀利、深刻的笔，真实地揭示了苏联社会最可怕的劳改制度。我们知道，苏联是以专制和镇压为统治手段，没有民主，别的作家意识到这一点，但不敢写，而索尔仁尼琴敢写，他的思想尖刀已经敏锐地触及和切割到了苏联社会最严重的肿瘤。这是他的伟大之处。"二战"快结束的时候，索尔仁尼琴因写信批评苏联领导人而被捕，在服役期间被关进他后来喻为"古拉格"的苏联集中营。他的许多作品，包括《伊凡·杰尼索维奇的一天》《古拉格群岛》《癌症楼》《第一圈》等，都是以劳改营生活为题材。读了他的作品，读者会明白专制主义对人性的扼杀与镇压是如何的残忍。我去过苏联多次，在讲学与调查中，我发现，被抓入苏联劳改营的，百分之九十是冤假错案。中国人对索尔仁尼琴的熟悉，主要来自他对专制主义的反抗，他那巨大的道德勇气，他对人的尊严、人性的呼唤，对专制制度的痛恶，对民主与自由的追求，这都是他的作品的思想价值和文化贡献。也可以说，索尔仁尼琴是人类尊严和不屈精神的代名词。面对他，我们必须表示敬意。

索尔仁尼琴 1970 年获得诺贝尔文学奖，是"因为他在追求俄罗斯文学不可或缺的传统时所具有的道义力量"，而他在写给瑞典文学院的获奖演说里的"一句真话能比整个世界的分量还重"，也成了留给后人的名言。在与庞大的专制政体长期抗争的过程中，索尔仁尼琴付出了很多，但他最后胜利了。他获得诺贝尔文学奖，就是世界上的正义力量给予困难时期的他的最大支持和鼓励。他非凡的道德勇气以及杰出的文学成就，使他无愧于这一当今世界最伟大的荣耀。

开苏联"劳改文学"之先河

安裴智：索尔仁尼琴是如何走上文学创作道路的？

蓝英年：索尔仁尼琴青年时是苏联红军的上尉，在战斗中表现非常勇敢，曾一次次地带领士兵突围反败为胜。有一次，上级首长正在给他颁奖时，克格勃来了，将他逮捕，理由是他在与朋友的通信中，对当时的苏联领导人有所非议。从此，他从一个光荣的红军军官变为一个劳改犯，一坐就是八年。从监狱出来后，他成为一名数学老师。苏共二十大以后，他写了一篇反映劳改生活的小说《伊凡·杰尼索维奇的一天》，他给朋友看，朋友说写得还可以，他就把此小说交给《新世界》编辑部，该刊的主编特瓦尔多夫斯基是诗人，他看了认为非常好，但不敢发表。于是，索尔仁尼琴又通过朋友将小说送到政治局，政治局委员意见不一致，最后，赫鲁晓夫亲自拍板，同意发表。《伊凡·杰尼索维奇的一天》发表后，震撼了当时的苏联社会。从此，索尔仁尼琴开了苏联劳改文学的先河。

1969年秋天，因为他思想异端，索尔仁尼琴被开除出苏联作协。消息传出，英国哲学家罗素、法国哲学家和作家萨特等人立即致函苏联政府或发表声明，表示抗议。苏联国内也有一批作家前往作协书记处表示抗议。而处于愤激之中的索尔仁尼琴又写了一封公开信，此信在国内外广为流传。信中痛批落后专横的作协体制对俄罗斯文化精神的钳制和摧残。"请你们擦拭一下刻度盘吧！你们的表落后于时代了。""你们粗制滥造的文章连篇累牍，你们那些毫无思想的东西无精打采，没有论据；而有的只是表决和行政手段。""一群瞎子在为另一群瞎子担当向导。"这封措辞大胆的信引起了西方媒体的诸多猜测和叫好。1974 年，他被驱逐出境。直至 1994 年，应俄罗斯总统叶利钦的邀请，在国外流浪了整整二十年的索尔仁尼琴才回到了祖国。回国后，他并不沉浸在书斋，而是利用自己的影响，积极介入社会事物，如接受电视专访，到一切公共场所发表演讲，撰写政论，对国内政治、经济、文化、教育、宗教等一切领域发表自己的看法。他的议论尖刻，咄咄逼人，虽不为一些政客喜欢，但无不充满对下层民众的深厚同情和对国家命运的深深忧虑。

《古拉格群岛》：一部丰富的思想库

安裴智：索尔仁尼琴的代表作是《古拉格群岛》和《癌症楼》。许多朋友在阅读《古拉格群岛》时，表示读不下去。是不是这部作品的文学价值要弱于其思想价值和史料价值。可以这么理解吗？

蓝英年：是的。严格地说，《古拉格群岛》是一个调查报告，不是一部完全意义上的文学作品，这本书的文献价值很高，历史价值和思想价值很高，但文学价值要差一些，它没有连贯的故事情节，也没有引人入胜的文学描写，所以一般读者都读不下去。《古拉格群岛》由作者的个人经历，上百人的回忆、报告、书信以及苏联官方和西方的资料组成，分为监狱工业、永恒的运动、劳动消灭营、灵魂与铁丝网、苦役刑、流放六部分，叙述了 1918 年至 1956 年，苏联各地关押迫害数百万人的集中营的情况。当时苏联遍地是劳改营，但从没有人去写这种劳改生活，索尔仁尼琴追查、勘探、重构了个体生命被监禁和毁灭的历史，对流放、监禁、清除的叙述则带有自传的性质，这实际是一种自传体的真相实录。这种实录更多地源于个人的体验。索尔仁尼琴的工作很艰难，也更令人钦佩。没有良知的引导，索尔仁尼琴不可能坚持下来。

安裴智：是不是《癌症楼》的文学价值要大一些？《伊凡·杰尼索维奇的一天》的价值何在？

蓝英年：是的。长篇小说《癌症楼》通过尼古拉耶维奇·鲁萨诺夫等七八个人在病院里的各种表现，塑造了七八个鲜活的人物形象，栩栩如生，写出了这些人在生死面前的表现，非常生动。这七八个人，性格各异，有的萎缩，有的爱拍马屁，有的是官僚主义，作家都分别写出了他们的性格。如果说《古拉格群岛》的主旨是叙述灾难的话，那么，《癌症楼》则致力于剖析灾难发生的病理学根源。正如评论家们所分析的那样，"癌症楼"的意象本身就具有象征意味。小说开头的第一句话就是："癌症楼也叫作 13 号楼。"在基督教中，13 这个数字意味着背叛、受难、死亡。《旧约》中的犹大背叛的是耶稣，是人之子。《癌症楼》中的背叛指向谁呢？在《癌症楼》中，有这样一段话，玩味它可以帮助我们领受癌症楼的隐喻和象征："你们被判处死刑，而我们则被逼着站在那里鼓掌，表示拥护判决。岂止是鼓掌，连枪决也是人们要求的，是的，是要求的！鼓掌时还必须把手举得高高的，好让旁边的人以及主席团都看得见。有谁不想再活下去了呢？谁敢出来为你们辩护呢？谁敢唱反调？这样做的人如今在哪儿？……连弃权都不行，哪里还敢反对！"

索尔仁尼琴写《古拉格群岛》和《癌症楼》，提出"人为什么活着"的本质性问题，也是人类生存的终极问题。在这些作品中，索尔仁尼琴对专制体制的谴责和批判，不是注重其政治上的罪恶，而是它的道德性的罪恶。索尔仁尼琴认为：人类只有通过对耶稣基督的信仰，才能找回灵性，建立道德的根基，因为"道德植根于灵性"。人类只有经由它，心灵才可能更新，才会有爱、怜悯、公义、宽恕等神性；只有对上帝的信仰，才能作为人性道德的基础。所以，索尔仁尼琴在领取诺贝尔奖的书面演讲词中清晰而坚定地表示：我绝不相信这个时代没有放之四海而皆准的正义和良善的价值观。它们不仅有，而且不是朝令夕改、流动无常的，它们是稳定而永恒的。而这个价值观，就是基督信仰，就是《圣经》中的绝对道德标准。

当然，索尔仁尼琴的成名作是描写劳改营生活的《伊凡·杰尼索维奇的一天》，并因此获得诺贝尔文学奖。这部艺术性并不十分强、描写苏联劳改营生活的短篇小说，之所以能够引起重视，主要在于索尔仁尼琴在这里提出了一个本质性的问题：无论专制的残暴把人贬低到何等地步，都无法把人性彻底泯灭。小说的主人公伊凡这个形象的闪亮之处，是他那种忍辱负重、坚守最起码的人性尊严底线的努力。

美国作家斯卡梅尔曾说，苏联解体后的克格勃档案揭示的索尔仁尼琴，是"人与巨石搏斗"的英雄传奇，展示了一个知识分子独力抗争专制的智慧与勇气。苏联解体后，索尔仁尼琴写的第一本回忆录，书名就是《牛犊顶橡树》，由这个书名可以想象到，一个倔强的老人，一肩扛着人类的道德旗帜，一肩背负着俄罗斯的苦难，韧性地跋涉，绝不回头，绝不妥协；像一只牛犊，执拗地顶着坚硬的橡树，在历史长河的背景下，定格出永恒的抵抗形象。

一个燃烧着理想、信仰，具有动人生命史的人

安裴智：索尔仁尼琴在俄罗斯文学史上占据一个什么样的地位？

蓝英年：索尔仁尼琴是一个在世界文坛有着广泛的影响、成绩很大的作家，在俄罗斯文学史上，索尔仁尼琴占据着非常重要的地位，他的文学地位与肖洛霍夫一样重要。他触及了苏联最基本的问题，别的作家没有他这么大胆。正如1970年度的诺贝尔文学奖授予索尔仁尼琴时，瑞典皇家学院常务秘书卡尔·拉格纳·基耶罗的授奖词所说："随着《伊凡·杰尼索维奇的一天》（1963）的出版，苏联和全世界都承认索尔仁尼琴已跻身于俄罗斯伟大作家的行列。《真理报》将索尔仁尼琴与列夫·托尔斯泰相提并论，认为他对'即使处于备受屈辱时刻的人的品质'的描写也会使人的心灵痛苦得紧缩起来，使人的精神得以升华。对非俄罗斯世界来说，这部小说以其对时代的发人深思的启示而具有同等强烈的吸引力：对不可摧毁的'人的尊严'的肯定和对破坏这一尊严的一切企图的批判。索尔仁尼琴曾对他的这种'复调'展示方法作过重要阐释：个人不应作为集体的一员出现，当行动与个人有关时，个人便应成为'主角'。而'人的地位是平等的……个人的命运体现在千百万人中间，千百万人的命运集中在个人身上'。这是人道主义的精髓，索尔仁尼琴为此而被授奖。"可以说，索尔仁尼琴是人性的使者。美国作家艾力克森在《索尔仁尼琴道德的形象》一书中说，索尔仁尼琴是"一个燃烧着理想、信仰，具有动人生命史的人"。他在俄国作家中

对专制主义最有批判性、反思性。

安裴智：您认为索尔仁尼琴的文学创作受哪位俄罗斯作家的影响最深？

蓝英年：索尔仁尼琴的作品继承了俄国伟大作家陀思妥耶夫斯基所高扬的道德传统。他受陀思妥耶夫斯基的思想影响最深。索尔仁尼琴在 1974 年领取诺贝尔文学奖的书面致辞中，曾极力赞赏陀思妥耶夫斯基，称他是一个具有"洞见真理能力的作家，一个很奇妙、充满智慧之光的人"。陀思妥耶夫斯基之所以能够在 19 世纪中叶就预言了 20 世纪的血腥暴力，是因为他从欧洲知识分子开始抛弃上帝、走向纯理性和物质主义之中看到了其背后的恐怖。而索尔仁尼琴，则由于亲身经历了 20 世纪人类的深重苦难，他的作品更是以激愤、控诉的色彩，描绘那个挑战上帝的黑暗时代。

索尔仁尼琴的胜利是人性的胜利

安裴智：为了守护个体的权利和尊严，索尔仁尼琴付出了巨大的代价。先是被投入监狱 8 年，后又于 1974 年被苏联当局驱逐出境，成为流亡作家。令人欣慰的是，索尔仁尼琴代表的力量在 20 世纪后半叶获得了全球性胜利，他本人于 1994 年 6 月结束长达 20 年的流放，返回俄罗斯。日前，俄罗斯总统普京签署俄联邦总统令，宣布索尔仁尼琴获得 2007 年人文领域杰出成就奖，并在俄独立日 6 月 12 日亲自为索尔仁尼琴颁奖。您对此事如何看？

蓝英年：与其说这是索尔仁尼琴与祖国的和解仪式，毋宁说是俄罗斯反省历史和承认错误的标志。经过漫长的痛苦反思，世界主流意识形态终于开始联手拆除任何可能的古拉格群岛和癌症楼。俄罗斯也在进行路途曲折的改革。在勘探到悲剧的起源后，人们开始普遍回应索尔仁尼琴对守护个体性的吁求，虽然晚了些，但也足以令人欣慰。毕竟，这意味着索尔仁尼琴精神的胜利。

安裴智：从人生道路看，索尔仁尼琴是一个经历非常坎坷、所受磨难颇多的作家。他多年流亡外国。他的文学创作因此被称作苏联的"流亡文学"。

蓝英年：他成名后在国内受到的每一次不公正待遇，都会得到国外专家名流们的同情和声援。他在被苏联政府强制驱逐出境后，受到了西德、瑞士、美国等许多国家政府与人民的热情欢迎。而且，他终于在古稀之年看到了一个正处于民主改革与发展中的俄罗斯，他终于幸福地回到了曾将他"扫地出门"的祖国。他不懈地和专制体制对抗终于苦尽甘来的人生传奇，就像教科书一样教育着我们如何做人，如何为多灾多难的国家尽一个公民的责任。

安裴智：令人欣慰的是，索尔仁尼琴终于在生命的晚年获得了国家的承认，他的生命在晚霞里焕发出光芒。

蓝英年：是的。索尔仁尼琴于 1994 年结束长达 20 年的流放，返回祖国。2007 年俄罗斯国庆节那天，索尔仁尼琴获得俄罗斯人文领域最高成就奖——俄罗斯国家奖，俄罗斯总统普京亲自为他颁奖。普京说："全世界成百上千人把亚历山大·索尔仁尼琴的名字和创作与俄罗斯本身的命运联系在一起。他的科学研究和杰出的文学著作，事实上是他全部的生命，都献给了祖国……"与其说这是索尔仁尼琴精神的胜利，不如说是俄罗斯人对历史的反省和反思进入了一个健康的良性轨道。俄罗斯人经历了路途曲折的改革，也渐渐成熟了，虽然晚了

些，但也足以令人欣慰。

安裴智：索尔仁尼琴对中国当代文学和当代作家有什么影响？

蓝英年：索尔仁尼琴对中国当代作家肯定有影响，但具体对哪些作家有影响，不好说。

原载《深圳特区报》2008 年 8 月 5 日

附　记

俄罗斯文学的点灯者

——我所认识的蓝英年先生

　　第一次知道蓝英年先生的名字，是 20 世纪 90 年代中期。那时，我在北方一家报纸编辑《双塔》副刊的文艺评论版，常奔走于京城文艺界各大鸿儒与写手之间。因缘际会，当时就认识了骨头最硬的当代四大杂文家牧惠、舒展、蓝翎、邵燕祥。四君子耿介不阿，以笔为戈、针砭时弊，以敢讲真话而享誉文坛，被誉为知识分子的良心。四位杂文家经常给我所编辑的报纸副刊写稿，也多次参加我在北京举办的文化名人组稿会。就是在这样的过程中，《双塔》声名鹊起，频获京城文化名流之好评。当时，牧惠、舒展两位先生向我推荐了著名俄罗斯文学研究专家、原北京师范大学教授蓝英年先生，说蓝先生在《读书》《文汇读书周报》等报刊撰写的反思俄罗斯历史的一系列思想随笔很犀利，很有价值。于是，我与蓝英年先生取得了联系。他开始给《双塔》副刊写稿，开设随笔专栏，文章见报后广获好评。

　　就这么书札、稿件往来两三年之后，我才有幸迈入蓝英年先生的家中，得以亲承謦欬地聆听蓝先生的教诲。记得那是 1998 年 11 月下旬的一天，我电话相约，来到位于北京市崇文门外大街的蓝英年先生家。蓝先生身材颀长，身体硬朗，面露慈祥，却穿得十分简单朴素，一点也没有大名人的架子。他告诉我，他已经退休多年，大多数时光，就蜷缩在自己家的书房里，安静地读书、写作。我环视了一下蓝先生的家，几个房间里堆放得满满的，都是凌乱的书。外国文学、古典文学、现当代文学，应有尽有，还有钱锺书、张中行、流沙河、朱正、董乐山、董鼎山、方成、牧惠、舒展等各种朋友的赠书、签名本。蓝英年先生给我看了一些非常珍贵的张中行先生的照片，讲了许多张先生的逸闻趣事。当然，蓝先生家中更多是他从国内外淘来的俄文原版著作。我想，他那些汪洋恣肆、冷峻睿智、犀利深刻的思想随笔，都得自这些泛黄的书页吧。

第一次拜访蓝先生，相谈竟是那么投机。一上午很快就过去了。蓝先生热情地邀我在他家用了午餐，相陪的还有蓝先生的夫人罗女士。虽是简单的家常便餐，但我感到受宠若惊，很不好意思。午饭后，蓝先生也不顾六秩又五的高龄，也不午休，居然兴致很高，又与我聊开了。他给我详谈了他20世纪80年代末至90年代初期在苏联访学、讲学的一些见闻，重点讲了苏联解体所引发的对苏联历史、文学与政治的重新反思与评价问题。他根据新发现的极其丰富的俄语解密史料，揭示出苏联文坛乃至政坛上一些骇人听闻的内幕。就是那天，他重点给我谈了列宁、高尔基。蓝先生给我看了俄文版的《列宁评传》与高尔基的相关书籍，对这两位苏联重要人物进行了新的评价。他谈出了传统教科书上所没有的一种新的观点。蓝英年先生很详细地谈到了列宁晚年的思想，不时地给我展示许多关于列宁生平的俄文版的资料与书籍，包括许多世上很难见到的列宁晚年的生活图片，这让我听了很吃惊，却也由此对俄罗斯历史产生了浓厚的兴趣。关于高尔基，蓝先生说，高尔基早年是列宁的亲密朋友，但他反对暴力革命，列宁就打发他出国"疗养"。列宁去世以后，斯大林执政，想利用高尔基，请他回国后极力拉拢他。可高尔基并不想当意识形态的传声筒，高尔基终因惹恼最高领袖而受到迫害。蓝先生凭借一个知识分子的良知，在被世人遗忘的历史资料里爬梳、整理，从而揭开了一段历史的真相。

那次在蓝英年先生家，蓝先生还给我推荐了一些读书界的重量级人物，让我阅读他的书界至交"二董"（董乐山与董鼎山兄弟俩）的书。90年代中期，董鼎山先生在《读书》杂志开辟"西窗漫记"专栏，它使国内读者较早地了解到美国读书、出版、新闻和文化界的信息，因其写法高华深远、文笔轻松雅致，在国内上层读书界颇负盛名；而董乐山先生则是国内知名度较高的翻译家和杂文家，在诗、书、画、木刻等方面也颇擅长，堪称多面手。其时，《读书》刚发了香港评论家柳苏评董桥随笔散文的一篇文章《你一定要看董桥》，蓝英年先生便套用柳苏的句式，幽默却很认真地对我说："你一定要看董鼎山！""一定要"三个字，见出了他对董鼎山人品、文品的推崇与尊重。此后，我便有意无意地踯躅于书市，专寻董鼎山之书。他在《读书》写的那些精巧的散文随笔，我也带着敬意去读。总的印象是，董先生学养丰赡，对中西方文化的剖析能深入骨髓。他的散文平淡自然，却处处机趣；虽然弥漫着浓郁的美国文化气息，但也时时传达出一种淡淡的文化乡愁；他的散文，是学识，也是一种闲淡的心情。

认识蓝英年先生很久，才从道上闻听，其父蓝公武是民国知识界响当当的风云人物，蓝英年先生实乃名门之后，出身书香门第。蓝公武先生是民国时期著名的法学家、教育家、哲学家，译有康德《纯粹理性批判》，曾任新中国首任最高人民检察署副检察长。民国初年，蓝公武与张君劢、黄远庸被称为梁任公门下中国三少年。留洋学成归来，成为中国教育界、法学界的风云人物。蓝先生自幼在这样的书香家庭受到熏陶，培养了关注社会底层疾苦与民间百姓冷暖的知识分子情怀。

苏联解体以后，对苏联的当代史与当代文学的研究，进入一个恢复真相的历史新时期。而蓝英年先生是国内较早对白银时代俄罗斯文学、对俄罗斯"非主潮"文学作出公正评价的专家。自20世纪90年代以来，蓝英年先生以随笔的形式，在《文汇读书周报》《读书》《随笔》《收获》《博览群书》等报刊杂志撰写了一系列反思俄罗斯历史与文学的文章。这些文章，材料新颖，观点犀利，给人们还原了一段俄罗斯的文学与历史的真相，引起国内外知识界的广泛关注，而蓝英年先生也被知识界称为"俄罗斯文学的点灯者"。

没想到，蓝先生谈起俄罗斯的当代历史，竟然兴趣那么浓郁，又谈了几乎一个下午。临别时，蓝先生忽然激动起来，就谈到了索尔仁尼琴和《古拉格群岛》。他说，索尔仁尼琴是苏联文学中的"另类"，年轻时是红军上尉连长，作战勇敢，屡建奇功，却因一封信受到逮捕、判刑。出狱后，长期受迫害、流亡在国外，但他的文学创作十分重要。他曾经于1970年获得诺贝尔文学奖，成为继布宁、帕斯捷尔纳克、肖洛霍夫之后，又一位获得诺贝尔文学奖的俄罗斯作家，近几年越来越受到国际文坛的关注与重新评价。尤其是长篇小说《古拉格群岛》，作为"俄罗斯非主潮文学"——"流亡文学"与"劳改文学"的代表作，其思想价值、人性反思价值反而超过其文学价值，值得去阅读。蓝先生介绍说，就在两年前，群众出版社已经推出了三大本的《古拉格群岛》，虽然是"内部发行"，但书店有售，可以买来阅读，对了解苏联的监狱制度、劳改制度，尤其是苏联知识分子的改造史、受迫害史，是很珍贵的历史资料。而此次蓝英年先生与我谈俄罗斯当代史、俄罗斯当代文学，我居然忘记带录音机，想来真是遗憾，因为原意只是拜访，没有做专访的准备。

离开蓝家时，蓝英年先生赠送了我一本他翻译的另一位获得诺贝尔文学奖的俄罗斯文学"白银时代"的杰出诗人、作家帕斯捷尔纳克的经典文学作品《日瓦戈医生》，并签名题字——"裴智贤友雅正"。此书跟了我18年，我一直珍藏至今，时不时从书房取出来读读，当作一种难得的精神食粮。

那次，我从蓝英年先生家出来后，直奔王府井新华书店，购买了三卷本的《古拉格群岛》。就在那样一个20世纪90年代的中期，我较早地了解到索尔仁尼琴，开始走进索尔仁尼琴的精神世界、心灵世界。这一切，都要感恩当年蓝英年先生的点拨、指教！

三年之后，我就南下深圳了。从此，与蓝先生觌面之机渐渐稀少。在特区文化研究中心工作六个月后，我转调深圳特区报社，重操旧业，继续耕耘于文艺副刊这块芳草地，再度拿起了为别人做嫁衣的"金针"。因为编辑"罗湖桥"副刊之"文史随笔"版，我与蓝英年先生之间，书信、稿件往来犹如往日，从未中断。后来，因经常参加一些深圳的文化学术活动，我认识了深圳大学文学教授吴俊忠先生。经深聊才得知，原来吴俊忠先生竟是蓝英年教授在俄罗斯文学研究领域的硕士研究生。吴先生20世纪80年代中期立雪蓝门，在北师大攻读比较文学与世界文学专业，重点是跟随蓝英年先生，覃研俄罗斯文学。谈起恩师蓝英年20世纪90年代以来的苏联文学研究，吴俊忠先生说："'蓝英年现象'是在苏联解体后新的历史条件下，我国学术界和文化界所出现的一种超文学、超学科的文化思潮，是对苏联社会与苏联文学的深层反思。它不是某个人的个体现象，而是以蓝英年先生为代表的一种整体性文化现象。'蓝英年现象'是在特定的社会历史文化背景下产生的，它对于改变俄罗斯文学研究的传统模式，揭示苏联文学的历史真相，开创俄罗斯文学研究的新局面，有着不可低估的重要意义。"

正是由于蓝英年先生十多年来对于苏联当代历史与文学的真相挖掘与精心研究，当代中国学界了解了一个真实的俄罗斯文学。蓝先生的研究也引起俄罗斯国内政界与文学界的关注与肯定。2006 年系"俄罗斯文化年"，俄罗斯作家协会表彰了 15 位中国翻译家、学者，肯定了他们为传播俄罗斯文化所做出的贡献。这其中，就有蓝英年先生。俄罗斯作家协会给蓝英年先生颁发了"高尔基奖"，这是对蓝英年先生十多年俄罗斯文学研究的最高奖赏。

2016 年 4 月

时间： 2009 年 6 月 20 日

地点： 苏州饭店

　　吴新雷，著名昆曲研究专家、红学家、古典文学专家。1933 年 10 月生，江苏省江阴县人。南京大学文学院教授、博士生导师。曾任南京大学中国思想家研究中心主任，兼任中国昆剧古琴研究会顾问、中国《红楼梦》学会顾问、中国戏曲学会常务理事、中国古代戏曲学会顾问、香港中文大学"昆曲研究推广计划"顾问、《中华戏曲》编委、《中华艺术论丛》编委、《红楼梦学刊》编委、中国散曲研究会理事、江苏省戏曲学会副会长。

　　吴新雷 1955 年南京大学中文系毕业，1960 年研究生毕业。1986 年 3 月晋升为教授。1992 年至 1994 年任《中国思想家评传丛书》常务副主编，此丛书在学界广获好评。

　　吴新雷的研究领域为中国戏曲史、文学史、昆剧学和红学。主要著作有《中国戏曲史论》《二十世纪前期昆曲研究》《昆曲史考论》《曹雪芹江南家世考》（合作）、《两宋文学史》（合著）、《中国古典戏剧故事》（合作）、《元散曲经典》（合作）等，主编《中国昆剧大辞典》《中国昆曲艺术》《昆曲艺术概论》等。代表论文有：《论戏曲史上"临川派"与"吴江派"之争》《论昆曲艺术中的"俞派唱法"》《江宁织造府西园遗址的新发现》《吴梅遗稿〈霜崖曲话〉的发现及探究》等。1985 年获江苏省哲学社会科学优秀成果三等奖，2009 年获文化部颁发的"昆曲优秀理论研究人员"荣誉奖，2013 年获"第八届全国戏剧文化奖·戏曲教学与研究终身成就奖"。

盛世修典复兴昆曲文化

——吴新雷教授访谈录

　　2010 年 12 月 17 日，在南昌大学召开的"纪念汤显祖诞辰 460 周年学术研讨会"上，安裴智与吴新雷教授（右）合影

古城苏州，幽兰飘香。2009 年 6 月 18 日至 26 日，由文化部和江苏省人民政府主办的第四届中国昆剧艺术节在这里隆重举行，有着 600 年历史的昆曲大雅，再次唱响在她的故乡，南昆、北昆、上昆、浙昆、苏昆、湘昆、永昆，五彩纷呈、风格迥异的 19 台昆曲节目演出，使来自美国、加拿大、奥地利、新加坡等国和中国台湾、香港、澳门以及祖国各地的千名昆曲爱好者、曲友、学者沉浸在古韵幽兰的艺术享受之中，清赏着一曲曲流丽、典雅、精致的雅乐，海内外来宾发出了不绝赞叹之声。与此同时，中国昆曲研究中心、苏州大学还召开了第五届中国昆曲国际学术研讨会，海内外一流的昆曲研究学者云集姑苏，共商振兴昆曲艺术之大计。

6 月 19 日，在第四届中国昆剧艺术节期间，文化部在苏州举办"国家昆曲抢救、保护和扶持工程表彰大会"，以领衔主编新中国第一部昆曲大典——《中国昆剧大辞典》而名闻学界的著名昆曲专家、南京大学教授、博士生导师吴新雷先生被授予"昆曲优秀理论研究人员"的称号，并被推荐为 18 位获奖人员的唯一代表在会上发言。吴教授上台后激动地说，昆曲 600 年的历史说明，执好"昆曲的笔杆子"是非常重要的，文人对推动昆曲事业的发展作用很大，昆曲艺术的发扬光大要靠两支队伍：一支搞理论，一支搞演出。而自国家及地方近年来对昆曲实施抢救、保护和扶持工程后，这两支队伍都在不断壮大。20 日上午，吴新雷教授在下榻的苏州饭店接受了我的学术访谈。

吴新雷先生已年近八旬，但满面红光、精力充沛，谈起国宝昆曲，更是激情洋溢，满腔兴致，谈吐风趣幽默。他从教学岗位退休已经好多年了，可是他对昆曲艺术的热爱却有增无减。这些年来，他奔赴全国各地参加各种学术活动，为弘扬昆曲艺术四处奔走。

　　说到此，就不得不提我与吴新雷教授的昆曲交往。早在此前的2009年4月19日，我赴金陵参加"龚隐雷昆曲艺术专场"，当天到南京大学拜访了吴新雷教授。吴教授给我讲了南京大学前校长匡亚明先生重视昆曲教育的故事，我们就在南大校园的匡亚明先生雕塑前合影留念。我送给吴先生我的一本文学评论著作《守望与突进》，请他指正。他送了我一本《曹雪芹江南家世考》的学术新著，还有一份打印好的论文《〈牡丹亭〉昆曲工尺谱全印本的探究》，并题字"安装智曲友正之"。这让我感动不已。

　　由于对昆曲艺术的兴趣与痴迷逐渐加深，一年后，我在深圳发起创办经济特区历史上第一家昆曲研习社，吴新雷先生听闻后，高兴地给我打来长途电话，表示祝贺，并亲自研墨挥毫，为深圳昆曲研习社题写社名，鼓励我在深圳推广、传播昆曲，寄语曲社健康发展。2010年12月18日，我们又在古都豫章相遇，共同参加中国戏曲学会、南昌大学举办的"纪念汤显祖诞辰460周年学术研讨会"，他还是那么爽朗、幽默、笑口常开，讲话带着浓郁的江阴方言。这次南昌会议，我与吴新雷教授、香港城市大学的郑培凯教授等人，会前饭后形影不离，所谈话题往往围绕当前昆曲界时髦的"混搭"、"跨界"、"嫁接"的创新潮流，抨击新编剧将昆曲艺术的本体美学特征放弃，一味崇洋媚外，甘做西崽之做法，我们的观点是那么的一致，没有年龄代沟，遂引为隔代知音与忘年交。会后，我们共赴婺源采风，一路上聆听吴教授谈学问、谈人生、谈《红楼》，谈昆曲，收获颇丰。

　　2011年1月3日，我得闲赴古都金陵，于清静古雅之朝天宫内，清赏当代昆曲界中年实力派艺术家龚隐雷、钱振荣合演的昆剧《玉簪记》。当晚，江苏省演艺集团昆剧院副院长李鸿良请来昆曲专家吴新雷先生，让我与吴教授坐一起，陪同吴教授观看昆曲。我感到莫大的荣幸。五折看下来，只觉眉清气爽，心旷神怡，好不快哉！坐在我身边的曲学前辈吴新雷教授也被两位优秀演员的出色演唱所感染，"童心"焕发，激动地对我说："看了这个戏，你这个昆曲迷这次来南京算是过瘾了。"演出过程中，吴新雷老师还不住地点评。尤其是《问病》一出，那段《山坡羊》唱得真是感伤缠绵，妙曼动听，美不胜收，表达曲情特别到位："这病儿何曾经害，这病儿好难担待。这病儿好似风前败叶，这病儿好似雨过花羞态。"钱振荣唱得声情并茂，回肠百转，很好地体现了潘必正因思念心中的妙常而得相思病的心理状态。坐在我旁边的吴新雷老师不住地夸赞："真是名曲啊，词写得美，人唱得美，演得美。"

自那以后，往往相隔不到一两年，在一些国内的古典文学学术会议上，我总是能很幸运地见到吴新雷教授，得以多次面对面地聆听吴先生的教诲。比如，在 2012 年 6 月、2015 年 10 月在苏州召开的第六届、第七届中国昆曲国际学术研讨会上，在 2015 年 10 月于东南大学召开的第十一届全国古代戏曲学术研讨会上，都能看见吴老师和蔼亲切的笑容和硬朗活泼的身影。而在平时，我也经常给吴新雷老师去个电话，问候他的身体，汇报深圳曲社的学曲活动情况，听听他对昆曲传承与创新的看法；他也会向我了解一些国内昆曲界的动态。特别值得一提的是，2013 年仲春，当从电话里得知我为了研究昆曲，在网上网下、各个书店，遍寻他主编的《中国昆曲艺术》而未果的消息时，他竟亲自从南京给我寄了一本书过来，并题签："安裴智曲友正之。南京大学文学院吴新雷谨赠。癸巳岁之春，邮于金陵。"这让我感动万分，老一辈学人的这种精神风范，给了我巨大的精神动力与鼓励，促使我坚毅地行进在昆曲研究的道路上。

在我与吴新雷恩师的交往中，感人的细节很多。譬如，自 2010

年以来，每年元旦前夕，吴新雷先生总要不远千里给我寄一张新年贺卡，并写上对后学的关爱、鼓励之词，问问深圳昆曲社的情况，以这种传统的方式奖掖后学，鼓励我在深圳组建曲社，开展昆曲拍曲活动与昆曲研究工作。2013年元旦，他写道："我很庆贺你到大学里任教，这能发挥你的业务特长，大有发展前途！"2014年元旦，他写道："匆匆一年又过去了。你上次告诉我，你搞了一次欢迎昆曲艺术家梁谷音到深圳演出昆曲、举办昆曲讲座的大活动。据曲友相告，这次活动大获成功，电脑互联网上还有你和梁谷音合影留念的照片，我闻之为你而欢呼！"2016年元旦写道："丙申岁贺岁大吉！苏州、南京两次会上叙谈，欣慰之至。知你近况甚佳，令人高兴。我因老伴卧病，须朝夕陪护，所以不能跑出来，减少活动。苏州是抽身勉强跑了一天，南京也只来了一头一尾，总算能与你见个面，就很高兴了。"

一张简单朴素的贺年卡，寄寓了一位老一代古典文学学者的情怀与希望。人生遗憾，我虽未能立雪吴门，从先生游，覃研曲学，但内心是以吴新雷先生为私淑恩师的，也可视作昆曲畛域的忘年交与隔代知音。每年元旦，望着新年贺卡上清秀隽永的钢笔字迹，想起一次次访曲金陵时，洗耳恭听先生曲教、亲承謦欬之情景，心里就涌起一股难言的暖流。吴先生现已迈入八秩高龄，却始终永葆一颗纯真的童心，脸上始终洋溢着慈祥、开朗的笑容。他的心态好，像昆曲艺术那般从容、优雅；他的学问也好，像昆曲文学那般精深、博洽。他用言行和成果为我们这些后辈晚学树立了一个良好的学林榜样。

吴门曲学之重要传人

安裴智：吴老师，您这一生主要的学术专业是中国戏曲史、昆曲学和红学。您是什么时候接触并爱上昆曲的？又是什么时候开始从事昆曲学研究的？

吴新雷：我从小就爱好民族戏曲，喜欢吹拉弹唱。1951年，我考入南京大学中文系才开始接触到昆曲；而从事学术意义上的昆曲研究，则是1956年我考取南京大学的副博士研究生以后。我的导师陈中凡教授是一位资历很深的古典文学学者，他与胡小石、汪辟疆并称南大中文系"三老"。辛亥革命那年他毕业于两江师范学堂，受业于缪荃孙、陈三立诸名师。1914年后考入北京大学学习哲学，又成为民国教育家、北大校长蔡元培与陈独秀先生的高足，也是一代曲学大师吴梅先生的得意弟子。陈中凡老师1921年任国立东南大学（南京大学前身）教授兼国文系主任。1952年起为南京大学教授，兼江苏省文史馆馆长。陈先生学问淹博，从目录学、诸子经学、文学批评史到文学史、戏曲史俱精通，晚年侧重于中国古代戏曲史研究，其《中国文学批评史》是中国第一部文学批评史。由于受曲学大师吴梅先生之影响，陈中凡先生也成为一个昆曲迷。他与昆剧大师俞振飞先生和"传"字辈艺术家素有交情。早在1931年他担任上海暨南大学文学院院长时，就礼聘俞振飞先生到暨大开设昆曲课程。1955年4月，周传瑛、王传淞等名家来南京演出《牡丹亭·惊梦》和《长生殿·惊变》，我当时还是南大中文系的本科毕业班学生。陈先生出钱买了票，叫我班同学都去观摩。这便是我第一次接触昆曲。我立即被昆曲优美的唱腔、典雅的文辞和曼妙的身段所吸引。毕业晚会上，我尝试性地演出了昆曲节目。陈先生知道我爱上了昆曲，便用招考研究生的办法把我从天津招了回来。他心里已经想好，要把我培养成一个从事昆曲事业的苗子。其实，我原本是研究小说史的，但我了解到陈先生的这一番盛意后，就立即答应他，同意将专业转为戏曲史。

承继"学""艺"合一之优秀学统

安裴智：在中国词学、曲学界，向有"南吴北顾"之说，"北顾"即词学大师顾羡季，培养了张中行、周汝昌、叶嘉莹、史树青、郭预衡等一批古典文学专家；"南吴"即曲学大师吴瞿安，培养了卢冀野、任二北、陈中凡、钱南扬、唐圭璋、王季思、吴白匋等一批古典文学专家。

吴新雷：是的。可以这么说。南大之所以一直有一种很好的曲学研究传统，这要感谢吴梅先生早年的提倡与带领。南京大学的昆曲和戏曲史的研究与教学，就是源于20世纪20年代，由曲学大师吴梅先生开其先河，其特点是不仅重视理论的研究和史的研究，还十分重视艺术的实践，也就是中国传统学者"学"与"艺"的结合。过去，学术界以经学研究为主潮，词曲被贬视为小道。是吴梅先生1917年首先在北大讲堂开设"词曲"课程，吹着笛子上讲堂，边唱边讲，才开创了中国近现代词、曲之学的先河。1922年，吴梅先生来到国立东南大学（南京大学前身），仍然讲词曲课，遍播曲学种子。受吴梅先生思想的影响，陈中凡老师竭力提倡在大学开设昆曲课。我读研究生的那一年即 1956 年，正是浙江昆剧团的《十五贯》誉满京华，"一出戏救活了一个剧种"的时候，昆剧开始得到国家重视。记得研究生入学的第一天，陈中凡先生就给我确定了专业方向是中国戏曲史，重点是昆曲研究。为了继承曲学大师吴梅先生的优良传统，倡导理论联系实际，陈老师要求我首先从看戏唱戏入手，还专门为我请了一位老曲师，花了两年时间教我拍曲清唱，举凡"生旦净末丑"的代表性曲子，南曲、北曲都学了。在陈中凡先生的鼓励下，我不仅跟曲师学清唱，还学习昆剧的表演程式，了解了昆曲表演的一些基本常识。后来，我又转益多师，得到了昆曲大师俞振飞先生的亲自指教，钻研"俞派唱法"。1960 年暑假，我访曲京华，向俞平伯、傅惜华、周贻白和路工等前辈请教度曲，同时拜访了韩世昌、张允和、傅雪漪等名家，在唱曲上有了一个很大的提升。

安裴智：由于受吴门曲学传统之影响，您的昆剧研究具有以下几方面的特点：擅长昆曲的演唱，是昆剧艺术的实践者；与全国七大昆剧院团的主要演员和各地曲社的曲友都有广泛的交往，对昆剧现状了如指掌，理论联系实践，做到了"学"与"艺"的结合。是这样吗？

吴新雷：我 1960 年南京大学研究生毕业后，就留校任教了。为了传授昆曲艺术，我效仿先师吴梅先生早年的做法，常常在戏曲课上一边讲剧情分析，一边唱曲。一堂古典戏曲课，融教曲、度曲、顾曲于一体，学生受益匪浅。这不同于一般高校仅着眼文本分析的戏曲课教学。由于跟随陈中凡教授治昆曲学，我自然继承了吴梅开创的"曲学"传统，熔戏曲史、戏曲文学、昆曲的声腔格律学、度曲学、顾曲学于一炉，这也形成了南京大学别具特色的昆曲课教学特色。课余，我对昆曲艺术的理论做了进一步的探讨，写下了一系列论文。1960

年，我在《光明日报》发表《试论白朴的〈墙头马上〉》，在学界引起反响。此后，我又发表了《〈汉宫秋〉杂剧的思想与艺术》《论戏曲史上临川派与吴江派之争》《论昆曲艺术中的俞派唱法》等一批论文，出版了《中国戏曲史论》《两宋文学史》等书，奠定了作为一名昆曲学者的地位，以后，慢慢地在中国戏曲史研究领域产生了一定的影响。这都离不开吴门曲学先师对我的培养。

抢救昆曲传统剧目是当务之急

安裴智：吴老师，您一生钟爱昆曲艺术，可以说为昆曲这株幽兰的飘香，为昆曲艺术的繁荣花费了大量心血。当前，关于昆曲的传承与创新的话题，是昆曲界热议的一个话题。许多创新作品丢掉了昆曲最根本的美学内核，为获大奖一味求新求变，暴露了昆曲这一大雅国宝在当下物化时代的生存危机与发展误区。昆曲如何在现代时尚化与娱乐化的大背景下求取一条能够尊重昆曲艺术规律的发展之路，仍然是一个非常迫切而不能绕开的话题。您如何看待这个问题？

吴新雷：现今昆曲的生态环境虽然比 20 世纪早期濒临消亡稍好些，但昆曲曲目失传的状况严重，必须尽快抢救。民国初年的昆班艺人能演传统剧目 550 折，20 世纪 30 年代传字辈演员能演 500 折。20 世纪 60 年代，俞振飞先生指导的学生能演 200 折，而今日年轻演员只能演其中三分之一，不过百折左右。因此，昆曲剧目的传承、昆曲人才的培养仍是当前迫在眉睫的首要任务。文化部对昆曲的发展政策，是以抢救、传承和保护为主，尤其是自 2001 年昆曲被联合国教科文组织宣布为"人类口头与非物质文化遗产"之后，这种抢救昆曲、传承昆曲与保护昆曲的理念更是深入人心，并成为国家的一种文化政策。然而，有的院团为了片面追求奖项与经济利益，对昆曲作为"遗产"和"博物馆艺术"的地位视而不见，对"新编新创"念念不忘，总想"小试牛刀"，结果，因为将昆曲最美的精髓丢弃不顾而走向失败之路。在往年的多届昆剧艺术节上，许多新编戏过分注重创新而忽略了昆曲最根本的美学特征，演出效果并不使人满意。为了适合当代观众的审美要求，创新舞台是必要的，但过分注重舞台灯光布景的豪华，忽略了昆曲写意、空灵、淡雅的美学特点，甚至将昆曲的原唱词丢弃不用、将昆曲的音乐唱腔随便乱改，将"一板三眼"、"字少腔多"的声腔特点改成当代流行歌曲的味道，则注定是一种"捡了芝麻，丢了西瓜"的不可取行为。

安裴智：我也很认同您的观点。好像这个话题您一直比较关注。

吴新雷：关于这个问题，早在 2001 年，我在杭州参加"纪念昆剧传习所成立 80 周年暨昆剧表演艺术大师周传瑛诞辰 90 周年、王传淞诞辰 95 周年学术研讨会"时，作了《抢救和继承工作是当务之急》的发言。我认为："昆曲剧目的抢救和继承工作仍是当务之急。昆曲表演艺术历来是师傅带徒弟，口传心授，真正是人类口头传承的文化遗产。如果老艺术家没有授徒，则他们的演艺也就随之而消亡。要把抢救的任务从'传'字辈移到下一辈年过花甲已退休的演员身上。把他们从'传'字辈那里抢救得来的剧目，不失时机地再来抢救，抓紧传授给新一代接班人。"后来有些昆曲院团就这样做了，取得了显著的成效。我觉得，昆曲传统曲目的传承与抢救是第一位的，创新是第二位的。只有在传统的昆剧剧目都抢救、传承下来时，才可以考虑创新。否则，就是对昆曲的艺术传统不负责任。但是，目前，许多昆剧院团为了适应市场，赶潮流似的新编了许多新的昆剧剧目，在创作上违背了曲牌体的音乐规律，效果并不是很好。新编剧一定要谨守昆曲艺术的本体美学特征，不能滑向"昆话剧"、"昆歌剧"、"昆舞剧"的歧路。

盛世修典发皇曲学

安裴智：在中国文化史上，"盛世修典"是文人的佳话。20 世纪 90 年代成为各类大部头史志辞典汇涌而出的时代。2001 年 5 月 18 日，中国昆曲艺术被联合国教科文组织宣布为"人类口头和非物质文化遗产代表作"，名列榜首。时隔一年，由您领衔主编的《中国昆剧大辞典》就由南京大学出版社出版了。这是新中国历史上第一部比较全面而系统地汇集昆剧知识的大型辞典。它的问世是昆剧界的一大盛事，具有里程碑意义。那么，您当时是出于一种什么样的考虑，促使您下决心要编纂这么一部皇皇的昆曲大典呢？您能介绍一下策划、主编、出版《中国昆剧大辞典》的整个过程吗？

吴新雷：《中国昆剧大辞典》的编纂开始于 1991 年 12 月，南京大学中文系戏剧影视研究所和教育技术中心合作摄制了教学录像片《戏曲百花园中的幽兰——昆曲》。在 1992 年日本东京举行的国际录像节比赛中获得"协力奖"，此片由以俞为民教授和我为代表的中文系戏剧影视研究所同人参与策划，由俞为民教授撰写脚本，我为学术顾问。12 月 12 日，学校把我俩和三位录像师送到苏州，请苏州市戏曲艺术研究所的顾聆森副研究员指导，拍摄了苏州戏曲博物馆昆剧历史陈列室和昆剧古戏台的内外场景。次日，我们三人坐车来到昆曲的发源地——昆山市千灯镇（古称千墩），拍摄昆腔发源地的历史性图像。我们站在秦峰塔下，共同缅怀六百年前昆山腔最初的原始歌手顾坚。聆森先生首发倡议，为民先生表示支持，要我带头主编昆剧大辞典，以此来纪念出生于千墩（千灯）的顾坚。当时，我考虑编纂这么一部跨越时空的昆剧大辞典难度实在太大，包罗的内容实在太多，况且，昆曲艺术不仅有 600 年历史，也是一种流动的演进的艺术活体，很难全面驾驭。本来想推掉，但顾、俞两位同道的反复坚持与鼓励，把我二十多年前的"昆曲情结"给勾起来了。于是，我勉为其难地答应下来，开始总体考虑、统筹这部大典的编纂工作。我们这套主编和副主编的班子，就是在这次摄制昆剧教学片的社会实践中自然形成的。

从昆山回到学校，我向校系领导作了汇报，得到领导首肯，就把《中国昆剧大辞典》列为南京大学戏剧影视研究所的一个科研项目，南京大学将之作为重点课题立项。1992 年 4 月 2 日在昆山举行的纪念苏州昆剧传习所成立 70 周年学术研讨会上，我向学界同人宣布了这项计划。于是，我们进入了正式的编纂过程。我们拟定了统一的体例，共同商定了编辑方针，并分工组稿写稿，邀请全国对昆曲有研究的专家、学者 111 余人撰写词条，共襄盛举。经过 6 年的努力，于1997 年完成此书，全书共 310 万字。在排印过程中，又花 4 年时间进行校对补充。经历 10 年苦功，终于在 2002 年正式出版，填补了长期以来昆曲修典的空白。

新中国第一部昆曲大典

安裴智：真是"十年辛苦不寻常"啊！十年修一典，也可以堪称当代文化史上的一个壮举了。令人钦佩！那么，您主编的这部《中国昆剧大辞典》在选取内容与编辑体例上有什么特色吗？

吴新雷：《中国昆剧大辞典》的突出成就体现在"昆剧学"方面。编纂人员对昆剧中的南昆、北昆、上昆、浙昆、苏昆、湘昆、永昆，以及更小的甬昆、金昆、晋昆、川昆等主要流派的发源地进行了实地考察，采访民间老艺人和老曲友，挖掘了大量的第一手资料，是一部具有集大成意义的大典。该辞典从昆剧源流到古今变革，从文学声律到艺术表演，从剧目唱腔到舞台装扮，从专业的演员剧团到业余的曲友会社，多层面、多角度地反映了昆剧的总体面貌，创造性地开辟了12个专栏，分列为"源流史论"、"剧目戏码"、"历代昆班"、"剧团机构"、"曲社堂名"、"昆坛人物"、"曲白声律"、"舞台艺术"、"歌谱选粹"、"赏戏示例"、"掌故逸闻"、"文献书目"。词条总数为5682条，另列5种附录，涵盖了昆剧艺术的所有内容。此典资料丰富，考证严谨，具有很高的学术性和史料性。编者查阅了350多种文献专著，如从明代吕天成的《曲品》中考列了"上虞曲派"的条目，从《潘之恒曲话》中考列了"汪季玄家班"和"吴越石家班"的条目，从《清代燕都梨园史料》中考出了大批职业昆班和昆曲红伶的名目；又查阅各种报刊，钩稽沉埋湮没的材料。除了发掘昆曲的文献资料外，实地考察了魏良辅唱曲的太仓南码头，永昆发源地温州，金昆发祥地金华、兰溪、武义，甬昆发源地宁波，湘昆发源地湖南桂阳，北方昆弋班发祥地河北的高阳、安新、束鹿、霸州等县的农村，深入民间进行调查。该典虽然是一部实用型的工具书，但在词条的选列和条文的撰写方面，都经过审慎的考证辨析，去芜存菁，取精用宏。按照中国史学的传统，以"纪传"和"编年"为两大体裁。为了能反映昆剧发展的历史，特辟"昆坛人物"和"昆史编年"两个专栏，前者以记人为要，后者以记事为纲，一经一纬，交织出中国昆剧史的端绪。该辞典还配合条文插有相应的图版、相片、戏单、书影、戏画和剧照，其中大多属于文物珍品，具有观赏价值。如明代后期《南都繁会景物图卷》中秦淮河畔的昆曲舞台，清乾隆时《姑苏繁华图卷》中苏州的戏厅，清嘉庆年间上海七宝的昆剧戏楼，1931 年 6 月"传"字辈演员在苏州老郎庙参加昆曲梨园公会成立时的合影，1945 年抗战胜利后梅兰芳和俞振飞在上海美琪大戏院演出《奇双会》的剧照，1958 年 4 月俞振飞和言慧珠参加法国巴黎第三届国际戏剧节演出《长生殿·惊变埋玉》的剧照，1980 年 4 月周传瑛、张娴伉俪联袂演出《鸣凤记·写本》的剧照；还有名家的书法、戏画，《金印记》和《纳书楹曲谱》等书影，北方昆弋班"荣庆社"、"祥庆社"和南方"仙霓社"昆班的戏单；又有行头戏装、伴奏乐器的彩照，商丘侯方域家班壮悔堂、苏州虎丘曲会千人石等文物图版，昆剧传习所创办人的相片，"传"字辈名家言传身教的相片，等等。装帧设计典雅美观，卷首还影印了联合国教科文组织颁发的中国昆曲艺术列为"人类口头和非物质文化遗产代表作"的证书，弥足珍贵。

安裴智：这部皇皇巨典，饱含着您的多少心血啊！读了您的序言，我看到的是一种对昆剧研究工作的文化朝圣般的生命投入，感受到的是一种不避"劳其筋骨、苦其心志"的艰辛，体现的是一种以一己之力承担"天之大任"的历史性壮举。吴先生作为昆曲研究界的前辈，经历了十年编辑、出版的艰难进程，终于完成了这一部皇皇大典，这是中国昆曲界具有里程碑意义的幸事，也是中国文化界的一件大事。自《中国昆剧大辞典》以后，您的昆曲研究还出版了哪些书？

吴新雷：2004 年，我与朱栋霖等人又合编了 20 万字的《中国昆曲艺术》，全面系统地介绍了昆曲 600 多年历史及其当代的发展情况，重探昆曲源流，阐述昆曲奥秘，同时对昆曲的表演艺术和在当今社会的传承形态与弘扬情势的情况作了详尽的描述。自 70 岁退休以后，我撰写出版了专著《二十世纪前期昆曲研究》，逢到有关昆曲的活动，不论是纪念昆曲老艺人，还是新的剧目演出以及各种学术会议，我都尽量奔赴全国各地积极参与，并在事先做了提交学术论文的准备。

关注当下昆曲的生存与发展

安裴智：昆曲界同人都知道您是一位很有感召力的昆曲前辈学者，热心关注青年昆曲人才的成长，关心全国各地曲社曲友的情况，为昆曲新人的脱颖而出不吝鼓与呼。作为一名昆曲学者，你没有钻故纸堆，而是很注重"学"与"艺"的结合，您很关注当下昆曲的生态与发展，经常参加一些昆曲艺术的社会实践活动。

吴新雷：昆曲是动态的活体艺术，所以，研究昆曲者要经常与全国各大昆剧院团保持联系，关注当下昆曲的生存与发展。自 2005 年以来，江苏省昆剧院涌现出了一批青年昆曲新人，像施夏明、单雯、罗晨雪、张争耀等，他们刚刚从省戏校毕业，就到省昆剧院扛起大梁，演出大型经典昆剧《1699 桃花扇》。为了让年轻的昆剧演员理解孔尚任《桃花扇》"借离合之情，写兴亡之感"的悲剧主题，我多次为他们义务讲解，热切地关心他们的成长。2008 年，文化艺术出版社出版了北昆旦角新秀魏春荣的《月上海棠——魏春荣昆曲艺术》，我为该书作序，对这位新人给予积极推介。我在序文中写道："我第一次看到魏春荣的舞台演出是 1994 年 6 月在'首届全国昆剧青年演员交流演出大会'期间，观看了魏春荣的《思凡》和《双下山》。她扮演的小尼色空十分出色，动人耳目。她也因此获得了'兰花优秀表演奖'。风华正茂的她，从此崭露头角。"

在昆曲的历史发展过程中，曲社对昆曲的传播起到了重要作用。我从大学时代就积极参加曲社的活动，与南京昆曲研习社、北京昆曲研习社、上海昆曲研习社，以及天津、苏州、杭州、扬州等地的曲社都有交往，与曲友们共同为昆曲的传承、发展而尽一点力。2008 年 11 月 1 日，南京举行甘贡三诞辰 120 周年、甘南轩诞辰 100 周年、甘律之诞辰 90 周年纪念活动。我在纪念会上发言指出，"甘贡三老先生是南京昆曲界老前辈，毕生酷爱昆曲艺术，曾录下《霓裳羽衣曲》等昆曲古谱传世。甘老还专攻昆剧的老生行当，曾为上海百代唱片公司录制了《扫松》和《寄子》的唱片，可见甘老在全国昆曲界的影响。甘老最大的贡献是他在新中国成立后组织南京乐社昆曲组（即南京昆曲社），培养了一大批业余昆曲接班人。"南京乐社成立于 1954 年，分设古乐、民乐和昆曲 3 个研习组。昆曲组就是由甘老主持的，我于 1958 年就参加了南京乐社昆曲组的活动，广交曲友，唱曲授曲，度曲顾曲的生活习惯保持了一生。

美国讲曲传佳话

安裴智：昆曲在经历长久的冷寂以后，终于迎来了一个备受社会关注的热潮。其原因：一方面，固然是与昆曲于 2001 年 5 月 18 日被联合国教科文组织宣布为人类口头与非物质文化遗产这一文化事件有关；另一方面，就是青春版昆剧《牡丹亭》在美籍华裔作家白先勇等先生的策划推动下，自 2004 年 4 月在台北首演以来，相继在国内高校与美国、英国、希腊等世界各地成功演出 170 多场，在青年学生中引起巨大反响，在莘莘学子中宣传与传播了昆曲。据说，您曾应邀在美国做了好多次昆曲文化的讲座。能介绍一下这方面的情况吗？

吴新雷：2006 年适逢汤显祖逝世 390 周年，美国加州大学为此举办了"《牡丹亭》及其社会氛围——从明至今昆曲的时代内涵与文化展示"的学术研讨会。加州大学中国研究中心邀请我参加这项学术活动，信函中说明会议的缘起是"趁着白先勇先生策划的青春版《牡丹亭》在本校首演之机，特地举办这项集戏曲、文学与历史研究于一体的大型论文研讨会"。由于青春版《牡丹亭》要到洛杉矶巡演，洛杉矶中美文化协会为了便于会员们观摩演出，也邀请我到协会讲解昆曲的欣赏问题。这样一来，我从伯克利到洛杉矶就跑了半个多月，既忙于开会，又要忙于看戏。9 月 15 日，我在加州大学做了《〈牡丹亭〉昆曲工尺谱的源流》的讲演。9 月 25 日，我又到了洛杉矶，在华人社区做了《如何欣赏〈牡丹亭〉》及《昆曲之流变》的讲演。

我这次到美国还有一段插曲，那就是跟白先勇进行对谈。这是中国艺术研究院《文艺研究》编辑部交给我的任务。我提出的对谈议题是《中国和美国：全球化时代昆曲的发展》，得到了白先勇的赞同。在这个总题下，我们就"全球化视野中的昆曲艺术、通过社会运作在美国形成昆曲的观众群、'走出去'的昆曲展示和播种之旅、昆曲兴亡的文化责任感和使命感"四个话题进行了对话。回到南京后，我将我们的对谈整理成文字稿，在 2007 年第 3 期《文艺研究》上发表。这篇文章反映了青春版《牡丹亭》访美巡演的盛况，获得白先勇的称许，收入 2007 年 5 月的《青春版〈牡丹亭〉大型公演 100 场纪念特刊》。白先勇还将这篇对话稿收入台湾出版的《白先勇作品集》第九集中，可以看出他对两人对话录的重视。从我俩有关昆曲各个方面的对话中，显示出各自对待昆曲艺术共有的观点，有助于昆曲研究者的深入探讨。在对话中，我对白先勇以振兴昆曲为己任，主动把重担扛在自己肩膀上，自愿做"昆曲义工"的行为表示钦佩。同时也告诉他，祖国大陆的有识之士也为昆曲艺术的抢救保护与发扬光大多次呼吁、积极努力，中央领导也相应采取多项措施，促进了昆曲的健康发展。

原载《深圳特区报》2009 年 9 月 21 日，2016 年 11 月 11 日修改

时间： 1995 年 2 月 14 日

地点： 北京师范大学丽泽楼刘锡庆教授寓所

散文的审美特征与文体追求
——刘锡庆教授访谈录

　　刘锡庆，著名散文理论家、写作学专家，北京师范大学中文系教授，中国现当代文学专业博士生导师。1938 年 10 月生，河南滑县人。历任北京师范大学中文系写作、当代文学教研室主任，系学术、学位委员会委员；兼任中国写作学会副会长、顾问，中国当代文学研究会常务理事，北京市作家协会理事、文学评论委员会主任，鲁迅文学奖散文奖评委，老舍文学奖评委，"新概念"作文大赛评委，教育部中小学语文教材审查委员。中国作家协会会员。

　　刘锡庆教授以"写作学"研究及散文、报告文学研究蜚声国内学界，其"写作学"研究处于全国领先地位。1979 年的《写作基础知识》，是新时期第一本教育部颁定的"文科统编教材"。1985 年推出《基础写作学》，被认为是当代写作学研究的开山之作，被多所高校列为写作学教材。主编《中国写作理论史》《中国写作理论辑评》（全 5 册）、《写作学辞典》《作文辞海》等。参编教材《中国当代文学史初稿》《中华文学通史》《新中国文学五十年》，主编《新中国文学史略》《二十世纪中国文学经典》等。另著有《刘锡庆自选集》《散文新思维》等。

　　刘锡庆教授退休后，参与创建北京师范大学珠海分校中文系，任系主任、文学院教授、名誉院长，2007 年被评为北师大珠海分校"教学名师"。2010 年正式退休。2017 年 1 月 15 日逝世，享年 79 岁。

刘锡庆教授

　　"散文热"是近年来文坛上一个比较引人注目的话题，是当代文学向前发展过程中出现的一种必然现象。从白话散文的发展史看，在经历了"五四"时期至20世纪30年代那样一个真正的散文大繁荣后，中国散文便在种种外力的制约下逐渐失去了"独抒性灵"的审美品格，进入了一个漫长而贫瘠的荒漠时期，这个时期从20世纪40年代一直延续到20世纪70年代，是散文创作的低谷。20世纪80年代中期以后，当代散文出现了一个创作、出版和阅读的热潮。具体地说，当代"散文热"出现了四大景观：其一，随着对现代文学史上许多重要作家的重新评价，一批被禁锢了40余年的现代作家散文作品"重见天日"，被陆续地、大量地出版、印行出来，引起了当代读者的阅读兴趣，出现了当代读者阅读现代散文的热潮，尤其是周作人、林语堂、梁实秋等一批思想开明的作家的作品，更受读者青睐；其二，随着时代生活内容的拓宽和市场经济意识的深入人心，当代作家的创作观、审美观、价值观发生了相应的调整与转移，创作重心发生了一定程度的偏移，作家的心灵逐渐放松，心境变得平和、宁静，并开始寻找新的话题，寻找新的表达方式。一大批小说家、诗人、戏剧家、评论家、教授纷纷垂青于散文。或两种体裁兼顾，或独尊散文，除专职的散文家、随笔家、小品家成倍增加外，还形成了小说家写散文、诗人写散文、评论家写散文、戏剧家写散文、教授写散文的新景观；其三，各大报刊进行了大幅度的版面改革和栏目改革，报纸文艺副刊、文学杂志、生活杂志和为适应"闲适文化"而崛起的星期刊、周末刊、月末刊等，开辟了形式多样的散文专栏、随笔专栏，同时，各个出版社推出了各种名目的散文丛书、随笔丛书，五花八门的各类散文作品呈铺天盖地之势向读者涌来，形成了新中国成立以来罕见的"散文出版热"；其四，一大批个性卓异的女性散文作家成长起来，引起了文坛的关注，出现了"女性散文热"。凡此种种，可谓"热"浪滚滚，说明当代散文确实形成了一个热点。然而，"热"的形成是否意味着文学的繁荣和创作质量的突破呢？在"散文热"引发的一派叫好声中，刘锡庆教授却发出了一种不协和之音，他一针见血地指出："当代散文发展到今天，正值乱象丛生"（《当代散文：更新观念，净化文体》，《散文选刊》1994 年第 3 期），"潜在问题不少"（《我看新时期散文》，《文论报》1993 年 6 月 5 日），"当代散文缺少'文体'的理性规范"（《当代散文：发展轨迹、分"体"考察和作家特色》，《文学评论》1992 年第 6 期），对散文界不啻是一个有力的警醒。

现年 57 岁的刘锡庆任北师大中文系教授、当代文学教研室主任、硕士研究生导师。新时期以来，他把主要精力放在了散文研究上，他致力于散文文体的研究，力主规范、辨析和净化散文文体，其博大严密的理论体系和"艺术散文"等相关理论对散文研究做出了开创性贡献。与别的评论家不同，他的独特之处，不是拘泥于对具体的散文作家作品的微观分析，而是立足于对整个当代散文理论大厦的精心构筑，他以一种清醒的文体意识，最早提出了重新规范散文内涵，提出了"艺术散文"这一概念，批评了文学分类中传统的"四分法"的不科学性，试图将纯散文从混杂的散文概念中分离出来，确立纯散文的主体地位。他把研究的重点放在了散文文体的独立和散文理论的构建上，这在散文评论界具有领先的意义，必将在当代散文理论发展史上书写重重的一笔。

1995 年 2 月 14 日，笔者赴京采访了病愈不久的刘锡庆教授。刘先生以一种文体家的眼光，就当代读者普遍关心的一些散文热点话题、热点现象作了精辟的分析，对当代散文的现状作了客观评价，指出了目前散文创作和研究中存在的问题，对散文文体的独立和散文理论的创建提出了卓有见地的思考，并为当代散文的健康发展指明了方向。

散文现状评价

安裴智：近年来，"散文热"是同"长篇小说热"、"电视剧热"同样引人注目的一个话题。应怎样看待这一现象？散文创作目前存在的问题是什么？请您对散文现状作一个客观的分析。

刘锡庆：目前散文创作的情况不是特别令人满意。虽然出版的散文集子很多，散文杂志、刊物也很多；表面上很红火，实际上，散文创作的进展不大，谈不上什么繁荣。打个比喻，当代散文现状，可谓广种薄收，沙里淘金。写得好的文章是比较少的，而且，除这些比较好的散文是停留在一种雅文学外，大量的散文实际上是一种非文学；我觉得不是文学。有时候一本刊物，从头翻到底，一篇好散文也没有，确实让人感到忧虑。主要的问题是，人们对"散文"概念的认识太陈旧，还是停留在过去那种观念上，即认为，随便写一点，不是诗，不是小说，也不能称为戏剧的，都是散文。这种认识太勉强，行不通。特别是进入 20 世纪 90 年代以后，报刊上的通俗散文太多，呈现出泛滥的趋势，其实这种散文品位不是很高，严格地说，它不是一种严肃的雅文学。这类文章有一个相似的模式。写一点日常琐事，写一点名人逸事，写一点闲言碎语，写一点趣味性的生活笑料，这种东西不是散文，它们都是一次性消费，是文化快餐，谈完后就可以扔掉了，没有永久的审美价值和艺术价值。从总体来看，散文现在的状况是不能乐观的，在"散文热"表象背后潜藏着一种忧患。

安裴智：散文创作质量上不去的原因是什么？应如何从理论研究

的角度引导当代散文走上健康、繁荣的发展之路？与现代学者相比，当代散文评论家面临的一个十分紧迫而又重要的研究课题是什么？

刘锡庆： 形成当前散文创作不景气的原因，我觉得主要是散文长期没有理论，缺少一种理论的规范。应该用一种科学、完善的散文理论来约束、指导当代散文创作。对当代散文要进行科学的规范，使它变得严格。徐迟在 60 年代写过一篇文章，叫《说散文》，提出了"塔基塔尖论"，认为散文的多种多样体裁皆是"塔基"，只有抒情散文才是它的塔尖。这个"塔基塔尖论"应该说是一种进步。但现在的情况呢？塔尖又回到了塔基，不要塔尖了。最大的问题，实际上是不要纯散文，又回到了一切文章的概念上，而不是文学，也就是回到了古代；所以，艺术散文要进行审美规范。我这几年主要在做这个工作，希望散文能够建立起自己规范的理论体系，提出一个比较高的文学性的要求，希望"艺术散文"能真正作为一种文体，独立出来。这个问题在现代文学史上曾经有人提出过，像纯文学、文学散文、美文等概念，就曾有人提出过，尤其是郁达夫、周作人等人对散文理论的建设贡献很大，有许多地方提得很精彩，但他们的看法是零星的、局部的，从全盘来说，现代文学史上还没有提出一个严谨的、完整的散文理论体系。由于当时的实际条件还不成熟，现代作家们没有做好这个工作。我希望当代学者能做好这件事情。

散文文体的净化

安裴智： 您认为当代散文理论体系的构建包括哪几部分的内容？其中最重要的是什么？

刘锡庆：我觉得散文的全部理论建设应涵盖"范畴论"、"特征论"、"创作论"和"批评论"四个部分。其中最重要的是"范畴论"，即散文文体的分离、独立。我的主张是，文体应该分工，传统的"四分法"早已不适应文学的发展了。"四分法"把文学笼统地分为小说、诗歌、戏剧、散文四类，这个观点等于认为除小说、诗歌、戏剧之外的其他一切文章都属于散文，这个"散文"概念太大了，是模糊的、驳杂的、混淆的，应该进一步净化、分离，使真正的散文能够脱颖而出。这个净化、分离的原则是，以文体"审美特质"为基准，该独立的应予独立，能排除的即予排除，应创造的理应创造出来。

安裴智：按照这个原则，应怎样把"四分法"中的"散文"概念进一步净化、分离呢？

刘锡庆：我的想法是，"报告文学"，包括文艺通讯、特写、速写、巡礼、印象记、访谈录等，具有一种纪实性，作为原叙事散文之一种，应予独立；"史传文学"，包括人物评传、自传、回忆录、"四史"、地方志等，具有一种传记性，作为原叙事散文之另一种，亦应独立；杂文，是政治性比较强、社会性比较强的那种评议性的散文，属于硬性题材，作为原"议论散文"之一种，应予独立；随笔，包括随想、知识小品、科普小品、学者随笔、文化随笔、生活随笔等，是软性题材的评议性论文，作为原"议论散文"之另一种，也应独立。我个人觉得，杂文、随笔原是一类的，因为它们没有严格的界限，只存在题材上的软硬。杂文讲究讽刺，随笔注重幽默，二者都很讲究文采，这两种文体应该独立。除报告文学、史传文学、杂文、随笔外，剩下的文章过去叫抒情散文，我认为这个提法窄了，不适合今天的发展情况，不宜再叫抒情散文。这一类东西，我暂时把它归到艺术散文。艺术散文作为一种文体应该独立出来。

艺术散文的审美特征

安裴智： 刘老师，您觉得艺术散文的审美特征是什么？散文今后发展的方向是什么？好散文的标准是什么？

刘锡庆： 艺术散文特别强调艺术的品位，就是一定要进入文学这个层次，而不是文章。在古典散文时代，文学和文章的界限就没有划清楚。今天看来，古代的一些文章，属于说理文，是根本不能成为文学的。中国古典散文特别偏重于说理，讲究"理趣"，硬性的东西比较多，因而走向了杂文；现代散文呢？实际上又走向了随笔，这一点也受外国的影响。大概在 1942 年，葛琴写了《略谈散文》，她把散文定位在强调情感性这一点上，写触发内心情感的东西，这就和杂文、随笔都划了界限。那篇文章从理论上讲，还是非常有意义的。把散文定位在情感这一点上，是一个历史性的进步。新中国成立后，我们的新中国散文一般是抒情性的，有很强的抒情性，今天还是应该在这个基础上进一步地发展。我觉得，一代人就应该有一代人之文学，当代散文不能再停留在过去和传统上，停留在现代也不够，应该向前发展。就是说，散文应该整个地面向人的内心世界、精神世界，抒写精神的东西。真正好的散文是不回避自己，也不拘泥于自我的。那么，面向读者，真正打开自己的心扉，裸露出自己的内心世界，把自己的情感世界写得非常细腻，非常动人，通过这个东西，去折射民族性、时代性、阶级性、社会性、人类性等其他方面。因为文学的特点，是通过个别去反映一般，文学是特别重视个别、个性的东西。过去我们讲文学的最基本的特征是形象性，现在看来，这个提法不完全准确。因为文学之外的美术、电影、摄影、舞蹈等也有形象性。实际上，文学是一种情感，情感是文学的最基本的特征。所以，散文回到立足抒情、立足情感这一点是对的，而离开了这个东西去说理，我觉得是不适合的。现在有人提倡哲理散文、文化散文、智慧散文，非常强调"理"。我觉得过于偏重于理，等于离开了文学的情感性，不利于文学的发展。文学还是潜移默化的东西，还是以情动人的东西。巴金讲过，对读者要讲真话，非常真诚地裸露自己的内心世界，用自己美好的精神世界来打动读者，感染读者，我觉得这是散文的一种正路。另外，要立足自我，把握自我，通过"小我"折射"大我"，由个人通向时代，由自我通向社会，通向全人类，但是，绝对不要失去自我，不写自己，去写别人，不是散文的正路。"十七年"散文的教训是，完全抛开自我，抛开个人而直接去表现阶级性，表现时代性，打的口号是"代人民立言"，实质上是把自我隐匿起来，替别人说话，这样做等于扼杀了文学。所以，要处理好"小我"与"大我"的关系，一定要通过"小我"反映"大我"，紧紧地把握好"小我"，写好自己，写深自己，真正写出"人性的东西"，取得一种人类的情感，和更多的人共鸣。过去有一个观点认为美文就是语言写得很漂亮，其实，语言漂亮是个最基本的要求，它不能成为、不能代替整个文章的好坏标准、衡量标准。只讲"真情实感"也不够，不是所有的真情都具有更深的力量，散文要有真情的投入，不能做假，这是没有问题的。此外，散文更要写出自己的生命体验，把那种确实是你在生活中遇到的苦辣酸甜写出来，把这种体验提升到人性的高度去写。然后，通过人性中那种共同的东西去和别人沟通。过去否定人性是毫无道理的。所以，好的散文一定写出了人性深层的东西，反映出人性的深度。如果能做到这一点，当代散文的领域还是非常广阔的。因为真正的心灵的散文，过去很少出现，那时，多少写出点个性也就够了，更深入的东西则没有。所以，散文的好与坏，主要是看作者感情体验是否写得深入。如果作者真正写出了他从生命中得来的那种比较深刻的体验，而且写充分了，那么，这篇散文一定具有人性的深度，是好散文。艺术散文的本质就是人性的深层开掘，立足自我，裸露心灵，以沟通并共鸣于整个人类。"篇篇有'我'、个性鲜明"，"外物内化、以小见大"，"真实自然、笔墨自由"，"纸短韵长、风格各异"，这是艺术散文的四大审美特征，也是艺术散文文体特质的基本方面。

贾平凹 "大散文" 观之得失

安裴智：贾平凹在 1994 年 8 月 10 日《中华读书报》上发表了一篇文章，题目叫《走向大散文》，是针对当前文坛缺少优秀散文，又多随意化、轻率化倾向感慨而发。他希望通过"大散文"的提倡，来以一种雄沉之声冲击散文创作的靡弱之风。您对此是怎么看的？

刘锡庆：大散文确实不可取代。贾平凹提出了这个概念，立意是好的，追求一种大的气度、大的气派、大的手笔，要求散文克服那种小家子气，要求散文写得大气，这个提法我认为是积极的。但是，他的出路又找错啦。怎么样才能达到这个"大"呢？

贾平凹有一句话，"散文回到那一切文章"。意思是说，现在散文的外延定得越来越小了，什么语言漂亮呀，情感真实呀，各种条条框框束缚都打掉，散文就是一切文章。其实这是一个非常古老的命题，这样的散文观念实际上又回到了古代。古典散文就是这样。这等于主张题材、范围的"大"，而不是精神气度的"大"、深度的"大"。所以，"大散文"成了什么人、什么题材都可以写，题材面大了，写作的人的面也非常广了。他希望各行各业的人都来写散文，甚至连个体户、企业家的就职演说，各种形式，均可称为散文，一时间，散文领域变得海阔天空。这是不合适的。我觉得中国散文现在的毛病就是一直太大，古代是"大散文"，现、当代实际上也都是"大散文"。

余秋雨"文化散文"之价值

安裴智：著名戏剧理论家余秋雨教授近年来写了大量散文，出版了《文化苦旅》《文明的碎片》等散文集。有人称这种散文为"学者散文"，有人称之为"智慧散文"，您是怎么看的？这种散文能否代表当代散文的发展方向？

刘锡庆：我觉得余秋雨散文的品位是比较高的，虽然这些散文还是说理性成分较多。他的有些散文，像《风雨天一阁》《寂寞天柱山》等，虽然个人的东西稍微多一点，但其重心仍然不在写他内心世界。所以，我把它叫作文化散文（更准确说应为文化随笔）。应该说，文化散文是非常重要的，而且它在我们时代确实有长处。这种文化散文比过去周作人、林语堂他们写的那种闲适小品文品位要高。周作人的散文是比较强调知识性的，也有一定的文化韵味，但没有余秋雨散文的气魄大。余秋雨把整个中国传统文化都包孕进去，他站在今天人的立场上重新理智地审视传统文化，给传统文化一个准确定位。他写散文，实际上是在做这个工作，这是很有意义的。所以，余秋雨散文应该得到比较高的评价，品位确实高，思想、文字都不错。要说他的散文是"大散文"，我觉得是合适的，他的散文气魄确实非常大。但是，它还不是我理想中的散文。就是说，我承认它是好散文中的一种，而且，这种散文比那些一般的散文要有价值得多，是可以传之久远的，绝对可以传之久远。在某种程度上说，余秋雨散文比余光中他们那种散文探索还有意义，但是，余秋雨散文并没有完全解决当代散文向何处去的问题，余秋雨散文也有值得思索的另一面，并不能代替整个当代散文的发展方向。

艺术散文的虚实关系

安裴智：刘老师，您认为应怎样处理散文创作中"虚"与"实"的辩证关系？试以老作家孙犁和青年女作家赵玫为例，进行比较分析。

刘锡庆：艺术散文要解决好"虚"与"实"的辩证关系，将二者有机地融合在一个作品里，做到虚中有实，实中有虚，虚实相映。老作家孙犁和青年女作家赵玫都没能处理好"虚"与"实"的关系，都不太娴熟，但二者的表现形态是相反的。孙犁的散文是写得非常实的，他受古典散文"避虚就实"的传统影响较大，可以说，他是十分倾向于古典的。我在《文学评论》上发表的那篇文章，就批评了他的散文过于"实"，并没有升腾起精神的翅膀和理想的翅膀，因为散文之为文学，就是要在精神层面上非常自由。他没有翱翔起来，这是很遗憾的。说明有些老作家缺少当代意识、当代精神。我是不赞成"避虚就实"的，我认为散文的精神、散文的"神"恰恰是在"虚"上，"实"是铺垫，要让散文升腾起来，这是散文的神魂。赵玫不是走写"实"这条路子，她的问题是又太"虚"啦，有一种缥缈感，让人捉摸不定。她想飞腾，这一点是非常好的，但她的散文"实"又不够，并没有交代出她何以产生这种心境、这种心态或一时的心绪的缘由。这些情绪是由什么引起的？感情发展、飞跃的来龙去脉是什么？她没有写出来。她只是在折跟斗，这样，读完她的作品，使人觉得一片朦胧，如坠五里云雾，读者不能与之发生感情共鸣、思想共鸣。那么，我觉得，这还是有欠缺的。从中国散文史的角度来看，古典散文、现代散文都是写实的情况太厉害，进入精神层面的东西比较少。看完文章，给人精神层面的东西太少。这种情况，我称为"爬在地上写的"，直不起来，更不要说飞腾了，这是非常遗憾的。文学是一种精神创作，是一种精神产品。读者阅读作品，主要是看精神层面的东西，是感受作者心灵的翱翔的轨迹。在这点上，年轻作家做得比较好，他们不走旧路，很有开拓精神；但年轻作家又太务"虚"，也还需要提高，怎样把散文写得更好些，应细细琢磨一下。散文不是不可接近的东西，也不是可以靠得太近的东西，各人有各人的一个"心电图"，心灵活动的脉络、影像又是非常缥缈的。如果读者解读不出来，那么，它不会是一篇好散文。因为，从另一方面讲，散文还要有一种实在感，它又不摆架子，完全是对读者说心里话，非常亲切，像会心地谈天那样，有一种融洽的气氛，需要读者更好地理解它。

"女性散文热"及其他

安裴智：现在有个说法，散文创作"阴盛阳衰"，果真是这样吗？男作家是不是就不如女作家？如何看待文坛的"女性散文热"现象？

刘锡庆：我觉得不能这么说。因为男作家有男作家的优势，女作家有女作家的长处，人的大脑、性别决定了男女确实有些不同的优长，女性特别善于表达，善于裸露内心世界，情感比较细腻，男作家理性思考能力较强，更多地关注社会，关注大的方面，对自己的关注比较少。女作家则对自我的情感体会比较细致、比较深，写的文笔也比较好，善于表达，这是从小就能看出来的，语言表达能力比男性强，包括学外语也是这样。所以，女作家的崛起是非常正常的现象，因为在以前，一直轻视妇女，女性作家不可能正常成长，在古代更不可能。即使在现代，女性的活动也很少，这与妇女解放有关。我们现在的女作家，一批一批地出来，我觉得这很正常。"十七年"时期，不准写"小我"，写"社会"、写"阶级"的多，而这不是女作家的所长；现在，随着散文的定位，真正要通过自己的情感去表现内心、去折射世界，那么，女作家就显出了她们的优势。这一点我觉得是对的。但是，也不要说男作家就不行，因为男性散文作家里也有许多是很出色的，要看是哪个作家，因人而异。在男作家里，贾平凹、周涛、史铁生、张承志、余秋雨、薛尔康这些都是比较好的。我觉得男女可以发挥自己不同的优势，先不要下"阴盛阳衰"这种结论。"阴盛"是好现象，"阳"是不是衰了，也未必，还不能下这样的结论。

安裴智：《当代散文史》这样的书现在有没有呢？

刘锡庆：已经有了。有一部书，就叫《中国当代散文史》，姚雪垠主编，是中国当代文学学会推出的当代小说史、戏剧史、散文史、诗歌史丛书的一种，但是质量比较差，没有什么影响。这本书出版好几年啦，说实在的，它在水平线以下。别的眼下还没有。以新时期散文为研究对象，四川师范大学一位老师出过一本《新时期文学》，涉猎的作家比较多，但该书还没有明确的散文观，对谁都承认，对每一个作家都肯定，失去了鉴别、评判作家优劣的标准，因而该书的影响也不大。

原载中国当代文学研究会会刊《当代文学研究资料与信息》1995年第5期；《太原日报》1995年5月16日；收入河北教育出版社1998年7月版《散文新思维》

时间：2010 年 12 月 17 日、18 日

地点：南昌大学、江西婺源宾馆

郑培凯，香港城市大学中国文化中心主任、教授。原籍山东日照。台湾大学外文系毕业，耶鲁大学历史学博士。曾任教于纽约州立大学、耶鲁大学、佩斯大学、台湾大学、台湾清华大学。1998 年在香港城市大学协办中国文化中心。同时兼任香港艺术发展局顾问、香港康乐及文化事务署顾问、香港民政事务局非物质文化遗产咨询委员会主席、香港民政事务局港台文化合作委员会委员、香港岭南大学通识教育咨询委员会主席、浙江大学中国文化客座教授等职。

郑培凯先生的研究范畴包括中国文化意识史，涉及艺术思维、艺术创作、艺术欣赏、评论与文化思维的关系和文化美学等。文艺创作以现代诗及散文为主。主要负责的研究项目有二十世纪昆曲传承、陶瓷下西洋（12—17 世纪）、茶与中国文化、经典翻译与文化思维等。

著有《流觞曲水的感怀》《汤显祖与晚明文化》《吹笛到天明》《树倒猢狲散之后》《游于艺：跨文化美食》《在纽约看电影：电影与中国文化变迁》《真理愈辩愈昏》等；诗集《程步奎诗抄》《也许要落雨》；主编《文化认同与语言焦虑》《茶与中国文化》《口传心授与文化传承》《前朝梦忆：张岱的浮华与苍凉》《茶饮天地宽——茶文化与茶具的审美境界》《陶瓷下西洋研究索引》《陶瓷下西洋：十二至十五世纪中国外销瓷》等。

思想史视阈下的东方艺术研究

——郑培凯教授访谈录

郑培凯教授

初识郑培凯先生是在香港。那是三年前，江苏省演艺集团昆剧院与香港进念二十面体联袂推出昆曲实验剧《临川四梦汤显祖》，在香港文化中心公演。演毕翌日，主办方搞文化沙龙，盛邀郑先生拨冗主持。于是，我得以亲承謦欬地聆听郑先生对戏剧大师汤翁的高见。身材颀长的他，谈吐儒雅幽默，学识渊博。最使人感动的，是他对中国文化的那份痴情，提起精致而悠久的东方艺术，他总是滔滔不绝，两眼好像在放光。多年从事比较历史学研究的经历，使他能以开放的"西学"眼光而覃研国学，独出机杼，新见迭出。听后只觉清风扑面，甘泉灌心。

郑先生20世纪70年代负笈美国，治中西思想文化史，相继在夏威夷大学、耶鲁大学取得历史学硕士、博士学位，形成雄实的西学功底。求学耶鲁时，师从美国汉学家阿瑟·芮特、史景迁，研究中国思想史与社会史，并立雪国学大家余英时门下，主治明清思想文化史，师承"从历史上寻找中国文化精神"之治学理念，培养了比较文化的视野，古今贯通，中西兼达，对中国文化独钟情怀，以艺术形态为对象，探赜索隐，发人所未发，在中国文化意识史、昆曲、陶瓷、古典园林与茶文化研究畛域收获颇丰，蔚为大观，自成一家。

10年前，昆曲申遗成功，郑培凯联袂台湾作家白先勇、北京大学美学教授叶朗、计算机专家王选等人，为抢救与传承昆曲国宝，鞍前马后，奔走呼号，不仅邀约全国七大昆剧院团在香港轮流进行昆曲演出达50多场、开设昆曲讲座100多次，还发动港台等地儒商，赞助昆曲事业，推动青春版《牡丹亭》在全球公演190多场，其钟爱昆曲、推广中华艺术的拳拳之心，令人服膺。

再觌郑先生，是前年在苏州举办的昆曲艺术国际学术研讨会上，先生痛感于当下艺苑市侩一副西崽嘴脸，对国宝遗产视而不见、随意"嫁接"、"混搭"之潮流，力陈当下艺术界之时弊，其诤诤良言感惊四座，对那些惯以"拿来"为能事之文化自卑者，不啻是一声当头棒喝，也无异一剂清醒之良药。

2010 年 12 月 17 日，圣诞前夕，古都豫章召开"纪念汤显祖诞辰460 周年研讨会"，各地"汤学"时彦，雅集洪都，我又遇郑培凯先生。谈笑间，他仍显出风雅儒者之气宇。婺源之夜，我迈入先生下榻之舍，与他长谈，话题涉及汤显祖、李贽、晚明人文思潮、艺术的西化与民族遗产的独立性、港台文化的现代性与古典性、中国思想文化史研究的走向、陶瓷文化与"海上丝绸之路"、昆曲艺术的传承与创新等。深感先生学术视野之开阔，似闲云出岫，智慧的火花不断闪现，其人则如孤云野鹤，率性不羁，才思若空谷流泉，汩汩不绝，独具融通中西的美学眼光。这几年，他醉情于东方艺术之精致、典雅，对昆曲、陶瓷、园林与茶文化独具青睐，身体力行，以审美眼光罩研传统艺术，将之作为研究中华思想文化史的一个对象和突破口，避免了凌空蹈虚的学究式抽象，赋予了中国思想文化以厚实的艺术基石与浓郁的情感色彩。

目前，面临全球化、现代化之潮流，非物质文化遗产何去何从？成为业内人士忧心甚重的一个话题。与时俱进的思维当然是不能丢弃的，但创新之"新"着力于何处？是不是要将中华艺术最美的精髓也弃掷？艺苑内外，借"创新"之名而行赢利之实、肢解传统艺术之行为，比比皆是，一些以口传心授为传承方式的非物质文化遗产，如昆曲、古琴等濒临生存危机。对"非遗"能否以创新之尺横加轩轾？美轮美奂的东方艺术如何解决创新与继承之关系？再次成为人们关注的文化话题。2011 年 2 月 25 日，全国人大常委会通过

《非物质文化遗产法》，将于 2011 年 6 月 1 日起开始实施。文化部副部长王文章召开新闻发布会，宣布我国的非物质文化遗产进入依法保护阶段。在此背景下，笔者整理了去年在婺源对郑培凯先生访谈之内容。

立雪余英时门下治明清思想文化史

安裴智：您有着令人艳羡的欧美学术背景，20 世纪 70 年代即进入世界一流名校耶鲁大学攻读历史学博士。30 年过去了，回首自己的学术历程，您最大的感受是什么？

郑培凯：我 1965 年进入台湾大学外文系求学，受到学长白先勇先生的影响，很早就参加了学校的前卫文化活动，对现代诗、现代戏剧与外国文学产生了浓厚的兴趣。后来，我到美国留学，先在夏威夷大学取得历史学硕士学位，然后进入耶鲁大学，师从美国汉学家阿瑟·芮特与史景迁，从事中国思想文化史与欧洲思想文化史的比较研究。两位先生是研究中国思想史与社会史的专家，阿瑟先生的研究领域比较远古，从魏晋到隋唐；史景迁则主要做清朝以后的研究，我做中间的元明清思想文化史研究。在另一位耶鲁教授弗兰克林·包莫先生的指导下，我也做了一段欧洲近代思想史的研究。当时，我对 15—16 世纪欧洲各国向全球扩充的历史产生了浓厚兴趣，认为这些历史嬗变一定意义上刺激了中国晚明社会的变化。史景迁推荐了当时在美国很有影响的余英时，由他参与指导我的博士论文。做学问 30 多年，我最大感受就是遇到三位非常好的老师，阿瑟·芮特、史景迁与余英时，对我选择比较历史学的研究方法影响至深，我的学术思想的形成，受几位老师启迪很大。史景迁提名我获得了耶鲁大学当时最高的东亚奖学金，我无忧地读了六年书。毕业后，在卫思廉大学教书，后又转纽约州立大学，研究亚洲史与中国古代史。

从细节与文本爬梳历史人物思想历程

安裴智：这种收益体现在哪些方面？余英时是儒学大师钱穆的高足，学界有人称其为"新儒家"代表人物。他对您的学术研究产生了什么影响？

郑培凯：对身为"新儒家"的说法，钱穆、余英时都是不认同的。我最早的学术生涯是研究思想史、观念史，基本上局限于哲学范畴，缺乏对历史人物生命律动的细节关注。师从余先生后，我才开始关心具体的"人"，着眼于从文学艺术的文本与一些重要的历史细节来考量那个时代一批文化精英思想历程的形成，探讨他们前瞻性的思想追求。哈佛大学费正清研究中心成立后，我曾担任哈佛博士后，其后在纽约教书，仍然挂在哈佛任职。每星期来回纽约与波士顿，路过耶鲁大学，都会利用宝贵时间，去余英时先生家中求教。余先生说，历史研究虽是一门学问，却必须有强烈的人文关怀与终极关怀，才有思想深度。他培养我以人文关怀的眼光来观照历史人物。自此，我由纯粹抽象的史料研究与观念研究转向历史进程中一些有着鲜活生命和炽烈情感的个体。其实，我写博士论文时，就选择了明末两个重要人物李贽与汤显祖，作为明清思想文化史研究的突破口。李贽很狂，汤显祖很狷，都是很有文化个性的一代精英。他们开放的思想与当时的社会环境有什么关系？为什么中国历史进入晚明，文人的思想才开始松动、开放、自由起来？有无特别的社会原因？我以汤显祖戏曲为文本，探讨晚明时期的社会价值观，对明清历史中一些人物的遭遇有了新的认识，更加注重从历史的细节来了解社会与经济，开始关注细节在文化精英思想历程中的作用，同时也关注大的社会思潮对个人的影响。我注意到 20 世纪法国年鉴学派的方法，从经济史转向社会生活史，从宏观研究、量化研究，转到具体微观的个体研究，加强了对历史个体独特性的关注。我写了一本《汤显祖与晚明文化》，写汤显祖"以情为本"思想的形成，后来发展到关注文化意识史，关注文化艺术与一个时代文化思潮的关系。我后来痴迷上昆曲，也与这一段对汤显祖思想文化的研究息息相关。

覃研文化史视角下昆曲艺术之意义

安裴智：您是什么时候从思想史的研究转向了对东方艺术的关注？您钟爱昆曲、陶瓷、园林与茶艺，并以此四种东方艺术作为香港城市大学中国文化中心的主打研究方向。这种学术方向的制定，是基于一种什么样的考虑？

郑培凯：我对昆曲产生兴趣，是 1991 年、1992 年，我在台湾任客座教授，江苏省昆剧院的张继青老师与浙江省昆剧团的王奉梅老师到台湾演出，那是我第一次近距离地欣赏大雅昆曲。没想到，昆曲是那么优雅、那么美，对我的心灵冲击很大。自此，我喜欢上昆曲艺术，学术研究也开始了新的转向，我由基于文献的思想文化史研究，转向着眼于具体的艺术演出形式，来探索中国文化艺术中所蕴含的思想意义。是昆曲的优雅、精美使我的研究方向发生了一定意义上的转向，我开始从思想史、文化史的角度来探索昆曲艺术的意义。而且，自此以后，以昆曲、陶瓷、古典园林、茶艺为代表的东方艺术，就成为我的研究重点。

1982 年之后，我生活在纽约，主要是看外国剧，如莎士比亚戏剧、话剧，对西方的歌剧我也喜欢。后来，我在台湾教授戏剧理论与戏剧史课，常带学生去看中国传统戏。后来觉得，当前大学里对昆曲音乐与昆曲表演的"四功五法"研究得很不够，昆曲的表演艺术、度曲艺术与舞台艺术，是昆曲内在的精髓，觉得这才是中国戏曲研究的重点。中文系习惯研究文学、剧本与文献，对表演艺术忽略了。昆曲表演不是单纯的娱乐，有很强的文化价值和美学价值。应该加强这方面的研究，对一些昆曲折子戏，要研究其传承，研究不同人的身段、唱腔、美学风格，这是一个主要的方向。像国外对莎士比亚的研究，就包括了表演艺术，而中国的"汤学"研究范围太窄小，需要将汤翁戏剧的音乐、表演也纳入进研究的视阈。

追寻"陶瓷下西洋"的历史迷踪

安裴智：中国的陶瓷艺术也是世界珍品，非常精美，在世界艺术史上占有重要地位。听说"陶瓷下西洋"是香港城市大学中国文化中心的一个研究重点。您能介绍一下这方面的情况吗？

郑培凯：从事艺术实体研究，如具体的东方艺术，是需要一双慧眼的。中国的陶瓷也是我的兴趣之一，我主要研究外销瓷。可以说，陶瓷、丝绸与茶艺是中华文明对人类的重大贡献，陶瓷是中国对人类物质文明的重要创造，陶器全球都有，瓷器却由中国发明，然后从中国传到世界各地的。陶瓷外销，是中华物质文明向全球扩散的一个渠道。所以，我钟情于陶瓷，想写一部《陶瓷下西洋》的书，就如同郑和下西洋一样，非常有文化意义。中国陶瓷下西洋的例证很多，南宋沉船"南海一号"的打捞出水，以及许多沉船的水下考古发现，都改变了我们对中国文明扩散的看法。吴哥窟有中国陶瓷，是龙泉瓷，开罗古城也发现大量中国陶瓷，东非也发现很多。从南宋到明末，中国的海上丝绸之路非常发达。南宋时因为北边被金人抢去，偏安东南，海外贸易变成经济发展的主要方式。游牧民族喜欢商业，元帝国的版图直达西亚、欧洲，所以元朝的海上贸易也很开放、繁盛。马可·波罗沿海路返回意大利的路线，也正是中国陶瓷从华南、东南亚运往印度洋直至欧洲的路线。中国的海上贸易之路早在南宋时就打通了，不是后来的郑和下西洋时打通的。

明末，欧洲人沿着海上丝绸之路东来，葡萄牙人来到中国做生意。位于广东台山南边的上川岛就是葡萄牙人最早的根据地。我的研究团队考察过上川岛，在那里发现了许多明代的陶瓷残片。这些陶瓷残片与葡萄牙人最早运回欧洲的陶瓷是很吻合的，证明是同一个时期的物品。上川岛是海上陶瓷之路的一个重要转运站，当然，还有一些别的地方，如舟山群岛的一个双屿港也是。16世纪，葡萄牙人被中国军队赶来赶去，最后定居于澳门，因为这儿比较好管。现在发现遗留在澳门的陶瓷，最早时间可上溯自明代的成化、万历与嘉靖年间。今年 5 月，我们香港城市大学中国文化中心将与澳门博物馆合办一个以澳门陶瓷为主的古代艺术展览，并召开一个中国陶瓷国际学术研讨会，把一些相关的问题理清楚，因为这些残缺的古代瓷片主要保存于澳门博物馆与美术馆。届时，我也将与城市大学同人推出一本研究陶瓷的新书——《上川岛与澳门的陶瓷》，推动中西文化之交流。

醉情于古典园林的幽雅闲静

安裴智：据说，古典园林也是您的钟爱。看来，您选择的研究对象，全是很能体现中国古典美学思想的精致、典雅之艺术。这也从一个侧面反映了您的美学情趣是很高雅，很有美学品位的。

郑培凯：从古典园林可以看到明代文人的那种思想情致，反映士大夫阶层的闲情逸趣。明代造园大师计成用骈体文写就的《园冶》，主张"虽由人作，宛自天开"，强调造园所要达到的意境和艺术效果。如何将"幽"、"雅"、"闲"的意境营造出一种"天然之趣"，是园林设计者的技巧和修养的体现。以建筑、山水、花木为要素，取诗的意境作为治园依据，取山水画作为造园的蓝图，经过艺术剪裁，以达到虽经人工创造，又不露斧凿的痕迹。所谓"造化自然"，意指造园不是单纯地模仿自然、再现原物，而是要求创作者真实地反映自然，又高于自然。尽可能做到使远近、高低、大小互相制约，达到有机统一，从而体现出大地的多姿。它有的似山林，有的似水乡，有的庭院深深，有的野味横溢，各具特色。如苏州拙政园，经过造园家的巧妙布置，这一带原来的一片洼地便形成了池水迂回环抱，似断似续，崖壑花木屋宇相互掩映、清澈幽曲的园林景色，真可谓"虽由人作，宛自天开"的佳作，成为古典园林中的精品。拙政园在万历年间已经有了，后来文徵明还留下图纸，与今天的拙政园不一样。

园林的文化传统在明清易代之际遭受了巨变，我们总看不清清朝园林的审美态度。因为清代时，园林的风格也发生了变化。吴三桂做了平西王，其女婿把拙政园改成宫殿式的园林，我们现在看到的是清代以后重建的。即使如此，江南人也是不会改变自己的文化传统的，像拙政园、沧浪亭、网师园，都经过多次重建，典型地传承了明代园林的文化风格。在江南民间，这种园林文化的传承不断有人在做。所以，明清园林艺术相承，清末园林如退思园，也是非常雅致的。

茶文化体现了东方美学的精髓

安裴智：由中国茶文化所延伸出来的茶艺也是东方艺术的一个精粹。您认为茶文化对净化人的心灵会有什么好处？

郑培凯：明清时期，中国的文化中心是在太湖流域、大运河边，江南的文化是最发达的，引领了当时中国文化的潮流。江南文化的特质，与明清文人的思想情趣是有密切联系的，追求一种高雅的情趣，体现了儒释道结合以后人与自然的关系。实际上，作为明清时期的文化精英，文人士大夫一直在追寻一种"天人合一"的人生理想，通过一个个审美与艺术的方式来追寻、探讨生命的意义与价值。西方人对生命终极价值的追寻是通过宗教来实现完成的，文艺复兴以后也是如此。而中国人是追求一个现世的价值。强调超越世俗的吃喝玩乐与流行文化，那么，昆曲、园林、茶艺这些传统的东方艺术就承担起了这个使命，那不是简单的吃喝玩乐，而是要追寻一种超越现世的生命的终极意义，追求一种超越世俗与庸俗的情趣，达到一个较高的审美境界，让华夏民族的文化更深厚而有内涵，这是东方艺术所体现的古代文人的一种心灵追求。

人是如何追求美好的？我有一本随笔集《高尚的快乐》，主要是探讨快乐的话题。生活中，有的快乐是感官刺激性的，有的是形而上的追求。康德说过，对于人类提升自己心灵的精神层面的追求，如文化艺术，是高尚的。于是，我开始研究茶文化，在覃研"茶圣"陆羽的茶道时，悟出了一套追求心灵提升的道理。《茶经》了不起，为人们提供了一个净化心灵、道德提升与追求美好生活的途径，使人由物质追求转向精神追求。为什么日本有茶道？中国自古就有茶道，唐宋时就有，清朝以后没落了。中国古代的茶道分为宫廷、民间、寺院三类。日本学的是寺院茶道那套，最早在南宋时期，主要在浙江省余杭县的径山寺学的中国茶道。他们学中国茶道的同时也学走了中国的文明。到明朝，中国的茶饮方式变了，这与制茶科技有关，这也是技术文明；文化习惯改变了，明清以后的茶道更讲究清雅，这也是士大夫的一种爱好。

中国有悠久的历史和优良的文化传统。我们要信赖古人。现在许多人看不起古人，年轻人不知道古代文化艺术的价值。这是可悲的。学历史的，以及每一个普通的中国人，都应该了解华夏五千年的文明史。

2008 年 11 月 18 日，在香港理工大学"雅致玲珑——走进昆曲世界"开幕式上，安裴智与郑培凯先生（左）合影

传承昆曲遗产是文化工作的"重中之重"

安裴智：观众是普及昆曲遗产的重要依赖。曲苑有一句话：最好的昆曲演员在内地，最好的昆曲观众在港台。确实，港台地区的昆曲市场好像更大一些，你们香港城市大学在弘扬昆曲遗产方面做了哪些工作？

郑培凯：多年来，我们香港城市大学中国文化中心，联袂香港一些昆曲爱好者，主要在昆曲的抢救与传承方面做了大量工作。一是抢救昆曲的艺术传承，包括许多珍贵的昆曲折子戏，重点搞好汪世瑜、岳美缇、张继青、梁谷音、侯少奎、计镇华等老一代昆曲人的艺术传承，做好展示与示范。派专人做详细的艺术访谈，访问全国七个昆剧团，在表演上如何传承，从改编到导演到表演，有什么人参与？对一个戏展开讨论，请教老演员，当年是如何学的？传字辈如何教？通过采访、讲座和老演员的回忆，搞清当年为什么那么演？今天为什么又这么演？对过去的珍贵资料进行核对、整理，录像留存，弄清老一辈艺人的演唱环境、演唱方法、身段要领、度曲秘诀，了解传承的细节。如果缺乏很重要的历史背景，就讲不清传承。录像是静止的，如大树砍下一片只看到一片，看不到整体的风貌，这对研究者是不够的。二是邀请艺术家对自己学的东西进行新的阐释，为下一步的艺术传承做好准备。如《牡丹亭·写真》是张继青新排的戏，很成功。这些要搞清，资料要详细。这是立足昆曲演出史的纵向挖掘。横向方面，我校与省昆、北昆、上昆、浙昆、苏昆等全国七大昆剧院都展开了推广昆曲遗产的合作，一是举行昆曲演出，二是举办昆曲文化讲座。从 2002 年开始至现在，全国各大昆剧院已经在香港城市大学举办了 50 多场昆曲演出，推出了由昆曲艺术家主讲的文化讲座 100 多次。

戏曲演出是一个艺术的展示，一个演员的天赋、能力，要竭尽一切努力，把它展现出来，这个过程每个演员是不相同的，每个人需要把传承的细节记下来，并做到代代相传。另外一个问题是，这些演出程式在一代一代地更替、变化后又有什么新发展？也值得我们去思考。我们关注的，纵向的是代代艺术家的经验，横向的是全国七大剧团现在的艺术状况。从当下正红的这些演员上溯，到传字辈，不断挖掘相关资料，缕清相关联系，这样，经过细致的工作后，大致可以清楚地展示 20 世纪昆曲表演的传承与演变的脉络。为此，我们香港城市大学中国文化研究中心建立了一个昆曲教学网站，以做到全球昆曲资源的共享，通过合作，建立一个昆曲表演艺术网，当然也是昆曲学术网，派专人负责、管理这个网。把每个剧团第一手宝贵的材料和资料放上网，推动昆曲艺术的发展。

昆曲是国宝级的阳春白雪，不能视为娱乐商品

安裴智：昆曲于 2001 年 5 月 18 日被联合国教科文组织宣布为人类口头与非物质文化遗产，至今已经 10 周年了。但现在各大昆剧院为了追求市场效益，片面强调昆曲作为"艺术"的属性，纷纷"创新"，将遗产改得面目全非。昆曲是非物质文化遗产的代表作，您是如何理解创新与继承的关系的？昆曲能走创新与市场的路子吗？

郑培凯：很多人不知道昆曲，一个重要的原因是宣传不够。港台歌星、美国大片、韩剧为什么这么热？票价那么高大家还抢着看，主要就是媒体大力炒作的结果。所以，要在电视、报刊等媒体上加大对昆曲艺术的宣传力度。现在我们的媒体对流行艺术的宣传力度过大，而对本民族的传统艺术的宣传力度过小，这种状况亟须改变。要使广大群众特别是青少年体会到，观赏昆曲是极大的艺术享受，要使他们认识到，一个人能够欣赏昆曲，就像能够欣赏交响乐、芭蕾舞一样，是有教养、有品位的表现。如果有一天昆曲表演艺术家的名声压倒了所谓"四大天王"与超男超女，那就意味着我们民族的文化素质提升到了一个更高的境界。

实践证明，把戏曲这类文化遗产视为一种商品，放到市场上去炒卖竞争是行不通的。近年来，由于只从市场角度来考虑昆曲遗产的推广，文化部门花费大量资源，鼓励各昆曲院团按当代流行舞台的样式去"改革"昆曲，以迎合当代年轻观众的口味，以为这样就可以得到

他们的"垂青",结果是昆曲被改得愈不像昆曲,年轻人却依然去听流行歌曲,这是把文化遗产与娱乐商品混为一谈的惨痛教训。昆曲有没有市场,根本不是问题,昆曲要推广,以彰显中华民族在表演艺术上的伟大成就才是当务之急。只考虑市场就会陷入"最大公约数"的迷途,或是模仿好莱坞、模仿百老汇、模仿一切的流行与时髦,忽冷忽热,忽高忽低,忽然迷你裙,忽而学行为艺术,忽而学囚犯戴脚镣,你肯出钱我就敢演。这算什么艺术?昆曲是艺术,而且是前人心血累积了五六百年的艺术传承。流传到今天不容易,并且有长远的文化价值,能为中华民族的生存、发展与繁荣提供艺术的凝聚力。我们给昆曲定位,一定要从文化的高度来看,要认清它不是普通的文娱项目,而且是不能用金钱来衡量的。昆曲在 21 世纪的定位,绝对不是大众文娱,而是国宝级的阳春白雪,是民族文化传承与发展所系,是现代中国人所需要寻回的精神的根。所以,要推广昆曲,绝不能去模仿好莱坞,去媚俗取宠,而是要强调它与民族文化的关联,通过学校与社会教育的渠道,让 21 世纪的中国人对自己文化艺术传统有所认识、有所反思,再进一步能够有所创新。联合国教科文组织将昆曲列为"人类口头及非物质文化遗产",应该让我们认清,金钱是短暂的,只有文化是长远的。昆曲不能见钱眼开,满脑子都是市场的经济效益。

警惕"泛戏剧化"倾向对昆曲传承的干扰

安裴智:2 月 25 日,全国人大常委会通过《非物质文化遗产法》,将于 2011 年 6 月 1 日起开始实施。文化部负责人召开新闻发布会，宣布我国的非物质文化遗产进入依法保护阶段。但令人啼笑皆非和痛心的是，"混搭"与"跨界合作"的潮流已经涌向了"非遗"领域。比如，话剧导演频频执导昆曲作品，昆曲面临"话剧化"的趋势；从配器来说，有的院团以"交响乐"来配昆曲，演员反而成了"伴唱"。有的则主张将美国的摇滚与爵士乐和昆曲大雅联姻，有的建议用西方荒诞派的戏剧来改造中国昆曲，搞得不伦不类，成为"四不像"的艺术怪胎。您如何看待这些现象？

郑培凯：可以说，非物质文化遗产的保护是一项长期、艰巨的任务，在全球化的进程中，随着国际化、现代化的步伐加快，源于农耕文明、主要靠口传心授方式传承的非物质文化遗产的生存土壤及生态环境受到了严重冲击，面临着巨大的生存危机。戏曲传承着文化的传统基因，同时吸纳新的时代元素。首先要认清，昆曲的历史文化代表性，它在民族表演艺术上的地位，不但是首屈一指，而且是硕果仅存的，只要中国人还承认自己的民族文化有存在的价值，只要中国人还要有点引以为傲的民族表演资源，就应当把昆曲定为国宝，视若拱璧，至少也要像珍惜故宫博物院中的瑰宝一样，从心底产生崇敬之情。

我不反对跨戏剧的合作、探索与实验，但反对把主要精力放在"昆曲话剧化"上面。昆曲目前的危机，是传统戏大量流失，无人认真学习，却有一批不懂戏曲传统的人瞎搞"创新"。昆曲作为中国传统戏曲最精致艺术的代表，在 20 世纪面临的困境，固然是因为文化变迁，造成表演艺术的丕变，但更重要的内在问题，还是由于自己的定位不明。昆曲是文化遗产，是代表中华民族表演艺术的精粹，可以在面对西方强势文化冲击时作为提高民族自尊与文化认同的资源，则须从社会的长远发展角度，给予无条件的大力支持。

同时，必须警惕和提防当前甚嚣尘上的"泛戏剧化"倾向对昆曲保护传承工作的干扰危害，它正是联合国教科文组织所一再反对的"文化标准化"潮流在戏曲领域的翻版。"泛戏剧化"倾向导致简单地以现代受众多少和票房价值高低作为评判文化艺术优劣的唯一指标，主张传统艺术应该不顾一切地参与市场竞争，与流行文化一样追逐回应现实社会的需求，从而促使不同形式的此类文化遗产失去赖以存活的文化特征，加速趋同，最终深陷于"消失的危机"之中而难以自拔。中国在举行国宴时，可以演出昆曲，因为这才是最能代表中国表演艺术的美学高度的。对昆曲的提倡，应该是目前中国的当务之急，要让大中学生对中国传统文化中的表演艺术有清醒的认识。总不能让将来的青年人完全没有接触过中国文化传统，完全没接触过昆曲，而又一副西崽嘴脸，彻底蔑视，斥之为落伍、为"老掉牙的东西"、为"九斤老太"，不屑与之为伍吧？在过去的半个世纪，我们已经看到一大批主张西化的人，对莎士比亚顶礼膜拜，对希腊悲剧崇敬无比，将奥尼尔、贝克特、尤内斯库奉为偶像，却从未听过汤显祖，从来不知昆曲为何物。那是一种无知与悲剧，是不值得称道的。

原载《深圳特区报》2011 年 3 月 14 日

时间： 2004 年 5 月 13 日、14 日

方式： 网络访谈

张柠，著名学者，文化评论家。1958 年 9 月出生于江西九江。北京师范大学中国当代文学与文化研究中心主任，文学院教授，博士生导师。国家一级作家，中国作家协会小说委员会委员，中国图书评论学会学术委员，北京外国语大学兼职教授，Chinese Literature Today（USA）编委，《中国文学年鉴》编委。

张柠毕业于华东师范大学中文系"比较文学与世界文学"专业，获文学硕士学位。1994 年至 2003 年在广东省作家协会创研部工作，任一级作家；2004 年 1 月至 2005 年 5 月任中国社会科学院文学研究所客座研究员，中央民族大学兼职教授；2005 年 5 月受聘为北京师范大学"985 第二期"特聘教授。

张柠主要研究"20 世纪中国文学"、"中国当代大众文化"、"中国乡土文化"。出版学术著作 18 部，发表学术论文 100 多篇。曾获国家教学成果奖、中国当代文学研究会第九届优秀成果奖等。著作有《民国作家的观念与艺术》《文学与快乐》《土地的黄昏》《感伤时代的文学》《白垩纪文学备忘录》《再造文学巴别塔》《想象的衰变》《中国当代文学与文化研究》《没有乌托邦的言辞》《文化的病症》《叙事的智慧》《诗比历史更永久》《飞翔的蝙蝠》《媒体时代的虚假经验》《时尚鬣犬》等。主编《中国当代文学编年史》（第 2 卷、第 3 卷）、《思想的时差：海外学者论中国当代文学》，主编文学批评丛书《刀锋文丛》、年度文化读本系列丛书《文化中国》、学术辑刊《媒介批评》等。

历史与汉堡：文化共享还是文化殖民

——张柠教授访谈录

张柠教授

全球化背景下的"文化共享"越发可疑

安裴智： 近年来，一大批具有中国原创特色的文学故事、传说和历史故事，被美国、日本等外国艺术家改编成电影、电视剧和卡通作品。据报道，好莱坞早已开始了"中国传统题材"的挖掘工作，将耗资 5000 万美元正式开拍《孙子兵法》。未来 10 年内，像《西游记》《成吉思汗》《水浒传》《天仙配》等"中国题材"，也很有可能被搬上地球另一边的屏幕；同时，我国也拍摄了《钢铁是怎样炼成的》，正在改编《牛虻》。这可谓是一种文化资源的共享与双向吸取。你作为国内颇有影响的文化评论家，如何理解这种现象？从文化全球化、文化地球村的角度看，这是否可理解为一种文化共融的现象？这种现象说明了什么？它的发展走势如何？

张柠： 你用了"共享"、"共融"这样一些很"阳光"的词汇。我认为在"全球化"背景下的文化领域中，人类可以"共享"的东西越来越少，并且越来越可疑。巨无霸汉堡、热狗肠、马铃薯条、可口可乐或许是可以共享的，文化的"共享"却没有你想象的那么乐观。我们的确"共享"了西方很多东西，比如机器、电能、数码产品等（在技术层面而不是科学精神层面上的共享），但西方并不"共享"我们的东西。我们用作看风水的罗盘、制作祭祖鞭炮的火药，人家是用于殖民性航海和制造武器；我们用于麻醉人民的宫廷戏、武侠小说，人家用于刺激人民的想象。20 世纪以来，我们还"共享"了人家的小说（novel）和电影，人家却并没有"共享"我们的格律诗和皮影戏。"共享"不过是各取所需，"共融"不过是我们往别人那边融。全球能量循环由东往西转了。

"世界体系论"学者认为，这种文化差异是资本主义远程贸易和武力侵略造成的，不合理、不平等。在资本主义全球体系建立之前，存在着一个以中国、埃及等国为代表的"朝贡体系"，周边落后小国向中央帝国进贡，皇帝再给他们回赠更多礼物。对此我想强调三点，第一，我不知道这种"朝贡体系"有什么可夸耀的，批判资本主义就直截了当，不要因此抬高封建主义。第二，19世纪中叶，清政府已经很讨厌这种"朝贡体系"了，他们在经济上已经不堪重负，只好通知各国不要随意朝贡，得按规定排队。所谓的朝贡者，不但想得到更多的回报，还大搞海上走私，为什么有海上走私呢？因为帝国既不能满足人民日益增长的需求（连肥皂、火柴、煤油、衣针都没有），还禁止海外贸易。第三，两千年的"朝贡体系"，人家只花了300年的时间就把你干掉了（事实就这样），这么脆弱是什么"体系"？

可见，"历史"是无法共享的，它是民族共同体内部的记忆方式。同样，"现在"也是无法共享的，它是残酷的争斗和较量。什么可以共享呢？只有"未来"。"未来"就是不可知的东西，它只能通过想象和虚构来呈现。真正能够共享的文艺形式，就是通过想象力对未来的"叙述"。所谓"越是民族的越是世界的"，并不是让你向别人翻陈年流水簿，而是向世界贡献你对未来（包括死亡、不朽、救赎）的独特想象。我认为这是文学艺术的精华部分。你所提到的问题，应该是它的剩余物。即使有什么"共享"，也跟吃热狗差不多。

因此，西方人热衷于翻新中国传统文化的第一个原因就是对新奇的追逐，就像到原始部落旅游一样，这符合资本主义的市场和消费规律。第二个原因是在他们自己疲惫的文化想象中增加新的催化剂，使之更有活力。所以这不是"共享"，而是他们自己"独吞"，我们不要阿Q。至于中国人"享用"西方文化的例子，几乎用不着列举，盗版光碟中大部分是西片，其次是日韩港台的。后者之所以受欢迎，一个重要原因就是他们更善于模仿西方。模仿的结果是，我们的感觉全部坏死。

模仿是"文化殖民化"的典型症候

安裴智：这么说，当前是一个模仿的时代了？

张柠：确实，我们正处于一个从物质到精神、从生产方式到消费模式的全面模仿时代。这种全面模仿，就是"文化殖民化"的一个典型症候，也是当代的邯郸学步和东施效颦。文化自信心丧失了，不具备激活传统文化的当代想象能力，只能人云亦云。20世纪80年代以来，无论电影还是文学，都带有浓郁的西方叙事的影响。当时很时髦，被称为"先锋派"。所谓"先锋派"，就是最聪明的、善于模仿的猴子。今天，"先锋派"已经被市场彻底干掉了。于是，文化跳蚤市场正掌握在两类人手中：一是控制着大批祖宗旧物的古董贩子（宫廷戏、武打戏），消费者主要是国人；二是文化旅游开发商，他们将民族文化"景观化"，招引西方游客，其文化生产者主要是按照西方游客的口味，制造"东方景观"。

至于走势预测，我看已经很清楚了，那就是没有古董可卖的时候，去给西方人打工。随着中国文化在美国的商业化，美国人需要大量华裔演员和编剧，美国高校也需要很多汉学家，美国公园里需要很多中国功夫教练。这里面当然还有很多困难，首先托福得过关，借助于"蛇头"的路子很危险。还有一个出路就是当出口转内销的买办。总之，就业前景十分喜人。

当代中国缺乏超越功利的文化想象力

安裴智： 在这方面，前不久播出的两部美国大片《冷山》和《指环王Ⅲ》也体现出很浓郁的吸取中国历史和文化的特点。电影《冷山》（更准确的译法应为"寒山"）改编自美国作家撰写的同名小说，书的扉页上有中国唐代诗人寒山的两句诗："人问寒山道，寒山路不通。"据说，寒山在日本、美国的影响很大，都曾掀起过一个"寒山热"。而在《指环王Ⅲ》中，到处都可看到很多中国人熟悉的细节、情节被借用。最明显的是，弗罗多在与山姆共赴魔君索伦老巢末日山脉的路途中，有一个叫古鲁姆的捣乱小人跟随其后，并经常在弗罗多与山姆之间拨弄是非，引起弗罗多对山姆的多次误会和曲解。山姆被弗罗多赶走后，古鲁姆乘机对弗罗多下手加害，正直、勇敢、明辨是非的山姆醒来后，又打走了小人古鲁姆。这个贯穿全剧始终的线索模式，在中国元明清戏曲和小说里比比皆是，是符合中国老百姓的审美心理的。另外，如四处燃起的烽火、蜘蛛精、白骨兵团、甘道夫的坐骑大雕飞鹰等，都可从中国《西游记》和古代小说中找到类同的内容。可以说，《指环王Ⅲ》是一部严重模仿《西游记》的电影。

对中国传说题材发生浓厚兴趣的，不止好莱坞的艺术家们。据报道，近年来，日本作家北方谦三全力倾注于中国题材历史小说的创作。不久前北方谦三的新作《杨家将》获得第38届吉川英治文学奖，他的另一部"日本版中国历史小说"《水浒传》也在出版中。以中国古典名著为蓝本的长篇小说《三国志》更是令他声誉鹊起。有的日本作家则以《杨贵妃》和《武则天》为蓝本进行二度创作。这些迹象表明，一些外国文学家正在从中国传统题材中寻找创作源头，当然也对中国传统题材进行了重构。外国文学艺术家在挖掘"中国传统题材"、进行文本再创作时，是注入新思想并下了大功夫的。你对此现象怎么看？

张柠：《冷山》和《指环王Ⅲ》我都看过。电影《冷山》跟中国文化没有什么关系。它反映了美国南北战争期间的一个爱情故事，或者说一个"等待"的故事。尼可尔·基德曼是一个演技高超的演员，表演炉火纯青。《指环王Ⅲ》是电影技术（场景、构图、音响等）的当代巅峰，它粉碎了第三世界国家试图模仿他们的梦想。意思是，你们想学我们，趁早别玩儿了，你们还是玩京剧花脸、川剧变脸、皮影戏吧。至于你说它像《西游记》的叙事模式，也没有大错。但我说它更像希腊神话中"寻找金羊毛"的叙事模式。唯一不同的是出现了一个有点像中国古人的古鲁姆，其实古鲁姆的外形完全是一个外星人（我们在很多故事片和科幻片中见过），这是美国人自己想象出来的形象。美国人还搞了一个动画片《花木兰》，我买到了盗版碟，还没来得及看。

影视作品再现一种异国文化情调，这件事本身并没有什么值得大惊小怪的。关键在于通过什么样的形式来再现。西方国家有高、精、尖的技术，还有超出我们预期的自由想象。我们的确可以找到一百条理由批判资本市场。但是，在真正成熟的市场里，商业利润和想象力之间相互刺激，想象（创新）刺激文化消费市场，利润刺激文化生产者的想象（创新），就像"石头剪刀布"一样。商业文化也不是说模仿就能够模仿的。它需要好的技术和超越急功近利（政治、经济层面）的想象力。这两者都是我们的弱项。你会说我们古代的作品也很有想象力。但那些东西已经固化了、过期失效了，如果没有以当代形式得以复活的话。我每一次看到黄金时段的古装片，特别是人物对话，脑子里总是出现古代"瓦肆"里那些说书人，饶舌、絮叨，随时准备收钱走人似的，十分低级无聊。

全球化背景下文化大同的新传说

安裴智： 虽然这些历史传说早已融入我们民族血脉的深处，但国内的艺术家们似乎不太珍惜。与我们当下影视界肆意歪曲历史、亵渎历史、赋予历史剧以权谋、凶杀和情变内容相比，老外对中国传统题材的拍摄态度就很令国内艺术家们汗颜。据报道，好莱坞拍摄中国历史传统题材的导演都是一些顶级导演，演员必须符合"中国人、年轻、英语好"三大条件，当然还有巨资投入。当中国电视人热衷于一部接一部地拍摄无聊的体现权谋文化的"清宫戏"的时候，当中国电影人还在为难以找到具有"民族特色"的题材去突破奥斯卡坚冰而茫然、头疼的时候，好莱坞已经暗暗将触角转向广阔的中华大地、转向更久远的中华历史。中国的题材让外国人占了先，有人说，恐怕他们挖走的不仅仅是历史和传说，是否还有其他呢？我们又该如何反思自己？

张柠： 历史和传说怎么能够"挖走"呢？我小时候听过一个民间

故事，说一个男人的心被妖精吃了，妻子就在路边守着她男人的尸体痛哭，从白天到黑夜，从日落到日出，哭得天昏地暗。妖精听得心烦意乱，受不了，决定救活那个男人。但那颗心已经被肠胃消化了，只好将一口痰吐进男人的心窝。人是活回来了，但行为怪异，不似常人，行尸走肉一般。所以我觉得，我们被挖走的不是所谓的"传统"，而是心。我们之所以还活着，就是因为心窝窝里有一口"西方之痰"。现在大家心里都乱糟糟的，整天想着吃麦当劳、喝可口可乐、看盗版碟、涂脂抹粉、穿暴露时装、泡吧、艳遇、考托福……行为十分怪异，行尸走肉一般。

我们的历史和传统还在那里，没人拿走。我们正在将自己变成一个传说，一个全球化背景下的文化大同的新传说。发达国家对欠发达国家和地区的想象和叙述，一直是他们文艺中的一个重要题材，我们看到过很多关于美国印第安土著的、非洲的、亚洲的文学作品和影视作品。他们就是在对新传说进行叙述。他们称此为"多元文化"。只有文化的多元，才有市场的多元，消费者的多元。一个芭比娃娃，同时有各种民族、肤色、性别的版本，让每一个地方、每一个时代的人都有消费冲动。多元文化就是要解构文化原有的含义，让它首先变成一种通用的东西，最后变成"交换的一般等价物"——货币。

但西方人绝不会搞盗版那种小把戏，而是通过重新想象和创造的大制作、高成本，外加国际知识产权的保护（也就是使之合法化），将我们和我们的文化、历史、传说，全部写进他们的合同。而我们在干什么呢？整天在地摊上淘碟，通宵达旦地看，然后到星巴克里去交流。或者也制造一些骇人听闻的传说，制造得好就能上《时代》封面。

在文化自信基础上自由思维和表达

安裴智： 有评论家认为，北方谦三的《杨家将》对原著进行了大胆的"再创造"，读来令人荡气回肠，给人以阅读冒险小说的乐趣。但反观国内的历史传说影视作品，则流于机械、呆板，明显在思想深度和创意力度方面有缺失。我们自己拍摄的《孙子兵法与三十六计》，并没有把孙膑与庞涓之间的斗智写得多有"兵法"味，倒是其间穿插了不少莫名其妙的爱情故事，很简单地让波澜壮阔的云诡波谲淹没于虚构痕迹太明显，甚至带着浓厚现代味的情感纠葛中，战争场面不扣人，演员的表演也很拘谨。与我们对自己的历史题材缺乏严谨的创作态度相比，老外对中国传说题材的态度就很值得我们学习和反思。你对此有何感想？

张柠： 面对着自己的历史，我们就像一个结巴——不断地重复，没有增加任何新信息地重复——倒、倒、倒、倒车，好、好、好、好吃。很有意思的是，中国人的历史时间观也是一个结巴——分久必合、合久必分，不断重复着改朝换代的宫廷把戏。清人赵翼在《二十二史劄记》这部书中，将中国历史无意义重复的材料集中起来，那真是触目惊心。我们只有在西方人面前叙述历史的时候，才觉得有点儿流畅似的。因为没有压力张嘴就说，而且还可以按照西方已有的成熟叙事模式进行。面对自己的语境时，我们顿时就结结巴巴了（无意义地重复）。在特定的时刻，我们还会成为哑巴。当然，在哑巴和结巴两者之间，更多人还是愿意选择当结巴，这是社会医疗体系的一个进步，但是，失语的病理学问题和医疗学问题并没有解决。

结巴尽管不是哑巴，但也是"失语症"诸多症状中的一种，其病理机制大概是某一中枢神经，在长期压抑下的不可复原性坏死。与哑巴不同的是，结巴会发出诸多的信息，但有意义的信息比例极少，听起来费劲，甚至根本听不明白，只听到诸多噪音在飘荡，热闹得很。我觉得这正是当代历史题材文艺作品的一个写照。结巴多保险哪，既发出了自己的声音（市场不就是需要一点声音吗），又没有什么实质性的内容。这正是低俗历史题材作品充斥市场的社会心理前提。

结巴不过是个比喻。文化结巴和生理结巴当然不是一回事。后者几乎没有希望，但文化结巴是有希望治愈的。启蒙运动、思想解放运动、体制改革都是在寻找治疗的办法。今天最大的问题是，我们已经开始发现文化结巴的社会后遗症了。如果你不想无意义地重复自己，不想让西方的想象力插入我们的历史，不想让自己的想象力坏死在一种"殖民化"的文化模仿之中，你就必须将它治愈。真正的想象力，不是脑门儿一拍的一个策划、一个小点子，而是建立在民族自信心基础上的自由思维和自由表达。发音机制都有病，还谈什么想象力，谈什么文化全球和文化共享？假设年轻人争相从地摊上买来好莱坞拍摄的《三国演义》《红楼梦》的盗版碟时，你会怎么想呢？

文化交流需要一种创造性的民族想象力

安裴智：在中国加入世贸组织后，国际文化产业的竞争日趋激烈。在这种形势下，外国人挖掘中国历史传说，将之转换成能够产生巨大利润的文化产业，这是对中国文化资源的巧妙利用，还是一种文化入侵？我们应如何应对这种形势？

张柠：文化入侵不是武力入侵。武力入侵你可以开枪打；文化入侵成功了，应该打的是你自己。你的脑子和心被人家占领了。我们不是动不动就说"打一场××人民战争"吗？我看该打一场培养文化想象力的人民战争了。民族文艺的精灵不仅仅是想象力，还有文化的自尊。这当然需要物质基础。但并不能说富裕了就一定有文化、有想象力。反对文艺模仿的前提是，反对生活领域全面的、盲目的模仿。

伊朗导演阿巴斯是一个奇迹，他完全无视"好莱坞"电影的模式，也无视电影市场追逐刺激和热闹的欲望，创造了著名的"闷片"形式。看阿巴斯的"闷片"，就是对"好莱坞"无形的抵抗。阿巴斯的力量来自一种建立在民族生活的真实感和真诚心，诗性的想象和童心不过是他的两个帮手。华语电影也有一些好的例子，比如杨德昌、侯孝贤、陈果等的电影。看他们的电影，美国人想到的一定不是挣钱，而有可能想把自己的钱掏出来。这就对了。全球矛盾的一个最大难题，就是人类社会能量循环偏离了自然能量循环的规律。在全球化文化交流尚未达到"共享"阶段的时候，文化交流的一个重要环节就是通过自己民族创造性的想象形式，促成能量循环的合理化、自然化，而不是去瞎模仿。

内地电影问题比较多。我们也有一些好导演、好演员，但施展不开，缩手缩脚，像儿子在老子面前一样。在这种情况下，与其冒风险去探索，还不如拍一点平庸的作品骗点钱再说，反正中国的电视观众什么都看，一直看到"再见"还不走，直到屏幕上的雪花点儿冒出来才罢休。还有一个障碍，就是一种计划经济时代的美学在隐隐作怪，动辄抒情、用意大利美声谈恋爱、聊天。连武侠片都这样。《射雕英雄传》这样有中国特色的武打片,人们也不愿看"央视版"(农村观众除外),都嚷嚷着要看"港版",看黄日华、翁美玲。"央视版"的《笑傲江湖》问题也很多,演得非驴非马,把一个武打片拍成了《红色娘子军》似的。岳不群在华山的一场戏,还让我想起了《杜鹃山》。一群审美观念陈腐的人正当盛年,掌握着各种权利,弄得人家以为中国艺术家就那德行。一些有才华的年轻导演,作品无法进入国内市场,只好墙内开花墙外香,直接到国际电影节上去了。一些获奖作品,我们只能看盗版碟。

一个民族的想象力在对未来的憧憬中

安裴智: 有人说,让老外们来认识一下中国博大精深的文化,是一件值得赞赏的事情,但是咱自己又不当回事,这么多年,充斥国内影视屏幕的浅薄无聊之作泛滥成灾。比如满天飞的武打戏、还珠格格,还有教学生学坏的凶杀片,这些能体现出有5000年浑厚文化根底的中国历史吗?有的说,只要能把中国文化的精华传出去,谁做都不要紧。这是我们中国的悠久文化向世人的又一次展示。还有的说,将来的世界必定是一个大同的世界。文化的故步自封只能造就一厢情愿的天朝上国。重新反思我们的传统文化固然重要,但是一味固守必然走向反面。你如何理解这些说法?

张柠: 博大精深又怎么样?换一种说法就是传统包袱太重。传统究竟成为我们今天的营养、摇篮还是坟墓?这是我们自己的事情。西方从古希腊文明到中世纪的经院哲学，就不博大精深吗？但是，他们的文艺复兴重新为自己的传统定位，重新设置了评判体系。究竟是过一种当代人积极而活跃的、冲破各种禁忌的生活，还是要过一种沉思默想的"有意义"的生活？他们选择了前者，于是我们看到了一个文化辉煌时代的降临。

沉思默想，引经据典，是一种符合传统贵族社会的、奢侈的生活。他们自以为对上帝、道德善行的沉思是神圣的，实际上是无谓耗费社会资源的奢侈和堕落。加尔文教认为，人的自由和无限可能性在生产和社会实践中，它是打通世俗和天国屏障的通道。正是这种东西，刺激了马克思对共产主义的想象。一个民族的想象力，无疑不在传统之中，而在对未来的憧憬中。我最不喜欢富兰克林"时间就是金钱"的提法。其结果是将自由生产和创造的个体，变成了脱离个体精神的所谓"自由经济人"，将世俗生活、生产劳作的自足性绝对化，这就是资本主义死胡同。人变成了一只"看不见的手"，不只是生产和交换的手，更是一只贸易的手、数钱的手。我们正在学习、模仿这种东西，没有自己的创造性。

你说"固守传统"，不管这是好的还是坏的，我认为没有人在固守，恰恰是在放弃。我们在固守的是已经得到的小小权利，而不是传统文化。正是这种权利在窒息我们民族的想象力和创造力。不要让"传统"当冤大头。我们从"五四"以来就在批判"传统"，但"传统"并没有出声，它任你宰割。是我们将"传统"这个大房间变成了一个挣食的猪窝，而不是"传统"自己干的。现在人家试图将我们的"传统"改做成美丽的商品才开始急了。最近听说亚洲某国要将端午节变成他们的文化遗产，网上一片骂声。我们为什么不过端午节只过国际劳动节呢？难道全世界劳动者真的团结起来了吗？考察20世纪

50 年代以来的中国外交史就知道，几次"亚非会议"都吵得不可开交，人家没有打算跟你团结起来。当然，无偿援助人家还是很受欢迎的。

历史研究必须摆脱狭义的"文本研究"

安裴智：从外国人的眼光来看，中国传统文化有其独特的一面，中国悠久的文化积淀是取之不尽的源泉。作为一名中国人，我们仍可以感到骄傲。但是，更重要的，我们每一个中国人要反思：我们的目光有多远？我们的文化追求和精神追求又该是什么？

张柠：我们的确应该为中国悠久的文明感到骄傲。但它究竟是什么呢？是那些古籍吗？是那些宫廷阴谋史吗？是那些被御用文人和史学家记载下来的材料吗？无疑不是。我们对文化史的研究，一直停留在狭义的"文本研究"之中，并试图通过文本还原来恢复一种假想的理想文化形态。结果，我们在字里行间只看到两个字："吃人"。中国文化当然不只是"吃人"，也有"生人"、"养人"的内容，到哪里去了呢？一笔糊涂账。

假如法国人要拍一部关于 13 世纪法国农民生活的电影，他们立刻可以找到现成的材料。一位年鉴学派历史学家写的《蒙塔尤》，通过史料全景式地重现了中世纪法国农民的生活、劳动、信仰、管理、婚姻制度、偷情姘居，什么都有。可以说材料取之不尽，只要导演拍好、演员演好就行，用不着那些所谓的编剧对历史"佛头着粪"。农民题材也是如此。我看过一部关于苏格兰农民的电影，叫《牛的见证》，对农民经验的表现和想象，只能用"经典"来形容。我们这样一个农业大国，农民题材的文艺作品水准如何？用不着多说。这方面，文艺创作界有不可推卸的责任。

我们的历史研究必须摆脱狭义的"文本研究"，将目光投向广义的文本——文化和生活运动。只有这样，历史题材的文化想象才有依凭。现在不是这样，常常是二三流作家在写剧本，在饭局上瞎编。而一些投资很大、能够整合一流社会资源的大制作，往往有意识形态上的诸多限制。

深圳"文博会"应起到一个对外窗口的作用

安裴智： 深圳从 2004 年开始每年举行一届"文博会"，即中国（深圳）国际文化产业博览交易会。这是一个国际性的常设性的文化产业交流会，与每年一次的"高交会"（中国国际高新技术成果交易会）一样的重要。从文化产业的发展来说，你觉得深圳当下首当其冲的应该抓什么？请谈谈文化消费与文化产业的关系？就你所知，深圳目前的文化消费处于一个什么样的水平？

张柠： 深圳 1989 年就搞过一次文稿拍卖会。我将这件事情与"人文精神讨论"、"文学的陕军东征"一起，作为 20 世纪 90 年代文化的三件标志性事件。结果"文稿拍卖会"不了了之。我希望"深圳文化产业博览会"能够发挥改革开放前"广交会"一样的角色。那时候，中国人还没有商品经济观念，但是"广交会"起到了对外窗口的作用。今天的文化产业化、商品化，就像 20 世纪 70 年代生猪、鸡鸭的商品化一样新鲜。文化博览会不是农贸市场，它应该是中国文化通过商品的形式走向世界的一个窗口。而当前的国内文化消费市场已经快要变成麻将桌了。深圳文化产业博览会，通过世界性交流，必须要对内地的文化生产、文化消费产生影响，改变各地电视台那种"麻将桌式"的产品，那种讨好财政部门的产品。否则，我们将会惊奇地发现巨大的文化贸易逆差，只见你买进，不见你卖出。

深圳有惊人的消费能力，也有很好的消费品位。但要成为中国文化产业国际化的窗口，不要指望自己的原创性，这方面深圳并没有太多的优势。"深圳文化产业博览会"应该让国内文化生产者，知道什么是真正有双重效益的文化产品，以便促使文化产品的"生产—消费—流通—分配"进入规范化的良性轨道。同时，它应该为全国文化产业的资源整合提供有益的参考。

原载《深圳特区报》2004 年 5 月 16 日

时间：2004 年 12 月 8 日

方式：网络访谈

马相武，祖籍江苏，著名文化评论家，中国人民大学中文系教授、博士生导师。1982 年北京大学中文系本科毕业后，任教于清华大学中文系。1985 年后，相继在北京大学中文系攻读当代戏剧专业、当代文学专业的研究生，分别于 1988 年、1991 年获得文学硕士、文学博士学位。1991 年 9 月起，任教于中国人民大学，历任中文系现当代文学教研室主任、华人文化研究所所长、人文奥运研究中心研究员、台港澳研究中心特邀研究员、中国太湖文化论坛理事、中国电视艺术家协会评论委员会委员、中国高校影视学会理事、多种全国文学评奖评委。

马相武在大学讲授"当代戏剧研究""当代文艺思潮研究""大众文化与文化思潮研究""文化产业研究""影视文化研究"等课程。主持多项国家和省部级社会科学研究项目。长期从事当代文化研究与文艺评论，在报刊发表大量文学评论、文化评论文章，出版《二十一世纪文化观察》《旋转的第四堵墙》《东方生活流新写实小说精选》等多种学术著作，出版编著十余种。代表性的学术论文有：《论文艺原创性》《从性别写作看全球化下的美国华人文学》《把握类型文学的发生脉络与发展趋势》《论"80 后写作"及其被"主流"遮蔽》《在开放的文化运动中保护和发展经典文化——从大众文化看经典文化》《对于"超女"现象的文化批判》等几十篇。

全球化视阈下的『韩流文化』

——马相武教授访谈录

马相武教授

全球化背景下的"哈韩"景观

安裴智：不知从何时开始，看韩国电视剧，听韩国流行音乐，吃韩国料理，穿仿旧牛仔裤，染金色或红色的头发……一股"韩流"席卷了中国的大小城市，充斥着电视荧屏和时尚杂志，成为中国年轻人追捧的时尚生活姿态。中国城市青年狂热追求韩国流行文化，在穿着打扮和行为方式上进行效仿，形成了独特的"哈韩"景观。你在韩国讲学两年，对韩国文化很熟悉。请你谈谈对这一现象的看法。

马相武：中国确实出现了"韩流"，而且方兴未艾。我以为还是要从全面的角度和相互的关系来看，这样才能避免片面。我最早接触韩国，实际上是从接触韩国留学生开始的。那是1992年，我已经开始指导最早的一批韩国留学研究生了。后来我一直指导多届韩国的研究生。所以我的角度和别人的不一样，尤其是几年前在汉城（今译为首尔）的一所风景优美的大学担任客座教授期间，感触更是良多。我甚至在一个汉城的夜晚，在我的研究室的窗口，听到了高音喇叭在播放《志愿军战歌》！换句话说，我们对于"汉流"或"汉风"在韩国的影响，也只有到了韩国才能切身体会到。韩国和中国比算是小国，但好像还没有对中华文化的影响产生恐惧。我们首先要把中国出现的"韩流"放在今天的经济和文化的全球化背景下，放在双边文化交互关系上，还有，要放在中国文化的特性当中来看待。我们应当在"韩流"中学习，并加大"汉流"对于"韩流"的融合。包括时尚的传播，文化产业的机制和生产流通，以及文化的外向拓展，文化吸引力、亲和力的生成，在开放、交流和融合中发展文化，创新文化。1992年两国建交以来，各方面关系迅猛发展，12年中，数字指标都是成倍增长。光是北京的韩国留学生就数以万计。但是，赴韩留学的中国学生又有多少呢？

你说的现象的确存在，但是，不用担忧少数青年的"哈韩"会有多么巨大的不良社会效果。我们承认韩国文化从各个方面对中国文化、中国青年产生了影响，而且值得我们关注。但是，我相信中华文化的生命力，相信我们的青年的文化鉴别能力和民族自信心。中韩文化历史、地理、人文甚至族群的渊源都很深，我们两种文化是最有亲和力的文化，我们和而不同。目前，即使从主流意识形态、主流文化角度看，"韩流"也很有借鉴价值，可以"拿来"。当然，对于青年的"哈韩"，可以有忧虑，但是好像还不用害怕惊慌。我举一个例子，你刚才说的染发，正式的词汇是茶发，作为时尚它最早源于日本，传到韩国，又传到中国台湾和东南亚，最近几年又进入中国大陆。如果是十多年前，人们会说是崇洋媚外。但是现在没人这样说，哪怕是保守派。在韩国，我曾经问过许多人，他们也无一这样认为。在日本、韩国，主要是青年人成为茶发族。但是，在中国，几乎是中老年和青年同时成为茶发族。20多岁青年真正做茶发的不见得比30岁以上甚至中年做的比例大。这里还有一层意思，就是任何外国的时尚进入中国，都会变样。青年也不会照搬韩国时尚。公正地说，彩发族（茶发族中的最醒目者）占很小一个比例。尤其是在大学生中，几乎很难见到。但是，韩国的彩发大学生比前几年有所增加。其比例远大于中国大学生。至于茶发族，占韩国大学生的比例远远大于中国大学生。

安裴智：有人说，"韩流"迎合了那种标新立异的心理。因为流行文化的功能之一就是提供宣泄的平台，韩国流行文化正好填补了国内民众尤其是都市消费者在社会转型期的心理空虚和迷茫。你觉得这个说法对吗？你认为"韩流"的入侵，会改变中国流行文化的方向吗？

马相武：只要是流行文化、是时尚，都有你说的那些功能和作用，可以填补需求。由于韩国对于中国来说，它是先发展国家，已经属于初步发达国家。这对于文化产业和时尚进入中国有着高位的优势。流行文化和时尚有一个原则或惯性就是由高到低，所以它能够一定程度影响或改变当下流行文化的方向并不奇怪。但是，到目前为止，似乎最多也就是局部和一时的意义上是这样的。中国社会现在处于转型期，新旧价值观交替，经济规范和文化范式都出现大量混乱，迫切需要别人的生活教科书。从文化艺术本身的流行动力来说，又似乎缺乏原创性。而"韩流"中的电影电视剧有不少可以当生活教科书来看。当然也有一些主要是供消遣。

"汉风"与"韩流"是两种和而不同的文化

安裴智：有人说，"韩流"是儒家文化与工业化背景下的大众文化相结合的产物。它利用了文化全球化过程中出现的全球化与本土化的冲突与调和，将传统伦理与现代性的冲突、东西方价值观的冲突体现得淋漓尽致，因此吸引了众多的中国人。请从全球化角度，谈谈你对"韩流"横行亚洲的看法。

马相武：韩国先发展，就有先进入全球化的有利条件。所以在全球化面前，各个国家的待遇并不平等。现在有的国家出现了反全球化的声音，似乎更多的是从行业、个人、组织的角度发出。其实许多国家也抱着复杂心情跟着拖下去，因为无可奈何。中国是一方面付出代价，另一方面获得红利。你提到的三种冲突是中国和韩国乃至许多亚洲国家都有的，只不过韩国先经历了，而且继续经历着，它似乎有给大家经常讲讲故事的资格，又有这个爱好，而且它态度认真，喜欢把故事讲得很动人很精致。相比起欧美的故事，它的故事和亚洲许多国家的故事在语言、人物、道德甚至结构上都更加接近。由于日本在近代历史上的表现不太好，现在又经常涂改以前的历史档案，所以它在经济上遥遥领先的优势和文化上的优越感在有的时候、有的情况下受到了影响。加上日本一直有"脱亚"的倾向，"日流"就会失去一些吸引力。这样给"韩流"的流行提供了更加良好的机遇。谁是最合适的讲故事者？都是相比较而言。包括在收取听故事的费用上，谁的性价比更佳，谁的价格低廉，都会考虑。

安裴智：在韩国，有"汉风"一说，主要是指中国传统的儒家文化，可以说，韩国文化受中国传统儒家文化的影响很大。近些年，随着两国之间经济文化交流的增多，彼此之间有了更多深入的了解。像张艺谋、侯孝贤等华人导演的影片在韩国很受欢迎，有人认为是因为这些电影表达了传统的儒家文化价值，体现了中国传统文化和伦理道德。有人认为，很多韩国年轻人对中国文化的学习过程，是一种文化寻根的过程。你认同这种说法吗？从历史的角度看，韩国文化与中国文化是一种什么样的关系呢？

马相武：说寻根好像牵强了一点。尤其是韩国人的民族情感特别强，举世公认。韩国文化在历史的形成过程中，受到中华文化很重要的影响。韩国古代君主是自觉而指令式地推行中华文化。来自中国的文化特别是儒家思想文化以及统治方法在朝鲜李朝开国太祖李成桂那里得到了完整的运用。在君主更迭和臣民教化中，又十分重视扬弃儒家思想文化传统中的负面因素。加之单一民族的相对整一，它的封建专制统治是相当牢固的、稳定的。

安裴智：你认为"韩流"的涌来，对中国流行文化会带来积极的影响，还是消极的影响？

马相武：作为流行文化，都是既有积极的地方，又有消极的地方。"韩流"对于中国流行文化的影响也完全一样。所以需要区别对待和分析鉴别。

安裴智：你认为在韩国流行文化中，最值得中国青年人学习和看重的是什么？

马相武：是结合了现代性和人文关怀的特定的传统文化的理念因子。现代性和传统文化可以统一。它们不是冰冷的概念，而是人性化的，并且剔除了阻碍青年族群进步的一切因素。怎样让流行文化帮助塑造青年的健全的精神和人格，是最根本的。

"韩流"入侵：一种文化意义上的国家目标

安裴智：12 月初，"2004 韩国电影展"在北京举行；12 月 13 日至明年 1 月 10 日，由 21 位韩国水墨画家参加的"韩国现代水墨展"将参加在深圳关山月美术馆举办的"深圳国际水墨展"。这是我们此次访谈的背景和新闻由头。我觉得，这两次展览为"韩流"在中国的进一步火爆无疑起了助推的作用。那么，你认为"韩流"如此大举进军中国市场的根本原因是什么？

马相武：在北京举办的韩国电影展十分成功。四天展映了 12 部影片，广受好评。双方电影人也交流得比较好。如果无意外的话，深圳国际水墨展也应该取得成功。首先，它们是"韩流"的一部分，其次，它们的确会为"韩流"添加动力。实际上，韩国人一直在研究中国，包括市场和文化产业的可能性和消费资源的潜在性。你说的"大举进军"，完全不是夸张的词汇。"韩流"能"大举进军"的根本原因要从韩国的特点和国家目标中去寻找。它一直是缺乏资源和国土狭小的国家，20 世纪的最后二三十年，它依靠外向型贸易实现现代化。现在它要和中国一起前进，借助中国的发展来振兴一直不那么景气的经济。它很清楚自己的地缘优势和人文条件。所以，从文化和文化产业角度切入是最正常最自然的选择。这是中韩当前交流的主要特点。当然，部分产业和服务业的技术和经验的优势，它也在一直利用和加大。相比较而言，过去在服装加工和普通电子领域的制高点逐渐失去。它需要利用"韩流"出现的文化气场和人气拓展它的市场。它的目标是达到中等发达国家水平，提升国际地位。它有个口号就是成为"亚洲中心""世界枢纽中心"。它要在这五年中成为世界文化产业五强之一。文化产业的产值要增加 5 倍。它的地理位置比较重要，它有意充当欧亚运营桥梁。韩国人认为，文化是一个既能输出民族精神产品又能带来巨大经济利益，而且能够提升政治地位的重要领域。现在它就在朝这个方向努力奋斗。要实现国家目标，必须首先在中国取得成功。说征服可能太刺激，但是，说占据中国市场却是实实在在的目标。而占据市场有一个间接但最为有效的方法和途径，就是通过文化来获得潜在顾客的好感。在这个过程中，它的文化力也大大加强了。这样，国家形象也在新的层面上获得提升。

韩剧突出本民族的文化生活特点

安裴智：我周围的一些朋友很喜欢韩国电视剧那种细腻的情感、精美的画面和感人的音乐，也喜欢韩国电视剧人物很讲究的服装和化妆，比国内某些偶像剧好多了。请你对中韩两国的电视剧作一比较分析。

马相武：你概括的几条已经说明问题了。这个问题很大，只能简要提一下。电视剧和电影不一样，要求很干净。韩国做到了。中国没有做到。比如现在有一个规定，公安、侦探和法制题材的电视剧中相当大一部分要放在半夜里播出，为了避免影响青少年。这无形中有了"成人级"，这是很有意思的。韩剧不走这个路线，照样流行于我们的海峡两岸以及东南亚。生活剧是在家庭日常生活中充满伦理道德和亲情爱情，注重人文关怀。也很好，老百姓爱看。你说的偶像剧，它也很纯净，让人净化心灵，提升情操，获得愉悦。它的爱情往往是既执着热烈又典雅含蓄，带有一种东方式的情调。对于社会来说，电视剧有一个主要的功能就是以伦理感情化解矛盾，催生和谐社会。韩国也有许多电影电视方面的严格规定，但是对于电视剧来说，人家一般不去极力突破规定，而是努力减少电视剧对社会的负面影响。它还有一个很重要的追求，就是突出本民族的文化特点和生活特点。

安裴智：韩国电影导演姜帝圭在接受记者采访时说，韩国的电影导演有一种"视拍电影为生命"的精神。韩国电影的每部作品都是呕心沥血之作。你觉得中国当代电影与韩国当代电影相比，二者的优劣如何？

马相武：这个问题也很大，只能说一点是一点。就电影本身来说，中韩都有多元化的格局。电影多观念、多风格、多样式是普遍的情况。而且也都有优劣之作。我们还是以优秀的那部分或票房最大的那部分来讨论二者的差异。总体上说，虽然韩国也是编导立场可以独立，但是在事关民族悲剧悲情的大问题上却是采取绝对严肃的态度。而中国的呢，基本上是取材于日常生活并且采取狂欢和消解的态度。相比起韩国的民族悲剧主题和题材，在中国，主旋律作品几乎没有占据票房前茅的。你提到的姜帝圭在韩国是票房号召力最大的，相对的就是冯小刚，擅长喜剧样式或喜剧元素的处理，和韩国恰好相反。《太极旗飘扬》和《生死谍变》简直和《手机》以及导演的那些捧哏逗乐的贺岁片无法同日而语。主旋律可以拿最高票房，但是我们没有做到。喜剧也有境界问题。韩国有雅的喜剧，更多是俗的喜剧，但是，它们主要不是采取消解正义和道德价值的态度。这两个票房很大的导演这次见面讨论得很好。据报道说他们一致认为只有艺术价值和商业价值取得平衡的电影才会长久、健康，成为经典。这个话在我看来是成立的。但是，其实他们各自的含义并非一致。因为最根本的东西其实还是真诚。其实从一个侧面也可以看出两国的观众无论是价值观念还是趣味，差异悬殊。如果这样下去，韩国真的会以小博大，占据上风。对于中国电影界，需要严肃思考的是怎样学习韩国电影从创作到运营机制的成功经验。不说别的，拿高票房的影片来说，中国13亿人口只有几百万观众，而韩国4000多万人口却有2000多万观众。也许中国电影的终极目标是打败好莱坞，但首先学好韩国吧。韩国电影已经在韩国打败了好莱坞。当然在这方面政府有很多事情可以做。韩国这方面有许多做法值得借鉴，这里不展开了。

"韩流"迟早要被中华文化消解

安裴智：目前，这股"韩流"似乎越涌越急，并向越南、蒙古和中国香港、中国台湾等国家和地区扩散。你认为"韩流"在中国能继续流行下去吗？有学者认为韩国没有很深的文化根基来支持它的继续发展。对于"韩剧"，现在虽然很流行，但从长远来看，还是表面的、浅层次的，可能也是短暂的，在中国很难继续流行下去。所以，目前只能凭不断更换影星来使"韩流"持续下去。你觉得这种说法有道理吗？

马相武："韩流"在中国香港、中国台湾等地区以及后来在大陆都很顺利，一路畅通。相信在东南亚和东北亚刚刚开始流行的国家也会再现辉煌。我相信它会继续在中国流行一个时期。但是，这里有个文化的主体性的问题。中华文化的包容性是世界上的几大文化体系中最大的。但是，它需要在经济全球化的进程中实现文化的全球化。我这里是说中华文化也要全球化，而且是向外发展和拓展，它有主体性和方向性。理想的趋势是吸纳世界上所有文化的优点和优秀成果，当然包括韩国文化，来拓展自身，推广自身。我们这样来定位"韩流"与中华文化的关系：它应该有助于中华文化的发展，而不是取代中华文化的地位。它的一部分文化基础是来源于中华文化，总体上我们也许可以称它为东亚文化的一部分。我认识的韩国的一些学者也意识到"韩流"似乎有浅文化的特点。他们虽然这样表示，同时已经在为"韩流"寻找出路。你提到的两个展览就是一例。他们不会在总体上和中华文化来比较，但是他们在传统文化的继承和发扬上，在使传统和民族精神结合并渗透于现代化的过程中，有自己的成功之处。"韩流"会继续从出其不意的地方冒出来，也许文化根基不那么深厚。但同时，"韩流"在加强自己的"特色"和文化内涵。而且它的生产机制已经具备为输出的文化产品（包括韩剧）的消费者量体裁衣的功能。所以还能够影响我们。你引述学界有人认为韩国没有很深的文化根基，这话看怎么理解。其实它的许多文化来自中华文化，还有许多文化来自西方现代文化，所以它可以继续"拿来"别的文化为本民族和现代化服务。就像它虽然和我们一样是使用筷子的民族，但是它把竹筷改成钢筷，而且同时使用刀叉等西餐具。它的街头到处是中华料理，还有日本料理，除了韩国料理之外。但是话说回来，时尚和流行是不同于学术文化的，并非越深刻越好越流行。所以还是要研究"韩流"怎样继续流行，观察和把握它的走势是十分必要的。随着中华文化的发展，随着中国经济的进一步成熟和发达，随着中国社会综合发展指数的提高，"韩流"在中国早晚也会遭遇边缘化或被消解的结果。

原载《深圳特区报》2004 年 12 月 12 日，被中国人民大学书报资料中心《文化研究》2005 年第 3 期全文转载；收入文化部和山东省委宣传部重点项目、山东大学主编的《中国文化产业学术年鉴》（2003—2007 年卷中册），文化艺术出版社 2009 年版

时间：2004 年 12 月 23 日

方式：网络访谈

接受美学视阈下的『80 后写作』

——白烨教授访谈录

白烨，著名文学评论家，中国社会科学院文学研究所研究员、研究生院教授，中国当代文学研究会会长，中国作家协会文学理论批评委员会副主任，《中国文学年鉴》副主编。兼任中国文学理论学会常务理事、北京市作协理事。国务院特殊津贴专家。1952 年生于陕西黄陵。曾任中国社会科学出版社文学室副主任、主任、总编辑助理。

白烨先生的学业专长为中国当代作家作品研究与评论，自 70 年代后期以来，他撰著 200 多万字的理论批评文章，出版了《文学观念的新变》《文学新潮与文学新人》《批评的风采》《文学论争 20 年》《赏雅鉴俗集》《观潮手记》《热读与时评——90 年代以来的长篇小说》等多部文学评论著作。著作荣获中国当代文学研究第三届和第五届优秀成果奖。参加国家社科重点项目《当代文学新潮》《中华文学通史》和《二十世纪中国文学经验》的撰稿，主持《中国年度文情报告》的编撰工作；主编《年度中国文论选》和《年度中国文坛纪事》。组织编辑了大量高层次文学图书，如《欧美古典作家论现实主义和浪漫主义》《海明威研究》《外国名作家传》《西方二十世纪文论史》《美国当代小说家论》等；主编《世界散文随笔精品文库》《杨绛作品集》《张中行作品集》，策划《废都》《大浴女》《上海宝贝》《9·11 生死婚礼》等重要作品。

白烨教授

市场化、媒体化、大众化是 2004 年文坛基本走势

安裴智：2004 年又过去了。多年来，你一直在研究中国当代文学和当代文化，并多年连续主编年度文情报告和年度文学年鉴，对当代文学发展状况特别熟悉。那么，请你简略地对 2004 年全年文学发展走势作一个总的评价。你在一篇文章中说，2003 年文学格局的整体走向是市场化、媒体化、大众化。是否 2004 年仍然是这种情况？还是呈现出新的迹象？

白烨：2004 年的文坛，无论是文学创作还是文学理论批评，都表现出一种平稳前行的姿态，收获上也大致是平实的一年；既没有太引起轰动的文学现象，也没有太引人注目的文学争鸣。

市场化、媒体化、大众化，已成为现阶段文坛的基本走势，2004 年的文坛依然是在这样一个大格局中演进和发展。这里比较突出的有两个现象：一个是长篇小说的出版运作越来越市场化，作品数量持续稳定在 1000 部左右，但好的和比较好的还为数不多；而且，利用各种媒体和方式进行炒作，既有把好的作品炒热了的现象，也有把平庸之作炒火了的现象。因为长篇作品越来越走向市场化，也大大推动了"80 后"作品和青春文学的持续火爆；还有一个突出的现象是小说与影视的互动，年初有刘震云的《手机》，后来又相继有海岩的《河流如血》，王海鸰的《中国式离婚》，赵本夫的《天下无贼》，都是在影视和文学上相互呼应和圈内与圈外相互借力。

长篇小说成为文坛重镇

安裴智：这几年，市场对文学的影响越来越大。就当前的出版市场来讲，一方面是各个出版社出版的作品太多太滥（据有关报道，现在我国每天就有二三部长篇小说问世）；另一方面是具有审美价值的、真正优秀的、将来能留下来的文学作品特别缺少，是稀缺。那么，你认为市场对文学的这种影响体现在哪些方面呢？从长远看，是积极作用大，还是负面效应大？

白烨：市场对于文学和文化来说，不是一个简单的肯定与否定的判断，它是一把双刃剑，既有积极的作用，也有消极的作用。就以长篇小说图书为例，目前长篇小说的出版成为文坛的重镇，甚至超出文学圈子为更多的人所关注，市场的作用功不可没。但它同时带来了一个泥沙俱下和良莠不齐的问题，使数量与质量不成比例。但总体上看，长篇小说是在逐步提升的过程之中。市场介入文学和文化的趋势不可逆转，我们必须学会利用市场这个杠杆，做我们想做和该做的事，并尽可能地趋利避害。我觉得，一些必要的对应措施或平衡机制目前还没有形成，比如利用大众媒体进行文化批评，通过及时而有力的文化批评来影响文学文化生产和流通。这样的批评机制如果切实形成，可以适当抑制和消解一些消极的影响。

安裴智：你认为2004年的中国文坛，有哪些热点文学事件和热点文学作品可以关注？其中，哪些是纯粹市场意义上的行为？哪些是可以进入文学史册的？

白烨：从文化上说，我印象较深的有中法文化年的有关活动（包括巴黎街头的北京文化表演、以"中国文学"为主题的巴黎图书沙龙，法国印象派画展等），由季羡林等人发起的以"全球化与中华文化"为主题的"2004 文化高峰论坛"，"红色经典"现象引发关注和争议，还有就是对已故去的文学大师如聂绀弩、许地山、杨沫、孙犁、丁玲、沙汀、艾芜和尚健在的贾植芳、贺敬之等文学名家的高规格的纪念与座谈。从文学上看，一个是理论批评中的"日常生活审美化"的论争，因切近当下文化现实和文艺学研究弊端，很有冲击性的意义，一个是文学写作中的"80 后"群体的迅速崛起，在很多方面带给我们对于文学文化现状的许多思考。这些现象哪些可以进入文学史册，现在还很难判定。

安裴智：2004 年，长篇小说创作方面有哪些可以称道的作品呢？

白烨：具体来看，年初出版的几部作品势头相当不错，如范稳的通过教派争斗探悉精神与人生关系的《水乳大地》，阎连科的以荒诞不经写现实乡土的《受活》，姜戎的抒写狼与人的内在关系的《狼图腾》，张平的大胆揭示"吏治"现状的《国家干部》，以及王蒙的《青狐》、徐坤的《爱你两周半》等，在作家的写作发展或在长篇的创作演进中，都表现出一定的新意和深意。后来，又有一些不错的作品接踵而来，如徐小斌的《德龄公主》、孙慧芬的《上塘书》、李洱的《石榴树上结樱桃》、徐星的《剩下的都属于你》等；下半年，阿来带来他的新长篇《随风飘散》，王安忆又写出了《桃之夭夭》，在长篇写作上沉寂多年的两个重要作家——刘庆邦和格非，前者拿出了处女作《平原上的歌谣》，后者拿出了新作《人面桃花》。这些作品各自蕴含着作者独到的追求，都称得上是用心用力之作；最近面世的作品中，也有两部很值得关注，这就是王刚的《英格力士》和北村的

《愤怒》。两部作品都是在非常好看的生活故事之中，孕育了相当深刻的历史意蕴和相当独到的人性洞察；我们通常所说的思想与艺术的统一，在这两部作品中都表现得相当出色。

中短篇创作体现出平民美学倾向，与时尚写作相抗衡

安裴智：你在一篇文章中说，你对那些坚持写中短篇的人充满了敬意。确实，与写长篇小说比起来，创作中短篇更少市场性与商业性，而更多的是一种纯艺术的追求。那么，你认为 2004 年中短篇小说方面有哪些可称道的作品呢？

白烨：我觉得，我们在评估年度文学成就时，一定不能忽视了中短篇小说。在长篇小说越来越走市场和靠近市场的情形下，中短篇小说一直相对专注地走着自己的文学探求之路，这也跟杂志的读者相对圈子化有关。今年的中短篇小说，我印象深刻的有映川的《不能掉头》、陈应松的《马嘶岭血案》、盛可以的《取暖行动》、晓航的《师兄的透镜》、葛水平的《喊山》、陈昌平的《国家机密》、潘向黎的《白水青菜》、戴来的《给我手纸》、须一瓜的《毛毛雨飘在没有记忆的地方》等。这些作品不约而同地把目光投向平民的日常生活和底层的困厄境遇，以其直面现实和直抒胸臆的平民美学倾向，使文学与普通社会保持了应有的勾连，并在一定程度与那种时尚化的写作倾向构成了一种抗衡。我以为，中短篇小说创作的这种取向是值得肯定的，也是非常重要的。从某种意义上说，今后在小说领域乃至文学领域，中短篇小说可能会越来越明显地成为文学的中坚力量，并扮演一种文学的先头部队的作用。

一批贴近现实的优秀报告文学脱颖而出

安裴智：2004 年，在报告文学、散文和诗歌方面有哪些可称道的作品呢？

白烨：在小说之外，我的阅读并不系统。就我的阅读所及，作品厚重、值得一读的有杨黎光的《瘟疫——人类的影子》、王宏甲的《中国新教育纪实》、朱凌的《灰村纪事》、党益民的《用胸膛行走西藏》。可归于纪实文学一类的，则不能不提到章诒和的《往事并不如烟》，作品在细腻的文笔中表现出见证历史的勇气，在同类作品中独树一帜。周国平的《岁月与性情》和余秋雨的《借我一生》都值得关注。散文和诗歌我只阅读过《人民文学》和《北京文学》等杂志上的作品，无法就其创作和作品做宏观评判。

安裴智：有人认为，现在写小说的比看小说的还多。一方面说明人们的阅读兴趣、阅读热情在减少；另一方面说明真正能打动读者的好作品也少了。那么，作为一名当代文学研究者，你是否认为这是一种危机？

白烨：这两方面的问题都存在，文学在写作与阅读上的问题，或者说文学与文化的"供与需"的矛盾，一直都存在着；这些问题细究起来，可能会超出文学范围本身；事实上我们在谈论文学与文化的问题时，也是在谈我们的社会和时代的问题。要把这些问题要说成是危机，也未尝不可。但我认为，这可能是我们这个时代的经常性问题。对于这些问题，我们只能在我们力所能及的范围内，尽一些鼓唇摇舌之力，提醒一些什么，阻击一些什么，倡扬一些什么。

"80后写作"成为文坛景观，但更像文学"票友"

安裴智：你曾说，"要关注那些被'明星'们所遮蔽的实力派写手，发现商业运作背后的文学追求"。这个见解无疑是深刻的。那么，你认为，在2004年，"70后写作"有哪些方面的新动向？"80后写作"与"70后写作"最明显的区别在哪里？

白烨：这是我在"走近'80后'研讨会"上发言时说到的。我确实觉得现在进入市场相对容易，而进入文坛相对较难。这一方面是图书出版的市场化运作相对成熟和无孔不入，另一方面是"80后"在写与读、供与需上也有自己的流通与消费系统，这使得他们在"出场"和"出道"之初，不必先行在主流文坛造成影响。因而，我们很少能看到"80后"作者在主流文学刊物上发表作品，在一些文学评奖尤其是面向文学新人的评奖中也看不见"80后"的身影，有关他们的作品媒体的报道多之又多，而有关他们作品的文学评论少之又少。因而，他们的成功，他们的影响，看来热闹异常，但又显然游移在文坛之外。我还想用这样的说法提醒"80后"的写作者，在现在这个年代，出几本书并不困难，成一点小名也比较容易，但这并不等于文坛的认可和文学上的成功。一定要对自己目前的状态有一个清醒的认识，不要被媒体的炒作所迷惑，更不要被眼前的利益所困扰。

用年代来概括一代作家并不科学，这本来就是一个无奈的说法。"70后"的说法现在来看已完全过时和不适用了。因为这一拨作家在创作上进而走向成熟之后，已完全不是一回事了。生于70年代的作家，在 2004 年比较引人注目的，可能是盛可以、安妮宝贝，她们都有值得关注的作品。与这些"70 后"作者比起来，我感觉，尚未定型的"80 后"，更像是文学的"票友"，他们不一定是因为追求文学而写作，更多的是凭借一时的兴趣表达自己，或者是倚仗目下还有的热情在从事写作。

文学会平稳前行，前景比较乐观

安裴智：你认为当下中国文学的最大危机是什么？中国当代文学的前景如何？

白烨：我不愿意在脱离社会文化环境的意义上纯谈文学的危机。文学的危机，在我看来，主要在于文学在整个社会生活中的作用的减退，特别是有关主管部门对此问题的认识不够和重视不够。就文学本身而言，还是面临市场化、大众化和媒体化的冲击与影响，如何更好地生存和发展，并在这一过程中尽量强化自身。我对文学的前景持比较乐观的态度，文学总会在遇到问题和解决问题的过程中不断前行，尽管这一过程可能是艰难的和缓慢的。

安裴智：据一项调查显示，我国现在读书的人越来越少了。你如何看待此现象？

白烨：读书的人少了，这是一个事实。这跟我们在整体的精神文明建设上用心和用力不够有关，读者需要培育，需要引导，需要提高。这不只是文学的问题，这是一个社会的综合工程，需要慢慢解决。

安裴智：请对 2005 年中国文学的发展走向与种种可能性做一展望与预测。

白烨：总体上讲，我觉得大众化、时尚化是这个时代的文化文学产品的一个基本的定式，这样的一个定式不会有太大的更变；只可能会因某些文化文学产品与民族化、本土化及个性化的某种结合构成一些小的流向。就文学而言，市场化会在文学的生产与流通的过程中进一步向深处和细部渗透，从而给纯文学的存在造成更大的挑战。而文学在积极应对中，也会逐渐去除前些年的迷乱与浮躁，继续以一种平稳前行的姿态向一种应有的常态回归。

原载《深圳特区报》2004 年 12 月 26 日

时间：2004 年 9 月 22 日

方式：网络访谈

文化美学视阈下的名著改编现象

——张德祥先生访谈录

张德祥，著名文艺评论家。中国文艺评论家协会副主席，中国文联电视艺术中心主任，研究员，《当代电视》杂志主编，中国传媒大学艺术研究院特聘教授、博士生导师，中国作家协会影视文学委员会委员。

1958 年生于山西省临猗县。1978 年初入山西大学中文系读书，毕业后在工厂工作。1983 年考入中国社会科学院研究生院文学系，攻读中国当代文学专业的硕士研究生，1986 年毕业，获硕士学位。1992 年后历任中国社会科学院文学研究所当代文学研究室副主任，中国当代文学研究会理事，中国电视艺术委员会研究员，《中国电视》杂志负责人，中国电视艺术家协会研究部主任、研究员，兼任《当代电视》杂志主编。1994 年加入中国作家协会。从 1985 年开始，在报刊发表文艺评论百余万字。独立完成的主要学术著作有《悖论与代价》《现实主义当代流变史》《现代化与精神境遇》《文心独白》《人"快"了》《当代文艺潮流批评》《写在文场边上》《王朔批判》等 10 多部，在《文学评论》《当代作家评论》《小说评论》《人民日报》等刊物上发表学术论文 200 余篇。荣获多项国家级大奖。《论新时期小说的历史意识》《历史蜕变与近年小说中的精神现象》两篇论文分别获得 1987 年、1988 年中国社会科学院青年优秀论文奖。组织并参与策划审稿的编著有《中国电视艺术发展报告"蓝皮书"》等，曾担任"五个一工程奖"和中国电视"金鹰奖"评委。

张德祥先生

名著改编存在轻"文"重"利"的问题

安裴智：近年来，我国的电视剧创作与生产领域出现了一个重拍名著"热"。导演们大量翻拍古典名著、现代名著，乐此不疲。中央电视台正在热播新剧《红旗谱》，前一段播出了《小兵张嘎》等。最为观众关注的，则是中国三大古典名著《红楼梦》《三国演义》《水浒传》的重拍又在紧锣密鼓地进行之中。一时间引发了各种各样的议论。作为长期研究电视文化的专家，你觉得这个必要性有多大？

张德祥：几年前，我曾写过一篇《名著遭遇改编》的文章，刊于《中华读书报》，深感电视剧对文学名著改编中存在着轻"文"学而重"利"用的问题。时至今日，早已是改编名著没商量。古代名著不用说了，作者早已作古，已经失去了维护著作权的权利。就是现代名著，只要买了版权，名著就成了人家手里的"奇货"，奇货可居，就看人家对市场行情的理解了，由人家包装发落。投资是为了回报，这是资本的本性。在文化日益产业化的时代，电视剧是最有市场的新兴文化产业，因此需要大量的故事和题材，文学名著自然就成了电视剧开发的对象。不知名著是否需要电视剧来改编，反正电视剧需要改编名著。这也是名著无可逃遁的一种"遭遇"。用电视剧的形式演绎名著，本是一件好事情，无论之于名著传播，还是之于电视剧生产来说，互惠互利，相得益彰。但是，近年来，人们对根据名著改编的电视剧，多不买账，有些改编甚至引起了观众的反感和抗议。看来，如何改编名著，并不完全是生产商家的"私事"，也不仅仅是一个经济行为，它牵涉文化传承和文化建设问题，牵涉艺术规律问题，也牵涉尊重读者和观众的问题，所有这些问题都源于艺术观念。

安裴智：不同的艺术观念，导致的改编结果当然就大不相同。记得 1984 年王扶林先生在导演电视连续剧《红楼梦》时，并没有根据通行的人民文学出版社 120 回版本改编，而是主要以原著《红楼梦》前 80 回的内容和以周汝昌、蔡义江、梁归智等先生的"探佚学"成果为蓝本，这样就招来湖北大学张国光、安徽师范大学严云绶等"尊高派"学者的非议。可以说，每个专家对原著的理解是不一致的。所以，如何改编名著，不同的艺术家、不同的导演有不同的改编、处理的方式，结果也就形态各异了。另外，在当今这个年代，文化艺术界比较浮躁的东西太多。比如对"经典"、对"名著"这样严谨的概念就出现了一种泛化和随意化称呼的现象，什么都叫"经典"，什么都叫"名著"。所以，我觉得，首先要搞清什么是"名著"、什么是"经典"及"名著"、"经典"与一般文学作品的区别在哪里这个根本的问题。

张德祥：一部作品，或是个人创作，或是集体创作，还有像《孔雀东南飞》《木兰诗》等民间作品，无论为何人所作，作品都是在一定的时代环境中产生的，都是一定精神活动的产物，只要被老百姓所认同、所接受、所承传，世世代代在民间流传，就是名著，就是我们民族的文化遗产。一部作品成为名著乃至经典，必定有其与老百姓的精神愿望相契合的内容，或者表达了历史发展的必然要求，传达了人类社会进步的思想追求，或者表达了人类普遍的情感需要。总之，一部作品若要流传下去，必定有其值得流传的思想价值和精神意蕴，有其超越时代甚至超越民族界限的人类普遍的精神启示。名著不是没有缺陷。任何作品都是一定时代的产物，都有时代的局限性，但之所以成为名著，就在于其精神内涵或深刻或博大或高尚，为绝大多数人所认同、与历史发展要求相一致而具有了超越性。一部作品行于世并历久不衰，主要依赖于所承载的思想精神的恒久的生命力。

改编名著应尊重原著的基本精神

安裴智：这样说来，就增加了名著改编的难度。所以，对名著的改编虽然可以见仁见智，但并不是可以随心所欲的。为了规范导演和编剧的行为，你是否觉得有必要对改编名著提出几个原则性的要求呢？

张德祥：我们今天之所以要改编名著，是因为它在今天仍有其积极的思想意义和审美价值。这就要求我们在名著改编中，尊重原著的基本精神，忠实于原著的灵魂。这应当是一个基本原则。

改编有两层含义：一层是从一种艺术形式创造性地转换为另一种艺术形式的改编；再一层是根据历史发展要求对原著从思想上和艺术上的继承与完善。这两层意义上的改编，都不足以构成对原著基本精神的迁移。如果对原著的主题思想进行了迁移或转换，就不是对原作的改编，而是对原作的一种解构或新编，就不应再叫原著的名字了。张恨水的《金粉世家》、张爱玲的《金锁记》等改编成同名电视剧，以当今时尚替换了原作的时代背景，使原著的根基虚设，改变了原著的思想内涵，失掉了原本的历史感和审美主旨。像这样抽筋动骨的改编，离原作的距离已经很远了，只是取材于某某著作而已，就应当另起新名。因为改编是有一定界限的，如果改得太多、走得太远，就由量变引起了质变，或者偷梁换柱，添枝加叶，面目全非，早已不是原来的意思了，已无原著之实，又何必再用原著之名而造成误解呢？

安裴智：在这方面，这次新版电视剧《红楼梦》的导演在接受媒体采访时说，他们要做的，"是从《红楼梦》中，拎出一些人物，按人物传的形式去拍"。"我们面对的只是人物，还不是完完全全面对《红楼梦》这个作品。""要对原著人物进行再创作，在原著提供的故事外，给王熙凤等人物编前史，作合理的发展。"照这样的导演观，拍出来的东西还能叫《红楼梦》吗？脱离了原著的故事情节，给人物编一些新的故事。这个胆子可不小。从这样的意义上看，我觉得这样的导演就是一个商人。该导演在回答记者的提问时也说："拍人物传这样的形式，是因为市场。"以市场的目光来"利用"《红楼梦》，这还能叫艺术家吗？我觉得，作为导演这样来拍《红楼梦》，既是对古典名著的糟蹋，更是对人力、物力和金钱的极大浪费，是一种昧良心的行为。

张德祥：我也认同你的观点。在中国电视艺术家协会的有关选题讨论会上，我也表达过类似的看法。我觉得，既然是改编而不是新创，就应当尊重原著的基本精神，尤其是对于名著更应当遵循原著的精神。因为名著之"名"，是与其思想内涵、精神灵魂共存的。《孔乙己》《阿Q正传》《雷雨》《小二黑结婚》《沙家浜》等现代名著，都是与其传达的思想内涵不可分的。原著的精神灵魂一旦被肢解或转换，原著实际也就不存在了。所以说，尊重名著的基本思想、基本情节和人物性格，是名著改编的基本前提。因为名著毕竟是前人的劳动成果，改编不过是对前人劳动成果的一种借用，借用别人的东西就应当懂得尊重。名著白纸黑字，自有自己的生命力，无意借改编而延长寿命。相反，那种名为改编而实为改写甚至篡改名著的做法，倒可能使"名著"在改编者挂羊头卖狗肉的叫卖声中损害名声甚至生命。名著也是文物。以电视剧的艺术形式对其进行改编，就等于是对文物进行开发。失败的开发，客观上就是对文物的一次破坏。当前，中国几大古典名著的重拍又在进行之中，而且是打破原著的整体结构，以人物为系列，重新编织组合故事，可以说是大动干戈。这只能说是取材于原著的新编新创，已经远远超出了改编的范畴。如果新编得好，无可厚非。千万别把原著中的精华拿来稀释，戏不够，情来凑，长而又长，庸俗无聊。

改编名著应尊重读者和观众

安裴智：由于母亲是语文教师的缘故，我是上初一就读了《水浒传》，初二读了《三国演义》，大一开始读《红楼梦》。读《水浒传》时，我是在上初一数学课上，还被数学老师当场没收了书，转交给我妈。回到家里，我又在睡觉前钻进被窝里打着手电筒偷偷地读。我相信许多人都有我这样相似的经历。在那样的年代，对《水浒传》《三国演义》这样的书已形成一种集体的阅读。所以我觉得，一部作品可以是一个人的创作，但要成为千千万人眼中的名著或经典，却不仅仅是作者一个人的创造，而是由读者和作者共同完成的，是数以万计的读者的集体"接受"，才使一部作品成为名著。也就是说，一部作品问世，只有被大众广泛接受才能成为名著。姚斯的"接受美学"告诉我们，一部作品只有通过接受的环节才算最后完成创作，接受也是创作的一种参与，尤其对名著而言，没有大众通过"接受"的参与就不可能产生名著。所以，"名著"实际上渗透着千百年来一代代华夏儿女的一种"集体无意识"。

张德祥：是这样。这也就不难理解，为什么大众会对某些随意篡改名著的做法表示强烈不满，就是因为他们在阅读原著过程中投入了审美创造，名著中渗透了他们所认同的思想感情和道德观念，承载着他们的审美理想。这就是说，名著是大众的"接受"所"淘洗"和"塑造"出来的，是在漫长的接受过程中被成就的。由此可见，名著不是"私产"，而是"公器"，是民族的文化遗产，已经成为民族文化的重要组成部分。经典著作中一些典型形象，像孙悟空、猪八戒、李逵、关羽、贾宝玉、王熙凤、阿 Q、李双双、林道静、杨子荣、洪常青等艺术形象已经成为一种文化符号，指代着特定的文化意蕴。这些艺术形象早已成为我们民族的集体文化记忆。人物形象一旦形成而且被读者接受，就成为有独立生命的社会人物和文化人物，就成为一定文化内涵的载体。随意对其涂脂抹粉，改头换面，甚至改变人物的性格与品质，都会引起观众的反感，当然不可能被公众接受。

安裴智：一个民族的文艺史、文化史以及精神史是由经典和名著写成的，而经典和名著是大众所成就的。因此，当一些所谓的"导演"拥有了改编权的时候，如果任意地、随意地改变原著，践踏原著，实际上也是对受众的不尊重。

张德祥：不尊重受众的另一方面，还表现在把观众的欣赏趣味想象过低，以为观众就是要看那些廉价的"鸳鸯蝴蝶"或"风花雪月"，以庸俗的观念改编名著，不惜降低名著的品位，在人物之间乱点鸳鸯谱，或在正人君子甚至英雄人物身上敷衍出一些所谓的"隐私"，极尽低级趣味之能事，节外生枝，以求哗众取宠的效应。这不仅伤害了原著中一些艺术形象在读者心目中留下的美好印象，而且严重伤害了观众的感情。甚至有的改编者无法理解原作中的人物与精神，以己之心，度人之腹，不相信那些人物的崇高性，似乎只有用七情六欲还原他们的"人性"，让他们也凡心乱性，才是观众所要看到的。事实上，观众需要的是真善美而不是低俗和卑劣。名著本来就是大众阅读而成就的，难道今天他们反而欣赏不了优秀和崇高了吗？观众对有些离弦走板的改编的反感，就说明了大众是有艺术鉴赏能力的，那种媚俗的改编观念，不仅是对名著的亵渎，恰恰也是对观众审美情感的亵渎。

改编名著应尊重艺术规律

安裴智：尊重读者和观众，看起来似乎和名著改编的话题风马牛不相及，实际上大有关系。如果有尊重读者和观众的诚意，在对名著下俗手的时候，心里自然就会惴惴不安——观众会答应吗？因为名著不是个人随意处置的私产，而是万千读者关心的天下公器。

张德祥：艺术自有规律。言之无物，无以流传；言之无文，行之不远；气盛而言宜。这就是思想与艺术的统一，历史与美学的统一，真善美的统一。只有这种统一，艺术才成其为艺术，艺术才有长久的生命力。名著与经典经得住时间的考验，就在于它们在思想性和艺术性上都达到了一定高度。20 世纪 40 年代之后产生的一批描写中国人民革命斗争生活的作品，曾经在群众中产生过很大影响，至今仍在读者中广泛流传，说明这些作品在思想性和艺术性上都达到了相当高度，具有其独特的艺术生命力。这些作品是否可称为"红色经典"，还有待时间考验。但可以肯定地说，20 世纪中期产生的这一大批作品，具有鲜明的时代特征，是那个特定历史环境中的艺术创造，是不可替代，也是不可重现的原创性作品。我以为，随着时间的推移，随着那个时代的远去，这一批作品越发显出其独特价值。其价值主要体现在三个方面：（1）人民革命斗争历史的艺术反映。这一批作品表现了中国人民反压迫、求生存、求解放的伟大斗争生活，强烈表现了中华民族自强不息、英勇奋斗的伟大民族精神，表现了中华儿女为了寻求理想社会制度而不惜牺牲的崇高品质。这是一个民族"站立"起来的精神之本。这样一种精神品质，在那一批作品中得到了极致的体现。所谓"红色"，就是指流贯在作品中的这种精神气质，是中华儿女的鲜血所凝铸的精神雕像。（2）浪漫主义的艺术品格。这些作品虽然是反映历史的，虽然是写实的，但充满了真诚的理想和激情，充满英雄主义和乐观精神，给人以巨大的精神鼓舞，从而高于现实，具有了浪漫主义的艺术品质。浪漫主义具有超越现实的审美功能，更能激发人们对美好社会和高尚人性的精神向往。（3）传统文化与民间艺术因素的融合。这一批作品是从生活中来的，也是从民间来的。赵树理和孙犁就不用说了，就是梁斌、曲波、杨沫、吴强、徐光耀、欧阳山等作家，描写的也是他们亲身经历的、富有传奇色彩的生活。他们长期处在革命斗争生活之中，生活在民众中间，吸收了丰富的民间艺术因素，更多地继承了传统小说的艺术手法。浪漫主义传奇与民间艺术智慧相结合，使这一批作品具有了老百姓所喜闻乐见的浓郁的民族风格和民族气派，其中的故事和人物也早已为读者所熟知和认同。这些作品是 20 世纪我们文学遗产的重要组成部分，今天也已成为电视剧改编的重要对象。

　　既然名著是思想性和艺术性都达到一定高度的结晶，那么改编也应当力求达到这样一种高度。这就要求改编者具有充分的思想和艺术准备，按照艺术规律的要求来改编。名著改编，虽然是从一种艺术形式到另一种艺术形式的转换，但改编本身就是一种解读，是一次新的创造，必然会有适应新的艺术形式要求的、适应新的时代需要的改动。

安裴智：所谓忠于原著，只是意味着忠于原著的精神灵魂，忠于原著的情节逻辑和人物性格，并不是说对原作不能有任何枝节的改动。有很多成功的改编，比如《南行记》《四世同堂》《围城》《西游记》《水浒传》等，在从小说到电视剧的转换过程中，都不是对原作亦步亦趋地照搬，而是有过许多必要改动。实际上，原封不动地照搬是不可能的，也是行不通的，必须有适应电视剧艺术特征所需要的变通。但是，这种变通不是为了游离或解构原著，而是为了使新的艺术形式适应原作内容的需要，为了使电视艺术更好地表达原作的精神主旨，更好地塑造原作中的人物形象。因此，哪些地方要改动，哪些地方不能改动，不是取决个人好恶，也不是取决于所谓的市场卖点，而是取决于艺术规律的要求。

张德祥：名著并不是神话，我们也无须把名著神化，正如前面所说，名著也是一定时代环境中的产物，也有时代的局限性，尤其是古典名著产生于封建社会，难免会有封建性的糟粕，这些都是要在改编中加以克服的。从这个意义上来说，改编名著，实际上对改编者的思想水平和艺术素质提出了很高要求。越是名著，越是经典，对改编者的艺术素质要求越高，并不是什么人都可以胜任，只有真正的艺术家才能胜任。夏衍对《祝福》和《林家铺子》的改编，可谓一种很经典的改编。这是艺术家与艺术家的对话，是艺术对艺术的改编。因此，改编名著，一定要心怀对艺术的诚意，对观众的诚意，因为我们面对的是民族的文化遗产和精神财富。这些年来，名著改编中存在的主要问题是两个方面：一方面是没有很好地对一些名著中明显存在的落后文化因素加以甄别和克服，甚至还有所渲染，喧宾夺主，使名著中的思想精华没有得到很好发扬；另一方面是对名著的"庸俗"化处理，有意迎合低级趣味，降低了原著的思想含量和艺术品位。出现这两种倾向的主要原因是艺术观念的倾斜，其次是文化艺术准备不足，文化艺术素质达不到改编名著的要求所致。

原载《深圳特区报》2004 年 9 月 26 日

时间： 2004 年 3 月 11 日

方式： 网络访谈

李敬泽， 著名文学评论家、中国作家协会副主席、党组成员、书记处书记。

1964 年 1 月出生于天津，祖籍山西省芮城县。少时随父母先后移居保定、石家庄，1980 年考入北京大学中文系。1984 年毕业后在《小说选刊》工作，任《小说选刊》杂志编辑，1990 年调至《人民文学》杂志，历任《人民文学》杂志编辑、第一编辑室副主任、主任、《人民文学》杂志副主编、主编。

李敬泽上世纪 90 年代中期开始从事文学批评写作，1998 年加入中国作家协会。曾当选为中国作家协会第八届书记处书记、党组成员；2014 年 2 月任中国作家协会副主席；2016 年 12 月，当选为中国作协第九届全国委员会副主席；同时，当选为中国文学艺术界联合会第十届全委会委员。

著有理论批评及散文集《颜色的名字》《纸现场》《河边的日子》《看来看去或秘密交流》《冰凉的享乐》《目光的政治》《读无尽岁月》《见证一千零一夜——21 世纪初的文学生活》《为文学申辩》《反游记》《小春秋》《平心》《致理想读者》《青鸟故事集》等十多部文集。

曾获"冯牧文学奖·青年批评家奖""鲁迅文学奖·文学理论评论奖""华语文学传媒大奖·年度文学评论家奖""2015 花地文学榜·年度文学批评家金奖"等。他编辑的文学作品也多次获得全国大奖。论文代表作有：《重建伦理的故乡》《失败者和他们的城市》《关于"80 后"——一种毁坏文化的逻辑》《本质性的"现实"叙事》《对话：小说的可能性》等。

"深圳青年作家群"改变了中国文学的地图

——李敬泽先生访谈录

李敬泽先生

深圳青年作家在全国文坛引起关注

安裴智： 近几年来，一批深圳青年作家如慕容雪村、盛可以、央歌儿、梅毅、戴斌、童全、丁力、缪永、吴君、谢宏、巫国明等人的小说创作在全国文坛渐渐引起关注。《人民文学》《收获》《花城》《钟山》《大家》《天涯》《青年文学》《长城》《作品》《江南》和《小说选刊》等文学期刊，在一个时期内集中推出了他们的作品。一时间，仿佛崛起了一个深圳青年作家群。仅你所在的《人民文学》，这一两年就连续刊发过央歌儿、丁力、戴斌、谢宏的一批中短篇小说。你怎样看待深圳这批新崛起的青年作家？他们的创作在全国文坛的坐标里应占怎样的位置？在中国当代文学史上应作出怎样的评价？

李敬泽： 文学史我觉得还谈不上，也不必急着谈。但是我也认为，的确出现了一个深圳青年作家群。

这个群体到目前为止主要是地域意义上的，就是说，在深圳这个地方有这么一批人，他们都在写小说，有的写得很好，有的写得不错。放在全国范围去看，深圳这个群体的实力相当突出；现在江苏有一批，浙江也有一批，但江苏那一批主要是 90 年代中期形成的，这几年没有什么新人，而且江浙也是传统的文学大省，所以，"深圳青年作家群"确实改变了我们的文学地图。

安裴智： 在深圳青年作家群里，除谢宏、巫国明是广东本地作家以外，像慕容雪村、盛可以、梅毅、戴斌、央歌儿、缪永、丁力、吴君等人，均是从内地移民至深圳，然后一边工作，一边从事文学创作。可以说，流动、行走和不断地移居，是这批青年作家的生活方式之一。像慕容雪村大学毕业后，先在成都工作了三年，2000 年到深圳，做人力资源、企业管理，2001 年去了广州，2002 年又回到深圳，后来辞职在家写作。盛可以大学毕业后，从湖南来到深圳，在深圳工作 7 年，又去了东北，现在又回深圳。所以现在深圳文学界有一种说法，把这种文学现象称为"新移民文学"。你觉得这个提法科学吗？20 世纪 90 年代初期，深圳市特区文化研究中心提出了"打工文学"的概念；90 年代中期，深圳市作协的刊物《特区文学》又提出了"新都市文学"的概念。你认为"新移民文学"这个概念能否成立？它与"打工文学"、"新都市文学"的区别在哪里？

李敬泽："新移民文学"这个说法我不太赞同。它仅仅是相对于深圳自己而言的，如果我住在西安，看到这个说法就不知道是什么意思。我还是倾向于就叫"深圳青年作家群"，不必急着定性。如果我们把这批作家视为一个群体，那么这个群体最引人注目的特点恰恰是他们竟如此不同。像刚才讲到的江苏、浙江，它都有一个"场"，那些青年作家多多少少都有一些可辨认的共同点，有相近的风格印迹，比如南京过去一批作家与《今天》那个圈子有关系，有相近的文学理念，而浙江，他们不少人都像余华的亲戚。在深圳这批人里，你看不到这种东西，他们是一个一个的。你可以从身份上去界定他们，那就是"新移民文学"，也可以从题材上界定他们，就是"新都市文学"甚至"打工文学"，但这都是表面的、普遍适用的区分，你能说北京、上海就没有写都市、写打工？北京这个城市大部分作家也是外地来的呀。

携带"故乡"的精神流散

安裴智：那么，你觉得应该如何把握、认识"深圳青年作家群"这个写作群体的美学特点与地域特征？

李敬泽：如果要认识这个群体的特点，恰恰应该从他们相互之间的差异入手。谈论文学时，我们常常有一种地理学思维，比如我们会说东北的文学怎么样，西部的文学怎么样，分得更细的话，还有上海的文学、陕西的文学等。这种思路在中国文论中有悠久的渊源，古人早就大谈南北之分了。在西方，丹纳也认为自然的、人文的地理环境对文学的面貌具有塑造作用。这种分法有它的危险，就是大而化之，什么都归到地理上去，好像文学不是一种创造过程，而是地理环境的一个自然结果。但这种分法也确实有助于我们看清问题，离开都柏林、布拉格、布宜诺斯艾利斯，你就不能深入地理解乔伊斯、卡夫卡、博尔赫斯。一个地方的地理风貌、人文环境、历史记忆乃至文学传统，都会对作家产生重要的影响，毕竟作家是从一个地方出发来感受和想象世界的。

这就说到了深圳的这批作家，他们绝大部分是从其他地方来到此地的，这意味着什么？意味着这里不是他们的"出发"之地，而是中途"停留"之地，他们每个人都携带着自己的"故乡"，如果要在他们身上寻找地理因素影响的痕迹，那么首先你得从他的故乡去找，比如慕容雪村，最初塑造他的地方大概是成都，他也确实更像一个四川作家。

深圳文化的多样性催生写作的差异性

安裴智：相对于故乡，你觉得作为青年作家们生存、工作的新场域，深圳的特殊性体现在什么地方？深圳对于青年作家的叙事与创作有着怎样特别的意义？

李敬泽：深圳不是一般的停留之地，这是个特殊的地方，是"特区"，是"改革开放的前沿"。20 世纪 80 年代，对中国人来说，"去深圳"常常是一种勇敢的、冒险的个人选择，而在那个时候，我们还不习惯面对这样的选择。千千万万的人来了，对他们来说，这不仅是移居到一个新的城市那么简单，不是从上海调到北京，这里还是"梦想"之地，他们通常和自己的故乡有一种生活上和精神上的紧张关系，而深圳提供了一种解脱：在这里，他们将获得新的身份，将改变自己的生活和命运，同时他们参与创造历史。

这个城市就这样从无到有地建立起来。在美国，19 世纪有一个"新边疆"运动，大家都到西部去，那既是地理的新边疆也是精神的新边疆，一个民族由此开拓了它的精神空间；而深圳或者广东，也可以说曾是我们的"新边疆"，而且它的意义主要是精神的，它是改革的先驱，也是文化的多样性和开放性的先驱，它接纳了各种各样的人、各个地方的人，容纳了对生活、对世界的各种大胆想象，它向着繁多的可能性敞开。

这是深圳的力量所在，这种力量一定会结出繁盛的文化果实，那么现在，我们就看到了深圳青年作家群的出现。他们不相像、有差异，这正反映了这座城市的内在特点，在中国，你很难找到一个地方的青年作家们会如此不同，也许只有北京例外，这其实正是深圳和它的文学的优势，应该珍视这种差异性，不要强求一个概括、一种界定，或者一个什么旗号。

经验、身份与对世界的想象经受着急剧变化

安裴智：是的，深圳文化的多样性和开放性是内地无法相比的，这是否为这批生活、工作在深圳的青年作家提供了与内地截然不同的审美观照的背景？你觉得深圳这批青年作家是否可能最终形成区别于内地青年作家的创作特点？尤其是形成一种有着共同的美学追求和创作倾向的所谓"流派"？这批作家大都是 20 世纪 70 年代出生的，是否可以将之归入"70 年代写作"的一类？

李敬泽：我们有一种"流派"崇拜，好像一批人在这儿写作，不弄出个"流派"来就不过瘾。就像刚才说的，本来各不相同，为什么非要扎堆弄出"共同的美学追求和创作倾向"呢？"70 年代写作"，这个说法到今天也已经没什么效力。创作倾向最终是我们创造的结果，不是天生的东西，你是 70 年代生，你就一定要那样写小说？没什么道理吧？

但是，我确实觉得深圳对于这些作家的写作是有重大意义的。刚才说过，"去深圳"，这对中国人来说曾是一种特殊经验，到了这一批作家也许已经不那么特殊了。但在深圳这个地方，我们依然会更强烈、更尖锐地感受到这个时代经验的混杂、冲突，感受到时代对人的

自我意识的考验，这对文学写作来说是一个宝贵的资源。

假如你是个上海作家，那么你会从上海的历史记忆中为自己创造出一个"根"来，20世纪30年代的旧梦什么的，这可能真实可能虚假，但总之它说明上海有一定的历史资源来应对时代造成的自我意识的危机：我从哪儿来？我是谁？

但在深圳，这件事不容易，这个城市还太年轻，但年轻有年轻的好处，就是它没有那么多幻觉，问题直接地摆着：一个深圳人，他在中国最现代化的地方，但他的"故乡"可能在山西或者湘西，他的内在经验是断裂的、不连贯的，他从远方一路走到这里，经历得很多很杂，他的内心一定有一种感觉，就是认同的危机，这种认同既是自我的认同，也是与世界的关系，他究竟是谁？他的身份是什么？他安身立命的东西何在？

这说起来很玄，但实际上也很简单：一个民工，他在深圳可能觉得自己是外人，是农民。回到家乡呢？他可能觉得自己与家乡也不那么和谐，他在很多地方可能会像城里人那样看问题，这就是认同危机，自我意识的危机、身份的危机。同样，一个上海人或北京人也有这个问题，只不过可能是在全球化的背景下呈现出来。

我们正处于一个急剧现代化的过程中，我们的经验、身份、自我意识、我们对世界的想象都经受着急剧变化，不和谐、不统一，混杂、突兀，这些在深圳这个城市可以说是最集中、最富戏剧性地展现着，它没有一个底色去中和、缓解。深圳的青年作家们应该能够逐渐意识到它，从中找到抓住我们灵魂状况的语言和形式。

文学以独特的路径进入更深层的"现实"

安裴智：20 世纪 80 年代初中期，评论界提出了"文学向内转"的口号，希望文学家多关注人的本体，写出人性的复杂，描摹个体生命的多姿多彩，抒写个体生命的生理需求和微妙多变的精神状况。二十年过去了，当下的文学界可谓呈现出一种良莠不齐的多样化发展格局。其中，"70 年代写作"比较引人注目，这批生于 70 年代的年轻写作者，文学的视野总是投向个体一己的生存困惑与情感衍变，离不开自我的小圈子。不管在写法上多么另类新潮、特立独行，但在素材上总离不了一个男人与几个女人或一个女人与几个男人的身体欲求与生理、情感纠缠，给人的感觉又似乎是关注的面太窄了。于是，又有评论家提出了"文学向外转"的呼吁。你是否觉得深圳"70 年代"作家关注自己个体生命的层面较多，而关注个体以外的社会、现实比较少呢？

李敬泽：我觉得文学是不好简单地以素材而论的，《红楼梦》还不是一个男人和一群女人的故事？但它写得很大。作家关注自我、关注个体，这本身都没错，如果眼光全放在"群体"、放在普遍性上，就根本不会有文学。但是，作家的自我有一个是否广阔的问题，是不是有开放性。我曾经引用过希腊古人的话，大意是：因为我是一个人，所以人类的所有事情都和我有关。我觉得这应该是一个作家的基本态度。单纯地向内转或向外转解决不了什么问题，这是误用语言，好像文学真的像间房子一样不是内就是外，二者必居其一。如果自我是广阔的、开放的，他即使是写一个人的生活小事也可能比写大事更准确更丰富地表现我们的灵魂。

至于说到社会、现实，我觉得深圳的青年作家在这方面并不贫弱，《成都，今夜请将我遗忘》，我认为就是写了社会、写了现实，以我有限的阅读，我记得戴斌写过《深南大道》，央歌儿2003年4月在《人民文学》发表了《鼠惑》，写的是一场虚构的瘟疫，当时看你可能还觉得它不现实，但不久，非典到北京了，再看《鼠惑》，就觉得它太"现实"了。

这说明什么？说明对现实、对文学关注的可能不是表象的部分，在那个部分上你根本竞争不过电视或报纸，文学要有独特的路径，进入更深层、更本质的"现实"，它要触及人心。在这方面，我认为深圳青年作家已经做了很多尝试。

安裴智：在不久前深圳某区的春季文学笔会上，我与十余位写作者交换了对文学创作的看法。深圳文学特别缺乏全方位、多视角地书写特区改革开放二十多年人们经济生活和精神生活的深刻变化的现实主义的史诗性的力作。我认为，深圳的这批青年作家虽对深圳的现实生活和当下深圳人的原型生活比较熟悉，但缺乏驾驭这种大部头史诗性巨著所必备的艺术功底与写作能力；而在全国广有影响的著名作家，虽有驾驭长篇史诗巨著的艺术能力，却又对深圳特区二十年变革的过程和细节、对深圳当下的现实生活不很了解和熟悉。所以，书写深圳改革开放二十年伟大历程的既具有思想性又有很高的艺术性的现实主义长篇力作的创作就似乎形成了一个空白，在一个短暂的时期内还无法填补，于是，我们只能"拿来"。"拿来主义"在很长时期成为深圳文艺创作的一个特点。但在我与这批20世纪70年代出生的年轻写作者的交谈中，他们不约而同地对反映现实生活、描写现实变革的文学创作表示了不屑一顾的态度，似乎文学就只能描写一己之私生活，就只能去写"性"、写"身体"，就不能去反映波浪壮阔的现实变革。你如何看待这种文学现象和文学观点？

李敬泽：对很多作家来说，其实都有一个世界观狭窄、单调的问题，不仅是深圳，也不仅是青年作家。二十多年来，我们形成了一种武侠小说般的文学思维，大家都在努力发现法宝，发现一种武功秘籍，找到了就可以解决一切问题：写身体，好，大家都去，结果呢，你那个身体还是个公共的身体。

我总是说我们讲点常识好不好，世界是如此丰富如此复杂，它需要我们的作家有一套多端的眼光，能从不同的角度和层次去看人、看生活、看自己。而我们一直在做减法，我们手里的武器越来越少，认识和表现的难度越来越低，一招鲜吃遍天，结果呢？我们是在极力简化世界和人生。我相信，文学不是因为会做减法而存在的，它应该做乘法、做微积分。

这实际上还是刚才讲的是否宽广的问题。我认为，作家的认识角度和认识层次多一些总是好事，我们过去很轻率地把很多东西排除出去，比如社会学的层次、政治的层次、文化的层次、道德的层次等，一谈这些大家就"不屑一顾"，我想那不是我们的清高，而是我们的浅薄。

至于说到"史诗"，我想还得耐心一点，二十年的时间对于产生"史诗性的力作"恐怕还是短了。

青年作家群的出现对深圳具有重要意义

安裴智：我觉得，从深圳文学的长远发展来看，应加强对这批很有创作潜力的青年作家的培养，比如送到高校中文系或鲁迅文学院深造，扩大他们的视野，拓展他们的文学胸怀。你觉得深圳这批青年作家的文学造诣和艺术修养如何？请你对他们的文学成长提出一些希望。

李敬泽：培养、深造当然有必要。不过一个人能走多远最终取决于他自己。这批青年作家都不是文学青年了，他们都经过了较长时间的积累和自我训练，现在是"脱颖而出"，但是要长久地走下去，我觉得还是需要像前边讲的那样，更宽阔一些。他们现在的确常常脱不出一般都市青年写作的窠臼，我想他们本来应该看到的更深更多。

我想强调的是，这样一批青年作家的出现对于深圳这个城市具有特别重要的意义。当我们想起一个城市时，让我们感怀的也许不是那里的高楼大厦、公路桥梁，而是那里的市民生活和精神生活。伟大的城市不仅聚集财富，有很高的 GDP，而且它也为人类的精神生活，为创造和想象提供空间。如果一个城市长期没有艺术家和小说家，它是不均衡的，不值得长久安居的。深圳出现了这样一批作家，表明这个城市正在成熟，正在由"远方"变成"故乡"，如果谈希望，我倒更希望这个城市爱惜他们。

安裴智：盛可以被称作"70 年代出生的美女作家"。她以凌厉狠辣的写作风格在文坛上特立独行，她在《收获》《天涯》《芙蓉》等期刊发表了大量小说，并且获得了 2002 年"华语文学传媒大奖"最具潜力新人奖。你如何看待她的文学创作？

李敬泽：盛可以的作品我看得不多，她有力量，像你说的，凌厉狠辣，这是难得的。但仅就我有限的阅读来说，她可能也有弱点，作为一个小说家，她的能力不完备，她现在主要还是依靠非常鲜明的风格，但是叙事上比较弱，当然，她有足够的时间解决诸如此类的问题。

网络文学拓展了文学的可能性

安裴智：慕容雪村的《成都，今夜请将我遗忘》曾掀起一个网络文学的高潮。今年初，他的《天堂向左，深圳向右》又一次引起了人们的关注。你如何评价他的创作？有人说，以慕容雪村为代表的网络作家，描摹出 20 世纪 70 年代出生的都市白领的颓废青春，塑造了一个特定的生存群体。你认为慕容雪村的文学对网络文学的发展会有什么推动呢？

李敬泽：《成都，今夜请将我遗忘》我很喜欢，多次谈过，在这里就不啰唆。总之，我认为它在某种角度上反映了我们时代复杂的精神状况，恐怕还不能仅仅限于"70 年代出生的都市白领"，我们大家都有一个探索和面对我们生命中那个底线的问题，而慕容雪村，他的坦诚和敏感都给人留下很深印象。

至于网络文学，我一向认为世界上只有"文学"，不管你是印在书上还是发在网上，是用笔写还是用电脑写。但慕容雪村的写作确实证明了网络作为一种媒介的力量，它可能将我们这些所谓"传统文学圈"的人看不到、想不出的东西释放出来，拓展了文学的可能性。事实上，我们看不到、想不出的东西太多了。

安裴智：《人民文学》发表过丁力、戴斌、央歌儿、谢宏等青年作家的作品，请你对他们的创作逐一作一简短的评论。

李敬泽：丁力有独特的经验，但他还需要找到分析和表达这种经验的更为细致的方法，现在看他还比较粗疏，主要依靠经验的表面效果。

戴斌的小说我看过两篇，他的艺术感觉非常好，只是他好像还没找到一个自己的方向。而谢宏，我觉得他受制于 20 世纪 90 年代新生代小说的那种语调和态度，他可能需要花点儿力气，破除眼前之障，更直接地面对自身经验。

央歌儿，我刚才说过，她的《鼠惑》写得很好，但她和戴斌一样，缺乏方向感，也就是说她还需要把自己有力地塑造起来。当然，这都需要时间，需要探索和试验。某种程度上，这也是深圳青年作家共同面临的一个特殊问题：假如你在江苏或浙江写作，你可能一开始就大致知道方向，就对自己的小说应该怎样大致有个感觉，但在深圳这里，你却没有坐标，你要自己去找，这是辛苦的事，但长远来说，其实是好事。

原载《深圳特区报》2004 年 3 月 14 日

时间：2004 年 6 月 3 日

方式：网络访谈

阎晶明， 著名文学评论家，中国作家协会党组成员、书记处书记，中国当代文学研究会副会长，中国小说学会副会长。

1961 年出生于山西省偏关县，1983 年毕业于山西大学中文系，同年考入陕西师范大学中文系，攻读"鲁迅与中国现代文学史"专业研究生，1986 年毕业，获四川大学文学硕士学位。1986—2002 年任职于山西省作家协会理论研究部，任《批评家》杂志编辑，并从事中国现代、当代文学研究与文学理论批评工作。在报刊发表文艺评论百余万字。2003 年后，供职于中国作家协会。曾任《文艺报》总编辑，2014 年 2 月当选为中国作家协会第八届书记处书记、中国作家协会第八届全国委员会主席团委员。2016 年 12 月，当选为中国作协第九届书记处书记、全国委员会委员。曾于 2002 年 4 月，应美国东方文化基金会、美国中国作家协会和耶鲁大学的邀请，随中国作家代表团访问美国，到耶鲁大学和马克吐温故居进行了文化交流。

曾获第二届"冯牧文学奖·青年批评家奖"。个人独立完成的著作有：《十年流变——新时期文学侧面观》（1992）、《批评的策略》（1996）、《鲁迅的文化视野》（2001）、《鲁迅与陈西滢》（2001）、《独白与对话》（2004）、《我愿小说气势如虹》（2009）等，主编有《鲁迅演讲集》《新批评文丛》、"大西部长篇小说丛书"等。论文代表作有：《鲁迅：暗夜里的思想者》《鲁迅的批评观》《鲁迅的青年观》《小说需要一种气质》《让批评成为一种力量》《风尘碎片里的优雅》等。

文学，正「与狼共舞」
——阎晶明先生访谈录

阎晶明先生

"狼图腾"与"龙图腾"：游牧文明与农耕文明的差异

安裴智： 今年春天以来，一本研究狼、描绘狼、以狼为叙述主体的小说《狼图腾》在文学界、评论界和读者中搅得狼烟四起，引起了很大的反响。小说以北京知青陈阵在内蒙古大草原插队时对草原狼的所见所闻为线索，描绘了人与狼之间的一场惊心动魄的故事。并由此引发了一场关于狼的精神、狼图腾、游牧文化、农耕文化及民族性格的大讨论。你对此书及由此引发的这一文化热点现象如何评价？

阎晶明： 首先要强调一点，《狼图腾》的出现和由此引出的热闹景象并不是孤立的。之所以《狼图腾》引发出"引狼入室"的惊诧和讨论，我认为有几个方面的原因：首先，这部作品虽以"小说"模样面世，但事实上却并非是一部"纯文学"作品。作者姜戎也不是当下文坛的主流作家，他似乎并不在乎小说在形式上是否符合一般的写作定则，而专注于表达自己对狼的感情、理解和文化阐释。当他认为议论甚至论述比叙事更能表达他对狼性的认识时，他就毫不犹豫地开始大段的议论。奇怪的是，这种写法不但没有使他失分，反倒好像是一种得分的举动；其次，作者直接把狼性赋予了人文精神的深刻烙印，这种象征性不是通常的文学作品那种羞涩或隐晦的寓言式表达，而是把狼性比附为一种文明的象征，"狼图腾"和"龙图腾"的对应，就是草原游牧文明与中原农耕文明的差异。而在作者的表述中我们可以看到，虽然他对狼性的精神性阐释并没有超出传统的"独立"、"自由"、"勇敢"的品格特征，但由于他因此认为中原农耕文明的种种弊病与不足多是由于"狼性"也即游牧文明精神的缺失造成，因此引来争议之声。很显然，《狼图腾》及近些年出现的写到"狼性"的小说，其主题内涵不是"动物小说""人与自然的关系""环境文学"等概念所能说清楚。

"狼"以人格化的精神符号的姿态进入小说

安裴智：那你如何评价《狼图腾》的文学意义？当代文坛上同类题材的创作还有哪些突出的例证？

阎晶明：我近期阅读到的"与狼共舞"的长篇小说，除了姜戎的《狼图腾》，还有甘肃青年作家雪漠的《猎原》，小说封面上那个原始人模样的头像和粗糙的血色字体，让人直觉上产生一种要与文学时尚对抗的味道，由此又联想到此前阅读过的贾平凹的《怀念狼》，郭雪波的《狼孩》，等等。我突然意识到，"狼"，正在以一种精神符号的姿态进入我们的小说，一种通往精神的快捷方式正在沿着狼的足迹开辟出来。其实，在传统的童话故事里，狼从来都是人类的敌人，我们从小受到的家庭教育里，也大都含有对狼的恐惧和仇恨的含义。当代小说里的狼却成了一种人格化的精神符号，一种抽象的、浓缩了的人格象征，彻底打破了我们对狼性的模糊、肤浅和固定的记忆。

如果让我评价这些"狼性"十足的小说在文学上的意义，那么我认为，在今天这样一个用市场销量衡量文学作品成功与否的时代，在欲望化的写作漫过了感情的大堤、冲垮了道德的设防之后，对人类精神的反思和渴望，必然会出现回潮，这一次却是在狼的引领下回来的。因此，狼不是作为它"自我"，而是附着了人的精神想象进入当代小说的。我能理解写作者的苦衷，当物质简化为金钱，欲望简化为性，城市的万花筒简化为酒吧和宾馆的套房直接进入小说之后，狼就有可能直接简化为自由与独立的象征，成为小说里的主人公。因此，我不认为时下集中出现的"狼图腾"是孤立的现象，它们有意无意地在向当下小说界的风潮做某种反泼。这是一种有趣的创作现象，当小说里的人被作为物化的、欲望化的"身体"或"下半身"得以强调的同时，狼却作为完美的生命符号和人格化的力量象征登场亮相。也就是说，当有人快要把人写成狼的时候，狼却带着崇高的"人性"进入到小说中来。你说它们之间没有联系吗？

"怀念狼"就是怀念人的蓬勃的生命激情与精神力量

安裴智：过去有人采访贾平凹，问他为什么"怀念狼"时，贾平凹这样解释：怀念狼其实是怀念人的蓬勃的生命力。但这不是怀旧，而是思考，是要唤醒人们对于人与自然、与动物的关系的反思。但又不能把《怀念狼》理解为浅层次的环保作品，写《怀念狼》的目的是要让人关注人自身的生存现状。贾平凹并不抗拒都市文明，只是想通过这种"怀念"，对现代工业文明所带来的人的生存处境做出严肃的思考。可以说，贾平凹的"怀念"，是基于现代工业文明使人丧失了"野性"及由此带来的激情。而"狼"这一寓意丰富的意象，无疑是贾平凹对由于商业经济的狂欢所带来的一种早已久违了的生命的原始激情的怀念和追恋。现在是商品化的社会，数字化的生存、机器化的生存、电脑程序化的生存。人类在创造了巨大物质文明的同时，又使自己的精神衰颓、激情贫乏和处于病态之中。所以后来贾平凹又写了《病相报告》。"病相"就是人类在商业狂欢、商业利益主宰一切的商业文明时代，由于人的精神和激情的退化所带来的必然结果。贾平凹借"狼"做了一次凄凉和无奈的回望。《怀念狼》所写的猎人，这些"捕狼英雄"的精神衰颓已成为当下城市文明和商业文明背景下人类共同的精神境遇。然而，如何处理商业文明与精神文明、城市工业文明和人类精神家园的关系问题，贾平凹并没有作出自己的回答。但有一点是可以肯定的，那就是在注重城市工业文明和商业文明发展的过程中，也要关注人的心灵的栖居与精神家园的构筑，关注人类的可持续发展。可以这么理解吗？

阎晶明：贾平凹在《怀念狼》的后记里是这样说的："正因为狼最具有民间性，宜于我隐喻和象征的需要。怀念狼是怀念着勃发的生命，怀念着英雄，怀念着世界的平衡。"你对他小说主题的表述至少是他本人创作时的初衷，是否实现是另外一个问题。这一点我们后面还应该再谈一谈。我的印象里，《怀念狼》的开头部分很有狼性，成群结队的狼就像扑向农田的蝗虫一样冲向那座小县城，一夜之间血流成河，其惨烈、残酷和壮观的景象，是贾平凹小说里少有的激情篇章，给我留下了很深的印象。我相信这时作家充满了对"勃发的生命"和"英雄"的敬意。而小说的后半部分，也即你所说的对捕狼者的精神衰颓的漫长描写，使小说的主题一下子离开了"勃发的生命"、"英雄"的激越，而开始探讨"世界的平衡"。这看上去是小说从激情转向哲理的深入，实际上却在阅读时让人感到"狼性"转瞬即逝的遗憾。

至于说《怀念狼》想要突出的主题是否是在"注重工业文明和商业文明发展的过程中，也要关注人的心灵的栖居与精神家园的构筑"，这就要回到作者意图与小说实际呈现的主题之间关系的问题。

在工业文明的发展中关注人的心灵与精神

安裴智： 你的意思是说，作者意欲表达的主题并不一定能够在小说里全部实现？能不能具体一点谈谈。

阎晶明： 可以这样理解。这里面有两点特别需要指出，一是作者要表达的主题是通过小说情节本身实现的，还是借作者在"后记"或"创作谈"里像一个批评家一样去直接说明的？我看到的情形是，我们现在探讨的"狼性"人格化、哲理化的主题，在一定程度上不是通过小说情节，而是借作者的直接表述让人记住的。《怀念狼》是这样，《狼图腾》也有这个问题。姜戎的游牧文明被农耕文明淹没的思想，更主要的是作者创作时的出发点和归结点，小说情节本身并没有完全将这种冲突与融合化入到情节当中，成为不可剥离的整体寓意。《怀念狼》的大半部分章节，让我们看到的是类似于《高老庄》式的漫不经心，和小说开始时创造的激烈场景趣味相去甚远。我们评价小说最主要的依据应当是文本而不是作者意图。

其次，我认为在工业文明发展过程中关注人的心灵与精神，或者游牧文明与农耕文明的差异，本身并不一定是多么新鲜、独特的思考。小说应该表达更为复杂的精神层面，这种复杂未必是在学术观点上向深度上使劲，而是要把心灵和精神看作更为复杂的存在。在这里，最值得关注的恐怕不是题材选择的道德感和理想主义是否能够实现，而是这背后隐藏着的小说的丰富性和复杂性是否受到损伤的问题。也就是说，不是小说里的"狼"能不能承担起"自由"、"独立"

与"英雄"的精神命题，而是在我们紧紧抓住狼性不放的时候，小说形式上的张力和内涵的复杂性是否得到保护与肯定。最基本的，狼如果不是以它自身的独立性而是以人的精神幻影的方式进入小说，狼性本身以及它与人性之对比关系是否得到了完整体现？迈克尔·伍德在《沉默之子》里举到一篇题为《马戏团之夜》的小说，其主题正好相反，在马戏团里被驯服的老虎是一种"屈从的隐喻"，即"野生动物愿意接受所谓文明社会的不合理的条条框框"。更奇怪的是，小说作者"并不是说这种屈从是错误的，或者那些老虎应该立刻回到自然界中去"，据伍德解释，作者"一直在说的是，老虎的服从永远是神秘的，而且是可以撤回的"。其实，这是一种对小说精神复杂性的强调，小说之所以是小说，就在于答案隐藏在故事背后，或者故事在呈现复杂性、相对性的同时，并不给出确定的答案。"神秘性"是一种小说的境界。小说的精神应当是复杂性的精神，它将"不同的情绪空间并置"（昆德拉语）。如果小说里的狼被直接简化为某种固定的精神符号，那么在小说形式上，就有可能和它要反泼的对象归于同类，即放弃复杂性，演绎一个认定了的确定主题。就此而言，我觉得当下出现的写狼性的小说，仍然有许多值得讨论的地方。

描写狼性是一种更具道德感的写作

安裴智：实际上，以狼为主角的文学作品，在中外文学史上并不鲜见。美国作家杰克·伦敦的《白牙》《野性的呼唤》《海狼》《雪虎》给我们印象最深。结合中国作家的小说，我们发现这些作品的共同之处是探究和描述人与动物、自然、历史的关系，探究自然生态与人类文明的关系。但对狼形象及其所代表的精神含义的理解，作家们都各不相同。那么，请你详细展开分析一下，这些作家对狼文化、狼图腾、狼精神的思考分别是什么？他们对狼与人类文明关系的理解有什么不同？

阎晶明： 能在一个动物身上赋予这么多的精神元素，文学里的"狼"的确是非常值得探讨的一个意象。"狼来了"的传统寓言告诉我们，狼从来就是我们对自然保持恐惧的一个象征之物。鲁迅小说《祝福》里，祥林嫂在精神上遭受的最沉痛打击，是她的儿子阿毛被野狼吞吃。以这样的方式丧子，最容易让人产生内心的惊惧。而绝大多数童话里的"大灰狼"，又是一个贪婪、自私、丑陋的形象，它侵略、失败，再侵略、再失败。我就曾经给自己的孩子讲过这样的故事，三只小猪合力让一头凶狠的大灰狼气急败坏，最后狼被炉火活活烧死。然而在中外小说里，狼从来都是另外一副姿态和形象，凶残变成了勇敢，贪婪变成了进取，形单影只其实是一种独立，出没不定是自由的象征。总之，充满血性的英雄，独立、自由和勇敢的品格，几乎成了小说中狼性的"模式化"、"定型化"的性格特征。这其中的奥秘恐怕需要我们做更深入的思考，但不管怎么说，都体现出小说精神的复杂和独特。

也许是"狼"一直以来都扮演着野性的化身，所以当小说家们思考"工业文明"的负面影响，尤其是对人的灵魂的制约时，很容易用"怀念狼性"来反思和抨击现代文明。杰克·伦敦也是痛感资本主义的种种恶性，才要去表达对"野性的呼唤"，他要表达对动物及人类那种野性、自然的生命强力和生存激情的讴歌，要表现动物与人类之间的真情。在杰克·伦敦笔下，狼是奔放热烈、无所羁绊的生命力的象征。由此可见，描写狼性是一种更具道德感的写作，狼性很容易成为一种精神符号，直接与人性发生强烈的对照和纠缠。当然，不同的作家对狼性的理解在自由、独立、勇敢的前提下，也各有侧重，各有自己的释义。贾平凹关心"工业文明发展过程中"人的心灵和精神，姜戎努力证明丧失狼性非但不是一种进步，反而是一种退化。郭雪波的《狼孩》描写人与狼互相寻找和抢夺自己生命后代的斗争与交融，把人与狼放置到生命的天平上平等对待，反思自然、人性与生命的价值。姜戎把狼性和羊性看作精神境界的两个极端，而在雪漠的《猎原》里，人、羊、狼的"混居"生活，使羊性、人性和狼性之间的界线模糊，让自然与人之间的关系在冲突中交融，在交融中冲突。由此可见，同样对于狼和狼性，每个人的理解角度和侧重点都会不同。比如同样是阅读《狼图腾》，企业家张瑞敏读出的是狼在生存竞争中的战法及其对现代企业竞争的借鉴意义；作家周涛看到的是"直逼儒家文化民族性格深处的弱性"；蒙古族的腾格尔却感受到一种"悲壮的勇士面对长天如歌的表达"。小说家们根据自己的理解和感受在"误读"着狼性，我们又在"误读"着小说中的狼和狼性。由此，小说里的所谓狼性，其实就是一种非常个人化、抽象化的情绪表达，一种发自人性需要的精神隐喻。让我觉得难以想透的是，这种"一千个人就有一千种狼性"的表现，又是通过"千狼一面"的定型化的狼性特征来实现的，这里面的学问可是值得深思的，同时也是非常有趣的。

通过狼性表达人性的写作在艺术上有待提高

安裴智： 在你看来，这种通过狼性表达人性的写作是否会形成一个热潮，是否应当让狼回到其本位，让狼性与人性剥离开来，也就是说，让写狼性的小说成为一种"动物小说"、"环境文学"？

阎晶明： 谁也不知道未来的情形，我们努力搜集表现狼性的小说，分析这些作品表现出的主题倾向，并不是说已经有一部"狼性"小说的历史可以书写。但随着小说创作日益丰富多样，可供我们进入小说世界的窗户有很多扇。在当下中国，表现都市浮华生活以及欲望化的写作十分流行，文学时尚的流行趣味眼花缭乱。与之相对应的，是直接切入现实生活的文学写作，这种生活包括市民的、经济的、政治的生活。但我们同时也要看到，崛起于西部的文学创作正给我们吹来一股清新之风，它们夹带着荒漠的尘沙、携领着野性生物的活力，吹奏着原始、粗犷的音符，以略带沙哑的呐喊和不可抑制的激情，成为文坛上一道亮丽的风景线。早在20世纪80年代，我对来自青海的杨志军的小说充满了好感，他对自然、历史与人的思考和表现充满了阳刚之气，绝无习见的造作与虚假。20世纪90年代以后，新疆的刘亮程、董立勃，宁夏的石舒清、陈继明，陕西的红柯，甘肃的雪漠，以及出自草原的郭雪波，还要加上云南的范稳，都以他们执着的创作热情、固执的主题追求、真切的欲望表达，给我们带来一次次阅读的惊喜。他们的成功表明，我们需要真的文学。我仍然相信，西部文学创作的前途不可限量。这些新鲜的、充满活力和创造力的创作，还会为我们带来怎样的文学景观值得期待。

至于小说家们应该如何处理狼性，这是一个见仁见智的问题。文学说到底是人学，既然"纯文学"是个危险的概念，纯粹的动物小说就很难从理论上去探讨。但至少有一点我觉得值得提出，小说家最主要的是去形象地表现，动情地创作，而不一定要对自己所要表现的对象过多过细地做理论上的表述和说明。在这里我愿意提到米兰·昆德拉在《被背叛的遗嘱》里对小说的表述："小说发现的，是在我们每个人身上隐藏着的东西。通常对小说的赞扬之一就是这样说：我在书中的人物身上找到了我；我感到作者就是在说我，他认识我；或者以抱怨的形式说：我感觉自己被这小说攻击了、剥露了、侮辱了。"如果有一天，我们不再是从小说的狼性那里感觉到对人性的比附，而是实实在在地从中看到了自己的影子，忘记了狼性与人性的分野时，我敢肯定地说，小说里的狼性正在"成熟"，因为它们得到了艺术的、生动的表现。

原载《深圳特区报》2004 年 6 月 6 日

时间：2004 年 4 月 1 日

方式：网络访谈

《五作家批判书》：向文坛浮躁之气开炮

——李建军教授访谈录

李建军，著名文学评论家。中国社会科学院文学研究所研究员、中国社会科学院研究生院教授，博士生导师。1963 年生于陕西富县。中国人民大学文学博士，中国作家协会会员、中国作家协会小说委员会委员。曾任人民文学出版社副编审。

李建军主要从事小说理论研究及现当代小说评论。曾在《中国社会科学》《文学评论》及《文艺研究》等多家报刊发表大量理论、批评文章。有专著及论文集《宁静的丰收——陈忠实论》《小说修辞研究》《时代及其文学的敌人》《必要的反对》《小说的纪律——基本理念与当代经验》《文学因何而伟大——论经典的条件与大师的修养》《文学的态度》《文学还能更好些吗》《是大象，还是甲虫——莫言及中国当代作家作品析疑》《文学与人的尊严》《大文学与中国格调》等数种。曾获"冯牧文学奖·青年批评家奖"、《文艺争鸣》优秀论文奖、《南方文坛》优秀论文奖、《北京文学》文学评论奖、《上海文学》优秀论文奖、2002 年度和 2006 年度中国当代文学研究优秀成果奖、中国社会科学院文学所首届"勤英文学奖·青年学术奖"以及《文学报》首届、第二届、第三届"新批评·优秀论文奖"等多种文学奖项。

李建军教授

《五作家批判书》冲荡了批评界的颓靡风气

安裴智：文坛近日"硝烟"又起，今年3月，中国工人出版社出版了一本名为《与魔鬼下棋——五作家批判书》的书，收集了您、朱大可、徐友渔、苍狼、刘川鄂、王春林、蒋泥、李静、李悦、雷达共10位批评家的文章，对贾平凹、莫言、王安忆、池莉、二月河五位作家的创作提出了严肃的批评，成为当下文坛最引人关注的文化事件之一。这本书是根据你的创意结集出版的吗？为什么要编辑这样一本书？你的出发点是什么？请你对这本书的策划与出版的过程作一介绍。

李建军：这本书是在其他几位朋友的创意下出版的。他们事先征求过我的意见，我当然表示同意和支持。因为，出版这样一本书，无疑有助于冲荡批评界的颓靡之气，有助于匡正我们时代的败坏的批评风气，有助于给死气沉沉的文坛带来一些活力，有助于恢复批评的尊严。就我所知，这些朋友出版这本书的目的，也无非如此。《五作家批判书》出版后，受到广泛的关注。誉之者拍手称快，说它给当代文坛吹来一股清风，标志着中国当代文学批评开始自省和自救；毁之者则疾首蹙额，认为它是"哗众取宠"的"酷评"。总之，见仁见智，不一而足。

《五作家批判书》显示了批评的激情和活力

安裴智：目前，文艺界确实有不少媚俗甚至腐败的现象，这或许是十位批评家写此书的背景和缘由。这本书的内容提要这样写道："中国所谓的批评家向来是赞扬家，他们既是看客，也是过客，有的忙于编写文学赞扬史，有的忙于给喜好风花雪月的女博士讲课，有的则像妓女接客一样，红包一来，两三天就造出一位大作家。中国文坛如此腐败，完全是他们与作家共同犯罪的结果。中国文学批评界的整体水平，还没有达到中国作家的整体水平，正处于文学批评的'原始社会'，各色不三不四的伪评论家，还在忙于茹毛饮血。真正的批评家是心灵和历史的博物爱好者，富有良知、激情和理性，通过深入细致的文本实证分析，戳穿各种'个人的神话'，让伪作家无处藏身，成为一个时代最具活力的隐性力量。"这对喧哗却又浮靡的文坛不啻是一枚重磅炸弹。请你对《五作家批判书》这本书出版的现实意义和它对当下中国文坛的针砭意义和启示意义作一评价。

李建军：对中国当代文学批评的现状稍有了解的人，都不难得出这样一个结论，那就是，我们几乎没有什么真正意义上的批评。现在普遍而严重的情形是，我们的批评家极其巧滑地与作家维持着一种互利性的共谋关系。他们——作家与批评家——相互之间恬不为怪地进行话语抚摸。他们互相吹捧，你说我是"大师"，我说你是"天才"；你说我"与时俱进，感受着时代的脉动"，我说你文章写得好，"随便说出来的话，不用修改就是一篇好文章"。批评家从作家那里尝到了甜头，作家也从批评家那里得到了好处，但他们的那点可怜的所得，却是以对文学事业的背叛为代价。面对这样的现实，面对如此严重的文学腐败现象，我们急需那种坦诚、认真、负责任的批评。《五作家批判书》的出版问世，无疑是一件令人振奋、值得肯定的事情。无论这本书有多少缺憾和不足，它的精神姿态是积极的，显示了批评的激情与活力，是批评性的，而不是背叛批评道德的拍马和奉迎。

文学批评应关注作家创作的困境

安裴智：在书中，10 位批评家的笔伐虽各有目标、各有角度，但统一的观点便是池莉、王安忆、莫言、贾平凹、二月河都是"伪作家"，他们身上的问题可汇总概括为"媚俗化倾向、伪平民立场、伪艺术手法和'唯皇史观'"。批评家认为，池莉的作品注重写实，但没有对现实生活对象的价值判断，有一种媚俗；莫言、贾平凹、王安忆是"伪艺术"的代表，他们的作品虽然文字优美、结构诡异，有一定的艺术性，但缺乏对人的生命尊严的真正呼唤；二月河的作品宣扬"唯皇史论"，歪曲历史，歌颂僵而不死的专制体制和皇权文化，逆历史潮流而动；莫言小说有一种倡扬残酷或暴虐的反生命逻辑；等等。这些评价有一定道理，但是否太偏激了？是否有些危言耸听？这五位作家的创作风格、创作特色和创作成就不能同日而语，也无法相提并论。这样很混乱地堆在一起，集中批判，是否缺乏一种科学性？为什么要选池莉、王安忆、莫言、贾平凹、二月河这五位作家为批评对象和抨击目标？且不分历史时期，只因一部或几部作品失败，就否定作家一生的创作，这种批评是否科学？是否有价值？尤其称贾平凹、王安忆为"伪艺术家"，这样的断语能立得住吗？

李建军：《五作家批判书》是多人合作的，因此在风格上虽然有相同或相近的一面，比如，都具有比较自觉的批评意识和尖锐的质疑精神，但是，每个人又有自己的风格，有的人学养好一些，在批评的方法上也注重文本解剖，力求通过严格的实证分析，得出比较可靠的判断和结论，如刘川鄂、李静、王春林、李悦等人的文章就是这样；有的人则气虽盛而言不宜，形式上看似流光溢彩，但剥开来看，则显得形式大于内容，立论和判断每显随意、武断，给人一种判断悬离文本的消极印象，朱大可等人的文章就属此类。

我本人并不赞成乱下判断。与其怒气冲冲地下大而无当的判断，不如针对具体的问题进行研究和分析。当然，笼统的判断不是不可以，但必须审慎。贾平凹等人固然是作家，但把他们吹得神乎其神就有问题了。在我看来，说他们是"大师"同称他们是"伪作家"一样，都不是十分有效和可靠的评价。我认为，包括贾平凹在内的相当一部分当代作家的写作已经成为一种极为有害的"消极写作"，这种写作模式有这样一些特征：缺乏现实感和真实性；把写作变成一种消极的习惯；是一种缺乏积极的精神建构力量的异化性写作；是一种艺术上粗制滥造的反文学写作。如此说来，他们离"伪作家"的距离并不十分遥远。有些人对批评家盯住"著名"作家不放很不理解，总以为批评家这样做是别有所图。这实在是不应该有的误解。在我看来，一个时代的批评倘若是正常的，就必须首先研究那些优秀作家在创作上的困境与问题，而不是回避他们的问题，更不是替他们文过饰非。法国伟大的启蒙主义者伏尔泰在回答自己为什么批评高乃依的时候说："批评应该侧重伟大人物的不足；若由于偏见而连他们的毛病也欣赏，那么不久我们就会步其后尘。那么我们从名家那里得到的启示，或许便是如何将作品写坏了。"在他看来，"谁若不能看出伟大人物的过错，谁也就不能欣赏其长处"。这也正是我严格地、绝不宽恕地批评所谓"著名"作家的原因。

《五作家批判书》的文章水准参差不齐

安裴智：《五作家批判书》的十位批评家顶着很大的压力，向国内赫赫有名且极有市场的莫言、贾平凹、二月河、王安忆、池莉五位著名作家"开刀"，体现了一种敢于向名人开火的勇气，这是难能可贵的一种批评精神。但综观《五作家批判书》，它收入的文章本身也是水准参差不齐的，既有严肃的学院式批评，也有飞扬凌厉的才子式批评，更有文风专断、立论草率、论证粗疏的"文痞"式批评，这几种文章混杂在一起，发出很不和谐的音响。这使该书的质量毫无疑问地有打水漂的性质。这是让人遗憾的。你对此现象如何看？

李建军：这本书里的确有一两篇文风很不好的文章。这类文章的存在也确实影响了这本书的总体质量。我觉得，可以将尖锐与平实、激情与冷静较为平衡地统一起来。个别文章文风较差的问题，希望再版时能予以补救。

安裴智：对这次文学事件，媒体和网络使用了一些很不严肃的炒作之词，如"十博士炮轰五作家"、"朱大可重提'批判'大刀"、"李建军、朱大可联手炮轰当代著名作家"、"文学博士联手向名作家发难"、"池莉、莫言等名家遭众博士'炮轰'"、"著名文化黑客朱大可领衔操刀"等。但据我所知：第一，这十位批评家里，只有你与个别人是博士，王春林、李静、雷达、徐友渔等一多半人不是博士，也不是主观上联手向文坛腐败发起进攻，而只是将不同历史时期的批评文章收在一起，有的甚至也没有告诉批评家本人。只是从客观上看起到一个"联手"反文坛腐败的效应。比如，朱大可在此事发生不久，就在"文化先锋"网发表声明，说该书收入的唯一一篇他的文章《空心的文学——关于新时期文学的白皮书》，是他18年前的旧文，出版商将它收入书中，事先并未征得他的同意。所谓众博士"炮轰"事件，与他没有任何关系。第二，书中十位作者，不仅文章写得良莠不齐，年龄也参差不齐，批评观点也参差不齐。如将徐友渔、雷达两位老批评家硬塞进去，显得很混乱，不整齐，带有很重的书商炒作的痕迹。你对此现象怎么看？这是否出乎策划者的意料？

李建军：您说的问题确实存在。"不严肃的炒作"确实令人反感。"炮轰"、"操刀"、"发难"之类的词不仅无助于强化批评的力量，而且会败坏批评的声誉。从文章的组织和编排上看，问题也是有的。朱大可的文章，无论文风，还是文学理念，都与这本书的主体风格不协调，实在没有收入的必要。

《五作家批判书》与《十作家批判书》有本质的不同

安裴智：1999年，陕西师范大学出版社推出了《十作家批判书》，对钱锺书、王蒙、余秋雨、王朔、汪曾祺、苏童、贾平凹、梁晓声、北岛、王小波共十位作家进行了否定性批评，被有的评论家称为"发生于批评界的一次集体的'行为艺术'，他们在充分表现自己的同时，也制造了一起试图引起轰动的奇观；貌似激进，事实上并没有革命性的变化"。五年过去了，《五作家批判书》又出现了。网上有文章说《五作家批判书》是"哗众取宠的泡沫批评"、"酷评"、"耍宝"、"商业批评秀"、"文嚎们的一次集体表演"。你对这种看法是否认同？你如何看待这些民间评价的声音？是否可以说，《五作家批判书》也有以媚俗的手段反媚俗之嫌？你认为《五作家批判书》的问世，是促进了中国当代文学批评的发展，还是有碍于它的发展？

李建军：《五作家批判书》与五年前的《十作家批判书》有本质的不同。后者虽然也以"批判"为旗帜，但从整体上看，它缺乏批评的严肃性，显得油滑、轻浮。它把嘲讽和戏弄当作无坚不摧的利器，什么"肾亏已然"，什么"抹着文化口红游荡文坛"，如此等等，走的实在不是批评的正道儿。就像我前边所说过的，《五作家批判书》确实有不尽如人意的地方，但是，无论如何，不能怀着一腔恶意把它说得如此不堪。尽管有种种的缺憾，但这本书所显示的批评精神是难能可贵的，是值得我们肯定的。尤其是在批评已经陷入困境甚至绝境的现在，我们更应该欢迎至少宽容这种真诚、坦率的批评，要大度地包容我们可能还不太习惯的真正意义上的批评。我实在无法理解，有的报纸为什么就不能客观地向读者介绍《五作家批判书》的成败、得失？为什么要用"耍宝"这样明显流于情绪化的措辞来评价呢？这样做既不能帮助读者了解这本书的内容，又无助于促进作家与批评家之间的交流和沟通，因此，是不负责任的。

真正的批评更容易招致误解与敌意

安裴智：那么，你觉得应该怎样理解批评家与作家的关系呢？

李建军：在我看来，批评家与作家的关系，就像足球队与足球队或拳击手与拳击手之间的关系，是一种对抗和挑战的关系。本质上讲，批评乃是一种在冲突情景中发生并展开的精神交流活动。它是围绕对具体作家、作品的认知和评价而展开的心灵与心灵的角斗，批评家和作家的精神因此而变得更加强大有力，也才有可能使我们获得对作家和作品的可靠的评价。是的，真正的批评是一种对话甚至对抗性的行为。它以为敌的方式为友。它借怀疑之手推开认同之门。因此，真正的批评更容易招致误解甚至敌意，而不是掌声和鲜花。

安裴智：当批评家成为作者，是否也应心平气和地听取别人的批评？

李建军：面对批评，任何人都不享有豁免权。像作家一样，批评家也是人们批评的对象，也应该有接受批评的气度和雅量。只有虚弱、自卑的人，才害怕批评，才逃避批评。

安裴智：当今是一个传媒的时代。你怎样看待传媒人在文学批评领域中的作用和地位？

李建军：传媒对人们的生活、对文学具有极大的影响力。记者通过报纸、网络等舆论平台，介入社会生活，影响人们的文化想象、文化评价和文化行为。某种程度上讲，当前文学批评的失职和堕落，许多娱乐记者、副刊记者、网络记者难辞其咎。他们一屁股坐到了作家的板凳上，为了制造新闻，获取噱头，以夸大、渲染，甚至故意歪曲的方式评价作品与文学事件，哗众取宠，介绍作家的行止，叙述他们的逸闻趣事。这样的文坛新闻必然会降低读者的趣味，而无助于提高他们的鉴赏能力。

安裴智：如果不看《五作家批判书》这本书，而只看报纸、网络的报道，读者还以为是十个年轻博士联手对贾平凹等五位作家进行了一次主动的学理批评，但看了此书，却发现不是那回事。你认为媒体的介入是否会引起批评家和作家之间更大的纷争？

李建军：媒体的不正常介入，即歪曲事实的报道，肯定无助于批评家与作家的理解与沟通，而只能在他们之间引发误解与敌对。所以，部分媒体人没有职业道德的作为，也助长了当下中国文坛的混乱。

安裴智：你觉得文学批评是不是终审判决？

李建军：在文学的交流和对话中，没有终审判决这样的事情。在供奉文学女神的圣殿，没有让人紧张、压抑的主席位置。文学是一个鼓励思考和怀疑的世界。它是一个高度民主的话语空间，倾向于平等地对待和接纳任何人提交的判断。文学是罗宾汉的故乡，它更欢迎伟大的不法之徒，而不是卑贱、胆怯的奴隶。

安裴智：你觉得当今读者对这样的讨论感兴趣吗？如果不，那是谁的问题？批评家，抑或读者，还是这个时代使然？有没有普遍性？

李建军：只要是真正意义上的文学批评和文学讨论，读者就有可能感兴趣。倾听充满诗性意味的真话，无论对谁来讲都是一件快乐的事情。读者对现在的文学批评和文学讨论不感兴趣，固然与我们这个时代的畸形的功利主义价值观有关系，但写不出好作品的作家和一味说好听话的马屁精批评家也难辞其咎。

拯救当下中国文坛与文学批评

安裴智：如何拯救当下中国文坛？如何拯救当下中国文学批评？请你对当下文坛现状作一评价。

李建军："拯救当下中国文坛"是个太大的问题，很不好回答。至于文坛现状，大家有目共睹，实在令人失望。我们几乎没有真正意义上的好作品。相当多的当代作家的作品在艺术上粗制滥造，在趣味和道德上则显示出鄙俗和堕落的无耻，不仅不能给人以丰富的美感和道德上的诗意感，而且还教人变得下流和野蛮。我希望以后有机会系统地研究这些问题。

原载《深圳特区报》2004 年 4 月 4 日

时间： 2004 年 2 月 16 日

方式： 网络访谈

张红萍，女，中国艺术研究院中国文化研究所研究员，学者。1964 年生于山西省汾阳县，1985 年毕业于山西大学中文系，曾在山西省社会科学院工作，从事中国现代、当代文学与文化研究。后转向主要从事女作家研究、女性文化名人研究、妇女问题研究、女性休闲学研究和性别研究。

主要著作有：《三晋文化研究》（山西古籍出版社 1993 年 4 月出版）、《情有独钟——古今中外女作家的生活与创作》（北岳文艺出版社 1997 年版）、《民国四女子》（中国人民公安大学出版社 2004 年版）、《女人，做自己》（九州出版社 2004 年版）、《一个纯美主义者的激情：林徽因画传》（二十一世纪出版社 2005 年版）、《为爱战斗的一生：陆小曼画传》（二十一世纪出版社 2005 年版）、《民国四才子》（中国人民公安大学出版社 2006 年版）等。有关张爱玲的研究著作和文章有：专著《旷世才女——张爱玲》，文章《说不尽的张爱玲》《奇装眩人的张爱玲》《张爱玲的女性主义观》《张爱玲留给我们的遗产》《张爱玲与赖雅》《〈倾城之恋〉说的是恋爱？还是婚姻？》等。其它代表性的论文还有：《女性主义的乌托邦》《女权主义和我们每个人的现实相关》《女性的个人史就是女性的历史》《论女性的理智与情感》《警惕传统女德借虎口"咬人"》《从女性休闲看中国社会变化》《中国最早的女权领袖之一——何震》等。另有论文、随笔数百篇散见于全国各大报刊。

历史语境中女性的爱情悲剧

——张红萍女士访谈录

张红萍女士

"胡兰成热"：昔日汉奸文人俨然成了文坛"新秀"

安裴智： 自去年 11 月以来，中国现代文学史上有名的才女张爱玲的第一任丈夫胡兰成的书在市场上突然"走红"，中国社会科学出版社首次解禁出版胡兰成的《今生今世》，并获得市场热销。最近，上海社会科学院出版社又推出了胡兰成的另外两本著作《中国文学史话》和《禅是一枝花》。新浪网、卓越网等媒体纷纷向读者推荐《今生今世》，认为是中国散文史上的一朵奇葩。胡兰成的另一部散文《山河岁月》也在出版之中。昔日汉奸文人俨然成了文坛"新秀"。胡兰成作品热销后，引发了各种各样的争议。有的说，胡兰成是搭了张爱玲的顺风车。你认为胡兰成作品火爆的真正原因是什么呢？当前，为什么会出现一个这么热的"胡兰成现象"？胡兰成的走红说明了什么？

张红萍： "胡兰成热"主要是因为张爱玲的原因，他是沾了张爱玲的光。因为人们想从他的作品中看到更多有关张爱玲的信息。人们想知道或者说窥视张爱玲的第一任丈夫到底是怎样一个人，也想知道汉奸们是些什么人。大的历史背景当然是因为中国开放程度的扩大，不像过去，所有的敏感话题和人物都是禁区，也是因为一个社会稳定发展多年后，人们有了了解历史真实面目的需求。人们要求公正地评价历史人物，要求历史还原人物以真实。这是一个民族理性和成熟的标志，因此不管是张爱玲还是胡兰成，人们愿意用自己的眼光和头脑得出自己的结论，而不是历史的陈见。

还有一个原因是书商和出版者的炒作所致。出版者的不实之词、夸大之词和溢美之词起了推波助澜的效用。过去的作家挖得差不多了，利用张爱玲炒作一下胡兰成完全能够达到出版者的目的。当然，他的走红一部分原因也是因为他文字优美，不过他的文章脂粉气太重。胡兰成今天在内地的命运将和他过去在台湾的命运一样，最终要被读者唾弃，只能是热一时。

旧式才子的文笔承载了一些污烂的东西

安裴智：不少读者欣赏胡兰成的文笔，一些年轻人更认为胡兰成是个颇有情调的"小资"作家。当代著名作家、学者余光中、唐君毅、王德威、王蒙、贾平凹、阿城等人十分欣赏胡兰成的文字与才华。台湾著名诗人余光中先生说胡兰成"文笔轻灵圆润，用字遣词别具韵味，形容词下得尤为脱俗"。你作为国内取得学术成果的张爱玲研究学者，如何评价和看待胡兰成的文学造诣和文学成就？你认为胡兰成的知识结构与素养对他的文学才华最有影响的是什么？是国学、传统文化，还是西学？

张红萍：当我们看其他作家、评论家对胡兰成的书和人的评价时，一定要看全文，不可断章取义。对作家、评论家的话断章取义是出版者的炒作之举。上述几位作家、评论家对胡兰成的推许仅仅是文字的推许。胡兰成是一个旧式才子，不是才子汪精卫怎么能看上这个没有根底的穷小子？不是才子又怎能与张爱玲结为夫妇？固然好的文字最终都要水落石出，周作人、废名、郁达夫的散文被当代读者重新发现和喜欢就是一个例证。可《诗经》、《离骚》，李白、杜甫的诗千百年来代代流传却不仅仅是因为文笔好。当文笔承载的是一些污烂的东西时，读者也只能将赞赏停留在他的文字上，而且随着新鲜感的消逝掉头而去。

胡兰成评价张爱玲，说她是水晶心肝玻璃人，其实应该把这个评价用在胡兰成自己身上，他就是这样一个人。用张爱玲的话说："你怎这样聪明，上海话是敲敲头顶，脚底板亦会响。"胡兰成虽然没有上过大学，连高中也没有毕业，但却是个嗜书如命的人，除了喜欢女人，就是喜欢书。在他被汪精卫重用之前，在上学和教学的三十多年生涯中，他除了读书还是读书。因此中国古代的书籍他读了不少，从诸子百家到各个朝代的文学著作都有所涉猎。因此他才说："我以为中国古书上头我可以向她逞能，焉知亦是她强。"

说起胡兰成的读书，就要谈到他的读书心理。过去的中国男子读书都是为了"学而优则仕"，胡兰成也不例外。可是胡兰成高中没毕业就因为种种原因辍学，又因为家庭实在太穷，不得不早早就业。十几二十年中，他一直在中学混饭吃，自感前途无望，因此读书心态并不是像有的知识分子那样望之俨然，或为治国平天下，或为从中识得微言大义，或为了学术思想，等等；也不像张爱玲读书是因为信仰知识。他读书也不是为了纯粹消遣，他是为了从古书上识得人心，从读他人的文章中学得用词遣句，他的学习纯粹是实用性的。因此他读书一是特别注意字词，这成就了他以后的写作；二是特别在意朝代更迭的规律和人在官场中升迁的原因。他自认为可以纵论天下兴衰变迁。他骨子里是一个士大夫，随时做好准备以备皇帝有朝一日重用。因此他的思想受传统文化影响很深，他的文章因为国学根基深厚所致，他只是一个激变社会中的文人而已。他有帝王之思，有贼子野心，但他的野心大不了只是后宫粉黛三千而已。

胡兰成是一个好学习、善领悟的人。他的文章受张爱玲影响很大。他自己就承认："我真是吃了她的涎水了。"又说："我给爱玲看我的论文，她却说这样体系严密，不如解散的好，我亦果然把来解散了，驱使万物如军队，原来不如让万物解甲归田，一路有言笑。"可见他的文风受张爱玲影响很深。也可以说，没有张爱玲，就没有他这些好看的文章。

张胡恋：痴情的湖面遇上无意的雨滴激起的波浪

安裴智：胡兰成到底是个什么样的男人？竟能令一代旷世才女张爱玲如此倾心，成为张爱玲一生中最爱的男人。应如何评价胡兰成这个人物？包括他的为人的道德品质和对待爱情、对待女性的态度。

张红萍：爱情的生成是怀春的土壤碰上了掉落的种子结出的果，是痴情的湖面遇上无意的雨滴激起的波浪。张爱玲在《天才梦》中写道："在现实的社会里，我等于一个废物。"在现实社会中的男女情爱问题上，张爱玲的智商或许还不如一个普通人家的女儿，她还没有学会分辨男人，就不由分说地爱上了第一个向她走来的男人。只因为这一个男人敢敲开她紧闭的门，敢和她斗，敢第一次见面就轻佻地说："你的身材这样高，这怎么可以？"因为这个男人说他从不钦佩什么人，单钦佩她的才华。说他能平视王侯，唯独敬仰她的先人。张爱玲把胡兰成的甜言蜜语当成了对她的情有独钟。她曾在小说《半生缘》中写道：人的理性，本来是十分靠不住的，往往做了利欲的代言人，不过自己不觉得罢了。既然理性这么靠不住，因此像曼贞和她这样善良软弱又涉世不深的女性，往往相信了像祝鸿才这样的浪荡公子的甜言蜜语，相信男人对别的女人是无聊和滥情，对她才是真情的。张爱玲总结说：像这一类的假话，在一个女人听来是很容易相信的，恐怕没有一个女人是例外。既然没有一个女人是例外，张爱玲也不能例外，这就解释了她为什么爱上胡兰成这类男人的必然性——女人的轻信和多情，张爱玲也是一个轻信和多情的女人。

胡兰成到底是一个什么样的人，用他自己的话说，他是一个天涯荡子，一个如天地不仁的无情无义的人。这样的一个人当然就是禽兽不如，他的道德水准怎样就可想而知了。他把命运的不平转换成对这个世界的仇恨，他认为全世界的人都欠他的，因此他伤害别人没有一点歉意，他利用别人毫无廉耻，他最痛惜自己。他像一条爬虫，只知生存的需求，人的尊严自是顾不得。他说："我爱杭州的紫气红尘。浣纱路河畔洗衣的女子，我走过总要看看，只觉这里的杨柳才真是杨柳。我是个俗人，世上富贵荣华我都爱。"一个毫无廉耻又贪欲无尽的人会做出什么事，我们也可想而知。为了个人的目的和快乐不择手段，损人利己，这就是胡兰成与女人的关系。因此，在胡兰成的词典中没有爱，只有欲。对这一类的男人说爱情，是对爱情的亵渎。

对待女人，他满脑子的封建思想。他认为女人生来是为男人服务，为男人生儿育女，因此女人的品德是婉顺和不妒。因此他对女人没有尊重，只有单方面的需求。有需求时，就有相悦；无需求时，视而不见。他对女人既无爱无尊，也用情不专。他认为男人是主人，女人是仆人，主人对仆人的需求随着环境的需要而变化，因此谈不上用情专不专。张爱玲是这样概括他这一类男人的，在短篇小说《华丽缘》中，她借小说中人物之口说：有朝一日他功成名就，奉旨完婚的时候，自然一路娶过来，绝不会漏掉她一个。从前的男人是没有负心的必要的。这就是胡兰成对女人的态度。他见了漂亮女人就起坏心，他一生拥有七个女人，有的只当作服侍他的妻，有的当昼夜狎昵的妾，有的是为了美色，有的是为了利用，娶张爱玲这个世家才女是为了给他脸上贴金。他是专门给女人制造痛苦的，用他自己的话说：我专门对好人叛逆。他所看重的七个女人个个既刚烈难犯，又柔情万丈，豁达大气，最终一个个落得痛苦万状的下场。就像张爱玲，因为他，仅仅二十四五岁就萎谢了，一辈子再不能爱人。

既不能"因人废文"，也不能"文过饰非"

安裴智：自从香港评论家江弱水先生对胡兰成作了"其人可废，其文却不可因人而废"的概括后，似乎现在对胡兰成的总体评价，好像已形成一种共识，即既不能"因人废文"，也不能"文过饰非"。你觉得是这样吗？

张红萍：江弱水的评价较为客观中肯，想必许多人也愿意这样想。未看《今生今世》前，我们还可以想：可恶之人，也有可怜之处。看了《今生今世》后，因为胡兰成对他的滥情和汉奸的丑恶行迹毫无忏悔之意，多有辩解粉饰之嫌，因此读者生出了比未看书前更多感情上的厌恶，更坚定了"其人可废"的看法。他对家庭不尽责；对爱他的女性始乱终弃，背叛祖国。当他谈着一场场风花雪月的爱情，当他在三四个女人之间周旋时，我们想到了那些因为日本人的侵华战争备受煎熬的中国普通百姓和受尽煎熬的西南联大的教授学者们。想到闻一多为了生存不得不设摊刻印，为给重病的妻子补养身体，去捡屠夫丢弃的牛骨头。林徽因和梁思成这两个得了严重肺病的人，因为这场战争，卧床不起四五年，等待死亡，金岳霖为给林徽因增加营养，亲自喂鸡。而胡兰成这个汉奸却作为日本人的座上客谈文论道，他这样的人谈文论道有什么价值？对他怎可能"文过饰非"？不管以中国人的道德标准还是西方人的道德标准衡量，他都是一个被唾弃的人。在中国台湾，他最终因民众情感的反对，成为过街老鼠，人人喊打，待不下去，回了日本。他这样的人怎么可能影响台湾的文坛？不要相信一些人的只言半语。

一个具有自由思想的才女与一个封建思想的
荡子是不相配的

安裴智：现在网上对张爱玲与胡兰成的感情往事有各种各样的看法，有的说，胡兰成与张爱玲是"脏而美的千古纠缠"；有的说他二人的结合是中国传统的才子配佳人；有的说，他二人是爱情悲剧。你如何看待这三种说法？

张红萍：上述三种提法都不正确。一个具有自由思想的才女与一个封建思想的荡子当然不相配，因此最终的结果必然是分道扬镳。虽然张爱玲说：爱就是不问值得不值得，但她却为此伤了一辈子的心。胡兰成与张爱玲的爱情悲剧的提法也完全不能成立。只能说是张爱玲的爱情悲剧，或曰：中国社会历史情景中女性的爱情悲剧。过去，中国男人没有爱的教育，对爱情没有神圣感，他们怎么会有爱情悲剧？

他们是"宦官",随时准备奔赴官场,随时等候皇帝的召唤。中国所有的爱情故事讲述的都是女人的坚贞、痴情,男人的背弃、软弱。从《孔雀东南飞》《桃花扇》到《长生殿》《红楼梦》,哪一出演的不是女人的爱情悲剧?张爱玲与胡兰成也没有脱了这一范式,女人为爱一条道走到黑,男人始乱终弃,用情不专。

张爱玲创造了最好的中篇小说

安裴智:张爱玲的小说和散文早在20世纪40年代就风靡了上海文坛。之后,随着张爱玲的作品由中国最早从事张爱玲研究的美国哥伦比亚大学教授夏志清先生的评介,在全球华人圈又掀起了一个热潮。20世纪80年代,随着对中国现代文学史上的一些过去认为比较复杂、有争议的作家如周作人、梁实秋、张资平、林语堂的重新评价,随着港台文化初入内地,张爱玲的作品再次成为内地广大读者阅读的热点。1995年,张爱玲在美国去世,文坛开始回顾和讨论她的作品和人生,张爱玲的书再度热卖。进入21世纪,随着商业的狂欢和市场经济的发达,张爱玲似乎又成为商业狂欢背景下流行文化的一道风景。总之,"张爱玲热"形成了多次高潮。你如何看待已流行很久且当下仍在流行的"张爱玲热"和"张迷热"现象?

张红萍:张爱玲的出现是一个奇迹,20世纪40年代就给当时的文坛以巨大的冲击和喜悦,当时各个派别和倾向的人一致赞赏她的作品,钦佩她的才华。她的作品四天内一销而空,给当时的读者带来巨大的惊喜。20世纪80年代,张爱玲的作品再度走红,给内地读者带来少有的惊喜。原因只是在这之前她的书是禁书，人们无缘相见。对于刚刚打开国门的中国读者，张爱玲和她的作品都是极其新奇和刺激的阅读经验，虽然她的作品在世界上已经存在了 40 年，但对内地读者还是初照面的新和艳。当时张爱玲的读者大多还局限于文化界知识层，她真正走向更广大的读者群却是在 21 世纪初。这是一次真正意义上的"张爱玲热"，因为她的作品被广泛地接受已经达到畅销书的最大化。因此说，"张爱玲热"虽然有多次高潮，但因读者群不同，其实只是一个不断播散的过程，以后还会继续播散。

张爱玲的作品就像一座挺拔峻秀的山峰，不管是哪阵风吹来的哪股雾，山本身形成的秀美都会给各个阅读群体以不同视角的享受。可谓"横看成岭侧成峰、远近高低各不同"。这是一座拔地而起、直插云霄、有血有肉的奇峰异景。她的灵魂的根是深插在中国的泥土深处，深插在中国文化和大众文化的深处，她的根部最大限度地与大众文化相拥抱。而它向上的延伸部分又指向难以企及的雅致和高贵。不同的读者将他的视点投向他需求的切面，获得他的阅读快感，这就是张爱玲小说热的根本原因。《红楼梦》研究今日终于成为一门显学——红学，因为它是中国迄今为止最好的长篇小说。"张爱玲热"必然一直延续下去，因为她创造了迄今为止最好的中篇小说，这就是"张爱玲热"的本质。曹雪芹、张爱玲会永远热下去，因为他们创作了名著。

张爱玲本身就是一部传奇作品；她作品中的任何一条警句都揭示了一条真理。仅这两条，注定了没有读过她作品的人也可大谈特谈张爱玲。因此她的影响已经超出了文学的范畴，达到了人生哲理的涵盖面，这才是张爱玲的厉害处，别的作家无法企及，只有羡慕的份儿。

张爱玲对女性心理的细腻描写入木三分

安裴智：你多年从事女性主义文学批评，曾出版过张爱玲研究专著。作为一个多年从事张爱玲研究的学者，你认为张爱玲对中国文学的最大贡献是什么？张爱玲文学成就里最独特的价值是什么？哪些文学成就是别人所无法取代、独一无二的？从文学成就看，胡兰成是否没法与张爱玲相提并论？

张红萍：张爱玲对中国文学最大的贡献是创造了迄今为止最伟大的中篇小说《金锁记》，创造了曹七巧这样一个被环境和情欲奴役的女性人物形象。张爱玲的文学价值在于：她是几千年的封建帝国在衰退的文化中颓然倒下时，人们纷乱复杂心理最好的描写者。他人不可比拟的是她对女性心理描写的那份细腻和入木三分，对女性性格描写的深刻，对情欲描写的独到和精深。

不管是什么样的专家，都承认张爱玲是大家，这样的大家在中国文学史上凤毛麟角。在中国文学史上，若与女性比，大概只有李清照可以与她相提并论；作为专门进行文学创作的作者，她当之无愧地应排到前十位。在现代文学史上，她是继鲁迅之后，最具实力的作家。虽然她的文学地位很高，但在她的全部作品中，我们遗憾地看到也有一些粗枝大叶、肤浅轻薄的作品。有些作品有重复和技巧的格式化问题。在《传奇》和《私语》之后，张爱玲没有创作出更好的作品来，与她后来的生活极不稳定大有关系，这全是胡兰成所致。假如不是因为胡兰成，假如她后来能留在香港，想必在中年她还会有不错的成绩出来，但遗憾的是没有。

如果说文学成就，胡兰成怎么能和张爱玲同日而语？他有什么严格意义上的文学作品？谁说他有文学成就？在文学史上具有价值？一些出版者出于商业炒作的用语根本不能代表专家的评论。他的作品无非是传记类和阐释他政见的几本杂七杂八的书。当然他还有一本《中国文学史话》，但也多是卖弄之语。他是不是学者倒还可以商榷，但他不是文学家是可以肯定的。文字好的人写了一些东西就说他是文学家，这是无稽之谈。正像亦舒所说，如果所有半瓶子的人都说自己是作家、文学家，她都快厌恶自己了。他只不过是吃了张爱玲的涎水，拾张爱玲的牙慧，为了生存沾了张爱玲光的一个投机者罢了。

胡兰成用《今生今世》为其用情不专和丑恶生涯涂脂抹粉

安裴智：据说你对张爱玲的作品能倒背如流，你无疑也是一个"张迷"，但你不是一般意义上的"张迷"，你是一个高屋建瓴的具有理性美学眼光的张爱玲研究者。抛开一般意义上"张迷"们的浅俗认识，你认为胡兰成的《今生今世》《禅是一枝花》《中国文学史话》等一系列著作的出版，对张爱玲研究会产生什么影响？又会有什么作用？

张红萍：胡兰成三本书的出版对张爱玲研究不会有什么影响。因为《中国文学史话》和《禅是一枝花》都不是谈张爱玲的。而《今生今世》中只有"民国女子"这部分对张爱玲研究有用，但研究者在多年前就早已在网上看到了这部分的内容。通过阅读《今生今世》，人们只能得出一个结论：张爱玲的爱是不值得的。胡兰成用《今生今世》和《山河岁月》为他的用情不专和丑恶生涯涂脂抹粉，看出他到老还不老实，是一个彻头彻尾的伪君子和浪荡子。

张爱玲是一个很有进取心的现代女性

安裴智：如果张爱玲生活在现在会是什么样的呢？在网上，有"张迷"们认为，如果张爱玲生活在现在，或是个嬉皮，穿碎花裙，抽大麻；或是BOBO，喜欢旅游，了解各地风俗传说；有的说，她可能是一本时尚杂志的女主编，引领潮流于笔下纸间。你如何看待"张迷"们的这种很逗趣的浅俗说法呢？

张红萍：这些设想都是因为不了解张爱玲的缘故。张爱玲曾经说过：思想复杂一点的人，再荒唐，也难求得整个的沉湎。在历史上，行为反叛的人并不是成熟的有识之士，往往是年轻不更事的少年。张爱玲去美国时，年龄也不大，美国的五六十年代正是嬉皮兴起的时代，中国的现在不就是美国的过去吗？她当时只不过是在美国的各大学和研究机构转来转去，可见她不可能。其实她是一个知识分子，虽然她很谦虚。事实上，张爱玲是一个很有进取心的现代女性，她一生做的事都是正事。她偶尔为之的行为艺术只不过是个性的偶尔流露，并不能说她是一个社会的嬉皮，这是对张爱玲的误读。

张爱玲在这个世界上不可能是任何人，她只能是一个自由职业者。当她还没有开始卖文，正为生存发愁的时候，她的弟弟张子静曾经建议她去做一个编辑，但她说她只想当作者。她和苏青是完全不同类型的女性，苏青可能去做一本时尚杂志的主编，而她是绝对不可能的。除了使用思维和笔以外，显然她不想干任何事，引领潮流和跟潮显然都是她不屑的。

胡兰成爱的是张爱玲的身世和名气

安裴智：有网友说，胡兰成爱上张爱玲是出于一种奇货可居的心态，张爱玲长得并不漂亮，但文章写得让胡兰成吃惊。你认为胡兰成是爱张爱玲的什么呢？张爱玲又是爱胡兰成的什么呢？

张红萍：胡兰成爱的是张爱玲的身世和名气，是她头上的光环，这可以给这个没有背景出处又虚荣贪婪的穷小子脸上贴金。所以说他对张爱玲有一种奇货可居的心态是对的，他自己也承认。得到张爱玲后，他喜欢啸歌，就是这种心态。他说："我即欢喜爱玲生在众人面前。对于有一等乡下人与城市文化人，我只可说爱玲的英文好得了不得，西洋文学的书她读起来像剖瓜切菜一般，他们就惊服。又有一等官宦人家的太太小姐，她们看人看出身，我就与他们说爱玲的家世显赫，母亲与姑母都西洋留学，她九岁即学钢琴，她们听了当即吃瘪。爱玲有张照片，珠光宝气，胜过任何淑女，爱玲自己很不喜欢，我却拿给一位当军长的朋友看，叫他羡慕。爱玲的高处与简单，无法与他们说得明白，但是这样俗气的赞扬我亦引为得意。"这就是张爱玲之于他的作用，好让他吹嘘。他并不爱张爱玲，他说："其实我并不觉得爱玲与我决绝了有何两样，而且我亦并不一定要想再见她，我与她如花开水流两无情。"这充分暴露了他对她的情感。

张爱玲是真爱胡兰成，当然是爱他的聪明，爱他的潇洒，爱他的举重若轻，像一个最热烈的情人一样爱他。是世俗的男女之爱。

胡兰成对张爱玲体会最深理解最透

安裴智：据说，胡兰成的《民国女子》是当今解读张爱玲的最好文章，能这么认为吗？我觉得，胡兰成的《论张爱玲》也是对张爱玲的评价比较准确、细腻和形象的一篇。在这篇文章里，胡兰成说："张爱玲先生的小说与散文，如果拿颜色来比方，则其明亮的一面是银紫色的，其阴暗的一面是月下的青灰色。""她的心喜悦而烦恼，仿佛是一只鸽子时时要想冲破这美丽的山川，飞到无际的天空，那辽远的，辽远的去处，或者坠落到海水的极深处，而在那里诉说她的秘密。""读她的作品，如同在一架钢琴上走，每一步都发出音乐。""她宁愿择取古典的东西做材料，而以图案画的手法来表现。因为古典的东西离现实愈远，她愈有创造美丽的幻想的自由，而图案画的手法愈抽象，也愈能放恣地发挥她的才气，并且表现她对于美寄以宗教般的虔诚。"可以说，知张爱玲者，唯胡兰成也。是否可以这么说？

张红萍：胡兰成的《民国女子》是当今解读张爱玲才气和为人最权威的文字，确实如此。而且在胡兰成的所有文字中，这一部分也最好，看出用心用情，也还算谦虚。胡兰成是最理解张爱玲的人，这是真的，张爱玲爱他正因为他理解她这一点。他理解她，是因为他确实聪明、机灵，知道说张爱玲爱听的话，能投其所好。胡兰成是最早专文评论张爱玲的人，许多说法准确生动，但我们也可看出其中的阿谀奉承，还有卖弄自己好感觉的乱比拟。迄今为止，评论张爱玲最下力、最中肯、最准确、最负责的人要数傅雷先生，水平高、用心诚、判断准。柯灵、周瘦鹃、胡适也是理解张爱玲的人，但无疑只有胡兰成对张爱玲体会最深，理解最透，体味最多，所以他对张爱玲的评价是重要的。

与林语堂梁实秋钱锺书比，胡兰成是小才非大才

安裴智：著名周作人研究专家止庵先生为《今生今世》中文版作序时写道："有一路才子文章，从林语堂、梁实秋、钱锺书直到董桥，皆属此列；现在不妨把胡兰成一并算上。才子者，首先真的有才；形之于文，是为才子文章。以此而论，胡兰成堪称就中翘楚，确实绝顶聪明，处处锋芒毕露。"如何理解这段话？请你将周作人、林语堂、梁实秋、钱锺书、董桥、胡兰成几人的散文特点和风格简略地作一比较分析。最好用几句凝练而形象的话概括一下。

张红萍：如果说胡兰成与上述几位大师都属于才子一路的人物我赞同，但如果将胡兰成与这几位并列，并说胡兰成堪称就中翘楚就言过其实了，甚至是言不由衷。除才气相同以外，胡兰成怎能与钱锺书、林语堂、梁实秋比？才学自不必说，做人的品格更是天上地下。即使与周作人也是不可比的，前者是偶然失节，而且是被动的，还可理解。胡兰成为人一无是处，不守节是一贯的，有奶就是娘，且常是利用之心，毫无人性、道德。前述几位心性清淡，心地单纯，是性情

中人，所以他们的文章见性见情，潇洒、淡如是他们的特色。他们继承了明末散文家的特色，不写重大题材，只写身边小事。胡兰成与他们完全相反，他心性贪婪，为人势利，心地恶浊，喜欢引人注目、别出心裁。去日本以前的文章全是政论文和阿谀奉承的捧场文章。即使《今生今世》也是属于香浓艳丽一流的文章，他最喜欢《花间词》，我看他学得最像，而且学到了精髓。

在这里我想提一下钱锺书，钱锺书的散文机智、幽默、语意深远，看似清淡的文章，其实主观投入很大，他的复调式书写，是真正智慧和有才学的表现，与上述其他几位散文家又有所不同。他的散文真正让人回味无穷。而胡兰成这号人的文章只是花哨、俏丽、浮躁，既孤芳自赏，又想招蜂引蝶，造成一种热闹的氛围。张爱玲虽然用词艳，但张爱玲的散文能做到平淡自然，与胡兰成也完全不同。

原载《深圳商报》2004 年 2 月 21 日，《山西文学》2004 年第 4 期

第二辑　作家艺术家篇

时间：2004 年 4 月 21 日

方式：电话访谈

莫言，著名作家，中国作家协会副主席、诺贝尔文学奖获得者。原名管谟业，1955 年 2 月出生于山东高密。20 世纪 80 年代以乡土作品崛起，被归为"寻根文学"作家。代表作有长篇小说《红高粱家族》《天堂蒜薹之歌》《酒国》《丰乳肥臀》《檀香刑》《四十一炮》《生死疲劳》《蛙》，中篇小说《透明的红萝卜》，短篇小说集《白狗秋千架》《与大师约会》等。

莫言的作品被翻译成 40 种语言，在世界文坛影响很大。《红高粱》被《World Literature Today》评选为"1993 年全球最佳小说"、入选《亚洲周刊》"20 世纪中文小说 100 强"、入选《World Literature Today》评选的 1927—2001 年 40 部世界顶尖文学名著。2012 年，莫言获得诺贝尔文学奖。获奖理由是"通过幻觉现实主义将民间故事、历史与当代社会融合在一起"。莫言是第一位获得诺贝尔文学奖的中国本土作家，是中国文学界迄今为止获得的最高奖项。

莫言还获得过意大利诺尼诺国际文学奖、美国纽曼华语文学奖、日本福冈亚洲文化奖、韩国万海文学奖、法国儒尔·巴泰庸外国文学奖、第八届茅盾文学奖、第四届全国中篇小说奖、华语文学传媒大奖年度杰出成就奖、第二届冯牧文学奖、第八届《小说月报》百花奖、大家·红河文学奖等 20 多种。莫言还获颁香港中文大学、澳门大学荣誉文学博士学位。

文学变革旅程中的醒目界碑

——莫言先生访谈录

莫言先生

最早听说莫言的名字，是 1987 年。我读大三的时候，中国当代文学课上，老师讲"文化寻根小说"流派时，专门详细分析了莫言新近发表的两部中篇小说《透明的红萝卜》《红高粱》。课后，我到学校图书馆借了莫言的这两部小说来读，印象颇深。觉得他的小说虽然是以"高密东北乡"为原型创作的乡土题材作品，却深受拉美魔幻现实主义的影响，受加西亚·马尔克斯《百年孤独》叙述手法与语言风格的影响。在他的小说世界里，厚重的荒诞、黑色的幽默与张弛有度的冷静叙事完美地熔于一炉。当时觉得，莫言是一个想象力奇特、剑走偏锋的文坛奇才。

我与莫言先生的第一次相见，是 20 世纪 90 年代初，通过著名诗歌评论家谢冕先生的高足、文学评论家张志忠教授而认识。张志忠乃山右贤才，是北大教授谢冕先生招收的第一届硕士生。20 世纪 80 年代初，张志忠立雪谢门攻读中国当代文学。1992 年冬天，张志忠时任解放军艺术学院文学系主任、教授，已是活跃于国内文坛的著名批评家了。他主要从事中国当代文学研究及教学工作。他曾是莫言的大学老师，又是国内最早研究莫言小说创作的权威专家，出版有专著《莫言论》。那时，我在北方的《太原日报》编辑"双塔"副刊的文学评论版，每年有两三次赴北京组稿的机会。1992 年 12 月 2 日，我又一次冒着严寒来到京都组稿。几天后，在张志忠老师的建议和联络下，我在军艺对面的魏公村某酒楼举行了一场以"海马影视创作室"成员为主的组稿宴会，参加者均为中国当代文坛的著名作家与批评家，有莫言、刘震云、刘毅然、朱晓平、吴滨、沙青及评论家张德祥、张志忠等。主要内容是为 1993 年春天《太原日报》副刊扩版而组约文艺类的名家稿件。

那是我第一次与莫言先生见面。那时的莫言，已凭《透明的红萝卜》《红高粱家族》《天堂蒜薹之歌》《酒国》等系列作品，在文坛站稳了脚跟，也借助张艺谋导演的电影《红高粱》而红遍了大江南北。那时的莫言，顶着一个大大的脑袋，憨憨的，很厚道，很亲和，一点没有大文人的架子。话不多，声音细微若女子，笑眯眯地与我碰杯、喝酒。在宴会上，我向莫言、刘震云、刘毅然、朱晓平等作家提出了组稿的要求。没想到，莫言先生竟然爽快地答应了。过了半个多月，我刚刚回到太原，就收到莫言先生从北京寄来的稿件，他不食言地写来了一篇篇饱蘸文采和激情的美文佳构，特爽快，够哥们儿！其中，有一篇名为《铁匠与刀》的短篇小说，8500 字，构思精巧，笔锋灵动，通过很有典型意义的生活细节，描写出农村铁匠的沧桑、凄苦却饱满、结实的命运性格，富有文化内涵与人性思考深度，具有浓郁的乡土气息，颇显文化功力。这篇短篇小说后来发表于 1993 年 1 月 5 日的《太原日报》"双塔"副刊文学作品版。那时的莫言，创作虽然稍有成就，生活却也并不很富余。所以，他常常屈尊给我来信询问稿酬为何还未收到。虽然莫言先生著书创作并非全为"稻粱谋"，却也看出这个后来荣获诺贝尔文学大奖的世界一流作家在 20 世纪 90 年代的生活窘迫情状。优秀的作家在生活中往往要经历这样或那样的苦难，莫言也不例外。

再见莫言，是在 1997 年 9 月 30 日中国作协举办的《哲夫文集》研讨会上。他仍是那么憨厚，简直憨态可掬，眯着小小的双眼，微微地笑着与我握手。在研讨会上，莫言作为哲夫多年的好友发了言。他说："哲夫是中国作家中最早关注环保问题、并以自己的大量作品做出了特殊贡献的第一人，他的功绩甚至超出了文学的范畴。哲夫在十几年前的作品里就对人和自然的关系表现了极大的关注，近年来的作品里，那种忧天忧地的意识更加强烈，对于人类的文明的愚昧，或是愚昧的文明，对我们赖以生存其间的大自然的疯狂破坏，他有着痛心疾首的表现。他甚至不无偏颇地认为，在自然万物中，人类是个坏孩子，人类高度发达的智慧和永不满足的欲望的结合，造成了对大自然的疯狂的掠夺和破坏，地球由于孕育了人类，而成为骄傲的星球，但人类没有让地球变得比原来更美丽，于是自然开始报复人类。这才使人们意识到事情的严重性，于是就产生了环保意识，提出了环保问题。有很多书的畅销未必是好事，但哲夫的书畅销应该是件好事。"

那时的莫言十分勤奋，他又创作了一部以母亲、生殖、繁衍、大地为主题的长篇小说《丰乳肥臀》，热情讴歌了生命最原初的创造者——母亲的伟大、朴素与无私，在这一幅生命的流程图中，弥漫着历史与战争的硝烟，再现了一段艺术真实的丰满历史。这部小说厚重的主题，奇异的表现手法，荒诞的性描写，受外国文学影响的意识流手法，同样招来文坛的很大争议和关注。莫言再一次被推到了文坛舆论的风口浪尖上……

七年过去了，莫言凭借他的创作实力与语言天赋，接连向文坛奉献出《檀香刑》《四十一炮》等长篇力作。《檀香刑》可谓一部神品妙构，以1900年德国人在山东修建胶济铁路、袁世凯镇压山东义和团运动、八国联军攻占北京、慈禧仓皇出逃为历史背景，用摇曳多姿的笔触，大悲大喜的激情，高瞻深睿的思想，活灵活现地讲述了发生在"高密东北乡"的一场可歌可泣的运动，一桩骇人听闻的酷刑，一段惊心动魄的爱情。《四十一炮》以20世纪90年代初农村改革为背景，通过一个孩子的视角折射出了农村改革初期两种势力、两种观念的激烈冲突，以及人性的裂变，人们在是非标准、伦理道德上的混沌和迷惘。这两部作品体现了莫言长于长篇小说叙事的文学天赋与语言能力。2004年4月18日，莫言摘得"第二届华语文学传媒大奖·

2003 年度杰出成就奖"的桂冠。当我再次拨通他的手机号，他在电话那头又一次憨厚地笑了。这位"高密东北乡"红高粱肥沃成长的土壤里培育的农民作家，语言仍是那么平缓、朴实，声音仍是那么细微、谦和。说起访谈，一再谦让；推辞不过，才欣然坦言了创作《四十一炮》的想法及此次获奖的种种特殊感受……

莫言的写作是当代中国的重要象征

安裴智：2004 年 4 月 18 日，在北京中国现代文学馆，您获得了第二届"华语文学传媒大奖·2003 年度杰出成就奖"。作为老友，首先向您表示祝贺！"华语文学传媒大奖"是中国民间一批很有权威的文学专家与中国当下最新锐、最优秀的新闻媒体《南方都市报》联袂举办的一个文学大奖。自 2003 年 4 月举办首届以来，"华语文学传媒大奖"争做高雅文化风向标，逐步奠定了它在华语文学界的地位，在社会大众中产生了较大的影响，是目前中国含金量最高的年度纯文学大奖。据说这个奖有一点"终身成就奖"的意思，一个作家一辈子只能得一次。我想问您的是，作为此届评奖最高奖项的得主，您在获奖后有什么感想？最想告诉长期关注您作品、喜爱您作品的读者的是什么？

莫言：我最想说的是"文无第一，武无第二"，这并不是我谦虚，而是事实。一部小说，哪怕是杰作，也是见仁见智。一个作家，伟大如托尔斯泰、如莎士比亚，仍然会有读者不喜欢。何况我这样的作者。另外就是，得奖可以热闹一时，但热闹过后，面对着稿纸开始新的创作时，奖牌帮不了你，而你最好忘记它才有可能写出好的东西。我没有资格告诉读者什么，我想我回报读者的最好的方式就是把下一部小说写好。20 世纪 80 年代初，新时期文学勃发之时，我是凭借着一股"初生牛犊不怕虎"的勇气，凭借一股急于发出不与他人雷同的声音的热望，几乎是在懵懂无知的状态下，冲上了文坛，并浪得了虚名。这个过程中，当然离不开师长们的教诲、栽培和同行们的帮助与激励。现在，这头当初就很不可爱的牛犊，即将成为一头令人厌烦的老牛，却突然被"华语文学传媒大奖"的光芒照耀了一下，这可以看作对我多年耕耘的奖赏，也可以看作对我的鞭策。

安裴智：由全国文学专家、学者、教授组成的第二届华语文学传媒大奖评委会在您获得"2003 年度杰出成就奖"的授奖词里说道："莫言的写作一直是当代中国的重要象征之一。他通透的感觉、奇异的想象力、旺盛的创造精神、汪洋恣意的语言天才，以及他对叙事探索的持久热情，使他的小说成了当代文学变革旅程中的醒目界碑。他的文字性格既天真，又沧桑；他书写的事物既素朴，又绚丽；他身上有压抑不住的狂欢精神，也有进入本土生活的坚定决心。这些品质都见证了他的复杂和广阔。"这个评价符合您的创作吗？从文学创作的角度看，您认为您在全国众多当代作家中脱颖而出、摘得了这个桂冠的最根本的原因是什么？

莫言：这个授奖词写得文采飞扬，但对我过誉了。我自己知道自己的分量，不会沉溺在那些华美的辞藻里忘乎所以。我早就说过我是浪得虚名。这与机遇有关。如果不是碰上 20 世纪 80 年代那种文学的好年头，我那些小说放在现在，不会赢得那么大的名声。得奖也是一样，几个条件符合了也就得了。我在受奖答谢词中也说过，跟上届得主史铁生先生相比，我很惭愧；与许多同行相比，我也感到惭愧。

至于得奖的根本原因，我想，那就是我一直在埋头写作，而且在主观上不愿意重复自己，有一种不怕失败、不怕写坏、不怕名誉扫地的劲儿，于是小说就有了一些新的气象，于是也就赢得了评委们的青睐。

重点描写观念冲突与人性裂变

安裴智： 据第二届华语文学传媒大奖评委会秘书长、青年文学评论家谢有顺教授介绍，竞争"年度杰出成就奖"的作家必须具备两个条件：一是以往的创作取得了举世公认的杰出成就，二是在获奖的当年度发表了重要而优秀的作品。2003年，您发表了长篇小说《四十一炮》。您曾说过，这是你创作生涯中很重要的一部作品。《红高粱》写的是爷爷、奶奶和"我"的故事，《四十一炮》则写的是父亲、母亲和"我"的故事。该作以20世纪90年代初的农村为背景，通过一个孩子的视角折射出了农村改革初期两种势力、两种观念的激烈冲突，以及人性的裂变，近距离地回望了农村改革初期的历史。请您对这部作品作一简要的评价。

莫言： 熟悉我的读者都知道，我写了不少儿童视角的小说，譬如早期的《透明的红萝卜》《枯河》《夜渔》等，《红高粱》也应该算儿童视角。但我一直觉得意犹未尽，很想集中地、奢华地使用一次儿童视角，然后就与其告别，就像当年用《丰乳肥臀》与家族小说告别一样。但仅仅有一个视角，还构不成一部小说，总还是要让这个叙述者讲点事儿。这事儿，必须有点意思，而且还应该有点令人回味的东西。于是就选定了这样一个独特的屠宰村，并且这个村在社会变迁的洪流中发展成为城市的一部分。我看到有读者批评小说中的主人公是非不分，价值混乱，但这并不说明我是非不分，我自然有自己的是非标准，但如果我把自己的标准强加到这个讲故事的人头上，那就不对了。我一向比较喜欢那种有言外之意物外之喻的小说。所以，在这部小说中，就将肉孩子的吃肉和大和尚的渔色写得亦真亦幻，希望能让读者由此联想到一些别的意思。这部小说中有很多讽喻。我的态度，我的批判，其实还是掩饰不住的。

安裴智："年度杰出成就奖"是华语文学传媒大奖中最重要的一个奖项，不仅因为它是全国年度文学奖项中奖金最高（10 万元）的奖，更因为这个奖本身带有终身成就奖的意味。如何理解这个"终身成就奖"呢？

莫言：我理解，所谓"终身成就"，是指评委们在评定时，除了要考虑得奖者在得奖年度里的创作实绩，还要考量得奖者从前的创作情况。而且还要对这个得奖者的未来写作持一种乐观的期望。也就是说，他们希望得奖者得奖之后，还能写出对他自己的过去有所超越的作品。因此，得奖之后，如果再也写不出有分量的作品，就会令评委们失望，更会让读者失望。

"高密东北乡"：打造个性化文学地标

安裴智：评论界认为您的小说创作颇受美国作家威廉·福克纳和哥伦比亚作家加西亚·马尔克斯的影响，又有人认为您的小说受拉美魔幻现实主义的影响很大。请联系您的创作实际，谈谈这方面的想法和看法。

莫言：我在 1986 年时就曾经写过文章，表示了要远离马尔克斯、福克纳的决心。我认为我们这茬作家，或多或少地都受到这两位作家的影响。但其实，真正使我的创作发生变化的作家反而不是这两个人。作家间的影响是难以言喻的，大作家只能使你仰望，使你眩晕，而有时候，平庸的作家却可以成为你往高处攀登的踏石。我自己知道，马尔克斯、福克纳对我的帮助，远远不如我们村子里那几个虽然不识字但却口若悬河的人对我的帮助。我知道福克纳和马尔克斯好，但我要学习他们，不能从他们的脚下抽砖头，我必须自己去找砖头。我找到的砖头越多，我就可能站得越高。

安裴智：自 20 世纪 80 年代中期以来，您以中篇小说《透明的红萝卜》引起文坛关注，后又创作了《红高粱家族》《檀香刑》《丰乳肥臀》等优秀作品。您的创作有着强烈的人文地理色彩，是狂肆想象与本土经验的完美结合。乡村、童年、故乡，成为您人生的重要记忆和创作的主要素材来源。正像商州之于贾平凹、瓦尔登湖之于梭罗、马孔多之于马尔克斯，"高密东北乡"这个文学地理概念也一直出现在您的系列小说中。那么，您认为故乡与童年记忆对一个作家的创作有着什么影响？尤其在您的创作中，乡村情结与童年记忆为什么有着如此巨大的魔力？

莫言："高密东北乡"这个概念第一次出现，是在一篇名叫《白狗秋千架》的小说里。当时我也没有在意，小说发表后，我重读了一遍，读到"高密东北乡"时眼前突然一亮，于是马上就想起来许多作家都有自己的小说舞台，自然也想到了福克纳、马尔克斯等人。福克纳有他的"约克纳帕塔法"，马尔克斯有他的"马孔多"，而这个"高密东北乡"很可能就是我的小说舞台。当然我也清楚，福克纳的

"约克纳帕塔法"也好，马尔克斯的"马孔多"也好，并不就是他们的故乡，更多的是在他们故乡的基础上虚构出来的。这是一种叙事的便利。当然，你写一篇小说就换一个地方也不是不可以，但无论你怎么换，故乡和童年记忆你是换不了的，能换的大概仅仅是地名。

我从解放军艺术学院文学系毕业时就说过，在文学系学习两年，其实就是一个借助于外力发现自己的过程。外力是指老师们的讲授，还有自己的阅读，当然更重要的是自己的感悟。寻找自己，就是寻找自己跟别人不一样的地方，而不是去寻找自己跟别人同样的地方。乡村情节和童年记忆，这两个概念是紧密相连的，因为我的童年是在乡村度过，所谓童年往事，其实就是我在乡村的故事。这些东西，不仅仅是我，即便对一个不以写作为职业的人，也是他精神生活中的重要内容。

抵达中国人精神世界的隐秘腹地

安裴智：您的创作从故乡的原始经验出发，但又远远超越了故乡的记忆，抵达的是中国人精神世界的隐秘腹地。正像授奖词中说的："他的笔下的欢乐和苦难，说出的是他对民间中国的基本关怀，对大地和故土的深情感念。"可以说，没有终极关怀的作家，注定成不了一流的大作家。请您谈谈作家的现实关怀与终极关怀之间的关系？您认为当代作家应有什么样的人文理想和终极关怀的意识？

莫言：评论家的话，是从作者的作品里提炼出来的，但作者的感情、作者的想法，大多数情况下，我认为是处在一种朦胧的状态，未必会想得那样清楚，那样深入。一个作家在写作过程中，大概不会去考虑"现实关怀"、"终极关怀"之类问题，他考虑的只是人物、情节等形象化的事物。从形象出发，而不是从理念出发，这是文学创作的基本常识，如果一个作家在写作时满脑子终极关怀，我估计他是写不出小说的。至于一个作家的深度和广度，从某种意义上说，这是命定的，或者说是由他未成为作家之前的全部生活决定的。当然，成为作家之后，人生的处境、命运的遭际，也会对创作产生影响。

安裴智：您的小说有很浓厚的文化意味，又强烈地关注现实、关注当代，关注生活中普通人的生存状态，这使您成为国内外公认的中国当代文学代表人物之一。评委在关于您获奖的授奖词中说："从几年前的重要作品《檀香刑》到 2003 年度的《四十一炮》和《丰乳肥臀》（增补本），莫言依旧在寻求变化，依旧在创造独立而辉煌的生存景象，他的努力，极大地丰富了当代文学的整体面貌。"那么，与 20 世纪 80 年代的《透明的红萝卜》《红高粱家族》相比，您自 90 年代以来创作的《丰乳肥臀》《檀香刑》《四十一炮》等小说，在创作特点上发生了哪些变化？与《丰乳肥臀》《檀香刑》相比，此次获奖的《四十一炮》在艺术创造上最大的突破是什么？

莫言：让我分析自己的这么多作品，实在是困难重重。作家在写作过程中，引导他前进的力量，基本上是感性的，"跟着感觉走"，某种程度上的不由自主，记忆的纠缠，记忆中的人物和现实生活中人物的纠缠，乡村经验和都市经验的对抗，形成犬牙交错的态势，旧的价值观念和新的价值观念的冲突，这些都混杂在一起，仿佛一条汹涌澎湃、泥沙俱下的河流，作家犹如一叶扁舟，只能是顺流而下。一个作家的作品系列中，应该有他的成长轨迹。他的过去与他的现在，始终在对抗、融合，并在这对抗和融合中产生新的东西，这些新的东西，就是他的新的小说的精魂。所以，最重要的变化是作家思想的变化，

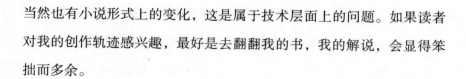

当然也有小说形式上的变化，这是属于技术层面上的问题。如果读者对我的创作轨迹感兴趣，最好是去翻翻我的书，我的解说，会显得笨拙而多余。

狂欢精神与本土经验的结合

安裴智：文学评论家葛红兵教授评价您的小说语言是一种"前启蒙"语言，是来自民间的、狂放的、暴烈的、血腥的、笑谑的、欢腾的语言。您认为您身上这股压抑不住的狂欢精神源自何处？它对您的创作造成了什么影响？

莫言：语言的狂欢，是我国历史上多次出现过的文化现象。在社会革命过程中，总是会出现语言的狂欢。五四运动前后、共产党领导的农民运动、"大跃进"、人民公社、"文化大革命"，都有语言狂欢现象。语言的解放也许是社会变革和人性解放的重要表现，也可以说，语言的洪流，对旧的秩序的冲击和毁灭，胜过飞机大炮。我希望有人能研究一下在历次革命过程中，语言所产生的力量。我甚至觉得，统治中国许多年的国民党政权，是被共产党用语言打垮的。毛泽东写给丁玲的词里说，"纤笔一枝谁与似？三千毛瑟精兵"。

在乡村，在民间，语言是被长期压抑的。在革命过程中，旧的势力被打垮，久被压抑的语言能量获得释放，产生排山倒海般的力量。革命一旦成功，新的政权建立，这个时候，就要开始整顿、规范语言，整顿和规范就是压制，就是制定出什么能说、什么不能说、应该怎么说的规范，于是新一轮对语言的压制就产生了。但久被压制，就需要释放，这种释放在统治者允许的范围内，经常产生病态般的表现。像"大跃进"期间的民歌运动，"文化大革命"期间的大鸣大放大字报，都是。我记得"文革"初期，在县城的街道上和乡村的集市上，几乎每天都有人站在高凳上，声嘶力竭地辩论、演讲，听众也不时地跟着吼叫。我当时的感觉就是，革命就是每个人都可以放开喉咙吼叫。而在革命前，我们受到的社会教育和家庭教育，都是要我们谨言、轻言、慎言，乃至不言。革命把这些清规戒律彻底冲垮了。革命过程中，评价人的标准也发生了变化。革命前，一个人多话是被诟病的。革命中，一个人如果能够在高凳上滔滔不绝地发表三个小时演讲，那会被众人视为天才。"好口才"带着三分官运，我们高密县"文革"期间涌现出来的那些"铁嘴"，最后都当了官。所以我说，语言的狂欢是语言久被压抑的喷发表现。

表现在文学中的语言狂欢，基本上也是这个原因。前年春节，我跟大江健三郎先生对谈时，谈到一个故事。说在抗日战争期间，游击队掀起一个打狗运动，我家一条狗，躲藏在场院的草垛里，三个月没有出来，一声也没叫。等游击队撤走后，这条狗从草垛里钻出来，狂叫了整整一天，它好像把憋了三个月的叫声，一次发泄出来了。作家的写作跟狗叫当然有区别，但也不是完全不可类比。

安裴智：今年 3 月，中国工人出版社出版了由李建军博士等 10 位批评家撰写的《五作家批判书》，对您、池莉、贾平凹、二月河、王安忆五位作家的创作提出了否定性的批评。有关您的评语是，"莫言小说有一种倡扬残酷或暴虐的反生命逻辑"等。这与您此次获得"第二届华语文学传媒大奖·2003 年度杰出成就奖"形成了鲜明的对比，形成了一种矛盾现象。说明当代文坛确已进入一个观点多元的新时代。您对此现象如何看？

莫言：每个人都有自己说话的权利，只要不涉及人身攻击和道德诬陷，我都无权干涉。我也希望这是一次严肃的批评活动，不是要借此达到什么别的目的。对这件事，我一直没有回应过。《文汇报》上有篇文章，说我在法国接到采访的电话，"嘿嘿"一笑，然后发表了一通对这事的看法云云，这完全是无中生有。在法国时，我根本就没接到来自国内的任何电话。当然，这个记者先生也可以说：我没说你的坏话啊。但好话就可以凭空捏造吗？

另外，所谓"十博士"集体写作事，好像与事实有误，这些人里边起码有两个我认识的没有博士头衔。尽管博士嘴里也未必句句是真理，但不是博士冒混成博士，似乎不应该是他们这些"高格调"的人所应该犯的低级错误。何必借助一顶博士帽子吓唬人呢？满腹秕糠的博士不是比比皆是吗？你是小学三年级的学历，说出了真知灼见，不是更加精彩吗？

至于他们所说的"莫言小说有一种倡扬残酷或暴虐的反生命逻辑"，也是一家之言，我不会反驳。但为一个作家下结论的时候，似乎应该全面一些，不要攻其一点，不及其余。科学的批评应该建立在对作家作品全面研读的基础上，似乎不能凭着对这个作家的印象、凭着对这个作家的某一部作品而发表整体性评价。

与潮流和风尚保持足够的距离

安裴智：进入 21 世纪，文学在商业狂欢和消费主义的现实语境下，转入一个多元化的发展时期，出现了"70 后写作"、"80 后写作"、"网络文学"、"青春写作"、"美女写作"、"下半身写作"、"新媒体写作"、"行为写作"等创作潮流，这些都是文学长足发展的新现象和新亮点，值得关注。唐浩明、二月河、熊召政的历史小说，也开阔了人们的文学视野。21世纪以来，文学创作与文学研究都进入一个更加深化、多元的发展阶段。各种时尚的、新潮的、流行的文学现象频繁出现于文坛，你方唱罢我登场，令人眼花缭乱。作家李锐就写过一篇《拒绝合唱》的文学创作谈，公开表明他不与文学时尚、文学潮流相同流、共吟唱的写作姿态。那么，您是如何看待这二十年来中国文坛的各种风尚与潮流现象的？作为一名很有声望的知名作家，您觉得在各种迷人炫耀、五光十色的文坛时尚与潮流中，应该如何保持自己清醒而理智的创作风格与创作个性呢？

莫言：世纪之交的二十多年来，中国社会与中国文学都发生了很深刻的变化。尽管外面的世界很精彩，尽管我的文学观念也不可避免地要受到时代氛围的浸染而发生了很多变化，但有一点始终是我坚持的，那就是个性化的写作和作品的个性化。我认为一个作家，必须坚持人格的独立性，与潮流和风尚保持足够的距离。一个作家应该关注的、将其作为写作素材的，应该是那种与众不同的、表现出丰富的个性特征的历史与生活。一个作家所使用的文学语言，应该是属于他自己的、能够使他和别人区别开来的文学语言。一个写作者观察事物的视角，应该是不同于他人的独特视角。从某种意义上来说，牛的视角，也许比人的视角更加逼近文学。我不认为一个写作者可以随便对作品中描写的人和事做出评判，但假如要评判，那也应该使用一种不同流俗的评判标准。这样强调写作的个性化，似乎失之偏颇。但没有偏颇就没有文学，中庸和公允不是我心目中的好的写作者所应该保持的写作姿态。即便在社会生活中，中庸和公允多数情况下也是骗人的招牌。趋同和从众，是人类的弱点，尤其是我们这些经过强制性集体训练的写作者，即便是念念不忘个性，但巨大的惯性还是会把我们推到集体洪流的边缘，使我们变成大合唱中的一个无足轻重的声音。合唱虽然是社会生活中最主要的形式，但一个具有独特价值的歌唱者，总是希望自己的声音不被众声淹没。一个有野心的写作者，也总是希望自己的作品能跟他人的作品区别开来。我知道有些批评家已经对这种强调个性的写作提出了批评，但他们这种批评，其实也正是一种试图发出别样声音的努力。时至今日，我认为已经不存在那种会被万众一词交相称颂的文学作品，我也不认为会存在一个能够满足各个阶层需要的作家，任何一个写作者的努力，都是"嘤其鸣兮，求其友声"。从这个意义上说，写作的个性化，恰是通向某种程度的普遍性的桥梁。

原载《深圳特区报》2004 年 4 月 25 日

时间：2004 年 11 月 2 日下午 5 时

地点：开往深圳机场的高速公路的车上

以童心写『真文学』

——曹文轩教授访谈录

曹文轩，著名儿童文学作家、学者。1954 年生于江苏盐城。中国作家协会儿童文学委员会副主任、中国作协全国委员会委员、鲁迅文学院客座教授，北京市作家协会副主席，北京大学中文系教授，中国现代、当代文学专业博士生导师，当代文学教研室主任。教授的课程有：《中国当代文学》《小说的艺术》《小说十家》《思维论——对文学的哲学解释》《中国当代文学热点分析》等。

曹文轩是中国少年写作的积极倡导者、推动者，被列入北京市跨世纪文艺人才"百人工程"，入选"教育部人文社会科学跨世纪优秀人才培养计划"。承担国家教委"八五"科研项目"小说的艺术"和国家"九五"重点科研项目"二十世纪末中国文学现象研究"。代表作有《草房子》《红瓦》《细米》《天瓢》《青铜葵花》《山羊不吃天堂草》《根鸟》《黄琉璃》等 46 种。影视作品有《三角地》。另著有《中国八十年代文学现象研究》《荒漠的回响——曹文轩文学论集》《思维论》《小说门》《第二世界》等多种学术著作，主编《八十年代小说选》《现代小说名篇导读》《现代散文名篇导读》《现代诗歌名篇导读》等 15 种文学读本。

荣获宋庆龄儿童文学奖金奖、冰心文学奖、国家图书奖等四十多种奖项，荣登 2013 第八届中国作家富豪榜。2016 年 4 月，曹文轩荣获全球儿童文学最高奖"国际安徒生奖"，这是中国作家首次获此殊荣。

曹文轩教授

　　2004 年 11 月 2 日下午 2 时半，晚秋的天气送来阵阵凉风，在深圳市文化局 7 楼报告厅里，座无虚席。由第五届深圳读书月组委会主办的"卓越·深圳读书论坛"第二讲在这里拉开帷幕。刚刚在第六届全国儿童文学奖评奖中凭长篇小说《细米》荣获第一名的北京市作协副主席、北京大学中文系教授、博士生导师、著名学者、作家曹文轩先生来到这里，为深圳的读者开始了他此次深圳之行的第七场讲座——《我所理解的"真文学"》。

　　在近两个小时的报告中，曹文轩先生通过对"无中生有"、"故弄玄虚"、"坐井观天"、"无所事事"这四个成语的解读，从自己独特的创作经验出发，别开生面地畅谈了他的文学观。他认为，这四个成语都抓住了文学的本质，打中了当代文坛的要害。他以纳博科夫、博尔赫斯、卡尔维诺、普鲁斯特、马尔克斯、曹雪芹、钱锺书等中外文学大师为例，强调了文学的想象力、作家个人经验和观察世界的独特角度的重要性，认为这些才是构成真文学的基本品质。曹老师认为，人类改造了第一世界，即由阳光、空气、海洋、植物和土地构成的自然世界，又创造了第二世界，即文学的世界。曹教授认为，中国文化的实用主义，严重阻碍了中国文学的发展，中国当下文学变态地追求真实，放弃了文学的虚构能力，如果一个国家的作家只是关心粮食问题和房子问题，则很难指望这个国家的文学会有什么辉煌成就的。中国作家的责任感需要重新树立。

　　曹老师的讲座受到了现场中学生和文学爱好者的欢迎，会场里不时响起热烈的掌声。演讲结束后，曹老师回答了听众的提问，为他们解疑释惑，深圳读者和中学生们将曹老师团团围住签名，表达了深圳学子们对真文学的认同和迷恋。曹文轩教授儒雅的风度、浓浓的书卷气、幽默的比喻和他对"真文学"的极富个人经验的理解，博得了深圳读者一阵阵的掌声。

讲座结束后，曹文轩先生要乘当天下午的飞机返回北京。于是，我在曹先生去机场的车上对他进行了追踪访谈。

要提倡阅读经典

安裴智：刚才你主要谈了对"真文学"的理解，谈了当代中国文坛的弊端，这对深圳读者的文学阅读无疑是一剂良药。在第五届深圳读书月拉开帷幕的日子里，读书、阅读无疑是这个月里深圳人提起和谈得最多的语词和话题。当今社会，经典的图书与各种低劣的儿童文学书籍及时尚类书籍，鱼龙混杂，铺天盖地。你认为应如何引导小朋友们的阅读？你认为少年儿童应培养怎样的阅读习惯？你认为什么样的阅读是最理想的？

曹文轩：在当今这样一个浮躁、多元文化现象并存的时代，家长不能放弃对小孩的教育责任。仅仅从父与子的关系去理解，太平面。父亲有对孩子监护和教育的责任，但我们大人总是要扮演小孩子的代言人。在西方发达国家，小孩教育包括"惩罚教育"。

少年儿童如何养成健康的阅读方法，需要专家来指定。我觉得，还是要提倡经典阅读，要打好语文底子，必须从读经典开始。这是经过一代一代的检验、最佳的阅读选择。因为经典里面有一个人成长所需要的基本元素。在阅读经典的前提下，再适当看点时尚的东西。

安裴智：读经典，使我想起了"读经运动"。今年夏季，国内学术界发生过一场如何看待"读经"现象的讨论。当然，"读经"与

"读经典"是两码事，两个概念。经典的内容和范围更广，而"经"，主要指中国封建社会儒家的学术著作。你刚才在演讲中说你是一个非常古典的文学家。那么，你如何看"读经"现象？

曹文轩：读经是无害的。现在有人提倡也未尝不可。读经文的过程，与古代语言有一个相遇，现代汉语水分太大，不凝练，格调不高雅，经文里的文言对读者语言的锤炼大有好处。如我们现在一些商店写着"床上用品"，而日本一些商店仍保留着中国古代的语言，叫"寝具"。这两个词的韵味就截然不同，后者更雅一些。当一个社会处于道德失范的状态，没有价值标准时，古代经书中的一些道德原则还是会有约束力的。孔融让梨的思想在西方也一样。

我写的是"成长小说"

安裴智：读你的作品，如《草房子》《红瓦》《根鸟》等，好像并不完全是写给儿童看的，有人称你的儿童文学作品是"成人儿童文学"，即比孩子们读的儿童文学更高一个层次，你的作品比一般儿童文学作品思考的问题更深刻，表述的方式更艺术、更讲究。你认同这个观点吗？

曹文轩：我是从儿童的视角去写文学，实际上，我觉得应该叫"成长小说"。这个概念是我最早提出来并由我完成对它的内涵阐释的。儿童文学这一概念很笼统。因为儿童包括了好几个年龄层次。过去的观点认为，只要是写给少年儿童看的文学作品，都叫儿童文学。传统意义上的儿童文学，实际上就是指给低幼和小学中、高年级的孩子看的作品。而初中以上的孩子，是忽略不计的。大孩子们看得很不过瘾，因为这些儿童文学作品赶不上他们的欣赏水平。我觉得，关注少年儿童的成长，描写青少年心理成长轨迹和历程，放在原先定义的那个儿童文学里，就无法施展拳脚，应独立成一个文学种类。

命名很重要。名正言顺，名不正言不顺。过去儿童文学很少写爱情，但在"成长小说"里，则可自由地描写少年儿童在成长过程中的情感体验和情感状态，写少男少女们生理和心理上的变化。"成长小说"的提出使文学发现了一块新天地，是对传统意义上儿童文学的解放，是一个新领域的获得。"成长小说"在西方早就有，它是随着人类的文明进程而出现的。作家通过儿童的视角，更加关注少年儿童成长背后的故事，关注成长背景对一个人人生的影响。

我喜欢脚踩两只"船"

安裴智：你承担着繁重的教学科研任务，却创作出了数量丰厚的文学作品和学术研究著作。可以说，你是一个学者型的作家，也是一个作家型的学者。你是如何处理教学与创作的关系的？你是否觉得"学者作家化"与"作家学者化"的完美融合，就是文学大师产生的必备条件？

曹文轩：一个人不上大学，也可以成为学者，甚至是很好的学者，比如沈从文。中国20世纪二三十年代，文坛涌现了鲁迅、胡适、徐志摩、梁实秋等一大批兼具学者与作家双重身份的大师，他们既是思想大师，又是文学大师。可惜这个大师云集、高峰林立的格局和传统在 20 世纪 30 年代以后丢了。代之而崛起的，是文化实用主义的文艺创作，一旦形成模式，就失去了文学的蓬勃活力。

处处有生活，生活是平等的。我在北大三十多年的教学经历告诉我，创作与学术这两者是可以相互兼顾的。学术研究是一种形而上的思维工作，那么，这个研究累了，就像在天上飞累了，再回到地下来走一走，转换一下思维，也是很好的。就像从电视的 8 频道转向 9 频道。创作和学术是两只船，我就喜欢脚踩两只"船"，我不怕翻船。

当代文学仰望现代文学的历史已经结束

安裴智：学术界一般认为，自 1949 年新中国成立以后的中国当代文学在文学成就上根本没法与 1919 年至 1949 年的中国现代文学相比。你自己也在下午的学术报告里提到自 20 世纪 30 年代乃至新中国成立后很长一段历史时期，中国文学被实用主义禁锢得了无生气。但你近来频频在一些文章里表述这样一个观点，即中国当代文学仰望中国现代文学的历史已经结束。言中之意，好像是当代文学的发展已经超过了现代文学。这两种观点，你不觉得矛盾吗？

曹文轩：确实，我认为，中国当代文学仰望中国现代文学的时代已经结束了。如果说，中国现代文学有许多座像鲁迅、胡适、梁实秋、沈从文、老舍等那样的文学高峰，那么，中国当代文学却有一个现代文学所没有的广阔的平原；再者，中国当代文学有没有高峰也很难说。高峰不是同时代就能认定的，要到后世，鲁迅被认定为高峰不是在他活着的时候，而是在今天。

安裴智： 那你认为当代文学从哪些方面，使我们感到它的视野比现代文学更加开阔了呢？

曹文轩： 中国当代文学尤其是近二十多年来的新时期文学，在文学主题的开掘、文学题材的广泛、对人性的揭示、新旗帜的展扬、新口号的提出等方面，都较现代文学有所突破。当代文学已经成为扬眉吐气的新学科，当代文学新的传统正在诞生。

安裴智： 您的作品以庄重忧郁的风格、诗情画意的意境、充满智慧的叙述方式，呈现给了读者一个真善美的艺术世界。这次获得第六届全国儿童文学奖的长篇小说《细米》是一部什么样的作品？请介绍一下。

曹文轩：《细米》是写一个小男孩与他的年轻老师之间的感情。不是一般意义上的爱情，但也不是一般意义上的师生之情。这个感情是童真的、清纯的、发自生命深处的个人体验，特别打动人。当然，这里面有我童年生活的影子，是以我小学时的真实情感经历为原型写成的，是一种很纯真的情感之美。

坚守文学的基本品格

安裴智： 明代思想家李卓吾先生说："天下之至文，未有不出于童心焉者。"李贽的"童心说"影响了一代又一代的文学家。明代"公安派"文学的杰出领袖袁宏道也以"独抒性灵"为文学的最高宗旨。他说："独抒性灵，不拘格套，非从自己胸臆流出，不肯下笔。"我觉得这些古人的文学观，与当代相当长历史时期的文化实用主义观比起来，今人反倒不如古人了。你觉得是吗？

曹文轩：文学是有一些基本元素的，写人性、写人情、写人的生命体验，这是文学永恒的精神追求。我的《红瓦》《草房子》为什么在出版后一版再版，几乎是一批刚销完，又有一批印出来进入了市场。《草房子》国内外的版本加在一起大概已印刷了 40 次。这次在深圳，我就签售了 1500 本书，这一切足以说明这些文学作品受读者欢迎的程度，也表明即使拿今天的眼光来看，《草房子》《红瓦》这些作品里，是有着文学内部恒定的一些基本东西的。我说过，我今天写作品是供我晚年阅读的。我要在晚年阅读这些作品时不要感到汗颜。在去年由作家出版社推出的《曹文轩文集》研讨会上，一位影响广泛、富有见地的青年评论家李敬泽说，现在许多作家越写越感到写不下去了。原因在哪里？大概是文学丢失了基本面。文学的基本面是不能丢失的，要坚守对文学的基本因素的维护，比如，对人性的探索，对语言美感的追求，对文学审美功能的重视等。李敬泽提出一个观点：现在的文学不是要向前走，而是要往回撤，要撤回到文学的基本面上，文学走得离文学越来越远了。因而，对文学的坚守仍是必要的。

“80 后写作”：一场真正的语文革命

安裴智：你曾给被称作“80 后写作”的代表郭敬明、韩寒等青年作者的书作序，可以看出，你对他们的写作评价比较高。你又是“全国新概念作文大赛”的评委。你如何看待“80 后写作”这一文学现象？可否认为这批年轻写作者是以个体生命体验为写作源泉的"真文学"？

曹文轩："80后"这批孩子们的文学势头非常好。他们在写作上产生了一个非常大的颠覆。这些少年作家们，想象力、虚构力、生命体验能力都比成人作家要强，他们在语词的运用、语言的纯洁性和美感、表述及文学思维的宽度、深度上都加大了。"80后"这批孩子的文学创作之所以有这样的状态，是因为我们这块土地上发生了一场真正的语文革命。这场革命的力度与它所产生的深远影响，绝不亚于"五四"那场语言革命，它使语文生产力获得了大解放。"80后写作"是非常可喜的一个文学现象。

"大文化批评"不可取

安裴智：你对当下中国文坛，包括文学创作与文学批评界怎么看待？

曹文轩：当下一些中国作家守不住自己，被时尚和功利引诱，缺少一些甘于寂寞、对艺术有追求的人。

安裴智：你对目前学术界广为盛行的大文化批评如何看？

曹文轩：我对那种很宽泛的大文化批评持批评态度。我觉得，如果离开文本，那研究的就不是文学。当前文坛的大文化批评广遭诟病，是文化批评者们自己不注重文本造成的。当然，文化批评与文化研究不是一个概念，文化研究宽泛、抽象点是可以的，但文化批评则必须以文学的文本为基础。

安裴智：你是第一次来深圳吗？短短几天里，你对这座城市有什么印象呢？你对深圳文化和深圳文学想说些什么呢？

曹文轩：我是第一次来深圳，短短的几天里，连续作了七场文学报告，非常疲惫，但我走在深圳的街上，走在街心花园里，总能产生一种世界大都市的感受，这是一座很年轻的城市。从公共汽车上的乘客看，全是年轻人，很少看到老年人。

原载《深圳特区报》2004 年 11 月 7 日

时间：2007 年 9 月 19 日

方式：电话访谈

深圳呼唤『撼世力作』
——陈建功先生访谈录

　　陈建功，著名作家，中国作家协会副主席、书记处书记、党组成员，中国作协全国委员会委员，中国作协影视文学委员会主任，兼任全国政协第十届委员，中华海外联谊会常务理事。

　　1949 年 11 月生于广西北海市，1957 年迁至北京。1973 年开始发表作品。1977 年考入北京大学中文系，1982 年毕业后，从事专业创作。相继担任北京市作协专业作家，中国作协第四届理事、第五届全委会委员，中国作协书记处书记兼创研部主任，作家出版社社长，中国作协第六、七、八届副主席，中国现代文学馆馆长等。2016 年 12 月，当选中国作协第九届全国委员会副主席、全国委员会委员。

　　陈建功主要从事小说、随笔、电视剧创作。出版的作品有：长篇小说《皇城根》（合作），短篇小说集《迷乱的星空》，中短篇小说集《陈建功小说选》，中篇小说集《前科》，中篇小说《放生》，短篇小说《丹凤眼》《飘逝的花头巾》《太阳石》，作品集《建功散文精选》，随笔集《从实招来》《北京滋味》等。部分作品被译成捷克、韩、日、法、英文版本，在海外出版。

　　作品荣获全国优秀短篇小说奖，《北京文学》奖，《十月》文学奖，庆祝建国 45 周年中篇小说优秀奖、长篇小说佳作奖、报告文学佳作奖等。由中篇小说《找乐》改编的同名电影获 1993 年柏林电影节青年影评大奖、东京电影节金奖、西班牙圣塞巴蒂安电影节奖、法国南特电影节最佳故事片奖。

陈建功先生

安裴智：在中国改革开放 30 周年和深圳经济特区建立 30 周年前夕，由中国作家协会和深圳市委联合启动"中国改革开放三十周年文学创作工程"，并举办"中国作家深圳行"采风创作活动，让全国作家深入深圳、了解深圳，进而深刻、全面地抒写深圳二十多年改革开放的宏伟历程，反映深圳这座青春城市在经济、文化、观念等领域的深刻变革。你认为此项创作工程和此次采风活动在深圳的城市发展和文学发展中有何深远意义？你认为我们的作家应如何以及应从哪些方面深刻抒写深圳改革开放的宏伟史诗？

陈建功：中国作协和深圳市委为迎接改革开放 30 周年、推动"改革开放"题材文学创作，即将举办一系列文学活动，希望通过这些活动，推动这一题材精品力作的产生。"中国作家深圳行"，是这一系列活动的第一项。这一活动，对倡导作家关注改革开放的历史进程，关注新的生活和新的人物，无疑有着深远的意义。对于地处改革开放前沿的深圳来说，其意义或许更不可低估。第一，深圳涌动着炽烈的时代精神，积累了丰厚的生活素材，闪烁着缤纷的情感启示。中国作家深圳行，有可能激发起作家们强烈的感知生活的欲望和创作的热情，为改革开放时代的深圳、深圳人和深圳精神，留下难得的、形象化的时代印记。第二，中国作家深圳行，既是采撷，也是播种。作家们采撷了人物、故事、诗情和画意，激发了创作的热情，同时也必将播下文学的种子。采风活动将进一步唤起深圳人对文学的兴趣，对文化的关注，促进深圳文学的发展，带动深圳的和谐文化建设。当然，每一个熟谙创作规律的人都知道，光靠走马观花是难以写出传世佳作的。因此深圳方面提出，作家们可以根据自己的感受，进一步提出深入生活的计划，政府将为他们扎根深圳创造条件。这实在是一个尊重艺术规律的好主意。我想，"应如何、应从哪些方面深刻抒写深圳改革开放的宏伟历程"这一问题，是不必一定说出一二三的，但把"走马看花"变成"下马观花"，直至变成参与人民伟大的实践活动，这才是伟大作品产生的前提。

安裴智：过去深圳的文艺发展之路，在一定程度上有一种"拿来主义"的倾向。现在，深圳文学的主管部门认识到仅有"拿来"是不够的，必须要有深圳自己原创的文学创作。这个原创性，就是由深圳的作家写深圳的生活，由深圳的演员演出深圳导演和编剧的剧作。你如何看待深圳在经过二十多年的发展后提出要创作深刻抒写二十多年改革开放宏伟历程的"撼世力作"这一提法？

陈建功："撼世力作"是一个激动人心的期待，深圳存在着实现这一理想的现实基础和情感基础，因此这一期待绝不是"升虚火"。这一目标的实现，我的确更寄希望于深圳的作家艺术家。因为他们和深圳改革开放的伟大进程相伴而行，风雨兼程，他们的生活感受和情感震撼，是刻骨铭心的，如此的生活积累和情感积累，是其他人无法比拟的。但对于深圳作家来说，要迎接"撼世力作"的产生，也还需要创造更充分的条件。比如，深圳文学是不是还需要站在全中国乃至全人类的高度，对生活、时代和人进行更为深刻的观照？深圳文学是不是还需要增强定力，抗拒金钱的诱惑和滚滚红尘的喧嚣，在更为沉潜寂寞的劳动中期盼那"撼世力作"的硕果？

安裴智：深圳作为中国改革开放的前沿窗口和重要阵地，经过26年栉风沐雨、筚路蓝缕的发展，在经济上取得了辉煌的成就，但从文学创作上看，与全国相比，在深刻反映二十年改革开放的宏伟历程方面，却相对滞后，缺乏一批既有思想深度又有艺术水准的撼世力作。比如，全国有诸如《乔厂长上任记》《新星》《夜与昼》《衰与荣》《跋涉者》等一批改革文学的力作，但深圳的改革文学创作却鲜有力作，鲜有能在全国引领潮流的精品大著，经济的腾飞与改革文学的相对滞后形成一种鲜明的对照。你对这种现象如何看待？你认为造成这种局面的原因是什么？

陈建功：我很欣赏你的清醒，但也觉得对深圳文学创作的成就不必妄自菲薄。深圳的创作也是成就很大的，特别是纪实文学，拥有很具实力的作家和作品。当然，经济和文化发展的不平衡是必然的。改革开放之初，人们比较专注于经济建设，现在，在科学发展观的指导下，人们越来越重视物质文明、精神文明、政治文明协调发展。我相信，有了深圳市委市政府和广大市民的重视参与，拥有丰厚积累且思想活跃的深圳，正在孕育着佳构力作。

安裴智：现在有的作家对改革题材的文学创作有一种认识误区，好像一写改革，就是图解政策，就是远离人性。实际上，改革绝不是表面上的风风火火，而是一种非常复杂而立体的历史动态过程。在这个过程中，既有取得经济建设辉煌成就的一面，也更有人性深层的灵魂裂变，有种种令人担忧的沉渣泛起，有沉重的精神代价。因而，改革题材的文学创作，绝不仅仅是一味讴歌，绝不仅仅是停留于表面的叙写，而仍是要深刻挖掘人性深层的东西，写出在社会转型的特殊历史阶段人的灵魂的根本变化。所谓撼世之作，一定是具有丰富的文化含量、巨大的思想深度和相当的艺术高度的。从这个标准来看，深圳二十多年文学的发展，确实难有这样严格意义上的"撼世之作"。可以这么理解吗？你是如何理解"撼世之作"这个概念的特定内涵的？

陈建功：你说得很好，刚才你提到一些作品的名字时，我就想到了这一问题。那些作品都是当时具有很大影响力的佳作，但若以你上述所说的标准衡量，恐怕还略嫌不足。文学发展到今天，我们对"撼世之作"的理解和期待，当然要有更高的要求了。不过我还想补充一点，那就是这样的作品，一定还要具有中国气派中国作风，为广大人民喜闻乐见。因为"撼世"不"撼世"，不是由评论家来说的，而是由广大读者来感受来认可的。

安裴智：你认为深圳文学界应如何努力，才能写出如你所说的"撼世之作"？"撼世之作"应如何深刻反映深圳二十多年的改革阵痛与取得的成就？

陈建功：现实已经为"撼世之作"的产生准备了条件，但最终优秀作品的产生，还要靠作家们的主观努力。我个人以为，优秀作品的产生，首要条件是铭心刻骨的生活感受，因此在云蒸霞蔚的生活面前，作家们如何选择自己的生活方式，是类似"生存还是毁灭"那样严峻的问题。其次就是我们常说的"思想"——它决定着作家对生活的正确而独特的理解和把握，决定作家是否有能力为读者重新铸造一个艺术的世界。此外还有许多因素，比如艺术的个性、创新的自觉、文化的积淀等。对于深圳作家的建议，我刚才已经说过了。至于你说的"撼世之作"如何深刻反映改革，是个值得思考的问题，更是一个需要在实践中解决的问题。如果一定要说，就我想到的方面就有——这种反映，不应是平面的，而应该是立体的；不应是角度单一的，而应是纷纭丰富的；不应是流于表面的，而应是深入灵魂和心灵的；不应是见物不见人的，而应是以人为本，更注重精神的，等等。

安裴智：20 世纪 80 年代初，我国曾涌现出"改革文学"的创作思潮，对改革的历程与其中的社会矛盾及人与人之间的复杂关系作了抒写，但二十多年过去了，现在看来，当时的改革文学也有一定的误区，主人公身上仍有一种浓重的理念色彩。你作为中国作协的领导和著名作家，对全国的文学创作非常了解。你认为现在中国的改革文学创作现状如何？请对全国改革文学的创作现状作一评价。

陈建功：曾经涌现的"改革文学"作品成就巨大、功不可没，总结提高也是必要的、必需的。通过二十多年的实践，"改革文学"的创作水准有了相当的提高，主要表现在对改革进程的艰巨性和复杂性有了更为清晰清醒的估价，表现这一题材的角度也有了更多的变化，对改革人物性格的丰富性乃至人性的开掘，有了更为自觉的努力，对于改革和中国文化的关系，有了更为深入的思考和表现，对于民族和民间传统表达方式的继承和借鉴，有了较多的关注。至于你所说的"理念"色彩，我倒不认为是什么"误区"，改革文学开始的时候，可能类似的作品多了一些，但至今我仍然认为，类似的作品也不妨存在。其实不光是中国，也不仅仅是"改革"题材的文学，在文学发展的历史上，"理念"较强的作品，一直屡见不鲜。

安裴智：你多次来到深圳，请你从一个作家的角度谈谈对这座城市的认识。

陈建功：深圳年轻妩媚，端庄健康，充满活力；深圳包容大度，和谐祥和，充满凝聚力；深圳自尊自信，前景辉煌，充满了感召力。虽然来过多次，但都是来去匆匆，请原谅我感受的浮泛。但喜爱这座城市，是由衷的。

安裴智：你对深刻抒写深圳改革开放宏伟历程的"撼世力作"的创作前景如何评估？会有一些确能传之后世的精品力作吗？

陈建功：我是很乐观的。但我认为必须付出极大的努力。除了各级领导的重视和扶持外，最重要的是创作者的努力。我个人认为，我们不光要寄希望于来访的外地作家，也要寄希望于生于斯长于斯的本地作家；不光寄希望于专业作家，也要寄希望于那些在生活实践中有阅历有感受的写作者。因此，"中国作家深圳行"只是我们所做工作的一项。为了迎接这些优秀作品的诞生，作家协会要努力，作家本人也要努力。至于你最后一个问题，我只能用两句话回答你，第一句是毛主席说的，"共产党员不是算命先生"；第二句是老百姓常说的，"有耕耘总会有收获"。

原载《深圳特区报》2007 年 9 月 21 日

时间： 2004 年 6 月 10 日

方式： 电话访谈

李锐，著名作家。曾任《山西文学》副主编、山西省作家协会副主席。

1950 年生于北京，祖籍四川自贡。1969 年赴吕梁山区插队落户，1975 年分配到临汾钢铁公司做工，1977 年调入山西省作家协会《汾水》编辑部。相继担任《山西文学》编辑部主任、副主编。1988 年转为专业作家，同年 6 月加入中国作家协会。1998 年 12 月当选山西省作家协会副主席。2003 年 10 月辞去山西省作协副主席职务，同时退出中国作家协会。

1974 年发表第一篇小说。迄今已发表各类文学作品百余万字。系列小说《厚土》在文艺界和读者中反响强烈。出版有中短篇小说集《丢失的长命锁》《红房子》，系列小说集《厚土》《传说之死》；长篇小说《旧址》《无风之树》《万里无云》《银城故事》；散文随笔集《拒绝合唱》《不是因为自信》，另有《东岳文库·李锐卷》（八卷）。李锐的作品先后被翻译成瑞典文、英文、法文、日文、德文、荷兰文等多种文字出版。

李锐曾荣获法国政府颁发的"艺术与文学骑士"勋章，被香港公开大学授予文学荣誉博士学位，是继莫言之后第二位获此荣誉的内地作家。他的《厚土》获全国优秀中短篇小说百花奖、"青年文学创作奖"、《中国时报》文学奖，《合坟》获全国优秀短篇小说奖、《上海文学》奖特别荣誉奖，《黑白》获《上海文学》奖与 1993 年度庄重文文学奖。他还获赵树理文学奖、山西文学优秀小说奖等。李锐是被瑞典汉学家马悦然欣赏的中国作家之一。

语言自觉与精神追问

——李锐先生访谈录

李锐（左）与马悦然先生

伟大作家是任何一个文学奖都无法衡量的

安裴智： 关于诺贝尔文学奖，我在 1994 年采访中国社会科学院外国文学研究所研究员、著名德语文学专家、卡夫卡研究专家、中国歌德研究会会长叶廷芳教授时，他认为，被诺贝尔文学奖发现和奖励的天才作家与被这个奖项所埋没、遗漏的天才作家一样多。对诺贝尔文学奖，既不能全面否定，也不能完全认同，可以说是功过各半。您是否认同他的这一看法？从您的认识角度来看，应如何看待诺贝尔文学奖这一重要的国际文学奖呢？

李锐： 依我的本意是很不愿意谈论这个问题的，这是一个每年都要被新闻媒体炒作一番的题目，而且是越炒离题越远。一些简单化的、情绪化的争论和断言，更是成为加油添醋者的自我表演。就像"文化大革命"当中有人标榜自己出身红五类一样，敢骂诺贝尔奖已经成为一些人"勇气"的标签。

这个世界没有十全十美的事物，诺贝尔奖也不例外。但是相比较而言，诺贝尔文学奖是迄今为止世界上最著名也最具权威性的文学奖，这应当说是不争的事实。否则就不会有这么多人来谈论、争论这个问题了。每年只颁发一次，大部分也只奖励一名作家的诺贝尔文学奖，不可能完全包括世界上所有最杰出的文学家。托尔斯泰、卡夫卡、乔伊斯、鲁迅的落选就是证明。最初的诺贝尔文学奖基本上是欧洲中心主义的眼光，但是，后来他们意识到这一点，开始把眼光逐渐放到全世界，尤其是最近十几年以来，有许多欧洲之外的作家得了奖，只要把名单拉出来看看就会一目了然。

作为一个作家，一个创作者，我想说的是：人类世界有文学已经几千年了，而有文学奖才不过一百多年。屈原、李白、杜甫、曹雪芹、鲁迅这样的作家诗人是任何一个文学奖都无法衡量的。他们当初的作品也从来都不是为了别人的奖励才写出来的。文学奖是为了奖励好文学的，绝不是为了给文学立一个标准叫人去遵从的。为了别人定的标准而写出来的作品，只能是末流的作品。年年盯着一个文学奖去炒作，去修正自己的人只能说他是一个伪作家。

安裴智：最近在某报上读到您的一篇文章《13亿人的文学和一个人的阅读》。文中谈到诺贝尔文学奖评委、瑞典汉学家马悦然先生有着扎实的中国古代文化的修养，尤其是他长期坚持翻译沈从文的作品，那是一种超越了狭隘的意识形态的关注，是真正的文学关怀。这样的理解无疑是准确的、深刻的。我们当然不能苛求马悦然去关注13亿人的文学创作。实际上，也并非13亿人都在从事文学创作。自1919年"五四"文学运动以来，全国从事文学创作事业的人也就几万人，与13亿比起来，微乎其微。更何况，当下文坛，有多少人是披着文学的彩衫却吹着非文学的泡沫。这样说来，马悦然先生的关注面也确实太狭窄了。鲁迅呢？老舍呢？巴金呢？对中国文学和作家，马悦然先生的推荐意见和认识态度，在诺贝尔文学奖评委会中有着举足轻重的影响力。那么，您是否认为马悦然对中国现当代文学缺乏一种整体的、宏观的把握与认识？虽然能否获得诺贝尔文学奖并不是一个国家文学实力的象征，但从客观的角度，应如何看待马悦然先生对中国文学的了解和评介？

李锐：看来你对马悦然先生还是不够了解。他除了翻译过大量中国古代经典以及沈从文的作品之外，还翻译过鲁迅、闻一多、郭沫若、艾青等一大批现代作家诗人的作品，当代的像高行健、北岛包括我本人的他也大量翻译过，此外他还很喜欢韩少功、苏童、残雪等作家的作品，山西作家曹乃谦的短篇小说他也翻译过，他翻译的《水浒传》《西游记》在瑞典多次再版。这已经是一个很宽泛、很难得的阅读范围了。我不知道世界上还有哪一位汉学家有这个阅读、翻译的范围。什么叫整体的把握？我们不要忘了，汉语写作除了中国大陆外，还有港、台、澳，还有新、马、泰的华人，还有世界各地坚持用汉语写作的人，这个工作量不要说一个人根本不可能完成，就是一个研究所也很难完成。

深刻地表达自己是汉语写作者的命题

安裴智：您的文学创作，自20世纪80年代以《厚土》为总标题的"吕梁山印象"系列一炮打响之后，十几年来又相继创作出《旧址》《万里无云》《无风之树》《银城故事》等长篇小说，在国内外产生了很大影响。您的作品被译成英文、法文、德文、瑞典文等多种外国语言，您在海外读者中的影响越来越大。仅近年来，您就多次接受邀请赴法国、美国以及中国台湾去讲学和参加文化活动，传播中华文化。尤其是长期以来，诺贝尔文学奖评委、瑞典汉学家马悦然先生一直关注着您的文学创作，先后翻译了您的《旧址》《无风之树》《万里无云》三部长篇小说和成名作系列小说《厚土》。网络报纸等媒体报道您是在海外非常有影响力、最有希望获得诺贝尔文学奖的中国当代作家之一。您对此说法如何看待？

李锐：对这个问题我已经回答过许多次了。所谓"最有希望获得诺贝尔文学奖"之类的说法，只是新闻媒体的猜测和炒作。诺贝尔奖评委会（正式称呼应当是瑞典学院）从来没有说过谁"最有希望"之类的话。不错，马悦然先生一直在翻译我的小说，这是事实，但是仅此而已，并不说明任何其他的问题。还有一句话我也说过许多次了，已经有一位用中文写作的作家得过诺贝尔文学奖了，这个问题可以不用再反复说了，起码二十年之内不用再说它，大家最好还是多想想怎么把自己的小说写好。用方块字深刻地表达自己，这是一切汉语写作者最根本的命题。

真正的好文学是不分时代国界的

安裴智：今年 3 月，您与余华、莫言、苏童等中国作家在巴黎参加了"第 24 届法国图书沙龙"活动。在这次文学活动中，您与莫言、余华共三位中国内地作家被授予法国"艺术与文学骑士勋章"。请您谈谈此次法国之行的感受，也请您谈谈您的文学作品在海外被阅读与接受的情况。

李锐：法国是一个有着悠久历史文化传统的国家，巴黎在许多年里都曾经是西方文化艺术的中心。我三次去法国，感受最深的就是这个国家对文化艺术无上的尊重，传统文化和艺术不仅仅是被放在博物馆里，更是人们日常生活的一部分，更是整个生活和社会的巨大动力。层出不穷的文化艺术和思想大师从那块土地上产生出来，成为法国乃至世界的财富。巴黎图书沙龙上万头攒动的景象让我深为感动，法国人真是爱书！

　　至于说到我自己，我不是一个"著名"作家，更不是畅销书作家，我在中国的读者就没有多少，在法国肯定更少。不过在这次沙龙上和我对谈的法国作家，还是给我留下深刻印象。我们对谈的话题就是我的长篇小说《无风之树》，我发现这位法国读者对小说的理解很深刻，也很文学化，他首先是被小说感动了吸引了才引出种种思考的，他对我的语言形式，对小说的多声部结构，对动物也在说话，对"矮人"的困境和隐喻等都有很到位的体会，甚至比国内一些所谓评论家、教授的眼光和理解要深入得多。当然，一切真正的好文学、好艺术应当是不分时代，没有国界的。使用法语的巴尔扎克、雨果、萨特、加缪，照样还是赢得了许多中国读者的喜爱，甚至深刻地影响了中国现当代文学。可我相信，他们当年写作的时候绝不会想自己的作品将来会有多少外国读者。作为一个使用方块字写作的中国作家，我想，最重要的也是第一位的读者当然是自己的同胞。一个有自信心的作家在创作的时候唯一关心的应当是自己的作品，其他的都可以弃之不顾。

有生命力的精神能对社会发生影响

　　安裴智：在中国当代文坛，当众多作家都在为功利而辛苦奔波、忙于制造一个又一个文学泡沫时，您和蒋韵老师却执着地在艺术王国里固守着自己宁静的精神家园。这种为艺术而抛却功利、视功名如粪土的精神动力源自哪里？当下文坛，良莠不分，多元发展，种种非文学现象泛滥文坛。很多作家放弃了对精神的固守，而选择了没有艺术突破的重复生产、原地踏步或商业行为。如何看待这种现象？在物质和商业狂欢的时代，您能坚持精神写作的动力是什么？

李锐：中国当代文坛确实很浮躁，很多作家最关心的是怎么轰动，怎么迎合市场，出版社最关心的是怎么制造畅销，理论家、教授们又常常沉迷在和汉语处境无关的时髦"话语"当中。这是一个金钱和权力横行的时代，这是一个精神侏儒狂欢的时代，一个精神被普遍阉割的时代。可有的人故意遗忘故意混淆被迫如此的处境，到处大唱赞歌，还美其名曰"多元化"、"身体快乐"。除了金钱和权力，如今的中国哪还有什么另外的"元"？一个被迫如此的身体到底有多快乐？

我倒觉得说"精神固守"太被动。真正有生命力的精神是能够对社会发生影响，是能够和他人相互交流激荡的，是应当充满了力量的。文学从来都不是在舒适的温室里生长出来的。欧洲、美国的商业化时代比我们多了几百年，可那里不是照样产生了许多堪称伟大的文学和作家？难道曹雪芹的文字狱时代比我们更适合文学的产生，可他不是照样写出了《红楼梦》？时代是不可以选择的，但是文学却是可以坚持的。只要你自己愿意坚持，只要你自己认为应当坚持。据我所知，这世界上任何一个地方都没能避免商业化，可任何一个地方也都有对商业化的抗拒者和精神创造者。中国现在的文学空间还是比较大的，一本书印个一两万册是很平常的，文学还是很容易自力更生的，这在充分商业化的地方已经很难想象了。中国当代还是有不少好作家，能和他们同时代我深感自豪和鼓舞。

安裴智：您和蒋韵老师的小说叙述语言，都给读者一种唯美的艺术享受，是人生难得的精神盛宴。在垃圾堆积如山的当代文坛，已很少有这种精美绝伦的艺术追求了。那么，您以后的小说创作，还会沿着这条纯艺术的路子走下去吗？

李锐：谢谢你的偏爱。我和蒋韵比别人稍微不同也稍微好一点的是，在一个家庭里就有同行。这样就不至于过分寂寞。我早已经过了"天命之年"，除了写作不会别的。

当代作家有一种普遍的精神侏儒症

安裴智：自 20 世纪 90 年代中期您在《上海文学》《天涯》《读书》等杂志发表系列文化思想随笔以来，文化思想随笔的创作，与您的小说创作遥相呼应，共同构成了您的文学创作的壮丽景观。可以说，文笔犀利、思想精深的文化随笔是了解您自 20 世纪 90 年代中期以来文学创作思想与美学思想的又一个重要的文本。这方面的代表作就是曾参与了 90 年代人文精神大讨论的《拒绝合唱》。甚至可以说，以《拒绝合唱》为代表的思想文化随笔，是了解自 90 年代中期以来中国知识分子心路历程的重要范本。可以这么认为吗？您如何看待自 90 年代中后期以来的思想文化随笔的创作？

李锐："精深"和"范本"的说法最好不要提，我不够格。我只是把小说难以表达的、自己的困境和思考写出来了。我觉得中国当代作家有一个比较普遍的现象，就是一种精神侏儒症。许多作家只会用肢体和感觉说话，一离开肢体，就失语。尤其没有能力对历史、对时代发言。把历史肢体化，把时代琐碎化，已经成为流行的时尚，已经成为许多人精神苍白的盾牌和面具。这已经成为许多知名作家的致命伤。更为可悲的是，这样的精神侏儒常常是掩盖在所谓"后现代"、"解构主义"、"反本质"、"反理性"等这样一些最时髦的理论辞藻背后的。因为除去那些时髦的文学操作之后，你只能看到对现成理论的模仿和追随，看不到任何属于他自己的精神和情感的历史。中国自鸦片战争以来一百多年的历史是世界上最为丰富深刻的历史，中国自"文化大革命"以来的当代史，更是变化最剧烈、最惨痛、最富戏剧性的历史，面对这样的历史处境，中国作家本来是具有最丰富的文学资源的，可奇怪的是，大家都对自己的历史转过头去，都争着去看别人家花园里的风景。所谓"蜂蝶纷纷过墙去，却疑春色在邻家"。精神追问的告缺，历史纵深的割断，是造成当代文学作品普遍品位低下的通病。许多人不明白，无论现代派，还是后现代派，那都是别人对自己历史和处境的深刻回答，那都是从最真实的生命处境出发的追问，我曾在一篇文章里说过，现代派是一种真实的处境而非一个正确的真理。照着别人现成的理论完成的文字操作只有技术性，没有艺术性，更没有精神性。这样完成的作品和所谓样板戏的创作原则是一模一样的。在"解构"了"宏大叙事"的正统历史，挣脱了理性至上的"普遍真理"和"知识权力"的枷锁之后，在解放的个体获得自由和独立的同时，也面临了对个体更加艰难的理性考验和责任承担。如仅仅以为可以简单地用"肢体"代替"理性"，可以简单地用"琐碎"代替"宏大"，那不过是拿一种谎言代替另一种谎言，用一种遮蔽代替另一种遮蔽。有感于此，我近十年来反复讲语言的自觉，反复呼吁建立现代汉语的主体性。我那些随笔既不成体系，也不成规模，充其量算是抛砖引玉的砖。最近苏州大学出版社刚刚出版的《李锐王尧对话录》，是我对自己近年来思考的一个反省和总结，如果有兴趣不妨看一看。

安裴智：您下一步的创作打算是什么？

李锐：我写东西从来都没有计划，总是等着小说来找我。最近写了几个短篇，也许情绪和思考积累够了就会写长篇吧。

原载《深圳特区报》2004 年 7 月 4 日

时间：2007 年 5 月 26 日

方式：电话访谈

李锐，著名作家。曾任《山西文学》副主编、山西省作家协会副主席。

1950 年生于北京，祖籍四川自贡。1969 年赴吕梁山区插队落户，1975 年分配到临汾钢铁公司做工，1977 年调入山西省作家协会《汾水》编辑部。相继担任《山西文学》编辑部主任、副主编。1988 年转为专业作家，同年 6 月加入中国作家协会。1998 年 12 月当选山西省作家协会副主席。2003 年 10 月辞去山西省作协副主席职务，同时退出中国作家协会。

1974 年发表第一篇小说。迄今已发表各类文学作品百余万字。系列小说《厚土》在文艺界和读者中反响强烈。出版有中短篇小说集《丢失的长命锁》《红房子》，系列小说集《厚土》《传说之死》；长篇小说《旧址》《无风之树》《万里无云》《银城故事》；散文随笔集《拒绝合唱》《不是因为自信》，另有《东岳文库·李锐卷》（八卷）。李锐的作品先后被翻译成瑞典文、英文、法文、日文、德文、荷兰文等多种文字出版。

李锐曾荣获法国政府颁发的"艺术与文学骑士"勋章，被香港公开大学授予文学荣誉博士学位，是继莫言之后第二位获此荣誉的内地作家。他的《厚土》获全国优秀中短篇小说百花奖、"青年文学创作奖"、《中国时报》文学奖，《合坟》获全国优秀短篇小说奖、《上海文学》奖特别荣誉奖，《黑白》获《上海文学》奖与 1993 年度庄重文文学奖。他还获赵树理文学奖、山西文学优秀小说奖等。李锐是被瑞典汉学家马悦然欣赏的中国作家之一。

站在文化的源头审视人性

——李锐、蒋韵夫妇访谈录

蒋韵，女，著名作家。1954 年生于太原，籍贯河南开封。1979 年开始发表文学作品，迄今已出版、发表小说、散文随笔等近 300 万字。主要作品有长篇小说《隐秘盛开》《栎树的囚徒》《红殇》《闪烁在你的枝头》《我的内陆》以及小说集《现场逃逸》《失传的游戏》《完美的旅行》和散文随笔集《春天看罗丹》《悠长的邂逅》等。曾任太原市文联副主席、主席。中国作家协会会员。荣获鲁迅文学奖全国优秀中篇小说奖、赵树理文学奖荣誉奖、长篇小说奖、《中国作家》大红鹰文学奖、《北京文学》奖、《上海文学》奖、《小说月报》百花奖中篇小说奖、《钟山》·新浪网优秀中篇小说奖、"2013 年度华文最佳散文奖"等文学奖项，作品被翻译为英文、法文等文字在海外发表出版。她还荣获山西省五一劳动奖章、"2013 年度华文最佳散文奖"等。

2004 年 3 月，李锐荣获法国"艺术与文学骑士勋章"后，与妻子蒋韵（左）在授勋仪式上合影

今年上半年，文坛的一大热点新闻就是中国当代四位很具实力的中年作家苏童、叶兆言、李锐、阿来，受国际出版机构邀请加盟"重述神话"国际写作计划，以中国语言的特有方式，去重新解读、畅述中国神话与历史传说的深邃意蕴。四位作家分别应邀去写孟姜女哭长城、后羿射日和嫦娥奔月、白蛇传、藏族史诗《格萨尔王》等神话与历史传说。今年4月，由重庆出版集团推出，著名作家李锐、蒋韵夫妇合力创作的长篇小说《人间——重述白蛇传》，就是他们对中国历史上家喻户晓的传说——白蛇传进行"重述"的成果。此书在第十七届全国书市上亮相，成为吸引读者眼球的一大热点，广受热捧。

认识著名作家李锐、蒋韵夫妇十多年了。在我的印象里，这一对情深伉俪，在对文学理想和精神家园的追求上，永远葆有一颗"不食人间烟火"的清纯、透明之心。尤其在当前这样一个商业主义和消费主义的语境下，娱乐和快感几乎要窒息了我们的呼吸，泡沫与浮躁渐渐主宰了花花绿绿的文坛，污泥浊水与林泉高致和谐共处，下里巴人与阳春白雪交相辉映。仍然能够固守一方心灵的净土、乐此不疲地于寂寞中坚守对文学理想和美感的追求的作家，不多了。

李锐、蒋韵夫妇，就是聒噪的文坛森林中难得清静、澈亮的一汪清泉。

清瘦、睿智的李锐，当年从北京插队到山西，就开始构筑他对土地、历史与生命的思考，厚重的《厚土》让文坛内外见识了他的才华；从此，"行走的群山"成为他文学创作的第一个里程碑；进入20世纪90年代，他以反思家族与历史的理性姿态，创作了长篇小说《旧址》，对家族历史的宏大叙事，展现了他文学创作的无尽魅力，他自"吕梁山系列"开始，就被诺贝尔文学奖评委、瑞典汉学家马悦然激赏，被媒体称作"最有希望获得诺贝尔文学奖"的中国作家之一。

《无风之树》《万里无云》《拒绝合唱》等作品，都显示出对浮躁文坛的一种决绝姿态和先锋气质。在黄土高原的僻远山沟里插了六年队的北京知青李锐，有着刻骨铭心的生活体验，使他充满着知识分子的良知和对人的悲悯情怀，因而他的笔下常常充满了厚重、悲凉和苦涩；而出身知识分子家庭、从小饱读诗书的蒋韵具有女性特有的灵感、敏锐、细腻，她对语言美的刻意追求以及极好的悟性都常常给予李锐意外的启迪。蒋韵以对汉语语言的美感追求而在中国当代文坛上别具风情，被誉为才女。中国新时期"伤痕"文学浪潮开始涌动的时候，长篇小说《红殇》《栎树的囚徒》《闪烁在你的枝头》《我的内陆》，中短篇小说集《失传的游戏》《现场逃逸》《北方丽人》《上世纪的爱情》等，一展女性写作的风采。1979年，当蒋韵的处女作《我的两个女儿》带着明显的伤痕文学印迹与读者见面时，她还是一名在校学生。在迄今二十多年时间里，她已经有 200 多万字的作品行世。蒋韵的作品有一个明显的特征，就是为同龄人塑像。她是出生于 20 世纪 50 年代初的一茬人，她和她的同龄人经历了一次次社会大动荡，人生命运坎坷。她的一些重要作品，如《少男少女》《紫微》《落日情节》以及新作《我的内陆》等，都是以一个作家的敏锐洞察力与细腻的感觉，把这一茬人放在特定的大背景中描写，塑造了一个个同龄人的文学形象。而《栎树的囚徒》和《红殇》这两部作品，都是在浓浓的古典悲剧氛围中，讲述一个个性格各异的女人的梦想、辉煌、苦难和悲惨命运，发人深思。从 90 年代起，她的作品充分显示出了她的独特品格。她选择了怀旧型的叙述视角，尽可能地拉开与现实生活的距离，注重将生命感觉转化为艺术感觉，追求一种朦胧、悠远的美学效应。而蒋韵本人则纤弱、敏感，充满紧张感，她在城市中走动的时候，她的身影是快速而飘动的，一如她在《传说中》写过的那些远古的亡魂。"我喜欢君特·格拉斯在接受记者访问的时候说过的一段话。他说：'我要用受伤的德语来记述民族的灾难和历史，记录故乡、民族的痛苦和创伤。'我觉得对于君特·格拉斯来说：受伤的德语才能够真正地体现出一个作家的个人化。他的《铁皮鼓》就是一个个人化的叙述。我们从他的语言里看到的是他个人的印迹。受伤的德语——这是我要的个人化。我会找到我自己所看到的受伤的汉语，写我自己遥想中的中国故事。这是我写作的起点，也是终结。"蒋韵如是说道。

蒋韵没有显赫的文学声誉。她虽写作着，但是读者甚少，缺乏批评家、出版家的关注。

真正视文学为生命的人是不在乎名缰利锁的。媒体称李锐为"中国当下最有思想深度的作家"，我觉得，此话言重了。然而，李锐有两点一直是感动笔者的。首先，他无疑是一个"精神界之战士"。2003年11月，李锐辞去山西省作家协会副主席的职务，声明退出中国作家协会，他的生命呈现出一种"荷戟独彷徨"的战士姿态。其次，李锐对文学视同生命的虔诚追求，他对文学境界和美学价值的追求，对小说文体及语言美感的深掘，是一般的世俗作家所不具备的。从这个意义上说，李锐、蒋韵的创作，可称为一种真正意义上的知识分子写作，是一种有良知的写作。归山以来，他更全身心地潜入文学的王国，接连写出《太平风物》《人间——重述白蛇传》等长篇。前者名列香港《亚洲周刊》2006年全球十大中文小说榜首，被首届全国阅读文化研讨会评为"2006年全国十大年度小说"，而李锐也被称作"最接近诺贝尔文学奖的中国作家"。

这次作家伉俪联手向文坛推出解读中国历史传说的长篇新作《人间——重述白蛇传》，可谓珠联璧合、相得益彰，堪称中国文坛的一段佳话。二人以别致的视角解构历史传说，重构传说，探幽人性的深度，可谓独出机杼。

4月22日，长篇小说《人间——重述白蛇传》新书首发式暨研讨会在清华大学举行。该书以全新视角解读流传千年的历史传说，运用丰富的想象力和深刻的洞察力，把一个简单的人妖相恋的传说升华到了人性的高度，对人和人性进行了更为深刻的审视与反思。据悉，对李锐非常赏识的诺贝尔文学奖评委马悦然先生已准备将其翻译成瑞典文。如何看待此次对白蛇传这一传说的"重述"？笔者日前电话采访了李锐、蒋韵夫妇。

"重述神话"：一件很有想象力的事

安裴智：你与蒋韵老师合写的长篇小说《人间——重述白蛇传》作为"重述神话"国际写作项目之一被推出。请谈谈创作这部长篇小说的缘由。

李锐："重述神话"项目是一个国际性的写作计划，它在中国大陆的唯一参与机构是重庆出版集团，去年先后出版了苏童的《碧奴》、叶兆言的《后羿》。那时，该社一位负责人找到我，要我加盟，说给付很高的稿酬，我起初担忧是商业操作，没答应。后来，他们又找我，还带来了三本已出的样书，作者包括加拿大阿特伍德等都是很好的作家，而且他们写的内容，也是西方文化中的神话故事。经多方打听，才知这是一个严肃的国际写作项目，我就明白了这个意义。"重述神话"写作计划是由英国坎农格特出版公司发起，包括英、美、中、法、德、日、韩等30多个国家和地区的知名出版社参与的全球首个跨国出版合作项目。欧洲媒体将其称为"国际出版界的一大奇迹"。加盟这个丛书写作的作者包括诺贝尔文学奖、布克奖获得者，如大江健三郎、玛格丽特·阿特伍德、齐诺瓦·阿切比、若泽·萨拉马戈、托妮·莫里森、翁贝托·艾柯等。这个项目要求作家用自己不同的民族语言来重新畅述各个国家文化传统里面的神话故事。我想，这件事情本身就很有想象力，这样才最后答应下来。我想，难道人类所有的智慧、文明发展，以及不同的源头都可以全球化吗？其实让作家重新面对一下自己的神话传说传统，是很有意义的。

安裴智：传说与神话是两个内涵不同的概念。严格地说，像孟姜女哭长城、白蛇传，都不属于神话，而是一种历时弥久的历史传说。那你们为什么要选择《白蛇传》这个历史传说作为"重述"对象呢？

李锐：我们最初也没有选择《白蛇传》，原想把"夸父逐日"和"后羿射日"合二为一，但为了避免题材重复又放弃了，种种巧合的结果最终归结到《白蛇传》。这是对中国传统文化资源的一种审视。当然，白蛇传的故事不是神话而是传说，但同样是中国人的文化传统，我们做这个工作，就是对传统的文化资源进行新的阐释。有时候，民间传说对中国国民心理的塑造更重要。尤其是在全球化的语境中，更需要加强具有民族特色的文学创作。

《人间——重述白蛇传》：一出人类排斥异己的悲剧

安裴智：那么，通过《人间——重述白蛇传》这部长篇，你们想表达的创作思想是什么？

李锐：《人间——重述白蛇传》保留了白蛇传奇中的基本故事元素，比如白娘子、许仙、法海等人物都将出现，但所有人物的命运都发生了改变，它不再讲述一个爱情故事，而着力表现白蛇和人间秩序的矛盾。希望通过一个不能被人类所接受的异类，在人间必然要遭遇的种种拒绝、误解、驱逐的悲剧，来反思在神话中形成的宇宙秩序的合理性，反思人性中对异类排斥的狭隘性。这是我们想借小说所表达的。

安裴智：对读者来说，《白蛇传》是一个再熟悉不过的传说。这次在你们笔下，对这个传说故事又会有什么样的理解呢？你们的立意与新意何在？

蒋韵：其实严格来讲，白蛇传这个故事有一个不断被重述的过程，从一开始，我们就想从传统的白蛇传的老框子里跳出来，写出新故事、新意，面对林林总总的各种版本的白蛇故事，我们必须有突破，这对我们来说是一个很大的挑战。白蛇传原来的故事是一个爱情悲剧，我们不想再叙说爱情故事，不讲人蛇之恋，突破点放在蛇来到人间所遭遇的悲剧，着重写人类对异类、异己的排斥、压迫，这是一种人类的本能、本性，人类历史上多少宗教战争、宗族战争，都互相把对方说成妖魔。小说中，不只白蛇、青蛇是异类，白蛇和许仙生的孩子也是异类，这个孩子遇到的小情人也是异类。是多重异类，是多重人的身份焦虑。白蛇经历了生死，但最终不能被人间接受。而法海是真理的传播者，却以真理和正义之名杀人，又是灾难和最大浩劫的制造者。从这个意义上来说，《人间——重述白蛇传》讲的是一个悲剧。

法海成为哈姆雷特式的悲剧人物

安裴智：你们写作的时候，对传统的白蛇传故事还进行了哪些改造？有何突破？

李锐：一方面，是突出了许士麟这个形象。许士麟是人蛇之子，他的身世本身是一个巨大的秘密，他一直想搞清母亲是谁。我们在他身上寄予了一种最明确的身份认同。许士麟一直处于是人还是神的身份焦虑之中。

蒋韵：另一个变化是对法海形象的改写。我们觉得法海应该是类似沙威式的追寻者，同时又是悲剧式的人物。法海是坚定、虔诚的除妖人，最后他自己也染了病，喝了白蛇的药才被救活。法海发现白蛇是真正的好人，陷入了困惑与特别尖锐的矛盾之中。他陷入了"除妖还是不除妖"的痛苦选择之中，就像哈姆雷特陷入了"生存还是毁灭"的痛苦抉择之中一样，也像《悲惨世界》里的冉阿让一样，他对自己的身份有了一种追问。他的困惑是：白蛇这个妖魔为什么不狠毒？他没法下手。最终，是疯狂的大众杀了白蛇、青蛇。所有的人，都以正义之名杀人，这是为什么？当我们以这样一种方式重述与追问时，就有了一种精神深度。这绝不是对传统白蛇故事的重复，而是对终极关怀与人性、人的命运普遍问题的思索。

李锐：我们在写作过程中越来越深入的，就是对于人性深度的探索。这主要是通过叙写身份的焦虑、寻找身份的认同来完成的。这是原来的故事里所没有的。我们写了白蛇的双重悲剧。这个双重悲剧表达了我们对于人性的理解，对于身份困境认同的理解。就是说，人被自己的身份认同的困境所煎熬，又因为这个煎熬更加深了这样一种困境，这是我们的突破点。我们只是借一个中国传统的民间传说，发出了对于人性的拷问与审视，这是一种终极关怀。

反思人类文明的负面效应

安裴智： 小说中，人经常以正义之名驱逐或杀害异类，请问在你心中，什么是真正的正义？

李锐： 人类的所谓文明史是一个极为复杂的"过程"和"结果"，而且一直处在不停的变动当中。在我们看到所有伟大的文明成果的同时，也看到人类没有停止过哪怕一天的战争、罪恶、掠夺、压迫。在从自然之人向文明之人的过渡当中，不断"战胜自然"取得"人的自由"的同时，也从来没有停止过哪怕一天对于自然的祸害。面对这样的历史，我们还有资格说自己一直是在"进步"吗？还有资格以真理、正义、光荣的名义为自己的历史加冕吗？这正是一切艺术存在的永恒动力和无须说明的理由。

安裴智： 这样说来，《人间——重述白蛇传》中无疑有你们对中国文化和人性的一种反思。

李锐： 《人间——重述白蛇传》不仅仅对中国文化和人性有一种反思，"人间"本身就是一个更为广阔的反思和隐喻。人类历史上被政治、宗教操纵的大众和今天完全被商业化操纵的大众是一样的，正是被神化的大众造成了无数历史悲剧。

安裴智：很明显，《人间——重述白蛇传》与你前期的农村题材小说、20 世纪 90 年代的家族历史小说写法都不一样。根本的区别是什么？

李锐：无论对我还是蒋韵之前的写作来说，《人间——重述白蛇传》都有很大的不同。《人间——重述白蛇传》是把一个流传千百年的古老民间传说故事作为对象来重述的。也就是说，在我们的重述之前，有一个人人皆知的白蛇传。正如我们的书名《人间——重述白蛇传》所表明的，这是一个关于人间传说的重述。其实，世界上任何神话的对应物都是人自己，都是人对宇宙秩序、人间社会、自我创造的激情想象。相比较我们两人之前的创作，对《白蛇传》的重述给了我们一个可以完全脱离"现实描述"的机会，应当说，我们反而因此可以直接进入一些更为形而上的对于人性、对于善恶、对于人类终极归宿的探讨和表达。这些表达可以说和商业写作没有任何关系。《人间——重述白蛇传》的写作给了我们一次向中国的神话传说传统致敬的机会，也让我们得到很意外的收获，让我们再一次体会到文学近乎无限的可能性。

从文明的源头汲取营养

安裴智：现在"重述神话"已经出版了苏童的《碧奴》、叶兆言的《后羿》和你们的《人间——重述白蛇传》。你觉得你们与前两位作家在对历史传说及神话的理解上、在"重述"的风格上有什么不同吗？

李锐："重述神话"是一个国际写作计划，出版社邀请作家参与写作的前提条件之一是，绝对尊重作家自己的创作自由和独立性。所以，每一位作家对于神话的"重述"肯定是各有千秋的。但有一点是相同的，那就是，大家都在一个共同的国际背景下重述自己理解的神话。这个计划的初衷恐怕也正是希望把世界上不同文化传统的文学作品放在一起，也更是把对传统不同的"重述"放在一起。所以说，"要从文明历史的最深处找到文学的源头活水"，这是我们答应参与重述神话写作的基本前提和原因。

安裴智：这部小说是你们两人首次合作的结晶吗？

李锐：《人间——重述白蛇传》是我和妻子蒋韵共同创作的，所以对这部作品的所有理解、表达都是我们两个人的。这部长篇的删节稿在今年春夏季《收获》长篇专号上发表时的署名是李锐、蒋韵。在此之前，我们曾在多家海内外媒体的访问和各种公开场合中声明《人间——重述白蛇传》是我们夫妻两人的第一次合作。之所以出书时只签署李锐一个人的名字，是因为当初签订合同时是由我一个人签的，那时候我们还没有想到要一起合作。又因为重述神话是一个国际出版项目，对版权合同要求很严格。所以，这是一个技术性的错误导致的结果。我们只好在序言里讲清楚这是我们两个人的合作。我们希望以后有机会纠正这个错误。

《人间——重述白蛇传》在今年第 5 期《收获》发表时，署的是我与蒋韵两人的名字，事实上也是两人一起写的。具体过程是：刚写时，我曾就如何突破白蛇传旧有故事的想法与蒋韵聊天，越聊越细致，两人就决定合写。或是我写一次她修改；或是她写一次我修改。经过五次大的修改，才成稿。

原载《深圳特区报》2007 年 5 月 30 日

时间：2004 年 7 月 22 日上午

地点：深圳五洲宾馆，深圳市第五次文代会会场

杨争光，著名作家、诗人、影视编剧，现任深圳市文联专业作家，深圳市文联副主席、深圳市作家协会副主席、深圳市电影电视家协会副主席。中国作家协会会员，中国电影家协会会员。陕西师范大学新闻与传播学院广播电视艺术学专业影视编导方向硕士研究生导师。深圳市第四届政协委员。

1957 年生于陕西省乾县，1982 年毕业于山东大学中文系，长期从事诗歌、小说、影视剧创作。著有中、短篇小说《黄尘》《黑风景》《赌徒》《土声》《南鸟》《老旦是一棵树》《棺材铺》《中国最后一个太监》《鬼地上的月光》《光滑和粗糙的木橛子》等，长篇小说《从两个蛋开始》《越活越明白》《少年张冲六章》等；书法集《杨争光文墨》；担任电影《双旗镇刀客》《五魁》编剧，电视连续剧《水浒传》编剧之一，《激情燃烧的岁月》总策划。1991 年获"庄重文文学奖"。

电影代表作《双旗镇刀客》获日本夕张惊险与幻想国际电影节大奖、西柏林国际电影节新评论奖；《五魁》获鹿特丹国际电影节观众最佳选票奖；《杂嘴子》获威尼斯电影节国会议员奖；《黄沙青草红太阳》获布拉格国际电影节大奖。《水浒传》《激情燃烧的岁月》均获中国电视剧"飞天奖"、"金鹰奖"等。

2012 年 11 月，海天出版社推出十卷本《杨争光文集》，这是著名作家杨争光作品的首次全面结集，该文集的出版是深圳文学也是中国文坛的重要收获。

传统的取舍与文化的叩问

——杨争光先生访谈录

2004 年 7 月 22 日，杨争光先生（右）与安裴智在深圳市第五次文代会上合影

读经继承传统文化有积极意义

安裴智： 我们今天访谈的话题是深圳学者蒋庆教授所倡导的读经运动。多年来，深圳行政学院教授蒋庆先生努力呼吁青少年要学习、继承祖国的灿烂文化。他认真研学儒学，编纂了 12 册"中华文化经典基础教育诵本"，从《诗经》《孝经》到王阳明的《传习录》，共 19 部儒家经典，洋洋 15 万字，832 课。提倡 3—12 岁的孩子去读经，要求当代儿童接受"经典教育"。蒋庆倡导的读经运动在国内外学界文坛掀起了轩然大波。美国耶鲁大学教授、历史学博士薛涌在报纸上撰文认为，蒋庆的想法和做法是一种"走向蒙昧的文化保守主义"，不可取，难以达到振兴中华之目的。不久，一名叫秋风的学者又发表了《西方孩子读"荷马"，我们孩子读什么》的文章，反驳了薛涌的观点，认为我们没有理由不去阅读古代经典书籍。那么，作为一名很有成就的当代作家，你对蒋庆先生掀起的"读经"运动如何看待？如何评价他的做法？

杨争光： 蒋庆教授编这样的诵读教材，自有他的想法。从继承我们祖国光辉灿烂的文化遗产的角度看，有其积极意义。同时，这毕竟是一次出版行为，是一次个人行为，是一次民间行为，不是政府的教育部门的政策行为，即国家行为，所以，是可以理解的，允许的，不要一棍子打死。但这样的古典经书是不是要放在小孩身边，是不是必须让孩子们来读，让社会和实践去检验吧。我们的学术还是要提倡百花齐放，古代经典的东西可以拿出来让当代的孩子们看一看，要让孩子们自己去选择。我相信，我们的孩子比我们聪明。

青少年要树立正确的读经观

安裴智：那你认为3—12岁的孩子有这个鉴别能力吗？

杨争光：也可让孩子的父母帮他们选择。教科书是孩子们的必读书。像蒋庆先生编的《中华文化经典基础教育诵本》，孩子们既可以买，也可以不买。在古代读经是必需的，但在当代孩子们对读经应有自己的选择，要帮孩子们树立正确的读经观。

安裴智：那你自己的孩子读经书吗？

杨争光：我的孩子没有这种要求，但我自己经常看一看经书。我不主张我的孩子过早地去读经书。父母对孩子是有影响的，对一个人的教育更多的是社会的责任，孩子是我的儿子，更是国家的公民。我不会要求他去读经的。

安裴智：实际上，读经也不是由蒋庆首先倡导的。20世纪20年代以来，国内有梁漱溟、张君劢、漆园老人熊十力、牟宗三、冯友兰、贺麟、钱穆、徐复观、唐君毅等先生，海外华侨中有美籍华裔学者杜维明、余英时以及东南亚一带的海外华裔学者，早就提出"新儒学运动"，"当代新儒学"的发展已有70多年的历史。他们认为应发扬中华文化中之精粹，倡导以古代经书为内容的儒学教育，以使华夏文明在世界上发扬光大。从这样的意义上看，蒋庆倡扬读经运动，就不是一种个人行为，而是沿袭了20世纪20年代以来"新儒家"、"新儒学"的精神脉络。"当代新儒学"的代表人物牟宗三先生就说，少儿读经是中华文化的储蓄所，中华文化最好的货币就是经典。你如何理解这些观点？

杨争光：蒋庆先生倡导读经运动，由于不是教育部门强令执行的教育任务，只是一部分学人的呼吁，这样的想法是允许的。但我自己的孩子是不会读的。让3—12岁的孩子去读经，可以，但要有取舍地读。我希望我们的孩子活得轻松些，活得健康些。在一定意义上，我更认同鲁迅先生的观点，中国的青少年最好少读或不读中国古书。

按兴趣读书，不做迂腐的作家

安裴智：你不主张读经，这就有了一个困惑的问题。中国二三十年代崛起的一批文化大师，如鲁迅、胡适、梁实秋、徐志摩、闻一多、周作人、施蛰存、钱锺书等，都是从三五岁就接受传统的国学教育，都是在私塾里一边挨着先生的板子，一边诵读经书中打下扎实的国学和古代文化的基础；然后，到十四五岁，又早早地渡洋留学，或日本，或欧美，这样才成为既有深厚的国学根底，又饱腹西学、学贯中西的一代文化大师。据说，文化大师的成长前提必须是学贯中西。"中学"、"西学"的功底都要扎实。被誉为"新时期文学的领袖"的作家王蒙早在20世纪80年代中期就多次奔走呼吁，提出"作家学者化、学者作家化"的口号，认为新中国成立以来的这批当代作家的国学、西学功夫都很浅薄，许多作家排斥学问，仅仅凭个人感觉在做着思想浮浅的文字游戏。20世纪90年代以来，当代文坛一直在呼唤大师，但我们的大师就是"犹抱琵琶半遮面"，羞羞答答，迟迟不肯露面。事实上也根本不可能露面。对文化大师是可遇而不可求。仅仅凭个人的艺术直觉，而没有强大深厚的中学、西学的知识根基做依托，当代作家就永远是一批"小师"，而成不了大师。从这个意义上看，你作为当代著名作家，却主张不读国学中的精粹——经书，是不是有点说不过去呢？

杨争光：你所说的，是要当作家的人去读经，那是应该的。但蒋庆倡导读经运动，主要对象是3—12岁的蒙童。3—12岁的孩童里，将来能当作家的有几个？这个必要性有多大？读经，精通国学，对作家、对所谓文化大师也许是必要的，但对孩子来讲则未必是必需的。作家只是社会的一部分，而且是一小部分。况且，很多作家也未必读过经书。另外一个问题是，国学是经书吗？西学是什么？恐怕也不能简单地画等号。

安裴智：那么，你认为应该如何去读书呢？

杨争光：我主张按兴趣读书，不要当迂腐的作家。如果作家写书、从事文学创作是为了让人受罪，还不如不写，不当这样的作家。大师出不了也不怕，不能急。

安裴智：像《诗经》《春秋》与诸子百家的书、王阳明的《传习录》、程朱理学等古代经书，你自己读过多少？这些经书对你的创作有影响吗？

杨争光：这些古代经书，我大部分都翻阅过，虽然有些只是浏览，做不到精读，但我在写作之余还是经常翻一翻这些古籍的。在浩瀚的国学海洋里，我只涉猎了一些。其中，我最喜爱、对我的文学创作影响最大的是老子庄子的书。我读了愉快，受益匪浅。

希望以后的作品与深圳有关

安裴智: 这么说,你对经书还是很感兴趣的。另一个问题,经过20 年改革开放,深圳现在已到了出作品的时候,尤其是那种能够深刻地表现特区 20 年改革开放伟大变革历程的黄钟大吕式的现实主义长篇力作,还比较缺乏。深圳的当代作家,或醉心于历史题材文学的王国,或沉溺于描写男欢女爱、生命欲望的河流里,很少将笔触转向深圳改革开放的伟大实践。许多不懂文学史的作家,一提史诗性作品,就认为是歌功颂德的主旋律作品,认为是急功近利的创作,从而不屑一顾。难道 20 世纪 80 年代初中期所涌现出的蒋子龙的《乔厂长上任记》、柯云路的《新星》《夜与昼》《衰与荣》、陈国凯的《大风起兮》等一批被称作"改革文学"的现实主义力作,也是急功近利的文学吗?从文学发展史的角度看,历史和人民永远不会忘记的,不是那种浅薄无聊的风花雪月与时尚写作,而恰恰是像陈忠实的《白鹿原》、路遥的《平凡的世界》《人生》这样一些具备史诗品格的鸿篇巨制。事实上,在深圳当代作家群里,能艺术地驾驭这种大制作、大构思的作家非常少。你作为深圳作家群里比较优秀的代表,下一步是否想转换一下写作的方向,从大西北农村题材转向深圳火热的当代改革开放题材、浓墨重彩地深情抒写这座青春城市 20 年来发生的翻天覆地的可喜变化上呢?

杨争光(微笑):我想说的是,一个作家,只能写他能写的,不能写他想写的。作家不是全能人士,想写什么就写什么。我希望以后的作品与深圳有关，但这个转变有一个过程。不能性子太急了。深圳现在提出呼唤表现 20 年改革开放变革历程的史诗力作，用意良苦，但也不能太急了，毕竟深圳只有 20 年的历史，市民大多是从四面八方移民过来的，需要时间，需要缓慢地等待。有了史诗力作，当然更好；没有，也没关系。即使没有这样的文学是一个缺憾，但深圳作为一座独特的现代化城市，是一个不能忽略的存在。人的生命不仅是为了写作，还有更多更多。

读书人要走出家门呼吸新鲜空气

安裴智：你既然认为可以不写深圳当代题材的作品，那又何必调到深圳来呢？

杨争光：人应该动起来，不要将自己圈在家里不动。俗话说："秀才不出门，便知天下事。"事实上，很多时候，即使秀才出了门，也未必知天下事。当今"天下"，五光十色，眼花缭乱，变化实在太快了。读书人、作家必须要走出家门，到外面看看，呼吸一下新鲜空气，给大脑以营养。

过去文人地位高，是因为读书人太少。读书在过去是一种特权，读经同样是一种特权，并不是每个人都能读的。现在不一样了，人人皆在读书。深圳还有市民读书月。适当读点经书，也未尝不好。但作家也别把自己太当回事。你是一道菜，但你不是唯一的菜，也不是最香的菜。

"五四"新文化运动的精神是自由、民主、科学

安裴智：蒋庆先生认为，1912 年西方文化进入中国，与中华传统文化发生冲撞，在一定意义上颠覆了中国传统文化。这是中国文化的悲剧。"五四"新文化运动时期，现代学者们提出了"打倒孔家店"的口号，蔡元培 1912 年任教育总长时，也有意去掉了小学的读经课。现在，蒋庆又将"五四"新文化运动时期推倒的东西重新树立起来。这样，我觉得蒋庆是一个复古主义者。读经，学习和继承古代先贤的优秀传统文化是应该的，但不加分辨、不加选择地全盘拿来，这样的读经观则是值得商榷的。如果将所有古代经典视作当代公民的人生指南，奉为行动圭臬，则更是与现代文明格格不入的。毫无疑问，从当代人的思想道德建设和人格培养上看，古代经典中无疑有许多宝贵的值得借鉴的资源；从文学成就的角度看，古代经书所达到的高度也是现当代作品所不能望其项背的，值得今人永远学习。但是，古代经书中也有大量封建主义的糟粕，这是读经时必须剔除的。历史不能后退，古人就是古人，今人就是今人。古代经典再好，也是古人的；作为精神遗产和文化遗产，我们应持"去其糟粕，取其精华"的态度来为今人所用，不加取舍、一股脑儿地拿来，将封建伦理思想当作宝贝来享用，显然不妥。尤其是中国封建社会的"君君臣臣父父子子"、"君教臣死，臣不得不死"的等级伦理观念，"三纲"、"五常"的道德约束，更是与现代文明社会所倡导的民主、人本的人文思想格格不入。蒋庆教授提出

复兴中华文化，切入点就是在蒙童中普及经典教育，以古代经书的教育来取代当代的教科书教育。那么，你是否觉得做一个现代文明、理性的中国人，就一定要记住《诗经》《易经》《春秋》《论语》等古代经典呢？按蒋庆先生的说法，倒是"五四"新文化运动引"狼"入室，颠覆了我们的母语文化。我觉得这种认识是欠妥的。

杨争光：很多人认为"五四"新文化运动是要把中国的传统文化打倒。事实上根本不是这样。反对文言文、提倡白话文，反对读古书、经书，是"五四"新文化运动的表象和手段，它的精神内核还是要自由、要民主、要科学、要进步，要建设中国的新文化，建设新的民族精神。俗话说"矫枉过正"，做什么事，只有过火一点，才能达到一定的效果。温开水解决不了问题。"五四"新文化运动所倡扬的"打倒孔家店"，也不能狭隘地理解为要全面地否定祖国的传统文化，它更多的是对封建主义糟粕的一次集中清理。"五四"新文化运动的精神是应该发扬的。

读经的同时，也读读"五四"新文化运动的书

安裴智：文化是一种历史的传承。不可能经过"五四"新文化运动以及近代化、现代化的历史进程，传统文化的东西就从我们这里消失了。那是不可能的。实际上，传统文化的因子已渗透到我们每个华夏子民的血液里，那是一种天然的血脉关系。文化是无法用外在的、强制的运动和手段割裂断的。

杨争光：是的。文化的精髓还是价值观念、行为观念。自"五四"新文化运动以后，很多人不读经了，但事实是要读的书更多了，种类更多了，选择的自由度更大了，思想更丰富了。读经是表面的，更多的是要看到人的内在心灵深处的价值观念和行为实践。按蒋庆先生的说法，自 1912 年以来，我们不读经了，传统文化似乎被割裂掉了，形成了断层。实际上，即使不读经了，不读古书了，只读现代书籍了，但我们血脉深处和灵魂深处的观念、意识能没有一点传统的东西吗？中国人特有的思维方式和价值观念能改变吗？那种骨子里的东西是什么运动都没法改变掉的。

安裴智：这样说来，你觉得应让孩子们读什么书呢？

杨争光：让孩子们读古书的同时，也读一读"五四"新文化运动的书，对照一下，也让父母们鉴别一下。把鲁迅、胡适的书与孔子、朱熹的书都拿出来，让孩子和家长比照着去读。然后再去下结论，我们到底要什么？

"新儒学"的精神内核：探求民族振兴之道

安裴智：你对自 20 世纪 20 年代以来兴起的"新儒学"有何看法？

杨争光：一些学者对新儒学有浮浅的理解。我觉得，"新儒学"不仅仅是读古书，而是另有企图。如果"新儒学"只是停留于读古书也太浅了，还不如不搞。我更愿听到的，不是"复兴"中华文化。为什么我们非要回到过去？兴就兴啦，未必要复。再回到古代，回到经典的象牙塔里，我是不同意的。"新儒学"的内核，仍是振兴中华民族文化和民族精神，关注国民道德建设，弘扬天地正气，探求民族振兴之道，而不仅仅是读古书。

原载《深圳特区报》2004 年 7 月 25 日

时间：2005 年 6 月 24 日

地点：深圳特区报业集团 35 楼会议室

杨黎光，著名作家，中国作家协会会员、高级记者，中国报告文学学会副会长、中国作家协会报告文学委员会副主任、深圳市新闻工作者协会主席。1954 年生，安徽安庆人。曾任广东省新闻工作者协会副主席、深圳市文联副主席、深圳市作家协会副主席、深圳报业集团副总编辑兼深圳特区报副总编辑、深圳晚报总编辑。

杨黎光著有长篇小说《走出迷津》《大混沌》《欲壑·天网》《园青坊老宅》，报告文学《没有家园的灵魂》《美丽的泡影》《伤心百合》《打捞失落的岁月》《生死一线》《瘟疫，人类的影子——"非典"溯源》《中山路》《横琴——对一个新三十年改革样本的五年观察与分析》《大国商帮：承载近代中国转型之重的粤商群体》等，电影文学剧本《血眼》《失落的灵魂》，电视剧本《青春门》《天柱情缘》《欲壑·天网》《没有家园的灵魂》《惊天铁案》《滑稽先锋》《伤心百合》（均已录制播出等），散文随笔集《日记上的时代印痕》《我们为什么不快乐》等。出版有《杨黎光文集》（8 卷），曾荣获鲁迅文学奖（连续三届）、徐迟报告文学奖、冰心散文奖、中国报告文学"正泰杯"大奖、中华文学选刊奖、广东省金枪奖、广东省新人新作奖（特别奖）、2016年度"中国作家出版集团奖"优秀作家贡献奖等。被评为"广东省宣传思想战线跨世纪优秀人才"。

有历史高度的文学抒写

——杨黎光先生访谈录

杨黎光先生

报告文学作家要有高度的社会责任感

安裴智：在阳光明媚的深圳的六月，我们迎来了来自全国各地的一批文学界的客人。第三届鲁迅文学奖颁奖大会要在这里举行。同时，由中国作家协会主办的"杨黎光文学创作学术研讨会"也要召开。那么，在这样激动人心的时刻，你最想给读者说的话是什么？你的感受是什么？

杨黎光：全国第三届鲁迅文学奖颁奖大会能够在深圳举行，我感到非常欣慰。在这样的时刻，我首先感谢中国作协的各位领导、专家多年来对我的鼓励和帮助，感谢广东省委和深圳市委的领导对我的创作的关注与扶持，也非常感谢广东省作家协会为我提供了一个创作的平台和许多具体的帮助。没有各级领导和文学专家的大力支持和鼓励，我的一些报告文学作品是不可能完成的。另外，"鲁迅文学奖"颁奖大会能在深圳举办，也从一个侧面表明深圳的文学创作实力的增强，它已逐渐在全国文坛引起了人们的关注，并开始占据一些不可代替的位置，出了很多获奖的作品和人物。原因是：第一，深圳改革开放的力度很大；第二，深圳没有地域文化的束缚，没有文人相轻，文化氛围比较好；第三，就是政府的充分投入。但从一个长远的目标来说，我们还需要时间的积累。

安裴智：实际上，在过去，无论是由广东省作协，还是中国作协，已召开多次杨黎光作品研讨会。但此届"杨黎光文学创作学术研讨会"无疑是一次最重要的、具有里程碑意义的会议。这对你的创作、对深圳文学来说都是一个很好的促进和总结。那么，总结你十多年的文学创作道路，尤其是报告文学创作，你认为你能够走到今天、走向成功的创作经验是什么？

杨黎光：如果要说有经验的话，我最大的感悟就是，作为一个报告文学作家，绝不能脱离现实，而要有高度的社会责任感，要紧跟时代，贴近生活，反映人民心声，要对社会变革的现实生活有一种深刻的感悟。要关注祖国的命运、关注人民的命运。如果一个报告文学家脱离了时代，远离人民，那么，他再有文采，也不会具有时代价值的。

关注重大社会事件

安裴智：从 20 世纪 90 年代从事报告文学创作以来，你写了大量的报告文学作品，创作十分勤奋，几乎是井喷式地，一年一部甚至数部力作问世，而且大多都获得了中国报告文学界的重要奖项。你曾连续三届荣获鲁迅文学奖、连续三届荣获中国报告文学正泰杯大奖。这在全国文学界也是少见的，堪称"唯一"。这两个"三连冠"，还有"徐迟报告文学奖"，说明你的作品几乎囊括了 20 世纪 90 年代以来中国报告文学的所有重要奖项。所有的获奖作品基本代表了我国 90 年代以来报告文学创作的水平与高度，是中国报告文学创作实力和创作水平的大检阅。那么，总结你十多年来的报告文学创作，你认为你能频频摘取桂冠的原因是什么？

杨黎光：首先，我写报告文学很注重选择重大题材，要求自己所写的作品在题材方面不重复，不像一些作家那样在一个题材里跳不出来。其次，我多年从事新闻工作和报告文学创作，对生活中的重大题材所包含的意义比较敏感。最后，我对采写事件的参与程度很深，态度也很投入，因而在采访和写作中对遇到的种种困难有足够的心理准备和必须具备的韧性。20 世纪 90 年代初，我写反贪题材的《没有家园的灵魂》，对犯人、犯人家属和有关机构及有关人员进行了长达两年的追踪采访，掌握了大量来之不易的、非常宝贵和生动的第一手材料，在写作时也就更容易点燃自己的激情。这个作品后来荣获第一届"鲁奖"。我获第二届"鲁奖"的作品《生死一线》是反映 1998 年抗洪事件的。当时，我深入吉林和内蒙古交界的科尔沁草原的监狱现场，亲身体验在特大洪水来临的特殊自然条件下，监狱以及犯人这些特殊人、事的真实状态，反映了一个引人注目的社会侧面。这次获第三届"鲁奖"的作品《瘟疫，人类的影子——"非典"溯源》，是反映 2003 年春天抗击非典斗争的。这个题材相当不好写，这是一个尽人皆知的事件，所有的作家都知道这个题材的重要并且可以马上着手采访和写作。不久，写"抗非"的作品就多如牛毛了，要写出新意就很不容易。对这个题材，我的办法是对事件和题材进行不断的深化。在采访的第一阶段，我写了两万多字的《守护生命》，接着，补充采访，又写了七万多字的报告文学，发表在《中国作家》上，经过再次补充采访和深入思考之后，最终写成了近 30 万字的反映整个"抗非"战斗过程的《瘟疫，人类的影子》。如果说我的这部作品和其他写"非典"的作品不大相同的话，主要就是我除了对事件的描述之外，在人类与疫病相伴相生、疫病是人类生存的代价方面做了较多的思考。

安裴智：每当我们的国家出现重大的社会事件或遇到重大的自然灾害时，你总是冲在第一线。你三次获得鲁迅文学奖的作品《没有家园的灵魂》《生死一线》和《瘟疫：人类的影子——"非典"溯源》

抓取的分别是反腐倡廉、抗洪救人和抗击"非典"三个重大的社会事件，都是党和人民热切关注的热点社会事件，是三个完全不同的领域和题材。在追踪反腐案件时，你受过威胁；1998 年在东北抗洪前线采访时，你蹚在齐腰深的水中 12 天；在"非典"高发时期，你又深入广东"非典"隔离区的一线病房采访，于第一时间写出了反映广东人民抗击"非典"的英雄事迹。可以说，题材的重大性与采访的危险性，已成为你报告文学创作的一大特征。那么，你为什么非要吃这么大的苦，将目光和精力投放在如此重要的社会事件上呢？你选择了一些造成社会轰动的大案为题材，这是否出于一种新闻工作者的天性？

杨黎光：其实这些案件本身只是报告文学的一部分，我主要是想通过对这些大案、要案主角整个人生的剖析来反映一些社会现象，包括我本人的一些思考和观点。报告文学不是新闻报道，它对于"时效性"并没有太高要求，而且我并不是一个追赶时代潮流的作家，追赶时代潮流的作家是沉淀不下来的。我写这三部作品，发表时都尽量压在社会炒作之后，避免"追赶潮流"之嫌。报告文学毕竟是一种文学体裁，文学的宗旨是表现人的感情和思想，我希望能通过这些人物的悲剧人生，给予读者一些心灵的震撼。

安裴智：从《瘟疫，人类的影子——"非典"溯源》中可以看出，你对现代医学知识是非常了解的，你拥有相当前沿的现代科学知识，否则，你就无法以一双犀利的目光来透视、分析肆虐的"非典"现象。是否可以就此归纳你的报告文学特点是：既有学者的知识渊博和严谨，也有记者的敏锐和快速，还有作家的文学才华，还有哲学家的深邃和深刻。你是如何将这些因素融为一体的？

杨黎光：我觉得报告文学家是一种杂家，由于要面对各种可能出现的社会事件，因而他必须有各方面的广博知识，同时，还必须对要报道的事件有一种透彻的理性分析。这是一个不断积淀和成熟的过程。所以，某一领域的知识积累、记者的新闻敏感、作家的华彩文笔，都需要具备，才可以写好报告文学。

报告文学家要用笔记录历史

安裴智：你走上文坛是从小说创作开始的，你早年写的《走出迷津》《大混沌》《欲壑·天网》等长篇小说曾在全国产生了很大的影响。20 世纪 90 年代初，你将创作方向由小说转为报告文学。在你现在的一些报告文学里，还可看到大量小说化的笔法，说明你的报告文学创作受小说的影响之深。那么，是深圳这片改革开放的热土促使你选择了报告文学这个创作道路吗？

杨黎光：我在 1992 年来到深圳，当时整个广东朝气蓬勃、日新月异，社会、经济都有着一日千里的变化。小说是虚构的艺术、是发挥想象的艺术，也就是以作家的眼光来看世界，在粉碎生活后再重新加以塑造，这种形式已经不能更直接、更及时地表现生活和现实，无法跟上社会发展的脚步。而报告文学是一种纪实的艺术，它来源于社会，落脚在时代潮流之中。所有重大历史事件的发生总能催生一批报告文学，相对于小说来讲，报告文学与时代更贴近，反映社会现实也更加快捷。我认为报告文学更适合我"用自己的笔来记录历史"的这种追求，所以我选择了这条创作的道路。

安裴智：现在一些报告文学作品的文学性很差，有的则极不真实。但在你的报告文学作品里，文学性与真实性结合得非常好。你是如何理解和把握报告文学的这个创作原则的？有评论指出在目前的报告文学创作中有两种片面化的倾向：一是缺乏理性精神的纯客观描述，使大量的外在信息资料取代或掩盖了作家的灵智之光；二是过多的主观性借题发挥，把报告文学变成了作家自己的主观独白，在失去现实性的同时客观性也受到了削弱。请问你是如何将两者结合起来的？

杨黎光："文学性"和"报告性"是报告文学创作的双翼，二者相辅相成，缺一不可。报告文学创作应该是"七分采访三分写作"。在创作一篇报告文学以前，作家首先应该掌握大量第一手的事实材料，当然，在具体写作过程中，也应该讲究语言上的锤炼。真实性是报告文学的生命。报告文学创作最关键的还在于对事实的把握，特别是对事实细节的把握，好的报告文学作品往往能通过对事实的各种细节描写，使整篇文章更丰满，更具吸引力、说服力和震撼力。比如，我在写《惊天铁案》的过程中，发现原来的案件记录中写道："张子强去澳门，总会在葡京赌场的'东方厅'豪赌。"之后我去了一趟澳门进行实地采访，却发现这个"东方厅"并不在葡京赌场，而是在临近澳港码头的东方宾馆内。正因为报告文学对事实有较高的准确性要求，作者更应该注重实地采访，确保作品能真实地再现事件原貌。

中国报告文学界的 "南杨北何"

安裴智：自 1995 年第一届鲁迅文学奖到 2004 年第三届鲁迅文学奖，你的报告文学创作保持了长达十年的长盛不衰的良好势头，这在全国报告文学界也是不多见的，因而被著名报告文学评论家缪俊杰先生称为"南杨北何"（即我国 20 世纪 90 年代以来最有影响的报告文学作家，南有杨黎光，北有何建明），这个提法虽不一定全面、准确，却从一个侧面说明了你报告文学创作的数量之多、影响之大、时间跨度之长、获奖之多。十多年来，你的报告文学创作已经发生了一个质的飞跃，成为中国当代报告文学创作的重要代表。所以，也应该进行一场小结了。那么，与你 20 世纪 80 年代的小说创作相比，你认为作为一个报告文学作家，你对中国当代报告文学的最大贡献是什么？你为中国当代报告文学的创作提供了什么新的范式？你与别的报告文学作家不同的地方是什么？你的报告文学在写法上最独特的地方是什么？

杨黎光：缪先生的提法，我想仅仅是一种以点带面的归纳。经过这十多年的写作，我的报告文学无非是形成了两种写作风格：一是把社会悲剧剖析开来放在读者面前，让你觉得一种不可重复的教训，如《没有家园的灵魂》。二是我在寻找一种最美好的情感并将之抒发出来，奉献给读者，如获得第二届鲁迅文学奖的《生死一线》。我所接受的知识和信息是非常前沿和现代的，如《瘟疫：人类的影子——"非典"溯源》，但是在我骨子里流淌的血还是非常传统的。这种价值观使我的作品里有一种浓郁的人文关怀。这种关怀是用说道理讲故事的方式，而不是说教。

报告文学是一门"苦学"

安裴智：你曾在很多文章中提到，你常对自己说"这是最后一部报告文学了"，你是否在创作过程中遇到了极大的困难？

杨黎光：写报告文学最困难的应该是采访，以及处理纷繁的事实素材。报告文学是一门苦学。报告文学对"真实性"的重视，要求报告文学家成为一个"行动主义者"，他必须身处在历史事件当中。也就是说，报告文学家在创作前、创作过程中必须通过自己的实地采访、查阅资料来获得更多真实的客观材料。1998 年我去写获第二届鲁迅文学奖的《生死一线》，当时我在齐腰深的、冰冷的洪水中泡了 12 天。为了创作全程记录广东"非典战役"的报告文学《瘟疫：人类的影子——"非典"溯源》，我在全省范围内进行了 42 天的调查；为了将地球的形成、细菌的出现、人类文明的进化和瘟疫的产生写进这本书 3000 字的前言，我查阅了 600 万字的资料。总而言之，报告文学是一门"苦学"，它要求作家付出非常多的劳动。

作为一名报社的副总，分内的工作已经很繁杂。我每天从早上 8 点半一直工作到晚上 10 点，下班后才能写作，与家人也只是在吃饭的时候见见面。我常对自己说"这是最后一部报告文学了"，那是因为我不能花费太多的时间来写作，我也不知道什么时候能完成手头的写作计划。老实说，现在我最怕人家问我：最近在写什么书？但有了社会知名度以后，我常被邀请去写报告文学，这些年我总是在被推着走，一部一部的作品压着你，喘不过气来，为了写作我几乎牺牲了所有的个人时间。

安裴智：但你最终还是坚持下来了。请问，你能坚持下来的精神动力是什么？

杨黎光：虽然我所接受的知识和信息是非常前沿和现代的，其实我的骨子里很传统，这种传统是一种"责任心"、"使命感"。我认为文学家应该有历史家的责任，历史的记录是宏观的，而文学应该对其加以补全，在细节的、微观的角度上对历史、时代进行记录，从而留住历史、留住生命。报告文学家的责任就是记录细节的历史，表现当代事件、人物，让这些事件和人物进入历史。对社会和历史的这种责任感驱使我将报告文学写作坚持下来，也正是我的这种责任感，使我在写作过程中对这些人、这些事赋予一种特殊的人文关怀。

明年我打算写一本关于死亡的书，记录各种人在面对死亡时的故事，书名我都想好了，叫《死亡，离我们有多远》，这本书我会慢慢地写，希望能有所突破。不知道这本书会不会是我的"最后一部"。

安裴智：你的写作是出于一种作家写作的心态，还是更多倾向于"新闻观察者"的身份？你为什么一直谦称自己是一名"业余作家"？

杨黎光：我现在的职业是一名新闻工作者，写作是我的业余工作，所以说我是"业余作家"。《惊天铁案》写了50万字，我没请过一天创作假，不是请不下来，而是我始终认为我的本职工作是一个报人，必须把本职工作放在第一位，否则就是不务正业。其实"新闻观察者"与"知识分子"这两种身份并不矛盾，我想自己更多地凭借"新闻记者"对事实真相的执着去对待报告文学的"真实性"要求；我也凭借"知识分子"对社会、对人类的思考来赋予作品更多的人文关怀。

希望人人都拥有一个安稳的"枕头"

安裴智：20世纪80年代，报告文学曾经以"批判现实的文学"成为中国文坛最引人注目的风景。20世纪90年代以后，媒体和报纸深度报道的大量涌现使报告文学渐渐从人们的视线中淡出，而你恰恰是在 90 年代来到深圳以后才开始创作报告文学的。你的几部作品又在报告文学界创造了几个不小的热点，你怎么评价报告文学近 10 年来的发展态势？

杨黎光：当代文学的各个门类中，报告文学是最年轻的。报告文学这种文学体裁是与时代紧密相连的，报告文学热发生之时也是时代发展、社会变化最剧烈之时。20 世纪 90 年代我开始创作报告文学，这个时期的报告文学确实趋于平缓，因为改革开放在此时已经进入一个相对平稳的阶段，社会也处于一个"阶段总结"的时期。我的作品之所以能产生社会效应，外在因素是"腐败"和"反腐败"已经受到整个社会的重视。在中国由计划经济向市场经济转变的过程中，新的社会规则还没有完善，很多人钻经济和法律的空子，行贿、受贿产生不公平，不公平的社会就不能稳定，同时国家也在强调打击腐败，我通过几个大的事件找到了一个切入点。另外，我还注意到有些报告文学只注重记录事件，而不重视塑造人物，于是我尝试调动一切文学手法来塑造人物，并融入自己的思考。我甚至把自己当时怎么采访、怎么想都告诉读者，这使作品读来非常真实、亲切。

安裴智：目前文坛对报告文学的未来之路有两种意见：一是认为报告文学正在衰亡，二是有望在新的世纪里实现"大繁荣与大复兴"。请问，你是如何看待报告文学的现状和前景的？

杨黎光：目前坚守报告文学创作这块阵地的作家确实不多，可以说现在并不是报告文学发展的高峰期。报告文学是纪实的艺术，也就是说，在社会发展的急剧变化之中，可能会有更多的人加入报告文学作家这个行列，也可能催生一段时期内报告文学繁荣的局面。另外，在文学的大家庭中，报告文学仍是最具活力的文体，社会和读者的需求也使报告文学在相当长的一段时间内拥有很强的生命力，前景还是比较乐观的。

安裴智：你曾提到，你所有的文章都在思考一个问题：什么是人最大的财富？在这么多年的写作生涯和丰富的人生经历之中，你是否已经找到答案？

杨黎光：在一个社会转型期，每个人都在经受考验，每个人都在寻找自己的精神家园。清贫的人因为清贫睡不着觉，暴富的人因为暴富睡不着觉，虽然两者有着质的区别，但人最终还是要追求心灵的宁静。因此，我希望人人都拥有一个"枕头"，一个让你想睡就能睡着的"枕头"，我认为，这是人的最大财富。至于我个人嘛，我觉得已经找到了属于我自己的"枕头"，一般情况下，我躺下就能睡着。

2005 年 6 月 28 日

时间：2004 年 12 月 2 日

方式：网络访谈

张锐锋，中国"新散文"运动发起人，著名作家。山西省作家协会副主席、山西文学院院长、中国作家协会散文委员会副主任。1960 年 12 月出生于山西省原平县。

自 20 世纪 80 年代以来，张锐锋创作各种文学作品 300 余万字，出版文学著作二十余部。90 年代中期以后，《作家》《大家》等杂志连续设置专栏，集中推出他的三四万字甚至更大篇幅的散文作品《棋盘》《月亮》《古战场》《幽火》《倒影》《飞箭》及长篇散文《世界的形象》《别人的官殿》等，掀起了"新散文"热，从规模、形式和写作方式上开始动摇、颠覆旧的散文模式。接着，《十月》《花城》《山花》等刊物相继发表长篇散文《沙上的神谕》《皱纹》《河流》等作品，引发理论界对"新散文"现象的进一步探讨。1998 年，《当代作家评论》特设"张锐锋评论小辑"，《作家》设专栏"自白与阐释"，汇集了部分评论文章。1999 年第 1 期《花城》，以头条位置刊载长篇散文《皱纹》，并加编者按，称"这是一次大胆的尝试，《皱纹》的写作方法和发表方式在中国文坛尚属首次"。2004 年在《十月》杂志开设专栏《逆光像》，包括《火车》《深的红》《船头》《布景》《彼岸》《南风》等散文作品。作品被数十种选本选载。数度入选中国散文年度排行榜。曾获"大家·红河文学奖"、"中国科普优秀作品奖"、"山东省报刊文学一等奖"、首届"山西新世纪文学奖"、"山西文学奖"等多种文学奖。

在审美创造中培养想象力

——张锐锋先生访谈录

张锐锋先生

文学创作应在大学教育中占一席之地

安裴智： 从 2004 年 9 月，山西文学院与山西大学文学院强强联手，开办了我国第一个高校中文系的文学创作专业，专门招收有志于从事文学创作的学生，培养文学"晋军"的后备力量。请问张院长，你们最初这么做的动因是什么？是基于一种什么样的想法和考虑，来做第一个吃螃蟹的人的？

张锐锋： 山西文学院和山西大学文学院联合创办文学创作专业，酝酿已久。我们想做这件事情的原因很多，最重要的一条，就是想以此作为起点，使文学创作人才的培养由民间性的自生自灭转向学历化教育。毫无疑问，这一举动具有历史性意义。从两千多年前的柏拉图将诗人从他的《理想国》清除出去，文学似乎一直以一种民间的身份，在自己踩出的小路上徘徊。

尤其是在中国的大学文科教育中，文学创作的长期缺席，一直使我们感到少了些什么。就像艺术系没有艺术创作、历史系没有考古专业、物理系没有实验物理学一样，中文系如果没有文学创作专业，简直是太不可思议了。多少从中学时代就怀抱文学梦的学生，找不到接受文学教育的真正机会。这样，结局是可想而知的，一些文学青年慢慢地在另一种学习和生活中，消磨掉了原来的梦想，一些固执的人们在个人兴趣的驱动下，默默地在黑暗里摸索，有的成了作家，其中，更多的人在苍茫一片的前景里迷失了方向。

另外，在大学讲堂，文学长期以来一直处于一种被认识的知识和理论状态。它被动地成为理论认识和研究的对象，而活的文学却由于历史的原因，被隔离在四堵墙之外。这种封闭的教育机制实际上长期损害了文学，也损害了文科教育本身。它使人们对文学的认识一直停留在粗浅、僵化、滞后甚至与创作本身脱节的文科教材上。文学理论在对象缺失的条件下，自然而然地沦为一些不着边际的语词的排列组合、概念的游戏，沦为一些无针对性、无活力的所谓的"纯论文"，失去了其严肃的学术性及其对文学创作的指导意义。

也就是说，我们两个文学院的合作，是一种有效的资源整合。山西大学一次聘请七位作家作为兼职教授，聘请规模前所未有。作家需要大学，大学也需要作家。其实就是这样一个简单的常识，多少年来一直被忽略。文学创作专业的设置，其意义不是数量上的，不是增加了一个专业、一个方向，而是蕴含着文科教育机制创新的深意。实际上，我们培养的也将不仅仅是"晋军"。我们试图以自己的尝试，让更多的人认识到文学教育的重要性，认识到文学创作应该在大学教育中占有一席之地。没有文学创作参与的文科教育是残缺的、不完整的。

文学创作是一种审美的思维

安裴智：过去有一种说法，认为中文系不是培养作家的，"中文系出不了作家"成为一种很流行的说法。实际上，高校中文系也出过作家，如刘震云、成一等。你们联手创办高校文学创作专业，是要培养学生的一种创作思维，还是培养学生的一种审美能力？或是要培养学生将来成为作家？

　　张锐锋：培养优秀的作家当然是一个目标，不过这是一个理想目标。就像数学系培养数学家、音乐系培养音乐家、物理系培养物理学家一样，这是一个理想目标。事实上，不管哪一个领域的优秀人才，都是稀缺资源，不可能通过几年的教育就轻易造就。所以，更重要的是，我们通过大学教育，使文学创作专业的学生能够比较充分地认识文学的意义、方法以及种种可能性，并积极地参与创作，进而培养他们对文学本身的深刻认识和独特思维，造就具有文学基本素质和文学气质的写作人才。

　　当然，具有文学兴趣的学生，是我们创作专业的主要录取对象。我们知道，人类的许多事情包括一些伟大事业，都是依靠个人兴趣来推动的。没有个人兴趣，很多事情不能很好地完成，更不可能成就一流的事业。文学的思维，主要是审美的思维，其与个人的兴趣焦点密切相关。社会的组织行为，一般不能得到好的成果。比如说，"文革"中的样板戏就是组织行为的结果，就局部而言，可能是不错的，甚至是精彩的，但总体上看，它不是艺术。因为它缺少个人发现和个人思维。它是一个时代大众思维或者是政治思维的结晶。

　　文学艺术不同于试卷上的填空题，依凭现有知识填上对或错就可以得到满分。它是一种综合性思考，有着自己独特的逻辑性，这种逻辑性一般依个人的独特性而定。它不是简单地判断对与错，而是将自己的复杂感情和独特认识凝聚于语言和形象中，并试图为其每一个发现甚至每一个矛盾辩护。其中包含了对个体尊严的维护。同一个问题，文学的表达角度、策略、方式、语言、立场都不相同。同样是对人的"原罪"的理解，托尔斯泰是一种，陀思妥耶夫斯基是另一种，克尔凯郭尔又是一种。也就是说，文学是充分展现多样化的舞台。所以，文学教育主要是激活个体潜藏的种种特质力量。这种力量，也是现实社会以及未来社会所需的创新资源，它在任何时候都是一种稀缺资源。

培养作家不能拔苗助长

安裴智：我觉得，一个人要成为作家、艺术家，天赋是非常重要的。可以说，作家的成功，是七分天赋三分勤奋。仅有勤奋，没有一点文学的细胞，没有一点文学的气质，是断然做不了作家的。那么，你认为，作家可以通过学校教育培养出来吗？

张锐锋：的确，作家的养成需要很好的天赋，但是，也需要不懈的训练，需要培养超人一等的文学直觉。"作家学者化"曾是一个时期的流行口号，它反映了一个时期人们对文学创作活动的肤浅认识和暧昧态度。这实际上是提出了一个伪问题。20世纪二三十年代，或者再向前追溯都是如此，作家和学者从来都是合二为一的。那时的几乎所有作家，都有着健全、合理的知识结构，有着对人类社会以及生活本身的独特认识和提炼能力。作家从来都是学者，不存在学者化的问题。作家在许多方面都是专家，他的创作，实际上就是他对许多事物及其方向的独特观察、独特认识和思考的结果，这里有着对对象的撷取、解剖、领会和精心研究。其文学创作有赖于一个巨大知识背景的支撑。

新中国成立以来独特的政治机遇，使一些文化水平较低但有着丰富生活和独特经历的人登上创作舞台，尤其是一些来自解放区的作家，占有独特的政治资源和第一手的时代资料，借以在特殊年代大展身手。其中最突出的一个例证，就是高玉宝，几乎是空前绝后地创造了文盲成为作家的先例。这是一些人提出"作家学者化"的背景资料。今天这些已经成为过去，那些完全依赖个人经历来创作的记录型作家，几乎很难登上文学殿堂。文学必须成为一项有准备的事业，必须经过长期的训练才能熟悉文字的特性，领悟其表达之美，也必须通过艰苦的学习，才能对文学及其表现的对象，有不同于非写作者的精妙理解。

　　因而，我们曾举办过各种文学培训班，以期达到快速培养作家的目的。但实际上我们很快就发现收效甚小。作家不能速成，不能盲目选择急功近利和拔苗助长。应该从更基础的地方做起，否则欲速不达。一个重要的原因是，被培训者因其知识缺乏、文化偏低，很难将自己的丰富生活转化为有效的文字表达，也很难对与其看似无关的生活进行角度独特的观察、理解、认识、发现，因而即使创作出一两个似乎不错的作品，也很难走得很远。这次在高校创办本科专业，就是为了弥补短期培训的不足，走出一条培养文学人才的新路。当然，我们所选择的，可能是另一条艰难之路，甚至是更为艰难之路。

人的创造力不是按照教条"教"出来的

　　安裴智：我在上大学时，校园里也曾有过诸如"北国"诗社、"潜流"文学社、"离离草"诗社、"风帆"文学社等校园文学社团。但对在校学生从事文学创作，教师们有两种意见。一种意见认为，大学四年是打基础阶段，是学习古今中外最基本的文学知识的阶段，过早地涉足文学创作，会影响学业的进步，影响由一名学生成长为文化人所必需的合理、健全的知识结构的培养；另一种意见则大力支持学生在校园里从事文学创作，认为应及早发现并培养学生们进行文学创作的兴趣与能力，上学期间是可以搞创作的。你对这两种说法如何看待？你的态度是什么？

张锐锋：进入大学学习，已经进入研究学习阶段。不能将大学阶段的学习，单纯地视为一般性知识学习。专业分化已经说明了这一点。培养初步的研究能力，培养专业志趣和建立专业信念，已经是学习的重要目的。但是必须建立广阔的文化视野，才能将多种学科的理论、策略、方法聚焦于自己的所学所思。所以，许多课外活动都应被视为学习的一部分，而且是很重要的一部分。要知道，人的创造能力，从来就不是按照教条"教"出来的，而是培养出来的。这就需要一个培养的环境，你上大学时的那些文学社团，就是这种学习环境的有机组成，它们与种种条件组合为完整的高等教育的"生态系统"，要是缺乏这些社团，我们就不能把这种仅仅局限于课堂教育的大学，看作构件完备的大学。

研究性学习，不仅可以增加学习深度，也可以在研究中不断发现问题。问题的产生以及对问题的追寻，是学习的根本原因。同时，它产生学习的独立性，而独立性又是现代学习的核心特点，是创造的预演。在校园开始从事文学创作，是一件好事。因为文学创作本身的第一要件，就是独立性和创造性。它对学生的学习方法、思考问题的方法、研究问题的习惯及能力，都是一种很好的培养。

尤其是在今天，文化产业的兴起，使文学具有了更为现实的经济学意义。文学成为文化产业链条中最基础的环节，它无疑是一种源头性的第一资源。它不仅有自身的经济衍生力、自身的经济价值及其转化价值，还是其他产业产品不可缺失的包装资源，至少一些有价值的广告语言都采自文学前端的语言实践。通过文学，一些东西被我们接受了，一些东西被我们放弃和拒绝。文学越来越影响到更大范围，它的应用性越来越被重视。学习文学能够帮助学生更好地认识社会生活的各个方面，也能锤炼自己认识、领会、理解、表达的本领，以便为将来的工作做好准备，也有利于建立和谐、宽容、理解、互信、能够敞亮沟通的健康社会。

文学最终要回到审美的层次上

安裴智：我上大学时，有的同学热衷于参加学校的文学社团，整天不上课，不读书，一门心思写诗、办诗报，荒废了学业，在毕业时因考试不及格而拿不上毕业证和学位证。当然，传统与现行的教育体制有极大的弊端，严重地阻遏了学生创造性思维的开发。但不接受古今中外一切文学知识，不汲取有益的文学营养，我们的文学创作的羽翼能够丰满起来吗？难道书本知识与创作天然是一对矛盾吗？合理的知识结构的养成与创作就没有一点必然的联系吗？

张锐锋：文学的学习不是废弃其他知识的单轨道学习，一些学生出于对文学的青春期热情，可能会出现一些偏差，这不是主要的问题。究其原因，出现这样的情况，正是缺乏文学学习方法引导发生的定位误差。文学是极其有趣和有魅力的，很容易引起人们的热爱，也值得去热爱，否则文学就失去其存在的意义。但是，热爱的盲目性可以通过正确的引导来克服。在我看来，文学的学习不仅不会影响学业，相反，它会对所学的一切有所帮助。

文学以自己的方法、手段，不断探讨、检视人的内在和谐问题和存在的本质，它更多地从人出发，以人为归结点。人不仅成为文学关怀、描述和探讨的对象，还是文学内在构成的本质特征，它有效地将宇宙浓缩于人自身。文学中所蕴含的人文精神、逻辑性和所采用的方法，在本质上和其他学科具有相似之处，它们有着相同的"带电核心"，它完全可能被学习者转化为学习的动力和不同学科的养分。

从根本上说，文学不论承载怎样的思想，不论探索语词种种排列组合的奇迹，也不论其对人的理解达到怎样的深度，最终要回到审美的层次上。不解决这一问题，我们就很难将它称作艺术。从这一点上理解，其他学科，乃至被认为距离文学最远的科学，也是一种艺术，在科学家看来，审美准则同样是科学的最高准则。西方科学家彭加勒曾在一篇文章中说："科学家之所以研究自然，不是因为这样做很有用。他们研究自然是因为他们从中得到了乐趣，而他们得到乐趣是因为它美。如果自然不美，它就不值得去探求，生命也不值得存在。"在某种意义上，这种对于生命和世界的理解回到了文学起点。

当然，传统教育体制的利弊及其对创造性思维的制约，是一个值得探讨的问题。从古今中外的文学知识中汲取营养当然重要，关键是怎样汲取。不能把汲取置于主体性之上。你不热爱自己所学的东西，又怎么去学习？关键是在学习文学的过程中，建立个体对知识谱系的宽广热爱，这样，文学使学习充满活力和激情，学习使文学更为丰富多彩。

文学创作更强调独创性与个人性

安裴智：这几年全国的校园文学创作与"少年写作"呈现出蓬勃发展的旺盛景象。尤其是自 1999 年由《萌芽》杂志和北京大学、清华大学等十所著名大学共同主办的"全国新概念作文大赛"以来，涌现出韩寒、郭敬明、张悦然、易术、方舟等一批中学生文学新秀，成为"80 后文学"的中坚力量。而《广州文艺》也从 2002 年开始，相继由著名作家、教授格非及戴锦华、程文超、南翔主持，推出了"清华大学学生专号"、"北京大学学生专号"、"中山大学学生专号"和"深圳大学学生专号"，开始逐一展示大学校园文学创作的亮丽风景。以青年学生为创作主体的青春文学在全国各中学和高校如火如荼地开展起来。请针对全国文坛的"少年作家"现象、"80 后写作"等文学现象谈谈你的看法。

张锐锋：我对少年作家和"80 后写作"的作品，看得很少。在这一方面没有发言权。但可以肯定的是，涌现出这么多少年才俊是一件好事情。从另一方面看，一个人才华展现得太早，其能量就不易于凝聚、累积，并形成大爆发。所以在文学史上，很少有少年天才成就伟业的。古代少年曹植吟了一首七步诗，就消失了。另一位欧洲天才少年兰波写了一首《醉舟》，也"夭折"了。少年得志的唯美主义作家王尔德，就算不错了，不过写了一些才华横溢、似乎到处都有格言警句的肤浅之作。曾经名噪一时的神童小说家刘绍棠，终其一生，仅仅是写了很多让人想不起来的作品，就已烟消云散。他们都有一点"人一走茶就凉"的悲怆气息。他们最后留给我们的东西，与其本来具有的才华相比微不足道。

这一点，文学与科学不同。文学一般不把最好的美餐放在最早摆好的桌子上。这是因为科学更倾向于继承、累加，更认同"站在巨人的肩膀上"的格言。文学创作更强调从"我"开始，更倾向于独创性、个人性。就像人们常说的：没有爱因斯坦，也会有人发明相对论，但没有莎士比亚，就永远失去了哈姆雷特。因而，文学创作的深度，总是与较深的个人阅历、个人体验和由其所积聚、培育的理解力、认识力和尖锐直觉相联系，一个人不论才能多大，也不论天分多高，在理解外在世界、理解自身及生命方面，都必须有时间保证。帕斯曾说："时间是价值的保管员。"此言不虚。

至于《广州文艺》的做法，是一个刊物办刊理念指引下的具体实施、操作。能够将这些青春四溢、激情四射的写作者推到台前，需要眼光和勇气。当然，大学和中学的文学创作也需要一个展位，这是一种双向需求。而且这些文学作品有众多的阅读者。据我所知，一些少年作家们经过一系列行之有效的商业炒作后，都有很高的知名度，其作品发行量一直位居前列。商业开发、利益推动、虚拟、泡沫，不可否认一些经济特征渗入文学创作过程。不论如何，我们已经感到后来者的脚步，他们的声响更大，也好像更有气魄。

作家的养成取决于个人天赋与努力

安裴智：当代文坛有一个奇怪的现象：许多富有才华的作家，如张锐锋、朱文等，都不是中文系毕业，而是学理工类的，但他们的文学思维是那么发达，创作成就斐然。这样看来，似乎不需要读中文系也能成为作家。你对此现象如何看？

张锐锋：这意味着作家生成的不确定性，中文系可以出现作家，别的地方也可以出现作家。作家从来不是大学某一专业的专利。他们也不会彼此构成否定关系，因为作家的生成很多情况下取决于个人，个人的兴趣、个人的天赋、个人的环境等。从另一个角度看，知识的充分准备不是一个人成为作家的先决条件和必然理由。文学创作有其特殊性。

还有，从中学到大学的考试制度，一般都培养学生对已有知识的确定和认同，态度上更趋于保守继承。而文学以及一切创造性学科，更需要对已有知识的质疑、拷问。在这里，怀疑主义占了上风。所以在别的学科里，有时更易于培养出另一学科的创造性人才。鲁迅、郭沫若曾经学医，沈从文没有接受过高等教育，卡夫卡是法律专家，萨特是哲学家，拉美魔幻现实主义文学的代表人物加西亚·马尔克斯，出身波哥大国立大学法律系，这样的例证不胜枚举。

安裴智：读你在今年《十月》杂志"逆光像"栏目撰写的系列大散文，觉得文气蒸腾、才思飞翔、情如泉涌、思辨缜密。作为"新散文运动"的发起人和领军人物，你的文学阅读是从什么时候开始的？请你谈谈文学阅读、文学知识与创作的关系？

张锐锋：我的阅读经历很简单，在"文革"中可读的书很少，直到上大学以后才有机会读到一些好书。有一点，我只是阅读我喜欢的书，不过我喜欢的书目是随着时间不断变化的，这反映了一个人的认识不断被修改的过程。在文学创作中，个人的文学史比公共文学史更重要，或者说公共文学史并不存在，它只是教科书中硬要塞给我们的东西。也就是说，个人阅读是为书写个人文学史做准备，而这一切为一个作家的创作倾向提供了参照系，不可能有无参照的创作。我们不可能学习所有知识，因而从个人的兴趣出发，只能剪取知识谱系中的窄窄一缕。就是这一缕，将可能成为激发灵感、推动创作的源泉，更重要的是，它为我们提供了文学的范例和基本尺度。

安裴智：招收这些文学创作专业的学生时，是不是有一些分数之外的选择标准？比如在报刊发表文学作品的数量、文学才华的展露等。一个学期快过去了，他们现在表现如何？有无在报刊上发表文章的？

张锐锋：我们将鼓励创作专业的学生从事一定的创作活动，我们还将为他们准备一些文学方面的选题供学生选择完成，作为学习成果的一部分。这些都是一些必要的训练。事实上，他们中的一些人，已经开始发表文章，虽然还不够成熟，但已经初步展现新一代学子的才华和能力。当然，文学是以其质量来考核的，发表数量不能作为标准，只能作为参考。文学作品的量化考核，就像各种论文的量化考核一样，已经抽掉了对于它本身来说最重要的东西，是不合理，也不可取的。

文学的审美创造更强调个性思维与想象力

安裴智：在全国文坛的坐标系里，陕西和山西无疑是占据举足轻重地位的"文学大省"、"文学强省"。因而，在山西这样历史文化积淀深厚的省份，由山西大学文学院与山西省文学院强强联合，承办全国第一个高校文学创作专业，有着得天独厚的有利条件。你们将准备如何利用山西在文化与文学上的这种优势？

张锐锋：山西作家群具有相当的创作实力和社会知名度，他们创作过许多优秀的、有影响的作品。他们被聘为教授，为大学增加了品牌资源。作家将"活的文学"带到讲坛，有利于打破文学理论的自我循环、自我封闭状态，创作前沿的信息将为理论提供第一手的研究资料，以便实现"文学现场"和理论的对接。近年来，文学理论的对象缺失，已经使理论处于尴尬的、信誉度降低的"纯论文"状态。作家在大学讲坛和理论研究领域的登场，可能为改变这一现状提供一条现实路径。另外，作家也将通过面对面的教学活动，整理自己的创作思想，从接受主义的角度重新面对读者，从创作的方向上认识市场的意义和价值，理解文学能量在一定结构中释放的方式、途径和转化为社会营养的可能性，以便自觉地调整创作方向，以适应文学与社会关系的特定要求。

另外，山西有着悠久的历史文化，具备滋养文学的天然条件。我们将组织学生进行各类活动，从而感受和提取各种可能的文学材料，有效汲取来自现实和历史文化的种种智慧，博采生活气韵，萃取文化精髓，书本、生活、历史，有形的遗迹，无形的遗产，都将为我们带来宝贵的启示。

安裴智：你在 20 世纪 80 年代主要从事诗歌创作和诗歌评论。90年代后，转向了散文创作，先后写出了一系列别具特色、规模宏大的大散文作品，突破了传统散文"短小精悍"的结构框架，成为当代文坛卓有影响的"新散文运动"的领军人物，在国内文坛产生了重要影响。你的散文充满了诗意和幻想，想象力极其丰富，思辨色彩浓厚，气势宏大，在当今散文界独成一家。那么，作为文学院文学创作专业的主要教师，你将如何将自己的这种创作优势发挥到讲台上？灌输到教学的实践中？

张锐锋： 从理论上说，文学与别的学术领域不同，它可能是不可师承的。比如说，科学在某种意义上，是人类的一项集体活动，而文学更多地体现个体力量。但是，这不是说，文学的基本方法不可传授。从技术层面上，它有自己的可理解、可领悟的规律性。在文学史上，就有着很好的传承例证，莫泊桑之于福楼拜，美洲文学之于鲁尔弗和博尔赫斯；近处的例子是，"山药蛋派"之于赵树理，都是如此。与那种学术师承不同，文学的师承更多的是在创造中实现的，它强调的是个性思维，是技术、风格和认识资源在个性内容方面的不断调整、转化。

所以，我想在散文的探索方面做一些基本工作。从乔伊斯、福克纳以来，小说创作的基本表达手段已经使用完毕，从庞德、艾略特以来，诗歌创作的基本表达手段已经使用完毕，它们的技术武库里已经没有更多的东西，现在的创作从技术层面上很难摆脱巨人的影子。只有散文创作的未来还有种种可能，前景不可限量。中国的白话散文尤其如此，白话小说至少可以找到四大名著，白话诗的历史更久，据胡适的说法，可以追溯到汉乐府。唯独白话散文的写作，是从 20 世纪开始的，可继承的东西很少。这实际上给我们的创作留下了巨大的、可充分施展身手的空间。我在教学过程中，将把我的所思所想以及自身的创作体验，传递给学生。我的一些观点、看法，在现有的教材中不可能找到，很多甚至有点离经叛道，讲台正好给我提供一个表达个人观点的机会，并能与学生共同探讨有关问题。

原载《深圳特区报》2004 年 12 月 5 日

时间：2004 年 5 月 26 日、27 日

方式：网络访谈

为孩子们烹制精美的精神大餐

——樊发稼教授访谈录

樊发稼，诗人、作家、著名儿童文学评论家。1937 年生，上海崇明人。1957 年毕业于上海外国语大学。1955 年开始发表作品。1980 年加入中国作家协会。中国社会科学院文学研究所研究员、研究生院文学系教授，中国作家协会儿童文学委员会副主任、全国委员会委员，中国文学研究会会长，中国儿童文学研究会副理事长，中国寓言文学研究会常务副会长。曾任中宣部"五个一"工程奖和第一、二、三届国家图书奖评委，中国作协全国优秀儿童文学奖评委会副主任，宋庆龄儿童文学奖评委会主任。1998 年，被收入英国剑桥《世界名人词典》。

樊发稼先生出版有《儿童文学的春天》《儿童文学面临新的超越》等 8 本评论集，儿童诗集《春雨的悄悄话》、幼儿诗集《布谷鸟》、散文诗集《彩色的季节》等 40 多本作品集。选集有《樊发稼童话》《樊发稼儿歌》《樊发稼寓言集》《兰兰历险记——樊发稼儿童诗选》等。主编《新时期儿童文学名家作品选》《中国当代儿童文学作家小传》《中国当代文学作品精选·儿童文学卷》《中国当代儿童文学史》《中华文学通史》等论文集、作品集、文学丛书 30 多种。

《儿童文学的春天》获全国首届儿童文学理论评奖优秀专著奖；《小娃娃的歌》获中国作协首届全国优秀儿童文学奖；《春雨的悄悄话》获中国新时期优秀少儿文艺读物奖；《樊发稼作品选》获第五届冰心儿童图书奖；《将军和跳蚤》获第二届金骆驼奖。

樊发稼教授

安裴智："六一"儿童节又到。关注儿童成长、关注儿童文学成为当前文化界的一个热点话题。作为国内权威的儿童文学研究专家，您认为近几年我国儿童文艺的发展现状如何？存在的问题是什么？未来的发展走向如何？请对近几年我国儿童文艺（包括儿童文学作品和儿童题材的电影、电视剧、漫画、卡通等作品）的发展现状作一总体的评价。

樊发稼：近年来，我国儿童文学、儿童文艺总体来说处在稳步发展的状态，其标志是每年都有一批优秀作品问世，例如去年出版的曹文轩的长篇小说《细米》、孙幼军的长篇童话《小布头新奇遇记》、金波的长篇童话《乌丢丢的奇遇》等，都是堪称思想性、艺术性、可读性俱佳的一流作品。自 2000 年起，中国作家协会儿童文学委员会每年编一本当年的优秀儿童文学作品选（书名《200×中国年度最佳儿童文学》，2001 年起又增加了年度童话作品选，均由漓江出版社出版），绝大部分入选的作品都显示并代表了当下儿童文学创作达到的艺术水准。儿童电影、电视剧、卡通动画，也有一些好的作品，但数量相对较少。存在的问题是：从发表、出版的作品来看，真正广受孩子们喜爱的优秀作品还是太少，平庸之作则是大量的。在一些全国性奖项（如中国作协的全国优秀儿童文学奖、宋庆龄儿童文学奖）中获奖的好作品，往往由于缺乏宣传介绍（包括媒体批评和正规的文学批评）而少为人知，到不了小读者手中。另外，儿童文艺作家社会地位不高，稿酬低不利于调动创作积极性，青年文艺新秀涌现得比较少，也都是存在的实际问题。不久前，中央制定的《关于进一步加强和改进未成年人思想道德建设的若干意见》，充分体现了党中央和新一届国家领导班子对培养和教育祖国下一代事业的高度重视。中央通过这个重要文献，号召"作家、艺术家肩负起培养和教育下一代的历史责任，多创作思想内容健康、富有艺术感染力的少儿作品"，使孩子们

"在学习娱乐中受到先进思想文化的熏陶"。在中央号召的鼓舞和激励下，在全社会的共同关注和重视未成年人健康成长的良好社会环境下，在全体儿童文学工作者的努力下，我相信我国的儿童文学、儿童文艺事业一定会有较快的发展。

五位没有争议的"最优秀"儿童文学作家

安裴智： 您参加了四届全国儿童文学奖的评选，对当前国内儿童文学创作十分熟悉。那么，如果要让您给少年儿童推荐十位最优秀的中国当代儿童文学作家，会是哪十位？这十位作家的代表作分别是什么？各自的特色是什么？他们的作品吸引少年儿童，分别是凭什么？请把十位作家的艺术个性谈出来。

樊发稼： 首先我想说明的是，要列出十位"最优秀"的中国当代儿童文学作家的名字，是一件相当困难的事，因为衡量一位作家是"最优秀"还是"次优秀"，实在没有可以具体量化的砝码，因此难免会有见仁见智的差异。我想在这里先举出五位不会有争议的"最优秀"作家的名字，因为他们先后获得了国际安徒生奖提名的殊荣：（1）孙幼军，童话作家，成名作是《小布头奇遇记》，这位曾写出《小狗的小房子》《小贝流浪记》《小狼请客》等许多童话名篇的老作家，近年新作迭出，如《怪老头儿》《小布头新奇遇记》等，都是贴近少儿生活、想象丰富奇特的佳作。（2）金波，诗人兼童话作家，早年专写诗歌，曾有《金波儿童诗选》问世，他的儿童诗集曾屡获全国大奖，我尝言他写得极为精致的十四行连环诗《献给母亲的花环》是可以入世界儿童诗史的不朽之作。近十年来他主要写童话，他的童话充满浓郁的诗意，新近出版的长篇童话《乌丢丢的奇遇》，青年评论家安武林称这部作品给他"带来莫大的惊喜和慰藉"，这是他"近几年来读到的最好的一本童话书"。（3）张之路，影视剧作家、少年小说作家，当年一部有趣的儿童电影《霹雳贝贝》曾使他名满天下，20世纪90年代初出版的长篇小说《第三军团》为他赢得了极大的文学声誉，他于2000年底问世的科幻长篇小说《非法智慧》，以其异常新鲜的科学内容和十分丰富的知识内涵紧紧吸引了广大青少年读者。（4）秦文君，名作《男生贾里全传》《女生贾梅全传》的作者，这位20世纪80年代步入文坛的"海派"女作家，其小说笔触细腻，感情丰富，自《男生贾里》之后风格由凝重深沉转向诙谐幽默；我曾以"新时期少年儿童的心灵之歌"为题，评论过她的代表作《男生贾里》《女生贾梅》；由于她十分熟悉当下儿童，所以她的作品生活气息和时代色泽十分浓郁鲜丽；其新作长篇小说《天棠街3号》，也是一部能够深深打动小读者心灵的不可多得的优秀作品。（5）曹文轩，教授作家，20世纪80年代初他以《弓》《第十一根红布条》等短篇小说走进儿童文苑；1991年长篇小说《山羊不吃天堂草》问世，连获第三届宋庆龄儿童文学奖和中国作协第二届全国优秀儿童文学奖；1997年推出的长篇小说《草房子》更引来众多儿童文学和成人文学评论家们的倾心称赏，其优雅晓畅而又精美的文学语言，生动有趣的故事情节及渗透其中的纯美的人性和乡情，都使作品具有极强的艺术魅力。接着，曹文轩又相继推出《红瓦》《根鸟》《细米》等优秀长篇小说，充分显示了这位学者作家的雄厚创作实力。除了上述五位作家，我还可以列出一个长长的名单（当然肯定是有遗漏的），如刘先平、周锐、冰波、郑渊洁、杨红樱、沈石溪、汤素兰、郑春华、董宏猷、梅子涵、黄蓓佳、张品成、王一梅、保冬妮、高洪波、北董、张秋生、王宜振、吴然、车培晶、左泓、常新港、徐鲁、孙卫卫、杨鹏、星河、萧袤、肖定丽、葛冰、葛竞、张洁、王一梅、李志伟、薛涛、刘东、于立极、肖显志、李东华、野军……

安裴智："六一"儿童节来临，请您给深圳市的广大少年儿童推荐10部（套）新近由外国翻译过来的儿童文学优秀作品。

樊发稼：（1）黑柳彻子的《窗边的小豆豆》（南海出版公司）；（2）R. L. 斯坦的《鸡皮疙瘩系列丛书》（接力出版社）；（3）塞尔登的《时代广场的蟋蟀》（新蕾出版社）；（4）特拉弗斯的《随风而来的玛丽阿姨》（明天出版社）；（5）林格伦的《小飞人卡尔松》（中国少年儿童出版社）；（6）海伦·比阿特丽克斯·波特的《比得兔的世界》（中国少年儿童出版社）；（7）格雷厄姆的《柳树间的风》（上海译文出版社）；（8）贾尼·罗大里的《电话里的童话》（河北少年儿童出版社）；（9）布热齐纳的《冒险小虎队系列》（浙江少年儿童出版社）；（10）C. S. 刘易斯的《纳尼亚王国奇遇》（译林出版社）。

安裴智：请您给深圳市的少年儿童推荐一些当代文坛上优秀的儿童文艺作品，包括儿童文学作品、卡通、漫画和影视剧作品。

樊发稼：儿童文学作品，上面我已提到一些，这里把作品的出版者也注明一下：曹文轩的《根鸟》（江苏少年儿童出版社）、《细米》（上海文艺出版社），秦文君的《男生贾里全传》（少年儿童出版社）、《天棠街3号》（江苏少年儿童出版社），杨红樱的《淘气包马小跳系列》、《女生日记》（作家出版社），张之路的《非法智慧》（浙江少年儿童出版社），梅子涵的《戴小桥和他的哥们儿》（新蕾出版社）、《女儿的故事》（少年儿童出版社），孙幼军的《小布头新奇遇记》（春风文艺出版社）、《冰小鸭的春天》（人民文学出版社），金波的

《乌丢丢的奇遇》（江苏少年儿童出版社）、《感谢往事》（浙江少年儿童出版社），汤素兰的《阁楼精灵》（接力出版社）、《小朵朵和超级保姆》（江苏少年儿童出版社），郑春华的《大头儿子和小头爸爸全集》（少年儿童出版社），冰波的《阿笨猫全传》（接力出版社），张弘的《E班E女孩》（中国少年儿童出版社），周锐的《肚皮上的塞子》（春风文艺出版社），李东华的《薇拉的天空》（湖北少年儿童出版社），李志伟的《我和妖怪有个约会》（中国少年儿童出版社），孙卫卫的《胆小班长和他的哥们》（海天出版社），王一梅的《鼹鼠的月亮河》（浙江少年儿童出版社），饶雪漫的《眉飞色舞》（福建少年儿童出版社），刘先平的《大自然探险系列》（中国少年儿童出版社），彭学军的《你是我的妹》（四川少年儿童出版社），吴然的《天使的花房》（云南教育出版社），祁智的《芝麻开门》（江苏少年儿童出版社，肖定丽的《幽默大师小豆子》（海天出版社），王宜振的《笛王的故事》（陕西人民教育出版社）。近年较优秀的儿童影视剧有《妈妈没有走远》《六月男孩》《和乔丹一起的日子》《危险智能》《女生日记》《无声的河》《飞来的青衣》（以上为电影），《我要做好孩子》《校园先锋》《高三（2）班》《好玩佳佳龟》《秋天的故事》（以上为电视剧）等。

为广大未成年人营造绿色文化空间

安裴智：中央于5月10日召开全国加强和改进未成年人思想道德建设工作会议。中心议题是要增强大众传媒的社会责任感，实施精品战略，为未成年人提供更多好的文化产品和文化服务，为未成年人创造良好的文化环境，促进他们健康成长。从这个思想高度来看，这几年从正面有利于少年儿童健康成长的影视文学作品越来越少了。电视荧屏上三类节目内容占了主要频道：一是以"戏说"历史为手段，以宣扬权谋文化、奴才意识和皇权观念为内容的历史题材影视剧；二是充满了血腥暴力、凶杀镜头和血流成河、尸横遍野画面的武侠片、古装剧和枪战片、警匪片；三是充满赤裸裸的床第镜头和宣扬男欢女爱的情色片和口水文化剧。从少年儿童健康成长的文化环境看，这三类都是不适合少年儿童看的，对缺乏理性思考能力的少年儿童的健康成长造成了很大的危害。您对此现象如何看待？如何阻止不良的电视文化对孩子们身心健康的误导与侵害？

樊发稼：你所说的三类不利于未成年人健康成长的影视作品确是存在的。这是影视过分商业化、影视制作者单纯追求经济效益带来的必然结果。这种状况亟待改变。为此，有的必须对之采取必要的行政措施予以干预，如对影视作品严格检查把关，凡内容极不健康、会对入世未久的孩子生理心理带来严重不良刺激者，应果断予以"封杀"，不准播放；有的负面影响较小、确有一定观赏价值的，则可以安排在"黄金档"以外的时段播映。除此之外，应制定、出台鼓励和扶植政策，规范奖励机制，大力鼓励、支持能够激励广大未成年人奋发向上、积极进取的内容健康的"绿色"影视作品的创制。同时，也应加强教育和引导，不断提高孩子们分辨真善美和假恶丑的能力，将不良影视文化对他们的负面影响减小到最低限度。

安裴智：国家广电总局前不久下文，规定在黄金时段不准播放有凶杀、暴力镜头的涉案电视剧。广电总局电视剧司副司长王卫平在接受记者采访时谈到，下一步，国家广电总局要进一步下文，将电视剧分级，即分成三类：允许少年儿童看的剧、在家长和老师的指导下才可看的剧和不允许少年儿童看的电视剧。您认为这么做能从根本上遏制不良电视文化的生产和销售吗？如何对以牟取暴利为目的的不良电视节目加以规范和限制？电视剧制作人应如何处理经济效益与社会效益的关系？

樊发稼：国家广电总局其实早就该作出这样的规定了，就是在黄金时段不准播放有凶杀、暴力镜头的涉案电视剧。"亡羊补牢"总是好的，我想广大教师和家长会竭诚欢迎。至于将电视剧分成三类，当然是可以的，但其"可操作性"及实际效果却值得怀疑，一是分类的依据和尺度不易掌握，二是"家长和老师的指导"很可能是一句空话，三是在电视极大普及的今天，任何电视剧只要公开播映，少年儿童总能看到，再说，孩子往往有一种好奇和逆反心理，你越是不许看的我越要看。因此，"分类"不可能从根本上遏制不良电视文化的生产和销售。至关重要的是要提升电视剧创制者的社会责任感，绝不可以唯利是图，而应该把社会效益放在首位。

安裴智：有强大生命力的儿童文学作品都是写人性、人情这些全人类共通的东西，写真善美的东西。您认为当前中国儿童文学创作存在的问题主要是什么？当前我国儿童文学的创作如何在艺术上实现更大的突破？

樊发稼：对于"有强大生命力的儿童文学作品"，我曾在一篇文章中有这样的表述："这样的作品是绝不会为时代的风尘所湮没的，因为它是作家一种庄严神圣的、文学的、艺术的也是至善至美的追求的结晶，作家赋予了它以永恒的震慑读者心灵的魅力。说它具有永恒性，是因为作家通过作品向读者叙说的、向人们倾诉的，是不论什么时候都会让人感动的，是永远令只要具有正常的思想和情感的各个阶层、各个民族乃至各个地域、各个国家的大小读者所感动的东西，这些东西能够呼唤起、激发起人性中的'真''善''美'，促使其产生崇真、崇善、崇美的情怀和从真、从善、从美的愿望。而这些永远令人感动的东西，是和人类的共性紧密相连的，是超越意识形态的，也是超越狭隘的党派观念的。"当前中国儿童文学是在稳步前进中，但前进中确实存在着这样或那样的问题，主要的仍然是创作思想不够解放，缺乏对作品"强大生命力"、"永恒魅力"的执着追求。实现中国儿童文学创作总体上的艺术突破，这是一个"系统工程"，需要持久地做一系列的工作，包括建设一支高水平的文学批评队伍，对外国儿童文学经典作品的译介、研究和借鉴，以及作家自身文学功夫的刻苦修炼、艺术素养的不断提升等。

动画要有精神内涵和民族文化特色

安裴智：您对国外这几年引进的《哈利·波特》《指环王》等电影如何看待？小朋友们特别爱看日本的动画片，如《大侦探柯南》《宇宙英雄奥特曼》系列。国内这几年也拍摄了《哪吒》《西游记》等动画片。但有一种说法，似乎中国的动画和卡通片不如外国的拍得好。您认同这种观点吗？请对中西不同的动画和卡通片作一比较分析。

樊发稼：他山之石，可以攻玉。我以为引进一些优秀外国儿童影片，除了直接供少年儿童观赏外，还要认真研究，从中汲取艺术上值得借鉴的有益的东西，而后者，我们恰恰做得很不够，应该说这是一种资源的浪费。孩子们比较喜欢外国（例如日本）动画片，是因为外国一些优秀动画片无论在制作还是在动画人物形象的塑造、故事情节的丰富性、趣味性等方面确有深深吸引孩子之处，但是我们也并非没有自己的东西，像早些年摄制的水墨动画片《小蝌蚪找妈妈》、皮影动画片《猪八戒吃西瓜》、木偶动画片《狼来了》、动画片《孙悟空三打白骨精》等，都是具有我国独特民族文化底蕴的精品，惜乎我们由于种种原因，没有能够坚持不懈地沿着自己民族特色和风格的路子走下去，以致一旦外国作品大举"入侵"，我们拿不出在艺术上与之相抗衡的自己的作品，动画市场庶几被人家占领。近年我们虽然也制作了一些动画片，有的也很受小观众喜爱，但总体上讲，同国外的相对较高的水平相比还是有显著的差距。关于发展中国动画问题，我愿意援引日本著名动画专家木村忠夫去年在沪参观 2003 年上海国际城市动画展时说的一段话："中国的动画要有大发展，就要有自己的精神内涵和灵感。中国动画发展历史比较短，看上去还是孩子，但中国五千年的深厚文化底蕴，应该是孩子的父亲。孩子在成长中，不能离开父亲的养育和滋润。日本的动画之所以有今天的成功，也是一步一步走过来的，它在发展中形成了自己的风格，显现了自己的民族文化特色。中国动画要茁壮成长，必须形成自己的风格，千万不能盲目跟着别人学，这样只能永远吃人家剩的东西。"

"少年写作"的商业炒作该叫停了

安裴智：这几年文坛出现了一个"少年作家群"现象，即少年作家提前成才，如韩寒创作了《三重门》、郭敬明创作了《幻城》、蒋方舟写了《正在发育》、肖睿写了《一路嚎叫》等，但他们不是从儿童的视角写儿童的生活和心理，而恰恰是从成人的视角去写"成人化的儿童生活"。当前评论界对这种"少年作家现象"多有批评之声。应如何评价和看待这种创作现象？

樊发稼："少年作家群"现象也就是所谓"低龄化写作"。小小年纪即写出文艺作品，这种事并不新鲜。古今中外早慧文才多得是，实不足怪。我国古代李白、杜甫、苏轼、王勃、曹植等，都在少年时期就崭露出不凡的文学才气；"老妪能解"的唐朝大诗人白居易，十六岁就写出"野火烧不尽，春风吹又生"的名句；当代剧作家黄宗江八九岁便在《青岛日报》上发表剧作，在北京崇德中学附小念书时，即在《世界日报》副刊发表独幕剧《人的心》；著名诗人田间十九岁便有诗集《未明集》《中国牧歌》问世，而小说家刘绍棠则素有"神童"之称。今天出现"少年作家群"，本是一件可喜的事，但由于商业化运作的深度介入，反而渐显出其负面影响，即使对在"低龄化写作"中出现的不良倾向，竟然也有人将其当作香饽饽加以宣扬鼓吹。这就误导了这批本是单纯稚真的小作家、小诗人。有的少年作家目空一切到极为可笑的程度，尽显其对成人世界的不屑乃至蔑视，反映出他们极端的少年自我中心主义。有的小作者过早接触性话题，例如你提到的《正在发育》，写这本书的年仅十一岁的这位小女孩，居然在作品里写到"停车做爱枫林晚"，"我的婚姻观就是：宁死也不结婚。要谈一个甩一个，谈一个甩一个，谈一个甩一个。""我找男朋友，要富贵如比哥（比尔·盖茨），潇洒如马哥（周润发），浪漫如李哥（莱昂纳多），健壮如伟哥（这个我就不必解释了）。"倘若不是从书中照录出这些文字，我想谁也不大会相信这竟然出自一个十一岁小女孩的笔下！我不否认有相当多的少年作家的作品自有其清新淳朴的童真写意的特点，因而可在儿童文苑里独具一格，但也确实存在一些内容和写法十分浅薄、价值无多乃至多有不健康内容的少年作品，仅仅是由于在不正常运作下具有一定的商业效益才得以印成了书。我觉得对当下那种具有浓重商业气息的近乎一窝蜂地对"少年写作"的炒作，是到了该叫停的时候了！

安裴智：有的小朋友认为，当前的儿童读物，内容重复、乏味，不贴近他们的生活。他们评价现在的许多儿童文学作品"想象力不够"、"干巴巴的"、"故事虚假"。您对此现象如何看待？

樊发稼："内容重复、乏味"，不贴近儿童生活的，确实所在多有。儿童文学作品，缺乏想象力、干巴巴、故事虚假的，数量也不少；但也不乏优秀的作品，例如最近几届在中国作家协会主办的全国优秀儿童文学奖、宋庆龄儿童文学奖和冰心奖评选中获奖的上百部作品，思想艺术质量都堪称上乘，显示和体现了我国当前儿童文学创作达到的水准。不能要求出版和发表的每一部、每一篇作品都是精品，这是不切实际的。偌大一个园地里，作物的良莠不齐是正常的。夸大存在的问题和不足，只能起到削弱创作者的信心和"斗志"的作用。欲不断改进儿童读物和儿童文学作品的质量和品位，使之适合小读者的胃口，有益于他们的健康成长，创作者在力求做到"三贴近"（贴近实际、贴近生活、贴近儿童）外，必须不断努力加强自身的思想艺术素养，确立精品意识，在商品经济大潮涌动的情势下，尤其要警惕各种利欲的诱惑，以保持清醒的头脑，满怀激情和责任感，投入造福于未来的创造性劳动中去。

安裴智：全国优秀儿童文学奖是为鼓励优秀儿童文学创作，推动我国儿童文学的发展、繁荣，以提供更多更好的精神食粮，促进新一代精神素质的提高而设立的。它是我国具有最高荣誉的文学大奖之一。第六届全国优秀儿童文学奖评奖在即，您作为评委，有何感想？

樊发稼：中国作家协会主办的全国优秀儿童文学奖，是由中宣部批准的，和茅盾文学奖、鲁迅文学奖、骏马奖（少数民族文学奖）并立的"含金量"很高的一项纯文学大奖，它的权威性是毋庸置疑的。儿童文学作家们无不以获此大奖为荣。即将进行的第六届评奖范围是2001—2003年发表和出版的各种样式的儿童文学作品。我由于已经连续四届担任评委（第三、四、五届为评委会副主任），这届我请求不当评委，并已获得作协领导的认同，但我作为儿童文学委员会的副主任，参加了评奖的筹备工作。本届评奖的收件截止日期是5月31日，评奖办公室现已收到由各地作协、少年儿童出版社和有关单位推荐来的数百部（篇）作品。我相信，在各方面的大力支持和各位评委的共同努力下，这届评奖一定会圆满成功。在此，我要向深圳广大读者和市民报告一个信息：我们这届评奖活动，得到了深圳市委、市政府极为热情的支持，今年金秋季节，本届全国优秀儿童文学奖将在深圳举行隆重的颁奖典礼。届时，中国作协领导以及全国获奖的儿童文学作家们将来到你们身边，雅聚于改革开放的前沿名城——美丽的深圳，和这里的少年朋友们亲切见面，共度欢乐时光。

安裴智：国家广电总局日前制定了一项"三步走"的计划，要求今年10月1日前，全国各地省会城市和计划单列市完成少儿频道落地，省级电视台要逐步开办少儿频道，要保证中央电视台少儿频道落地开花。这无疑为小朋友们看电视提供了自己的选择。您对此如何看？

樊发稼：国家广电总局此举，是优化社会环境、为广大未成年人营造绿色文化空间、为近3.7亿少年儿童丰富精神食粮、有益于他们健康成长所办的一件功德无量的重大善事，我们恳切希望这项计划尽快得到落实。

原载《深圳特区报》2004年5月30日

时间：2007 年 5 月 6 日

方式：电话访谈

　　曹乃谦，当代著名作家，1949 年 2 月生于山西省应县，现供职于山西省大同市公安局，三级警督，中国作家协会会员、山西省作家协会理事、大同市作家协会副主席，山西省高级专家。

　　1968 年高中毕业后，当过装煤工、文工团器乐演奏员。1972 年调入公安系统。1986 年开始写小说。发表文学作品百余万字。出版长篇小说《到黑夜想你没办法——温家窑风景》、中篇小说集《佛的孤独》、短篇小说集《最后的村庄》、散文集《我的人生笔记——你变成狐子我变成狼》等。曹乃谦的作品在海内外拥有广泛影响，被译为英文、法文、德文、日文、瑞典文等出版。他是诺贝尔文学奖评委马悦然欣赏的中国作家。

　　曹乃谦的报告文学《十字路口的丰碑》被改编成电视剧《有这样一个民警》；短篇小说《莜麦秸垛里》被改编拍摄进电影《黄河谣》，《亲家》被改编成连环画；中篇小说《悲衣的奠》和短篇小说《山丹丹》《山药蛋》均被美国《世界日报》转载；一篇创作谈被收进美国《读者文摘》。

　　《到黑夜想你没办法——温家窑风景》曾引起国内外文坛广泛注意，被《人民日报》等 30 多家报刊评为"2007 年十大好书"，被香港《亚洲周刊》评为 2007 年世界华文十大好书，排名第二，并入围 2010 年度美国最佳英译小说奖的复评。曹乃谦还于 2008 年入围香港"世界华人长篇小说红楼梦奖"候选人，排名第四，他还获得公安部优秀文学二等奖、《山西文学》优秀文学奖、《北京文学》新人新作一等奖等。

"诺奖"评委何以在"乡巴佬"家举行婚礼

——曹乃谦先生访谈录

曹乃谦先生雅好手谈

近两三年，一名普普通通的山西乡土作家曹乃谦，频频成为吸引人们眼球的"文坛热点"。比如，2005 年 10 月 22 日，诺贝尔文学奖评委、瑞典汉学家马悦然选择在山西大同的曹乃谦家里举行他"梅开二度"的第二次人生婚礼，一时文坛哗然，人们不理解这位汉学大拿何以如此青睐这样一位土得掉渣的文坛"乡巴佬"；同年 11 月，曹乃谦成为全国第二位受到香港浸会大学"国际作家工作坊"邀请的内地作家；2006 年 12 月，很能体现曹乃谦语言特色的短篇小说集《最后的村庄》出版，文坛又刮起了"曹乃谦有可能获得诺贝尔文学奖"、"墙里开花墙外香"的种种传闻。著名电影演员陈道明读了《最后的村庄》这个短篇小说后，拍案叫好，决定将其拍摄成电影，并力邀曹乃谦于今年 4 月 8 日赴京签约并洽谈。更令读者没有想到的是，在今年"五一"前夕举行的第十七届全国书市上，由长江文艺出版社隆重推出的曹乃谦积十年功力创作的长篇力作《到黑夜想你没办法——温家窑风景》，成为书市上很受热捧的抢手货，曹乃谦被各大媒体称为一匹从雁北乡村闯入全国文坛的"黑马"。

一名普普通通的警察，一位老实巴交的"乡巴佬"，一位会唱要饭调的民间歌手，何以能在久无轰动的平静文坛掀起阵阵逼人的热浪？笔者于"五一"期间电话连通了曹乃谦这位神秘的文坛剑客，就读者关心的有关话题向他做了采访。

冲进全国书市的一匹"黑马"

安裴智：在不久前落幕的第十七届全国书市上，你积十年之功创作的长篇小说《到黑夜想你没办法——温家窑风景》成为其中的一大亮点，而你也被喻为一匹从雁北乡村冲进当代文坛的"黑马"。这本书为何会在书市火爆？

曹乃谦：我猜想可能是由于以下的原因：一是 1988 年这本书的头几篇刚刚问世发表，就被文学大家汪曾祺老先生看好，紧接着又引起了港台批评家的关注；二是大约在 17 年前，诺贝尔文学奖的评委马悦然先生就开始翻译这本书的前几个篇目，后来又陆续地翻译了另一些篇目；三是这本书由台湾有关单位在 2005 年先于大陆出版，同时马悦然翻译的瑞典文版本也相继于 2006 年问世；四是这本书由马悦然作序，汪曾祺先生的评论为跋。大概是以上这几种情况的存在，引起读者的注意，都想知道《到黑夜想你没办法——温家窑风景》究竟是怎样的一本书，究竟是怎样的一个风景。

安裴智：与当前别的小说相比，你认为此作最大的突破或说最值得读者关注的是什么？

曹乃谦：没有什么突破。我只是写了生活在那个年代的、生活在山西雁北的贫穷山村的村民们的生活状态。写了人类得以生存繁衍的食欲和性欲这两大欲望，对于他们来说又是一种怎样的状况。别的小说家也早就写过这些，这不能算是有什么突破。如果说有什么值得读者关注的东西在书里的话，那就是：由于时代的进步，山村村民的生存状况已经大大改善，可后辈们还是应该知道三十几年前先辈们究竟是怎样活着的。只有不忘记过去，才能珍视现在。

安裴智：作为一名普通的警察，你在 21 年前因打赌而写起了小说，并很快就引起了诺贝尔文学奖评委、瑞典汉学家马悦然和著名作家汪曾祺的关注和赏识，在台湾和国际汉学界产生了很大的影响。以至有的媒体称你为"墙里开花墙外香"。你认同这种说法吗？

曹乃谦："墙里开花墙外香"，这是个很正常的自然现象。就像南来北往的过路人能闻到园里的花香，而在园里待久了的那些人反而不识其味。但是，我的这本《到黑夜想你没办法——温家窑风景》跟这是两码事儿。汪（曾祺）老、林（斤澜）老还有李陀、李锐他们都说我这个小说好。至于为什么写出后有 10 年出不了这本书，这只能是怪我自己。我没有积极主动地去为自己的这个"女儿"找婆家，只是把她养在闺房等着王子来求婚。结果一等等了 10 年。不过，我认为，什么事也有个缘分，强求是不行的。长江文艺出版社给我出这本书，这就是缘分。所以我戏称长江出版集团的老总周百义是我的亲家，称这本书的责任编辑阳继波是我的大女婿。

马悦然与汪曾祺："乡巴佬"的文学伯乐

安裴智：1988 年，你的《到黑夜想你没办法——温家窑风景》在《北京文学》发表时，得到了小说大家汪曾祺先生的激赏。后来，又被马悦然先生翻译成瑞典文，介绍到国际文坛。请谈谈你与汪曾祺及马悦然先生的文学交往。

曹乃谦：和朋友打赌写小说，连续两次都赢了，都发在了大同的《云冈》杂志上。朋友说我大同有熟人，你有本事在北京和上海的杂志上给来一篇。说来也真巧，那几日《北京文学》杂志社正好来大同办"创作讲座"班，于是我就把写出的第三篇小说《温家窑风景五题》给了他们。更巧的是，他们这次也把汪曾祺老人请来授课。于是我的这篇小说就有幸被汪老看到了。汪老很看好这篇小说，建议把题名改作《到黑夜想你没办法——温家窑风景》，还为这篇小说写了专评《读〈到黑夜想你没办法〉》，与我的小说同期发表在《北京文学》1988年6月号上。知遇汪老实在是我的大幸。我把汪老尊为我的第二个大贵人（第一个是我的养母）。以后我与汪老常有书信往来，后来我们又发现两人的生日都是农历的正月十五，于是每过生日我们就互相祝贺，现在我家里珍藏着汪老书写的好几首《生日有感》。

马悦然是我的第三个大贵人了。他喜欢我的小说，翻译我的小说，在多个场合公开夸我的小说，这让我非常感动。最初他不知道我的通信地址，给我的样刊是通过山西省作协转。后来他问李锐，知道了我是大同市公安局的一名警察。样刊样报和稿费就直接寄给了我。2004年8月的一天，李锐给我打电话，说悦然在太原，想要见见我，并让我带上所有的《温家窑风景》。我们那是头一次见面，在场的还有台湾的陈文芬女士。大约是20天后，文芬给我打电话说悦然要翻译我的《到黑夜想你没办法——温家窑风景》。他用了不到两个月的时间把这本书翻译完了。悦然不愧是汉学家，最让我佩服的是，在翻译的过程中，他给我纠正了好多的错别字，还给我指出过好几处逻辑上的错误。2006年，他译的瑞典文的《到黑夜想你没办法——温家窑风景》出版了。

一个真正意义上的乡土作家

安裴智：你自20世纪80年代末开始从事小说创作，早在20世纪90年代初就以描绘山西雁北地区农村人的原生态生活而闻名文坛。实际上，你的小说通过"莜麦味儿"般的语言，给读者传达的仍是一种乡土文学的美学情韵，与赵树理的"山药蛋派文学"是一脉相承的，追求一种"本色"、原汁原味，用丰富的方言与土语表达特殊地域人的情感与心理，是一种民俗生活的诗化写照。可以这么理解吗？

曹乃谦：我的小说写的是雁北地区农村里的风土人情。带有泥土味道的莜面，自古以来就是雁北地区农村的主食，这里的农民就是吃莜面长大的。汪老说我的小说带有一股莜面味儿，这是对我小说里的乡土气息的一种肯定。

安裴智：从历史与地理上看，雁北地处中原农耕文化与北方游牧文化交会、融合的地方。北方胡人的强悍、进取血统与中原人民的善良、憨厚，在碰撞与交融中一起孕育了当前的雁北文化。尤其是自北魏孝文帝改革以来，中原文化与草原文化由冲突而融合的趋势更加大了。你的"温家窑风景"，是否更着意于从人物的深层心理与生活的原生态来展现雁北文化的这种特异性？

曹乃谦：我是土生土长的雁北人。尽管我不到 1 岁时就是大同的市民了，但在 8 岁前基本是生活在雁北的农村。上学以后每年的两个假期又都是在农村度过的。城里的孩子们一直把我叫作"村香瓜"，也就是"乡巴佬"的意思。再一个是，虽然我算是个城市人，可是和我生活在一起的母亲却是个地地道道的农民。这样子，我的生活习惯、口音语言等，一直都是带着雁北农村的气息。所以，当我想起写小说，我写出的就是我最熟悉的人和最熟悉的事，也就写出了雁北的农民的事。这样，也就写出了雁北的文化、雁北的风情。

安裴智：你是一个真正意义上的乡土作家。汪曾祺先生说你的小说里散发着一股莜麦味儿，马悦然说你是"一个真正的乡巴佬"。农村与乡土是中国文学表现的重要对象，也可以说，乡土是我们人类永恒的文学母题。在现当代，沈从文、赵树理、孙犁、汪曾祺、贾平凹都是这方面的高手。你对中国乡土文学的发展前景和走向如何看？

曹乃谦： 对不起，我只知道蒙住脑袋写我自己的，写我熟悉的人和熟悉的事。对于此话题，我可是连半点也回答不出来。那是大学者关注的事。

陈道明看上《最后的村庄》，要改编电影

安裴智： 请谈谈著名电影演员陈道明将你的短篇小说《最后的村庄》改编电影的情况。

曹乃谦： 今年 4 月 2 日，我接到一个北京的电话。说他叫高伟峰，说是他们的校长想把我的《最后的村庄》改编成电影。我在电话里提醒他，说我的《最后的村庄》是个短篇小说。他说知道这是个短篇，并说想要跟我面谈这件事。我说好吧。第二天高伟峰他们三人带着陈道明的亲笔信开车来到大同。说老实话，当时我不知道陈道明是谁，但看他的信写得诚恳，字也写得潇洒。他们还给了我一盒 DVD 光碟《我们无处安放的青春》，是个 24 集的电视连续剧。当时我没表态说同意还是不同意，只说等明天上午再说吧。第二天早晨我去送外孙女上学时，把信和光碟拿给女儿看，她问我说："爸爸你看过《围城》《康熙王朝》《末代皇帝》吗？"我说："看过，主演演得真好。"她说："这都是陈道明的主演。"我太佩服这个人了，可我不知道他叫陈道明。我明白了，高伟峰为啥称他为校长，因为他是《长征》里的蒋介石。我女儿说："爸爸，影帝给你拍电影。无条件同意就行了。"其实她不这么说，我也会这么办。于是我就在高伟峰带来的合同书上

签了字。4月8日，陈道明约我在北京见面。在场的还有著名编剧邹静之和著名导演张黎。这真是件大好事。4月26日，在重庆我的长篇《到黑夜想你没办法——温家窑风景》的首发式上，我把影帝陈道明给我的小说拍电影的这个好消息告诉了记者。午餐时我还举杯为陈道明祝福，那次在北京见面时我知道了，我的新书首发式的这一天，正好是他的生日。我老是要遇到巧的事。

受海明威、斯坦贝克和契诃夫的影响最大

安裴智：你最喜爱的外国作家有哪些？对你影响最大的有哪些人？

曹乃谦：我喜欢的外国作家有日本的川端康成，我认为他的《古都》《雪国》《伊豆的歌女》这三个中篇是好小说。印尼的慕依斯的长篇小说《错误的教育》很好，我连着看了两遍。俄罗斯的阿斯塔菲耶夫的长篇《忧郁的侦探》不错，还有两个中篇很好，一个是拉夫列尼约夫的《第四十一个》，另一个是瓦西里耶夫的《这里的黎明静悄悄》。俄罗斯还有个叫艾特玛托夫的，他的《白轮船》《永别了，古丽萨雷》我看了一遍又一遍。我也喜欢高尔基和肖洛霍夫的小说。

我最喜欢的作家在美国。如果让我给所有的中篇小说打分儿的话，斯坦贝克的《人鼠之间》得99分，海明威的《老人与海》是98分，杰克·伦敦的《野性的呼唤》是97分，他的短篇《热爱生命》也能打99的高分儿。美国还有个作家叫加兰，他的小说乡土气很浓，我非常喜欢。可我问过好多高手，他们都没听过这个人。再说英国，

《鲁滨逊漂流记》是我看过的第一部外国小说，我看的第二部就是《简·爱》，从那以后我就对外国文学有了兴趣，《德伯家的苔丝》和《牛虻》我也喜欢。尤其是《牛虻》，它和《钢铁是怎样炼成的》合起伙儿来教育我怎样做人。法国埃·马洛的《苦儿流浪记》真好，都德的《小东西》我爱看，莫泊桑的小说集《羊脂球》是我买的第一本外国书，我当时是初二的学生，书里有好几篇小说看得我心里一阵阵发紧。最后说俄国的契诃夫，我有他的小说全集，他是个伟大的短篇小说家。我最佩服他给小说取名了，写农民就叫《农民》，写妓女就叫《妓女》，从不绕弯弯。对我的创作影响最大的，当数海明威、斯坦贝克和契诃夫。

马悦然（左下）、陈文芬夫妇与曹乃谦（右下）、周慕娅夫妇合影

诺贝尔文学奖：从没有想过

安裴智： 据说你是第二位受香港浸会大学国际作家工作坊邀请的作家？请介绍一下这方面的情况？

曹乃谦： 从 2004 年开始，香港浸会大学文学院创建国际作家工作坊，每年邀请 9 位访问作家。时间是一个月。这 9 位作家里有华文作家两位，一位来自台湾地区，一位来自大陆，另 7 位是外国作家。2004 年大陆被邀请的作家是蒋韵，2005 年是我，2006 年是迟子建。今年是谁我不知道，但我想作家本人一定是已经接到了通知，正在做相关的准备。

安裴智： 前一段，网上说你有可能获得诺贝尔文学奖。你对诺贝尔文学奖如何看？你觉得真像一些媒体所说，你会获得这个奖项吗？

曹乃谦： 我当然认为诺贝尔文学奖是世界上最具有权威性的、最专业的、最高级别的文学奖。有媒体说我有可能获这个奖，那是他们的猜测。我本人从不想这个事，以前没想过，现在也不去想。因为我知道，那不是作者去想的事，那是评委们去想的事。作者们想的应该是如何写好他的小说。

安裴智： 据说，你下一步的长篇创作计划是以养母为原型的？请介绍一下。

曹乃谦： 对。养母是我人生中的第一个大贵人，在我 7 个月大时，她没经我生母生父的同意，偷偷地把我从应县老家农村抱到了大同。她改变了我的命运，从此我就成了市民。她经过千辛万苦把我拉扯大，使我活了下来。我经过千难万险，没有死掉，长大成人。我的长篇小说《母亲》写的就是她，写她的伟大又渺小、忘我又自私、善良又凶狠的一生。这本书预计 50 万字，现在写出了有三分之一，全书大约在今年年底能完成初稿。

凌晨三点写作，获公安部三等功

安裴智：你的工作是在公安局，写作是业余，如何处理二者的关系？

曹乃谦：有人把工作比喻成妻子，把写作比喻成情人。这有点意思。但对我来说不准确。我虽在工作的时候不写作，但我在业余的时间却常做工作。我在单位的工作是编一份内部读物，叫《云剑》。主编、责编、美编、发行都是我，跑印刷厂也是我。为了少出和不出错误，我要校对五次，其中最少有两次是让我妻子帮着弄。因为工作出色，2005 年我还荣立过公安部授予的三等功，今年又刚刚受到嘉奖。

我的写作是在半夜进行。凌晨三点半起来写，写到早晨六点。这样，我就得早早睡觉。我差不多在晚九点就钻被窝了，因为我是个没心没肺的人，不失眠，一闭眼就能睡着。中午再睡一个多小时，睡眠时间也就足够了。

有的作家说："我忙，哪有时间写作。"我不是这样，我有的是时间进行创作。但我是个很懒散的作家，所以我也是个产量很低的作家。

原载《深圳特区报》2007 年 5 月 15 日

时间：2004 年 6 月 12 日

方式：网络访谈

文学是缓慢的精神历史

——盛可以女士访谈录

盛可以，女，青年作家。20 世纪 70 年代出生于湖南益阳，1994 年曾移居深圳。深圳市文联专业作家。现居北京。国家一级作家。2002 年开始小说创作。发表作品近两百万字。主要作品有长篇小说《北妹》《水乳》《道德颂》《死亡赋格》《野蛮生长》等七部，以及《可以书》《缺乏经验的世界》《留一个房间给你用》《福地》等多部中短篇小说集，另著有画册《春天怎么还不来》，收入 60 幅水墨画作、53 篇散文。

盛可以部分作品被译成英、德、法、意、俄、日、韩、荷兰等文字在海外出版发行。曾获首届华语文学传媒大奖最具潜力新人奖、中国女性文学奖、郁达夫小说奖、中国未来文学大家 TOP20、中华文学人物"最具潜质作家奖"提名、广东省新人新作奖、深圳青年文学奖等。2012 年，《北妹》入围英仕曼亚洲国际文学奖。

盛可以是很受国际文坛关注的中国女性作家。她的作品多描写中国现实、贫困人群、女性生存以及人的精神境遇，文风凌厉，直击人性的黑暗，以敏锐观察和冷酷书写而著称，语言中带有一种底层的极为生动的泼辣、幽默和土腥气，《纽约时报》称其为国际文坛"冉冉升起的文学新星"，企鹅兰登出版社称其为"非常勇敢而有才华的作家"。盛可以的小说锋利有力，她拒绝了所有的温情脉脉，单刀直入地将事物的本质抖落给你看，她的目光清澈犀利，她直面生活的态度无所畏惧。

盛可以女士

凭感觉、意念与体验艺术地揭示生活的本质

安裴智：你是一个起点很高的作家，被视为"中国当代最杰出的女性作家之一"、"当下最受国际文坛关注的女性作家"。美国《纽约时报》评论你为"冉冉升起的文学新星"，英国企鹅出版社称你为"非常勇敢和有才华的作家"。你的作品突出女性主题，语言风格猛烈，涵盖情感和社会领域，以敏锐观察和冷酷书写而著称。从 2002 年开始小说创作，你一年里写了三部长篇——《水乳》《火宅》《北妹》（又名《活下去》），一出手就非同凡响，以一种冷峻的风格深刻展示了底层生活的真实及残酷。评论界称 2003 年的中国文坛为"盛可以年"。在本年度，你先后荣获"华语文学传媒大奖最具潜力新人奖"、"深圳青年文学奖"、中华文学人物"最具潜质作家奖"提名。今年 4 月，你又以长篇小说《水乳》荣膺第十四届广东省新人新作奖。作为一个初出道的文学青年，你觉得你能走向成功的根本原因是什么？

盛可以：其实我 1993 年、1994 年就开始发表乱七八糟的东西，一直没有停止。那些年所过的文字瘾（可以概括为散文与随笔），对于我来说，是一种很好的锻炼、训练与积累，尽管那些乱七八糟的写作与小说创作截然不同，语言及思维方式迥异，我将那段时间看作一次跑步前的热身。散文是直指个人内心情感，也更注重抒发真情实感，而小说通过对客观世界的描摹，转向对主观世界的表现，从外部的真实转向内在的真实，这种真实不是个人的狭小局域。我尽量回避任何捎带感情色彩的语言，力图冷峻、纯客观地叙述。很惭愧，我真

的不觉得自己成功或者有成就，相反，我觉得很失败。因为我原本可以写得更好更出色。一切缘于我当时的创作心态，缺少从容与淡定，急于出手，急于露脸，这是写作最忌讳的弊病。比如《水乳》，完全可以更深入一些；《火宅》那样难得的好题材，自己没有很好地掌握；至于长篇处女作《北妹》（《活下去》），几乎靠语言之气支撑全部。不过，懊悔也没有用，长路漫漫，唯有珍视这段创作经历，保持平和沉静的创作心态。

安裴智：此次荣获第十四届广东省新人新作奖的长篇小说《水乳》可说是你的代表作之一。小说不仅描绘了左依娜和平头前进、庄严等人之间的表层"爱情"故事，更着力于挖掘男人、女人围绕婚恋展开的肉体、心灵的种种挣扎、斗争，你努力揭示人性斗争的残酷。那么，你认为《水乳》最值得我们关注的文学价值是什么？它给当代文学带来了哪些新的闪光点？你写作这部长篇小说的目的是什么？

盛可以：一个作家在作品中可能想表达某种精神，提出某些社会问题，或者通过艺术手法表现事物或人性的本质，揭示一个美好世界或肮脏生活，但不一定想过自己的作品是否有文学价值。我相信卡夫卡在创作时，并没有"文学价值"这个概念作为创作牵引。比如《地洞》通篇就是借虚拟手法来描写人的具有动物性的内心独白，描写艺术家内心所体验到的对外部世界的恐惧心绪；《变形记》表现资本主义制度奴役下小人物的灾难感和孤独感，任意扭曲客观事物的外部形态，用以外化和强化他的思想感情，其小说后来的文学价值是他自己也没有料想到的。我并非与卡夫卡类比，只是认为创作是一件相对单纯的事情，作家没有必要过多地关心所谓文学价值或者道德审判。通过小说，把自己最想表达的东西表达出来，凭借自己的感觉、意念、体验，呈现生活本质深刻的另一面，我想，我写长篇的目的就达到了。

凌厉狠辣、剑出偏锋的"男性语言"

安裴智：长篇小说《水乳》里充满了人情世故，给读者的印象好像作者历经沧桑、深谙人性之复杂深邃，这说明你对人生、社会有着比较深刻的洞察力。那么，作为一个20世纪70年代出生的作家，你何以会有这种入世颇深、阅历丰富的成年人的感受？

盛可以：70年代出生的人，早就不年轻了，也就是说，我早已成年。我身上有敏感、细腻、内向、热情以及脆弱的质素，同时又顽强而冷漠。空荒的童年、成长的压抑和备受贫穷困扰的生活经历，让我早熟；挫折、冷遇、卑微的生命历程，使我心怀沧桑。我一直在构思另一部长篇小说《你没有像我那样活过》，我觉得绝大部分20世纪70年代出生的人，会对我的生活经历感觉陌生，再将范围缩小到作家当中，我想，几乎没有人像我那样活过，有我那样的童年和往事。野外的花草与温室里培养的花草，对大自然的领略与感受自然不同，我觉得我离真实最近。

安裴智：现在评论界对你的小说的语言和文字风格的评价是：凌厉狠辣、老练成熟、毫不掩饰、剑出偏锋。评论家葛红兵教授说你的小说有一种骨感美，注重语言上的快感和弹性。你觉得这种文字风格与你的气质相符吗？为什么你采取了这样一种独特的叙述语汇？体现出迥异于一般年轻作家的语言个性呢？

盛可以：有句老话叫"文如其人"，我觉得，这个"人"，应该指风骨，比如精神气质、思想个性，我觉得一个人的文字是与个人气质密切相关的。不是说温文尔雅的"女性语言"不行，任何一种叙述语言，如果配合个人气质，再发挥到极致，就有过人之处。我个人不喜欢那类拟态模仿，采取女性立场，通过暴露自己卑微无助的具体细节，夸大女性特征，建立一种柔和依顺的叙事氛围。相对来讲，我喜欢"男性语言"：锋利、直接、理智、强健，直率粗犷。社会上长期以来的声音都是男性的，可能的情况是，作品中的叙述声音如果没有明确的女性标记，这些作品就可能载负更为有效的公众权威。比如在简·奥斯丁、乔治·艾略特、弗吉尼亚·伍尔芙的作品中，都有过试图获得叙事统治权的努力。我想，这仍是与精神气质有关，我重视在创作中抹掉性别，隐藏，并且消失。也许，我的叙事以及建构自我形象中如果超出了公认的女子气质行为准则，很有可能面临遭受读者抵制的危险。因此，我也是给自己出了难题。

安裴智：你被评论界称作"70年代后"写作的代表，也就是介于20世纪70年代写作与80年代写作之间的过渡人物。你觉得这种命名符合你的创作实际吗？科学吗？

盛可以：说实话，对于各种各样的说法以及标签的贴法，我不太关注。对于一个作家，没有比潜心创作更重要的了。

安裴智：有人称你为"70年代出生的美女作家"、"杀出来的美女"、"流浪的美女"，并掀起了一股文坛写作的"盛可以旋风"。你对这些说法如何看待？你认为美女与创作之间有什么必然的联系呢？

盛可以：呵呵，挺逗。几乎所有访谈，都离不了"美女作家"这个话题。"美女"，其实就是"雌性"的另一种说法，估计没有谁会因为被称作"美女"而沾沾自喜了。当然，若是从情人的嘴里说出来，就大不一样。我"70年代出生"，是事实；"杀出来的"，虽然略带血腥，但也真实地道出艰难险境；"流浪的"，也是我曾经十分漫长的一种生存状态。美女与创作原是两码事，八竿子打不着，如今愣是给撮合成了一对冤家。

残酷的青春历史与底层女性的顽强生命力

安裴智： 你出生、就学于三湘，又在深圳工作了很长时间，曾辗转沈阳，后再度南下，杀回广州。你为什么要选择这样一个不断迁徙、转换生存城市的生活方式？在城市之间频繁移动，与你的长篇创作之间有什么关联？请谈谈你所选择的不同于其他作家的生活方式和写作方式。

盛可以： 我不想赋予我的这种动荡迁徙生活以崇高或者神秘莫测的意义。那完全是一种没有预谋的、无意识的，甚至可以说是生存所迫，与我的小说创作没有任何关联。在深圳生存经济压力十分大，逃避到东北那种低消费的城市，是对于我生活的缓和，并给自己一次喘息的机会。思前想后，我的小说创作是在抵达沈阳半年之后开始的。在极端寒冷与孤独的生存环境里，我唯一要干的就是舍命写作。两年时间，头发掉得吓人。后来，我曾试图留在北京，在北京一个出版公司当编辑，结果被巨大的精神压力所困，相比于经济压力，精神压力更让人绝望与难以重负。于是我回到了南方，投入我熟悉的气味里。

安裴智： 你在一次接受记者采访时认为，近几年 70 年代作家的写作关注自己的层面多，而关注社会、超越自己的少，主张作家要走出一己之小圈子，才会别有洞天。这个见解无疑是深刻的。但联系创作实际，你觉得你真正走出了一个女人和 N 个男人或一个男人与 N 个女人的情感纠葛这种很狭小的写作模式了吗?

盛可以: 实际上我的《火宅》和《活下去》都不属于你所提到的狭小写作模式。《火宅》写的是一段残酷的青春的历史。小说主要描述球球与疯癫母亲母女两代人的悲惨命运,真实地呈现了小镇诡秘阴森的氛围,以及青年人看不到出路的焦灼苦恼,是一个混乱年代的缩影。《活下去》关注底层,直面现实,底层女性的出身背景给予她们地域文化上的天然劣势,因而她们的生活混乱而艰辛,作品描写的是底层女性的生存困境,以及她们坚不可摧的生命力,呈现出生活本身的价值的顽强毅力。

安裴智: 经过 20 年改革开放,深圳已到了出作品、出人才的时候。这次的第十四届广东省新人新作奖评比中,深圳有 5 部长篇获奖,占了半壁江山,充分证明了深圳的青年创作是大有潜力可挖的。但是,深圳目前最缺乏的是全方位、多层面反映改革开放 20 年伟大变革历程的现实主义史诗性力作。与经济变革的飞速发展相比,深圳文学创作更呼唤大手笔、大部头、大思想、大制作,呼唤黄钟大吕式的扛鼎力作。你在这方面有何感想?是否也想转变一下创作的风格,更换一下创作的题材?

盛可以: 文学原本就是缓慢的精神历史。社会生活的速度问题深刻影响了原本沉静缓慢的文学,浮躁远离文学缓慢沉静的本质,使真正沉入艺术内部接近艺术本质的群体被喧嚣覆盖。我认为,从某种意义上说,速度以及求速心理,损毁了文学。作家要保持沉静平和的心态,沉入内心,抵制过高的生活速度带来的冲击和现代生活的诱惑与干扰,不要去追赶时间,而是要用作品留住时间。我们有必要叩问自己,是否能够或者已经承担了福克纳提到的精神复活的责任。我会一如既往地面对自己的灵魂与时代,清醒地找回并坚守自己的使命和精神立场，把创作自由与社会责任感统一起来，深入社会，心怀忧患、痛苦与饱满激情地创作。

安裴智：你对当代深圳文学创作的现状有什么看法？你下一步的创作打算是什么？

盛可以：近几年深圳作家的整体创作呈上升趋势，也不缺国内有影响的优秀作家，他们的执着追求与写作精神让人敬佩，我相信他们的创作必将会引人注目。但仍有作家因面临生存问题而影响了创作。其实作家大多性情恬淡，对物质的需求不多，一份相对稳定的工作与收入，解决他们一生中的大问题，也就搬掉了横在他们创作路上的巨石，由此也可能带动某种良性循环的局面。从扶持文学创作人才这个角度来说，我觉得深圳政府应该给予他们一些特别关注。我手上正在写一个长篇，估计会耗掉一些精力与心血，等写完需好好调整。所以，为保卿卿小命，暂无更长远的创作计划。

原载《深圳特区报》2004 年 6 月 13 日

时间： 2004 年 6 月 11 日、 2005 年 2 月 21 日
地点： 中国银行深圳分行会议室

诠释文学的尊严、纯正与美丽

——盛琼女士访谈录

盛琼， 青年女作家，1968 年生于安徽省安庆市。1985 年以安徽省高考"文科状元"的成绩考入复旦大学新闻系学习。1989 年毕业，历任安庆电视台记者、编辑、栏目制片人，珠海电视台频道副总监。2003 年后，在中国银行深圳市分行行长办公室工作。2005 年调广东省作家协会，为专业作家，同年加入中国作家协会。

在《十月》等各类文学期刊发表小说、随笔两百多万字。主要作品有长篇小说《生命中的几个关键词》《我的东方》《杨花之痛》《小城小街小女人》等，中篇小说《爱情旋律》《快乐像阳光般荡漾》《天堂》《凡人》，短篇小说《我的叔叔余乐》《老弟的盛宴》《五个字 一件事》《像植物一样活》，小小说《流光》，散文《大爱的天空》《猫的故事》，随笔集《舍弃的智慧》，电视系列片《话说澳门基本法》解说词。作品曾入选多种文学选本及各类选刊。

荣获第五届"鲁迅文学奖"、"全国青年女作家短篇小说大赛"三等奖、"全国首届情爱作品大奖赛"二等奖、广东省"五个一工程"奖、"广东省新人新作奖"、"华语文学传媒大奖"最具潜力新人奖提名、广东省优秀电视作品三等奖。

新作《孩子，我要你快乐》被誉为"幸福教育的完美诠释"、"状元育女心经"，受到广大家长热捧和欢迎。

盛琼的小说温婉、细腻，充满南方与时代的气息，对人情、人心、人性具有自己独特的审美发现与艺术表达。盛琼是以自己的文学品质站立在读者面前。

盛琼女士

　　2004 年 6 月，深圳青年作家盛琼凭借长篇小说处女作《生命中的几个关键词》荣获"第十四届广东省新人新作奖"。这部小说于 2003 年 7 月由作家出版社推出后，社会各界反响良好。评论界认为这是一部与时下众多"时尚小说"、"新潮小说"完全不同的个性之作，是一部在商业狂欢的浮躁文坛仍能坚守精神家园的优秀之作，也是一部文采飞扬、富有人生哲理意义的好小说。

　　在盛琼获奖之际，我对她进行了文学专访。给盛琼打电话，话筒里传来一种极有女性味的、很个性的磁性声音，柔婉、清甜而有吸引力。我首先被这声音打动。于是，在一个阳光灿烂的下午，我见到这位 1985 年安徽省高考文科状元、刚刚获得第十四届广东省新人新作奖的年轻女作家。短短一个多小时的访谈，这位洋溢着青春气息的阳光女孩给我留下了非常好的印象：智商高、天赋好、气质另类、文学潜力大，是一棵从事文学创作的好苗苗。

　　盛琼现为广东文学院签约作家，供职于深圳某金融单位。可以说，盛琼走了一条相对幸运、顺畅的成长之路。她出生于一个知识分子家庭，父母身上的良知与正义感，从小就感染、影响着盛琼，使她具备了一种真善美的健全人格。与她谈话及看她的小说，笔者强烈地感觉到她的谈吐和文章中闪烁着的一种人性美的光芒。生活中的盛琼有着一份平和的心态，她特别喜欢深圳这座年轻的城市。她说，经过 20 年的发展，浮躁的东西逐渐沉了下去，深圳开始寻找一些厚重的东西，但这座青春城市的朝气仍然在。

　　第一次专访盛琼之时，她的文学创作已经进入一个井喷期，引起了国内文坛的关注。仅在 2004 年，她就相继在国内知名文学刊物《十月》《中国作家》《天涯》等发表长篇小说、中短篇小说、散文、随笔等多篇。2005 年新年的钟声刚刚敲过，国内最权威的人民文学出版社又推出了其 30 万字的长篇小说新作《我的东方》。

《我的东方》通过古城一户普通百姓人家几代人长达百年的爱恨情仇，折射出"东方"所特有的精神、伦理、道德、历史以及博大精深的文化精神。作者以现代人的视角，选取历史和现实的各个片段，在平凡的日常生活中展现东方真实而又梦幻的特质，感受人间美丽而又动人的温情。故事与传奇、现实与记忆、形象与情意、闪回与凝望、自叙与描述，交相辉映，组成了一幅既丰富又自由、既写实又写意、既激情又伤感、既凝重又动人的斑斓画卷，谱写了一首具有中国特色的东方史诗。

对盛琼在短短的两三年时间内在国内知名刊物发表这么多文学作品、创作进入喷发时期的可喜现象，评论家们认为，这是因为盛琼的文学创作有一种真诚的理想精神，她始终坚守着自己的精神追求。而在深圳青年作家群里，像她这样在短短两年时间内就由国内最权威的两大文学出版社推出两部长篇力作，也属罕见。

于是，针对这一新的文学生长点，在盛琼的长篇小说《我的东方》再度引起文坛关注的时候，我对她进行了第二次文学专访。

女状元怀抱理想学新闻

安裴智：据说你从小就是好学生，极爱思考，品学兼优，1985 年以安徽省高考文科第一名的好成绩，考入了复旦大学新闻系。后来又多年在新闻媒体担任大型电视专题片、系列片、特别节目、文艺晚会的总撰稿及编导工作。你为什么要选择新闻作为你的大学专业呢？

盛琼：当年之所以选择学新闻，纯粹是一种理想主义的想法，就是想当记者，抨击社会现实中的不良和腐败现象，替百姓伸张正义。大学毕业后，我放弃了留在上海大都市工作的机会，毅然返回故里，在家乡的安庆电视台当了一名普通的新闻工作者。自此十多年，我一直从事记者、责编、制片人、频道副总监等工作，担任各种大型电视专题片、系列片、政论片、特别节目和文艺晚会的总撰稿、编导及总策划。20世纪90年代后期，我来到改革开放的经济特区珠海，仍是从事电视新闻的老本行，在珠海电视台工作，曾为《澳门基本法》《落日的辉煌》等大型政论片撰稿。

安裴智：既然如此青睐新闻工作，为何后来又放弃了新闻职业，走上了文学创作之路呢？

盛琼：我自幼喜爱文学。在从事了十余年的新闻采编工作后，我开始尝试着利用业余时间从事文学创作。先在报纸专栏写一些随笔，接着在《中国作家》《作品》《清明》等各种报刊上发表中短篇小说、散文和诗歌，曾获得《作品》杂志社组织的"全国青年女作家短篇小说大赛"三等奖和"华语文学传媒大奖2003年度最具潜力新人提名奖"。多年当记者，与社会的深度接触多了，对我各方面知识的丰富很有好处，视野宏大了。

探求描述世界和心灵的方式

安裴智：新闻采编工作让你与社会各界的交往很多，这也培养了你的一种广博的胸怀，社会关怀和人文关怀的责任感也加强了。此次获奖的小说《生命中的几个关键词》，体现了你很强烈的社会关怀和生命关怀的意识。可以这么理解吗？

盛琼：现在是一个商业主义引领风尚的时代，浮躁的文坛上各种时尚的主义和新潮的写法林林总总，但越是在光怪陆离、五光十色的新潮环境中，越要做一个"逆流"的灵魂作家，越要保持心中的理想和热情，坚持个性，固守我们的精神家园。

安裴智：《生命中的几个关键词》以哲人的思考、散文的文笔、诗人的激情，通过"等待"、"妥协"、"欲望"、"孤独"、"梦幻"五个词，描写了人生的五个横断面，写了一个女性生命艰难成长的故事。你最初创作这部长篇小说的动机是什么？

盛琼：我在该书扉页的题记中说："时至今日，我们还能剩下什么？唯有心灵。我们还能做些什么？唯有探究心灵。"因而，这本小说一面世，就被评论家称作"探求描述'世界'和'心灵'的方式的成长体小说"。有的评论家认为这部小说在文本风格、叙述语言及创作理念上都与捷克作家米兰·昆德拉的《生命中不能承受之轻》有相似之处。它们同是哲理小说，极富思辨色彩。所以，在讲述生命成长故事的同时，直逼灵魂，拷问心灵，追问精神价值，思考一切生活表象后面的哲学意义，探究人的精神生存的状态，是我创作这部小说的出发点。

用文学搭一座人文关怀的桥

安裴智：对人的精神心灵的探究，使《生命中的几个关键词》一开始就以"追求经典"的面目出现，主旨远大，关怀深远，有一种纯净、朴素而又深刻的理性之美。著名作家莫言在读了你的这部小说后说："在一个嘲笑崇高、逃避责任、推崇形式、漠视灵魂的年代，盛琼的小说带给了我们久违的纯真和认真、难得的严肃的话题和思考，以及一种融温柔、敏感、慈悲、激情于一身，兼具哲人、小说家、诗人于一体的独特的艺术魅力。"你凭此小说获得广东省新人新作奖。你有什么获奖感受要与读者分享呢？

盛琼：我的为人为文刚刚开始，小说创作还处于一个摸索阶段，我会把文学创作当作酒一样去酿。目前文学创作的队伍越来越庞大，作品铺天盖地，水平良莠不齐。繁盛与荒芜、坚守与沦丧、理想与媚俗，汇成了一种混杂错落的大合唱。这是一种丰富，是一种历程，是多元化时代多元化的呈现。尘土飞扬的场面往往也预示着勃勃生机，而尘埃落定的时候也不会遥遥无期。

安裴智：看来你的写作起点很高，刚刚开始长篇小说创作，就将笔触深深地扎入当代人的精神领地与心灵深处。你这么年轻，怎么会思考如此之深的一些问题？你坚守灵魂写作的精神动力来自哪里啊？

盛琼：人是一种高贵而诗意的生物，这种高贵就是我们能在苦难中创造价值，这种诗意就是无论我们经历多少劫难，仍然懂得真、善、美的意义。我的写作是想在个人体验和社会关怀中用文学搭一座桥，不是为了倾诉，而是为了分担——分担所有生命里那一份无法避免的孤独和凄凉。不管时代如何变幻，我始终相信文学是一种灿烂的理想、人性的光芒。我希望人人都能从我的文字里感受到那种让人安静下来的花香和阳光。

东方的历史文化是一个无穷宝藏

安裴智：在当前一大批时尚写作如"美女写作"、"80后写作"、"下半身写作"泛滥文坛的今天，你没有选择时髦的新潮写作，而是以东方文化背景下中国内陆一古城的普通人家三代人近百年的生存与情感衍变为内容，写出了你对东方人伦理观念、历史文化的思考。你选择这样的题材是基于一种什么样的考虑？激励你创作《我的东方》这部长篇小说的根本动力是什么？

盛琼：一直对"东方"这个词有着丰富、饱满却无法说清的感情。在西方文化取得了辉煌成就的今天，我们实际上更需要发现东方的魅力。尤其在环境问题、民族宗教问题、局部战争、恐怖主义、贫富分化等诸多问题纠缠不下的今天，我们更需要重新认识东方的智慧、伦理、道德、文化，那是一个无穷的宝藏，那是一种"和而不同"、"自然和谐"的博大精神。基于这种大背景，我创作了一本完全不时尚的小说。而对它，我依然有爱与信心。为什么这样说？因为我知道，我是在用自己的心灵和全部的情感写作。我对东方这块土地和人民的热爱与深情、对东方文化和智慧的痴迷都促使我创作这部小说。而且，我的写作向来都是不"时尚"的，我对潮流一直保持着冷静的态度，我只忠实于自己内心最真实的声音。

安裴智：在你的笔下，"东方"永远都是一种神秘而经久的诱惑，是一个永远也做不完的美丽而深远的梦境。那么，你这部小说的故事背后所隐藏的诗情和哲理是什么？

盛琼：在"东方"这块土地上，总有那么一些元素能让我们的泪水流尽，其内核就是一种东方人独有的文化精神。我的小说就是要表达那样一种哲理：作为宇宙中孤独而智慧的生命，在灵魂和肉体之间，在传奇和现实之间，在历史和未来之间，在回忆和憧憬之间，在坚守和更新之间，在流逝和永恒之间，展现出绵延不绝的东方灵性，演绎出凄绝动人的生命绝唱。对东方文化精神与东方人情伦理的迷醉与倾情，这也许是我创作《我的东方》这部长篇新作的内在情感与缘由。

安裴智：你觉得你能这么勤奋地取得一个又一个创作的成绩的原因是什么？

盛琼：写作对我是很自然的一件事情。我的个性、知识储备、生活阅历似乎都是为文学准备的。另外，写作也是我回报社会、对社会做出承担的唯一方式。应该说写作于我是一种天性，也是一种良知。至于是不是取得了成绩，那是别人的评价，但我高兴自己在不断地进步。

以小说传承东方文化的厚重伦理与人文精神

安裴智：从表面看，《我的东方》讲述了古城一户普通人家陈兴旺三代人近百年的再普通不过的琐细生活，写出了中国人特有的情感方式和伦理精神。你讲述的故事普普通通，平平常常，没有那种大起大落、哗众取宠的传奇性和曲折性，似乎并不着意于故事情节的复杂与跌宕，并不惊心动魄，但我在读了全书后，却有一种摄人魂魄、穿透人心的内在力量。这也就是你这部长篇小说不同于一般小说之处。是否可以说,《我的东方》通过故事的符号和表象,揭示和穿透的是东方华夏民族几千年生生不息的根本文化精神,是对东方文明的载体——中国人生存方式、情感习性、文化特征、伦理思想的形象诠释和独特拷问。你通过记忆的碎片和故事的符号,敷衍了一串具有东方特色的历史之河,借此表达中国新一代年轻女作家对东方人文精神和文化灵魂的思考。可以这么认为吗?

盛琼: 你理解得非常准确。我希望自己的小说在历史传承、文化传承方面有一些厚重的表达和承载,另外,我对东方的人伦、人情以及背负着苦难却依然顽强的底层百姓也充满了敬意和感情,但小说就是小说,它是多义的、无解的,有多少人阅读就有多少不同的理解,这才是小说的魅力所在。我希望在每一个人物、每一个情节、每一个故事上都有一些"小径分岔"式的模糊性,给人以联想和感受上的无限空间。

安装智: 在你的笔下,东方是一个永远也做不完的美丽而深远的梦。你通过"状元街"、"牌坊"、"天井"等具有东方建筑特色的儿时记忆的回望与叙写,写出了作为东方人生于斯、长于斯的家园的美好,又通过对家园及家园主人的生活历史的描写,表达你对东方这片古老土地的深情依恋。"古老的东方有一条河,它的名字就叫中国",这是歌曲里唱的。你在书中说:"东方,有些东西已经湮没,有些东西还在孕育。东方的故事像季节一样绵绵不绝,东方的精神像民歌一样代代飘香,东方的文明像传说一样愈久弥珍。"可以说,你是在为东方作传,你写了一首东方的史诗。那么,为何"东方"会对你有这么大的吸引力?你的"东方"情结为何如此深厚?

盛琼: 故土和家园是一个人的精神归宿,生于斯、长于斯使我和东方血脉相连，再者东方本身的魅力和神秘也是说不尽、道不明的，生生不息，源远流长，亘古常新。有人说：越是民族的，就越是世界的。到了今天，这个民族性，我以为是承接了历史和未来、传统和现代的新的民族性，是一种像大河一样不停奔流、不断融合的力量。它的广度、纵深感、与时俱进的生命力是最吸引我的地方。

展示一个审美意义上的理想的东方

安裴智：在《我的东方》里，你对东方文化的思考，既包括对其积极向上的奋斗哲学、"穷则独善其身，达则兼济天下"、乐善好施的救世主义人生态度和"出世"思想的歌颂，也包含对东方文化中一些落后、封建的渣滓的批判。这也正是你这部小说的深刻之处。鲁迅先生一生都在思考并批判中国人的民族劣根性。中国文化的本质特征就是一种伦理本位文化，即特别注重人情伦理、人际关系，强调集体意识对个体意识的束缚。在一定意义上说，中国文化比较注重情感，就是你小说里所说的"人间美丽而又动人的温情"，而忽视了创造性思维的开掘。这与西方文化中尊重个人的独立意识、强调个人奋斗、自我意识、个体精神的内核是相去甚远的。你是否觉得从批判民族劣根性的角度看，这部小说在思想深度的开掘上还可以更深入一些呢？

盛琼：我在这部 30 万字的小说里是融进了一些儒、释、道的精神内涵，这也是东方精神的基石，但小说还是要通过人物和故事来表达这些思想内涵的，而人性的复杂是我的小说一直想呈现的面貌，那种简单、片面的脸谱化人物是我最忌讳的，因此，小说中的几个主人公都是多面的，有真善美的一面，也有落后、愚昧的一面。如果从民族劣根性上来说，小说揭示得还不够。因为我想展示的东方还是一种带着理想色彩的审美意义上的东方，小说的创作手法融进了很多浪漫主义因素，不是严格意义上的现实主义作品。语言也有一些抒情和诗意的风格。我的东方是梦幻的，也是情感的，亦真亦幻。

"史记式"和"复调式"相辅相成的结构方式

安裴智：《我的东方》虽是长篇小说，但它打破了传统长篇小说故事情节的因果链，采取了《史记》的史传体写法，是按人物来划分单元，结构全篇，这就使全书的叙述很新颖，没有落入俗套。从表达作品的主题内涵的角度看，你为什么会采取这样一种富有创意的结构方式？

盛琼：我在小说创作中有一些创新意识，希望每一篇都有所不同，不管是语言风格，还是结构谋篇。我认为，结构对于一部长篇小说的意义非常重大，所以我写作的时候，对结构的创新有一种非常严格和自觉的要求。《我的东方》在内容上涵盖比较大，人物和故事也比较丰厚，因此必须采用一种大开大合、磅礴大气的构思方法，现在看，这种"史记式"和"复调式"相辅相成的结构方式还是这部小说的特色和优势，我自己比较满意，但个别地方还可更严谨一些。

安裴智：你觉得《我的东方》在文学上最大的成功是什么？这部小说为当代文学提供了哪些新的有益启示？

盛琼：这还是要读者评价的。我用自己的心灵、情感、智慧写作，绝不违背自己的灵魂，绝不放弃对艺术的虔诚，其余的一切都交给读者和时间。

安裴智：可以说，你的长篇小说处女作《生命中的几个关键词》以散文的文笔和诗人的激情，通过"等待"、"妥协"、"欲望"、"孤独"、"梦幻"这五个词来承载和表达了你对个体生命的独到思考；而《我的东方》则主要着意于对地域性群体生命，即处于东方文化背景下的中国人生存历史和精神取向的总体剖析。从个体生命到群体生命，作为文学家，你的关注焦点、思考重点和创作视点就这样发生了转变。可以这么认为吗？

盛琼：大的转变好像没有。我觉得自己一直都不是只关注个体的，我的文学视野和胸怀一直都是比较开阔大气的。只不过，《生命中的几个关键词》是写一个人的心灵成长史，而《我的东方》写的是一户底层百姓人家的生活史，内容相差很远。但人文关怀、历史向度、思想深度是我的文学创作中一直关注的东西。我不太喜欢纯技术化的作品。当然，随着写作的深入，我的思考和艺术感觉会发生变化，也许反映到作品上会有这样或那样的转变，我自己还是非常喜欢这种变化的。

生命因文学而有光彩

安裴智：与别的深圳青年作家相比，你的生活之路相对来说要顺利一些、优越一些，你曾是全省高考"文科状元"，又毕业于名校，接受了正规的高等教育，因而，相对来说，你的文学创作之路不是少走了弯路，而是根本就没走弯路。评论界认为在深圳青年作家群里，你的文学创作之路是走得最正的一位，感觉你对文学的理解也更书卷气一些。可以说，你是深圳青年作家群里对文学理想的坚守表现得最为彻底的一位。这使你的文学创作从题材选择到主题承载、再到表现风格，都呈现出独特的个性。那么，请你谈谈你对文学的看法。

盛琼：是吗？你这样问，弄得我有些不好意思。我不知道别人怎么样，我也不评价别人的创作，反正我自己是一步一步踏踏实实在走。在这个过程中，我得到过很多人的帮助，我的心里有很多感动，因此我感恩，也惜福。文学对我就像呼吸和心跳，抑制不住。不管时代如何变化，我只想用自己的生命和实践诠释文学的纯正、尊严和美丽，而我的生命也会因文学而有光彩。

安裴智：你下一步的创作打算是什么？

盛琼：一直写，写到没有什么可写的时候。我希望自己像那些实力派"性格演员"，可以一直演下去，最后和我热爱的文学浑然一体，自然天成。

原载《深圳特区报》2004 年 6 月 13 日、《深圳晚报》2005 年 2 月 28 日

时间：1992 年 12 月 15 日

地点：北京市大兴县黄村 《海马歌舞厅》 拍摄现场

海马美学与『东方好莱坞』模式

——葛小刚先生访谈录

　　葛小刚，上世纪 50 年代出生于北京。剧作家，影视经纪人，原中国戏剧出版社编辑、"海马影视创作室"副秘书长、执行干事。

　　葛小刚出生于文化名门，其父亲葛一虹先生是我国著名戏剧理论家、翻译家、戏剧史家、出版家，新中国戏剧事业的开拓者和奠基人之一，曾任中国戏剧家协会书记处书记、中国戏剧出版社社长兼总编辑、中国艺术研究院顾问兼外国文艺研究所所长、话剧研究所所长、中国戏剧文学研究会名誉会长、中国田汉研究会副会长。葛一虹是我国早期介绍斯坦尼斯拉夫斯基理论体系和莎士比亚戏剧的戏剧家、翻译家，担任《中国大百科全书·戏剧》、《中国新文艺大系·戏剧卷》等书的撰稿和审编等工作。

　　葛小刚是上世纪八、九十年代著名的影视策划人、经纪人与戏剧活动家。1988 年，他与王朔、苏雷、马未都、魏人等人创立了由全国青年作家组成的文艺沙龙性质的影视创作团体"海马影视创作室"，这是我国第一家民间影视创作机构，也是第一个带有商品经济属性的作家工会，从而向旧的、传统的影视发行体制和生产体制发起了挑战，率先实现了文化与商品的结合，开辟了一条影视剧生产、制作、发行的流水作业模式，奠定了中国影视剧发展的新走问。

　　葛小刚曾致力于探索中国影视剧创作新路，擅长"京派"室内电视连续剧的策划，参与创作的电视剧有《渴望》《编辑部的故事》《爱你没商量》《海马歌舞厅》《请拨 315》《广告人》等 20 多部。

葛小刚先生

　　近年来，影视界出现的一个引人注目的现象是，在国内或在国际上获过奖的电影、电视剧作品，绝大多数是"海马影视创作室"成员创作的。《红高粱》《菊豆》《秋菊打官司》《大红灯笼高高挂》《本命年》《便衣警察》《一半是海水，一半是火焰》《摇滚青年》《龙年警官》《渴望》《编辑部的故事》《爱你没商量》等，无一不出自"海马"成员之手。这是为什么呢？当改革的浪潮又一次从中华大地席卷而过，当旧的行政制作体制严重地阻碍了艺术生产力的发展时，作为生产关系中最重要一环的人，作为有良知、有强烈的社会责任心和艺术使命感的一代作家、艺术家们该怎么办呢？王朔、莫言、刘恒、刘震云、刘毅然、苏童、魏人、马未都、葛小刚、朱晓平、吴滨、苏雷等30余位血气方刚的热血男儿再也坐不住了，再也不能沉默了。他们不花国家一分钱，硬是靠自己的一双手和一股执着追求的心劲，创立了我国第一家民间影视创作机构，也是第一个带有商品经济属性的作家工会——"海马影视创作室"，从而向旧的、传统的影视发行体制和生产体制发起了挑战，率先实现了文化与商品的结合，开辟了一条"东方好莱坞"式的影视剧生产、制作、发行的流水作业模式，奠定了中国影视剧发展的新走向。"海马"的影视作品紧紧吸引了影视界数以万计的观众的心，认可也罢，否认也罢，观众就是喜欢由"海马"的一帮哥们儿炮制出来的一篇篇"一点正经也没有"的东西，这又是为什么？"海马"成功的奥秘何在？"海马"创业的经过如何？"海马"的艺术追求和发展前景是什么？"海马"将给中国影视界带来怎样的巨大冲击？"海马"在中国当代影视剧艺术发展史上能否被写下重重的一笔？带着这一系列问题，记者在1992年冬天赴京组稿之余，特意结识了"海马"的一帮哥们儿。1992年12月初，在北京西郊举行的一次组稿会上，光临的8人中有6人竟是"海马"

的成员。他们是莫言、刘震云、刘毅然、朱晓平、吴滨和沙青。会将完时，莫言、刘毅然老师向作为东道主的我建议，不妨到京东华都饭店 1154 房间一访，那儿是"海马"的老窝，成员们碰头和活动全在那儿。我于是来了兴致，便于次日只身闯入位于朝阳区东北角的神秘的华都饭店，拜会了"海马"四大掌门人——魏人、马未都、葛小刚、苏雷。其中，魏人是山西老乡，原籍五寨县，后当兵服役，又任《啄木鸟》小说编辑，长得五大三粗，态度极是热情、大方。在他的推荐下，我于 12 月 15 日下午，随"海马影视创作室"副秘书长、执行干事葛小刚来到北京大兴县黄村《海马歌舞厅》拍摄现场。在黄村这个远离城市喧嚣的僻静的乡村，在黄村寒风刺骨的夜晚，葛小刚先生神采飞扬、极为动情地向我谈起了"海马"，谈起了我四处找寻、终未晤面的神秘的王朔……

维护剧作家的合法权益是"海马"成立的初衷

安裴智： 葛小刚先生，请问你们为什么要成立"海马"这样一个影视创作的机构呢？请你谈谈"海马"成立时的背景。

葛小刚： 这个问题说来话长，"海马"问世已 4 个年头了，当时之所以要成立这样一个影视创作的机构，纯是偶然性侃天侃地般"侃"出来的。最初萌生这个念头的，是刘毅然、吴滨、王朔三人。那是 1988 年夏天，毅然他们在北影厂招待所修改剧本，茶余饭后便聚在一起"侃大山"，结果侃来侃去，决定成立一个由一些志同道合的青年作家组成的文艺沙龙性质的影视创作团体，起名为"海马影视创作中心"，草创时期的组成人员除王朔、刘毅然、吴滨外，还有莫言、朱晓平、刘恒、魏人、苏雷、马未都和我等 12 人。我们在一块经常聚会，聚在一起便神侃。大家普遍认为，在过去，剧作家本身在整个创作中的地位和作用被大大地忽略了。一部电影或一部电视剧轰动以后，第一出名的是演员，第二出名的是导演，然后再是剧作家。这是不公平的。新中国成立以来的许多优秀电影和电视剧大多改编自名著和文学作品。可以说，剧本是一剧之本，剧作家在整个剧的艺术创造中是很重要的一环。如果剧本质量很次，即使导演和演员的水平再高，观众也不会喜欢这类剧的。导演对剧本有一个选择的关系，演员对剧本也有一个选择的关系。但影视界长期以来对剧作家的地位和作用重视不够，剧作家成了默默无闻的"铺路石"，更有甚者，剧作家的原作有时被改编得面目全非，大大地损害了剧作家的声誉和利益。为维护剧作家的合法权益，抵御来自外界的侵犯，我们决心团结起来，形成自己的力量。所以，"团结起来，保护自身的权益"遂成为"海马影视创作室"成立的初衷。然后，大家推举王朔任干事长，军人作家刘毅然管财务，由吴滨起草了一份气势澎湃的《"海马"宣言》，制定了规章，又召开了"海马影视创作室"成立的新闻发布会，正式将"海马"的旗号打出，向社会亮相，并开始了一些重要的业务活动，如参与《渴望》《编辑部的故事》等剧的创作。

安裴智：请问为什么要用"海马"这样一个名字当作你们的旗号，"海马"是不是隐含着某种特定的象征内涵？

葛小刚："海马影视创作室"最初成立的阶段，全由男人组成，由一批喝过海马酒的刚烈须眉挑大梁。另外，"海马"是最先冲进改革的激浪里的一匹烈马，且是一匹"海底之马"。它不是张牙舞爪、锋芒毕露的生灵，似马又非马。它本身是一种特殊的"药"，它的存在，起到镇痛、化瘀、壮阳、补血的作用，它驰骋于"海底"，从不四蹄生风，但又暗中游走。是谓此义。

安裴智："海马影视创作室"是一个什么性质的艺术单位？请问它是一个合法机构吗？

葛小刚："海马影视创作室"是一个松散的、自愿结合的一种民间性质的艺术创作团体。1989 年 1 月刚成立时，我们没有考虑到民政部门办理登记手续，因此一直勉强支撑着局面。今年春天，邓小平同志发表了重要的南方谈话，"海马人"受到极大鼓舞，决心将"海马"合法化，以利于更深层次的改革和工作。经过我们四处奔忙，终于找下了"婆家"，于是将"海马"挂靠在中国战略与管理研究会的名下，到民政部门登了记，定名为"海马影视创作室"，重新选举了王朔任干事长，莫言、刘恒、朱晓平、魏人、海岩任副干事长，马未都任秘书长，苏雷、吴滨和我任副秘书长，我兼任执行干事。"海马影视创作室"从此堂堂正正地走入社会，取得了合法地位，得到了法律的保护。

安裴智："海马影视创作室"现有多少名成员？是不是只局限在北京一个地方？成员们的创作情况如何？加入"海马"是不是有一些较严格的条件？

葛小刚："海马"初创之时，成员大都集中在北京。到后来，逐渐发展，南方一些城市的许多有作为的作家也加入进来。现共有 33 名会员。除王朔之外，有以《透明的红萝卜》和《红高粱》出名的小说家莫言，《本命年》《菊豆》的作者和《秋菊打官司》的改编者刘恒，《大红灯笼高高挂》的作者苏童，《便衣警察》的作者海岩，《摇滚青年》《摇滚爵士鼓》的作者刘毅然，《龙年警官》的作者魏人，《桑树坪纪事》《好男好女》和《黄河谣》的作者朱晓平，《疯狂歌女》的作者李建，《高朋满座》的作者废明，《我的遥远的清平湾》的作者史铁生，《一地鸡毛》《新兵连》和《故乡天下黄花》的作者刘震云，《烦恼人生》《太阳出世》的作者池莉，《迷舟》的作者格非，《记忆的河》的作者马未都，《城市变奏曲》和《错位》的作者吴滨，《火神与秋女》《人生体验》和《父亲的车站》的作者苏雷，《走下神坛的毛泽东》的作者权延赤，《女神探宝盖丁》的作者傅绪文，《山神》的作者张骥平，《悠悠寸草心》的作者刘连枢，《官场》的作者叶兆言，《大毁灭》的作者乔瑜，《鸟人》的作者过士行，相声作家梁左以及张卫华、张策、李晓明、杨争光、郑效农、宛翙、张欣、马中骏等一批创作个性鲜明的青年作家。这些作家在创作上都有自己值得称道的一面，都有一两部能够拿得出去的作品。所以，要加入"海马"，除要遵守"海马"的规章外，还必须有相当的才华、胆识和艺术见解，与我们有共同的志向和情趣。可以说，从1985年到现在，"海马"成员的作品，几乎囊括了国内或国际上的所有获奖作品，因此，可以毫不夸张地说，海马的创作实力是相当雄厚的。

安裴智：据一些媒体报道，"海马"副干事长朱晓平和成员史铁生还参加着另一个旨在与"海马"比高低的"天地"影视创作中心，这是否妨碍"海马"的利益？你们将怎样处理"海马"的整体利益与每个会员的个体利益之间的关系？

葛小刚：《"海马"宣言》中说："一个人的个体利益高于一切，一个作家的艺术生命是最重要的。如果这个团体哪怕在极其微小的程度上束缚和伤害了其中的一个作家，我们将毁去它。"所以，只要能够最大限度地发挥每个作家的艺术创造力，成员采取什么样的方式进行社会活动，我们都不干涉。"天地"影视创作中心是由中央戏剧学院的一些高才生组建起来的，而朱晓平早年毕业于该校，对母校自有一种感恩报答的心理，有一种感情上的天然联系。只要有利于他的艺术创作，我们是不会干涉的。"海马"成员个人的创作与"海马"的集体创作并不冲突，两者是并行发展的。"海马"给每一位成员的艺术创造提供最大限度的自由。

"海马美学"：尊重作家的艺术个性，注重观赏性与商业性的统一

安裴智： "海马"在影视艺术创作中遵循的宗旨和原则是什么？有没有"海马精神"存在？如果有，会是一种什么样的精神？

葛小刚： "海马影视创作室"遵循的宗旨仍是坚持现实主义的创作原则，贴近生活，贴近老百姓，尤其是都市老百姓。有时可以夸张，塑造被夸张了的畸形人形象，如吴滨的《错位》就挺荒诞的，但属于新写实主义一类。"海马精神"就是：人们需要什么，我们就给什么，但不是功利主义。我们拒绝流派，讨厌用某一种特定的模式和框架来束缚自己，充分尊重每位作家的艺术个性与艺术追求，让雅和俗的争辩、纷争暂且休矣。如果一部小说既有观赏性，又具备商业价值，我们就可以考虑改编成电视剧。

安裴智： 由"海马影视创作室"成员创作的电影、电视剧为什么能引起观众的普遍好感？"海马人"的艺术追求与"谢晋模式"、"张艺谋模式"的区别、联系是什么？"海马"的美学主张是什么？

葛小刚： "海马影视创作室"成员，绝大多数是生在红旗下、长在祖国的怀抱里，他们的年龄大都在35—40岁，和共和国一起经历

了蹉跎岁月，有丰富的生活阅历和扎实的文学功底，处于创作的旺盛期。他们对共和国是热爱的，对现实生活及革命历史传统是非常重视的，因此，这批作家能虚心地吸取前人的教训，接纳前人创作的精华，但他们又善于超越前人，超越自己，尤其在语言艺术的推敲方面，他们更习惯于吸收外国文学中的一些营养精华来滋润自己，他们能用一种独特的艺术手段把他们对人生、历史、社会、现实的深邃思考表达出来，且又表达得比较合乎情理，富有魅力，适合现代人的审美心理，恐怕这是引起观众好感的一个因素吧。至于"海马"的艺术追求与所谓"谢晋模式"、"张艺谋模式"的联系，我觉得这个问题本身并无多少意义。前面说过，我们拒绝流派，讨厌用"风格"、"模式"之类词汇来束缚自己，"海马"的发展是自由而无程式的，我们只求成员们心灵的沟通，而不拘泥于具体创作的统一。"海马人"多数以写小说为主，拍摄影视剧时，他们更注意文学剧本、文学语言在整部剧中的作用，而谢晋是一位导演，从导演的角度切入，表现重点和表现技巧也就不同。张艺谋过去拍了不少"海马"成员的作品，他拍的电影多取材于旧时代的农村，注重形式上的探索，比较契合外国人的审美心理。目前，张艺谋正在谋求与"海马"的合作，他已选择了王朔的《我是你爸爸》，列入他重点投拍的计划。张艺谋认为该作脱开了王朔作品中那种惯有的调侃，而是比较深刻地写出了两代人精神世界的摩擦和撞击。张艺谋认为，对城市生活景观的艺术透视，只有"海马"与他一致，与"海马"联姻，他的才华必将得到更广阔的施展。

安裴智：既然"海马"成员个人的创作与"海马"集体的创作是两码事，那么，请问以"海马影视创作室"名义集体撰写的剧本有多少？"海马"明年有什么新的打算和计划？

葛小刚：第一次以"海马影视创作室"名义出现的电视剧，包括30集的《请拨315》、30集的《广告人》和42集的《海马歌舞厅》，还有福建电视台的《三十六计》中的7集，由"海马"七个成员一人写一集，所以，正式打出"海马"旗号、由"海马"成员集体创作的电视剧本，已经完成了109集。可以说，1992年是"海马"最丰收的一年。"海马"明年的计划是，集中力量创作出一部大戏，反映改革开放中的中国金融市场；另一个计划是，与山西合作写一个老革命家的故事，向山西人民献上一个厚礼。

安裴智：《海马歌舞厅》与《爱你没商量》《皇城根儿》在编剧上有什么不同之处？姜文在《海马歌舞厅》里将有什么出色的表演？该剧将于什么时候与观众见面？能否引起轰动？

葛小刚：《爱你没商量》和《皇城根儿》都是讲述一个故事，而在某种意义上说，讲一个故事很难讲好、讲透，容易产生漏洞，尤其在观众的欣赏水平有了大幅度提高的今天。为了吸取该二剧的教训，我们认为，与其对别人讲一个漫长而乏味的大故事，不如娓娓动听地讲42个精彩短小的小故事。这42个小故事都是契合都市老百姓的欣赏心理的，每个故事都是新鲜的，每集的演员也是新鲜的。可以说，42集的《海马歌舞厅》将出现42批新面孔、42批大腕。葛优、李保田、姜文、毛阿敏、李玲玉、成方圆、陈佩斯、牛群、陈小艺、梁天、申军谊、杭天琪、谢园、马羚、马晓晴、宋丹丹、英达、侯耀华等近200名著名影星、歌星、笑星将在这部系列剧里扮演200种不同的角色，也就是将给观众提供200人次不同演技风格的艺术享受。这在《爱你没商量》和《皇城根儿》里是没有的。然后，在好看的前提下，追求每一个戏的内涵和底蕴。所以，我们自信，《海马歌舞厅》播出后的效果不会差了。至于能否引起继《渴望》和《编辑部的故事》之后第三次京派室内电视连续剧的轰动，就不好说了，也不便下肯定结论，这只有等到明年（1993 年）10 月该剧上映后才能见分晓。

《海马歌舞厅》原定拍 40 集，后来又专门给姜文加了 2 集，遂成42 集。姜文在这两集戏里饰演一对双胞胎。一个在农村长大，是一个土生土长的唐山农民；另一个在城里长大，是一个标准的现代化城市青年。这两个同胞兄弟因"文革"被迫分别了 40 年。上一集写城市青年回忆那场轰轰烈烈的"红卫兵运动"，通过他对自己幼稚的政治激情导致国家内乱的忏悔，对"十年浩劫"进行了深刻的批判与反思；另一集写土生土长在唐山的农民的生活和他来到城里寻找亲人的故事。这一对双胞胎的性格、气质、身世、事业完全不同，但外貌长相、外部形体又一模一样，姜文通过他独特的演技将把这对双胞胎的形象呈现给观众，使观众大饱眼福。

王朔语言京味十足，充满哲理性的讽刺、幽默和调侃

安裴智：据报载，在中国当代作家群中，除巴金先生外，能够不领国家工资而凭自己的稿费生存并能生活得很好、年收入高达 100 万元以上的大款作家，就数大名鼎鼎的文化个体户王朔了。可以说，王朔是当今中国文坛上最走红、最复杂，也最有争议的一位作家，"王朔现象"已成为 20 世纪 90 年代初始中国社会最炙手可热的一大文化热点。对此，评论界长期以来时褒时贬，毁誉参半。王朔是你们"海马影视创作室"的干事长，请你谈谈这位"海马"掌门人的情况，并请你就"王朔现象"发表高见。

葛小刚：王朔出生在一个军人家庭，高中毕业后在青岛的北海舰队服役，当卫生兵，后复员分配在北京医药公司任推销员。但王朔的兴趣不在这上头，于是便辞职写起小说来。1984 年，他的《空中小姐》问世，赢得了读者的喝彩，从此，他一发不可收拾，接连写出了《顽主》《一半是海水，一半是火焰》《橡皮人》《轮回》《过把瘾就死》《无人喝彩》《玩的就是心跳》《我是你爸爸》《一点正经没有》《千万别把我当人》《青春无悔》等作品。这些作品勾勒出一代人的生活群像，不仅塑造了一些反传统的下层社会青年的形象，而且写出了这些人的无奈和对命运的抗争，对传统观念和旧有秩序的大胆否定，对一种崭新理想的痛苦追求。作者在一种新旧观念的交叉碰撞中表达了自己的人生见解。所以，无论如何，不能不承认王朔在中国当代史上代表着一种新的倾向，代表了一种观念、一种现象、一种气候。王朔的作品所涉及的方面，远远超越了文学的范畴，与美学、社会学、伦理学、哲学、宗教、法律、心理学、历史学、人文学等学科有着广泛而紧密的联系。对"王朔现象"，目前文坛有褒有贬。但无论如何，你可以拒绝王朔，但你不能拒绝历史。

安裴智：你这话很有道理，但你能说一说王朔最成功的特点是什么吗？在一个又一个接踵而至的文化热点面前，中国人向来是用从一个极端走向另一个极端的态度来旁观的。王朔又怎能逃此厄运？王朔的作品在冷寂的文坛掀起热潮，但热潮过后呢？同样是一种遭受冷落的凄凉下场。捧之愈高，贬之愈低，没有一种健全的心态，没有一种看待热点问题的客观、科学思维。可以这么理解王朔的文学现象吗？

葛小刚：王朔是个多才多艺的作家。他从写小说、电影、电视剧到领衔主办"海马"，都体现了这一点。王朔作品最成功的特点是语言的艺术性强。

王朔认为，汉语是世界上最丰富、最具表现力、最易变幻莫测的语种。汉语词语的组合是非常奇妙的。王朔自己说："码字儿和码字儿就是不一样。"王朔的码字儿体现了王朔语言风格的形成，这种风格的最大特点是在京味十足的语言基础上，加入大量有哲理性的讽刺、幽默和调侃色彩，使读者沉湎其中，回味无穷。我们知道，老舍先生是地道的北京人，当年他用北京话创作出《北京人》《四世同堂》《月牙儿》和《骆驼祥子》等优秀作品，形成了独具特色的京味风格。而今时代已进入 20 世纪 90 年代，汉语词汇更加丰富多彩。王朔作品的最大特色，就是语言力求通俗、生动、形象、深刻、犀利、幽默、风趣、有力。《渴望》《编辑部的故事》《爱你没商量》和正在拍摄的《海马歌舞厅》都体现了这种风格。这是四部室内剧，室内剧的优势正是发挥语言的特长，在情节的曲折性上略逊一筹，而京派室内连续剧正是"海马"创作电视剧的一个重要方向。王朔自己说《渴望》惹老百姓掉了不少泪，是悲剧；《编辑部的故事》是让大家乐一乐，是轻喜剧；而到了《爱你没商量》里则是既有酸楚之苦，也有甘甜之乐，是一部悲喜剧。王朔对自己创作的这部电视剧还挺满意的，尽管演出后并未收到预想的效果。近八年间，王朔已完成了 200 万字剧本、200 万字小说的创作，其中长篇 3 部，中篇 20 多部，短篇数十部，在《收获》上发表的长篇《我是你爸爸》，在上海首届长中篇小说大奖中得了长篇小说三等奖。而目前，150 万字的《王朔文集》已由华艺出版社出版，分"纯情卷"、"挚情卷"、"矫情卷"和"谐情卷"四卷。在"海马"成员里，王朔和马未都两人辞掉了原来的工作，成为两名典型的文化个体户，没有固定单位和工资，完全靠写作为生。这是常人难以做到的。

不要把王朔看作"色彩斑斓的毒蜘蛛"

安裴智：是不是从总体趋势看，"王朔热"正在降温？尤其自《爱你没商量》的播放失去轰动效应和由王朔等人编写的 30 集电视剧本《广告人》今春在京城大街遍遭冷遇之后，人们对这位大腕作家的好感和赞誉也似乎是每况愈下。有人甚至在《中国青年报》撰文，骂王朔是"一只色彩斑斓的毒蜘蛛"。一时舆论纷纷，谣言四起。有人说王朔写完长篇小说《残酷青春》后，便要弃笔离国，远走海外；有人说王朔与"海马影视创作室"内部成员的矛盾越来越大，"海马"面临解体，云云。有人说，王朔这人很不近人情，有时简直让人下不了台，是这样吗？目前舆论界对"王朔现象"毁誉参半。你作为王朔的知心哥们儿，对此有何感想？

葛小刚：明确地说，我对王朔只想说这么三句话。一是我非常钦佩王朔的勤奋刻苦精神，他每天至少要写一万字，特别珍惜时间。二是我特别钦佩王朔的那种做人风度，那种不管风吹浪打、依然故我的荣辱不惊的处世态度。在荣誉与诽谤面前，他都坦然处之，不为动摇。三是王朔对朋友的真诚，使我特别感动，这又是我们这个年纪和这一代人，在文学这个圈子里最难能可贵的一种品质。"海马"能把全国 33 名经历、性格、志趣各异的作家团结在一起，凝成一股力量，志趣相投，理想一致，而且能持久、恒定地朝着一个共同的目标走下去，与作为干事长的王朔的这种待友真诚的态度是分不开的。前不久，北京人民广播电台邀我向北京市的全体民众谈了我对王朔的看法。另外，我们已经写了一本书，名叫《我们认识的王朔》，马上要出版，我在里面专门写了一篇文章，题目是《干吗总和他过不去》，对文艺界诽谤王朔的人也算一个迎头痛击。有人曾在《中国青年报》撰文，骂王朔是"一只色彩斑斓的毒蜘蛛"，这是一种非常阴险、恶毒的攻击。这些人不了解王朔的为人，也不是客观地看待其作品，而是采取一种不负责的根本否定的态度，把王朔推到一个完全被动的局面，推到一个对立面，用心是险恶而卑鄙的，已经超越了学术争鸣的范畴。

其实，王朔一点也不神秘。他也是个普通人，不过他特别珍惜自己的青春年华，珍惜自己对文学的一片痴心。他不喜欢记者、编辑向他采访、约稿，一是他认为在报纸上发表的文章深刻不了，意思不大；二是他不愿意被别人牵着鼻子去完成一件他不乐意干的事，打乱他的创作思维。找王朔的人太多了，他只能躲在一个安静的地方写他的小说。除"海马"的一些必不可少的常务活动，他是不会露面的，而且长期地不回家。就连我们也一般不愿轻易打扰他，很少与王朔见面。因为王朔需要时间。"海马"的日常行政事务，就由魏人、马未都、苏雷和我四人来负责。所以，外面有人说王朔在玩文学、玩人生、玩钱。这纯属一种主观臆想式的瞎编。

作为王朔的知心好友，我深深地体会到，王朔是个很正经的人，他甚至连舞都不会跳，也没有闲工夫去跳。另外，王朔通过艺术手段塑造的人物形象与王朔本人是两码事、两个概念，切不可用作品中的人物形象来套王朔，否则，就会造成一种对王朔认识的错位。还有，"海马人"倡导作品议价，就是要追求应属于自己所有的钱。但若钱与艺术质量发生牴牾时，我们将首先选择艺术质量。对此，王朔也不例外。

生产、制作、发行一条龙的"东方好莱坞"
式的影视剧流水作业模式

安裴智：据一些新闻媒介称，你们是全国最先倡导"议价"的作家团体，"海马"人员谈议价，按质论价，理由何在？又通过什么途径保证优质优价的正常实施？《海马歌舞厅》不久就要面世，你们将以每集多少元的价格出售？

葛小刚：文学作品是作家脑力劳动的物化形态，一旦它以发表或出版的形式流传于世，它就具有了一般商品的属性。商品的价值是由价格表现的。一般来说，作家撰写优秀的文学作品所付出的脑力劳动的量与质比写一般文学作品所付出的劳动要多而精。因此，优秀的文学作品所含的价值要高于一般性的作品，其销售价格就应当高，否则就不能调动作家创作优秀作品的积极性。在当前，中国的影视剧创作一直处于一种低谷时期，绝大多数影视剧的质量属于一种中下等水平，真正能够吸引观众的欣赏兴趣和有较高的审美价值的上乘作品不多。在这样的萧条时期，"海马"成员创作的影视剧不仅普遍受到观众的欢迎，赢得了最大数量的观众的青睐，而且其中不少作品直接在国际上拿了大奖。因此，我们提倡要议价，按质论价，以求合理、公平。而"海马影视创作室"的职能，就是要为成员争得合法的权益。"海马"的存在，使我们有了一种经纪人的作用，凡是我们的成员，如果出去谈剧本，谈不下去，我们就以"海马"团体的名义去谈，按质论价，哪怕生意谈不成，也不能掉价。《海马歌舞厅》每集的售价还没确定，但有一点是肯定的，数额不会少了。

安裴智：除按质论价、争取合理稿酬外，"海马影视创作室"的主要职能还有哪些？它既然是一个合法组织，你们是否聘请了专职律师？

葛小刚：除按质论价外，"海马"还有四个主要职能，一是直接参与影视剧的创作和制作；二是接受剧本创作的约定；三是为成员提供影视剧方面的咨询和服务；四是为作家和剧作家的稿件出版和制作提供代理。因此，我们聘请了曾担任李谷一诉讼案辩护律师的北京市年轻而著名的巩沙律师担任"海马"的专职法律顾问，与作家、演员签订民事代理合同。对于被代理者来说，"海马"实际上充当了经纪人的角色。所以，在遵纪守法的前提下，"海马"将对损害我们利益的人予以适当的反击。

安裴智：请问"海马"聘请专职法律顾问以来，是否已经开始受理一些侵权案件？

葛小刚：是的。我们已经开始正式受理第一个侵犯"海马"成员著作权的案件。"海马"成员、新写实主义小说的代表作家、武汉市青年女作家池莉的小说《太阳出世》被北京电影制片厂在没有征得池莉本人同意的情况下，采取欺骗手段改编为电影。改编、发行都没有通知著作权人。因此，我们已向北京市中级人民法院递呈了状子，将由"海马"的专职法律顾问巩沙先生担任原告池莉的律师。而且，我们一定要，也一定能打赢这场官司。巩沙律师的特点是以不变应万变。他的样子温文尔雅，甚至有些女人气。但他说：我从来不看过程，只看结果。在南阳李谷一案中，他并未施展舌战群儒的本领，而是稳如泰山，静等时机，最后一鸣惊人。北京市的许多名人案件都是他给打赢的。所以，我们对池莉一案充满了胜诉的信心。

安裴智："海马"将来的发展前景如何？它是否预示着国产影视剧的一种新的发展走向？你们将以哪些实际行动来探索这条新路？"海马模式"的内涵是什么？

葛小刚："海马"将来的发展前景，就是要效仿美国好莱坞电影制作模式，把商品与文化结合起来，形成一个商品化、产业化的生产、制作、发行一条龙的影视剧流水作业程序，我们姑且称之为"东方好莱坞"式的影视剧流水作业模式。有的人专门搞本子，有的人专门搞资金，有的人专门搞拍摄，有的人专门搞发行，分阶段一个个进行，走产业化的生产和销售的道路，将影视文学作品置于商品经济大潮中运行，根据价值规律自行调节、自行运转。这需要在一个宽松的政治环境和文化环境中进行，保证了每个作家、艺术家创作的独立性，保证了影视剧作品质量的可信性。"海马"拒绝一般意义上的雅与俗的纠缠、纷争，而不意味着对作家创作特色和个性的抹杀。这样做的意义，是促使作家走出书斋，走向商品社会，让作家在商品经济大潮中赢得自己应得的权益和地位。过去我们的作家受人所制，受旧的行政体制约束，今后是我们的作家自己做老板，这也是一种历史的必然选择。所以，也可以说，由"海马影视创作室"开辟的这条商品化、产业化的生产、制作、发行一条龙的"东方好莱坞"式的影视剧流水作业模式，将是未来中国影视剧的一个新走向。只有这样，才能保证作家的正当权益受到尊重和保护，激发他们的创作积极性，不断地创作出质量优秀、观众愿意接受的高品位的影视作品。

安裴智：在具体的艺术实践中，"海马影视创作室"如何贯彻这种商品化、产业化的生产、制作、发行一条龙的"东方好莱坞"式的影视剧流水作业模式？你们是怎么做的？

葛小刚：我们在实践上采取的行动，就是集结了"海马"28位中青年作家，集体创作了42集的室内电视剧《海马歌舞厅》，这是正式打出"海马"旗号后的第一次大动作，28个作家，有的写一集，有的写两集，只用了两周时间，就将剧本全部搞起，统一了风格，时间短，质量高，体现了"海马人"的创业精神。可以说，《海马歌舞厅》是"海马人"探索中国影视剧创作新路的一种尝试，"海马"主要成员以主人的身份，亲自审核、挑选剧作、监制、制片、导演、演员及一切工作人员。拍摄该剧的资金来源是广告和厂家赞助，拍成后将以拍卖的形式出售。

生产剧本时，《海马歌舞厅》划分七个阶段，按程序进行。第一，策划，"海马"主要成员聚集一处，共同商量、讨论要写一个什么主题、什么题材、什么风格的戏？第二，怎么搞。成员在一起集体讨论具体的搞法，如写多少集、怎么个写法等。第三，编排故事，就是写出全剧的故事梗概。第四，写出42个具体故事，即故事提供阶段。第五，将成熟的故事分发给每一位成员，成员按自己的创作风格，扬长避短，进行创作，写出42个文学剧本。第六，收集剧本，统稿、审稿。第七，剧本完成。这七个阶段也将是"海马影视创作室"以后创作影视剧剧本的一种固定程序。

剧本完成后，进入制作层面，寻找新的对象，重新组成一个二度创作的班子，"海马"成员中的主要分子将担任制片人和总监制。总监制有两个任务，一是监督全剧的艺术质量，保证质量的完好；二是监督具体的产品制作。然后是筹集资金，寻找赞助厂家。接着物色导演和演员，然后拍摄。接下来是剪辑、录制、定片。然后发行、拍卖、出售。如实现了广告意愿，我们跟厂家的责、权、利的关系将结束。剩下每赚一分钱，将是"海马"的合法所得。在这个生产、制作、发行一条龙的系列过程中，"海马"主要成员都要亲自过问、指导，发表意见。一切以"海马"成员说了算，导演、演员也得服从"海马"成员的总体意旨。"海马"与导演、演员构成了一种雇用与被雇用的关系。我们雇用、聘请导演、演员，双方商定费用，签订合同。一旦制作完成，这种雇用关系就解除，导演、演员根据合同书上的约定，领取导演费、演员费，就与"海马"毫无关系，可以远走高飞了。

在整个拍摄的过程中，如果导演、演员的指挥、表演与"海马"主要成员对剧情的理解发生了抵牾，我们有权更换导演、演员。然后给对方赔偿损失，再挑选更佳的导演、演员。《海马歌舞厅》的女主角田春就经历了由吴冕、马羚到陈小艺的三次挑选过程，最后选定陈小艺。男主角最初由申军谊扮演，但"海马"不少成员认为，刘斌实际上更适合出演这部京味浓郁的戏，尤其是饰演剧中的男主角、海马歌舞厅老板马思达，因为刘斌演得非常轻松、自然而不露痕迹，对人物的心理和语言把握得比较准确，所以选定刘斌。为此，"海马"曾给吴冕赔偿两万元的经济损失，这在中国影视史上是前所未有的。

一部电影或电视剧拍成后，将凭其优秀的艺术质量在社会上得到认可，赢得应有的名声，树立自己良好的文化形象。然后，我们将继续扩大再生产，策划、筹备下一个戏，等兵强马壮、人员齐全之时，开始新的二度创作。

"东方好莱坞"：未来中国影视剧发展之新方向

安裴智：1993 年，"海马影视创作室"将有哪些作品可以搬上银幕和荧屏？

葛小刚： 1993 年，"海马"有十多部作品将搬上银幕。如王朔的《我是你爸爸》《动物凶猛》《无人喝彩》，莫言的《白棉花》《楚汉之战》，刘震云的《一地鸡毛》，刘毅然、吴滨的《燃烧的爵士鼓》《青春卡车》，苏童的《妇女生活》《我的帝王生涯》和《红粉》（由朱晓平改编），傅绪文的《女神探宝盖丁》系列，杨争光的《赌徒》《大漠落日》，张骥平的《叶剑英的香州故事》，等等。

安裴智： 我想，"东方好莱坞"这个提法将可能是未来中国影视剧的一种发展趋势，但还不能说"海马"创作的影视剧现在已经完全好莱坞化了，是这样吗？

葛小刚： 可以说，"东方好莱坞"是中国未来影视剧发展的新走向，它虽然尚未在全国普及开来，也未在"海马"完全实行，但不能否认，是"海马"第一家效仿美国好莱坞电影制作模式，第一次将商品与文化结合起来，尝试了一条生产、制作、发行一条龙的影视剧流水作业模式，所以说，是"海马影视创作室"首先开辟了这条"东方好莱坞"式的影视剧发展道路。这个影视剧作业模式，在全国是很有启示和带动作用的。而这一点，也正是"海马"创业给中国当代影视界所带来的一个巨大冲击。因此，无论从近几年在国内、国际上拿大奖的影视剧作品多数是"海马"成员创作的这一点看，还是从"海马"开辟了一条新的集商品生产和文化创作于一体的"东方好莱坞"式的影视剧发展道路这一点看，都不能否认和忽视"海马"在中国当代影视剧艺术发展史上写下的这重重的一笔。

原载《太原日报》1993 年 3 月 27 日、《山西文化》1993 年第 5 期

时间： 2004 年 11 月 15 日

地点： 著名水彩画家陈希旦先生深圳画室

　　黄铁山，著名水彩画家，中国美术家协会水彩画艺委会主任、湖南省文联副主席、湖南省美协主席。1939年生，湖南洞口人，1959 年毕业于湖北艺术学院。代表作有《黄铁山水彩画》《圣彼得堡》《金色伴晚秋》《摩洛哥小镇》《朝山》《湘西吊脚楼》等。《洞庭湖组画》等 3 幅作品为中国美术馆收藏；作品获"第六届全国美展"铜牌奖、"90 中国水彩画大展"二等奖。《潇湘月夜》等 6 幅作品参加在日本举办的中国水彩名家作品展，两幅作品入选《JCA 世界美术年鉴》。参加亚洲第七届水彩画联盟展，第四届全国水彩、粉画展，曾访问非洲四国和法国巴黎，曾在长沙、深圳等地举办了画作展览。作品和个人简介入编《中国水彩画史》《中国水彩画图史》《新中国美术 50 年》大型画册。

在艺术想象中寄寓社会内涵与人性深度

——黄铁山、陈希旦、罗宗海三先生访谈录

陈希旦，著名水彩画家。中国水彩画学会副会长，深圳水彩画学会会长，上海水彩画研究会副会长、艺术顾问，上海全华水彩艺术馆馆长，是英国伯明翰水彩画会中唯一一位中国籍会员。1936 年出生于上海。代表作有《球赛归来》《晴天》《养蚝人家》《游艇》《浦江晨曦》《上海外滩》《咖啡馆》《水乡朱家角》等。参加全国青年美展、上海市水彩画展、全国水彩粉画展、广东省水彩画展、美国加州大学分校"中国文化月展"40 多次。参与人民大会堂、毛主席纪念堂等大型展品设计。曾任《美化生活》主编、《中国水彩画大展》评委。在上海举办《陈希旦水彩画展》，上海电视台作专题采访《诗情画意——水彩画家陈希旦》。参加"中国水彩画名家精品展"，作品《游艇》获银奖。2008 年，他携《咖啡馆》《水乡朱家角》《上海外滩》《游艇》4 件展品，赴英国参加伯明翰水彩画会 100 周年庆典大展。陈希旦等 6 位画家荣获伯明翰水彩画会 100 周年纪念奖。

罗宗海，水彩画家，广东水彩画研究会会长，1935年生于广东潮州。1958年中南美术专科学校油画系毕业后，任广东人民出版社美术编辑、编辑室负责人。1961年调广东省美术家协会，从事美术活动组织工作和编辑工作，1963年兼广东画院创作员。业余时间创作文学插图、宣传画、组画和水彩画。1972年任《广东文艺》杂志美编、编辑部副主任和编委，岭南美术出版社副总编辑。1979年后调任广东人民出版社美编室主任、广东省出版总社社长、党组书记，广东省新闻出版局局长、党组书记。1991年任广东省美术家协会党组书记，是第四、五届广东省美协副主席，1996年后任广东省美协学术委员、水彩画艺委会主任，中国美协水彩画艺委会委员，广东水彩画研究会会长。1996年后任广东省政协委员、省政协文史资料委员会副主任。是广东潮人海外联谊会副会长。代表作品有插图《追究穷寇》、水粉画组画《北国风光》等。其作品多次参加广东省和全国美展，曾在广州、深圳等地举办个展。出版有画集《罗宗海·感受乡土·水彩画》。

水彩画：深圳美术的品牌

安裴智：近年来，深圳的水彩画活动十分引人注目。今天，作为首届深圳国际文化产业博览会项目之一的深圳首届水彩画展拉开了帷幕。几位老师都观看了上午的展览，有何感受呢？

黄铁山：首届深圳水彩画展办得很好，展示了深圳水彩画创作的实绩，深圳的水彩画创作队伍比较整齐，高手、新手都不少，有一个好的创作群体。这些人中，有不少是从福建、上海、湖南、陕西、安徽等地来到深圳的，各方有实力的艺术人才集中到一起，成立了深圳水彩画会，把大家的创作兴趣调动起来，是会发挥作用、做出成绩的。

安裴智：深圳水彩画会是哪一年成立的？成立以来取得了哪些成绩？

陈希旦：是 1999 年。水彩画会成立时，亮出了"起飞深圳水彩画"的口号；同年，深圳水彩画会承办了全国水彩画学术研讨会，各地名流云集深圳，与深圳水彩画界的艺术家们切磋艺技；同年，还举办了首次会员作品展。2002 年，深圳水彩画家一举夺得广东省第二届水彩画展金奖、铜奖；同年，夺得全国性的水彩画展银奖、铜奖；年底，深圳水彩画会参加筹备中国美协水彩画艺委会举办的全国写生精品展并获得成功；今年，在广东省第三届水彩画展上，深圳一举夺得金奖、银奖和铜奖，并在第十届全国美展上夺得水彩画铜奖。短短几年，深圳水彩画家们分赴北京、上海、长沙、西安、澳门以及澳大利亚、美国、英国、新加坡等地举办个人展，带去幅幅精品，带回一片好评。深圳市文联、市美协的领导也很重视水彩画。可以说，在深圳美术的诸画种里，水彩画是值得一提的，在全国水彩界也有一定影响，可以说已经形成了品牌，是深圳"文化立市"的重要内容之一。

全国水彩画队伍里的劲旅

安裴智：这几年深圳水彩画创作现状如何？深圳水彩画创作在全国水彩画领域占什么样的位置？

黄铁山：要评价深圳水彩画创作在全国水彩画界的地位，一是看深圳有无这一领域的领军人物，二是看有无一大批有一等水平的创作队伍，三是看有无一批在全国有影响的作品。从这三个标准来看，深圳水彩画在全国美术领域还是不错的。

说起领军人物，深圳的国画有王子武，版画有应天齐，水彩画方面就是陈希旦。陈希旦是我国老一辈水彩画家里所剩不多的代表之一，早在20世纪60年代即已出名。他于80年代中期从上海来到深圳，参与深圳的文化建设，是深圳水彩画这一专业领域的领军人物。在创作中，陈希旦把新时代海派水彩画的新风貌体现出来，达到较高的艺术造诣。深圳是移民城市，各方人才往这里靠拢，如安徽的王胜利，湖南的张小纲、曹剑新，都参加过全国美展，水平也高；还有福建的张美莉，都是很优秀的水彩画家。方晓龙在第五届全国水彩、粉画展上得过银奖，刘向东、朱勇在第七届全国美展上获过银奖。可以说，深圳有一批在全国很有影响的水彩画作者，还有湖北的周天涯等，四面八方的艺术家来到深圳，就形成了一股创作合力，取得了别的城市所没有的成绩。仅水彩画册，深圳就出过三本，一本比一本好。从全国的角度看，深圳水彩画的整体水平不低，能够冲上去，打到全国去，确实是有实力的。可以说，在深圳的美术队伍里，水彩画家们是一支劲旅；而在全国水彩画队伍里，深圳军团无疑也是一支劲旅。

深圳水彩画创作有得天独厚的优势

安裴智：从"文化立市"的高度看，你觉得此届深圳水彩画展的举办有什么意义？

黄铁山：这么多年来，深圳文化发展取得的成绩是有目共睹的，国内文化界认为深圳是文化绿洲，而不是"文化沙漠"。在美术、设计、歌舞、电视剧、水墨画、交响乐、钢琴、动漫、文学创作等领域都得到长足的发展，在文化产业发展上形成了区域性亮点。人们已经初步认识到，深圳作为特区，文化和文化产业越来越显示出它的意义。

深圳把水彩画创作作为"文化立市"的重要内容之一，是有重大意义的。深圳这样一个改革开放的前沿城市，它的美术要在全国有影响，就要充分利用改革开放的有利条件。假如让深圳抓国画，就不如北京、浙江等地有优势。水彩，作为一种舶来的画种，与改革开放的国际化海滨城市联系最紧，深圳抓水彩画创作比内地更有优势。

安裴智：那么，你认为这种优势体现在哪些方面呢？你认为深圳发展水彩画创作有什么有利条件？

黄铁山：深圳人生活水平高，生活节奏快，而水彩画作为轻便的艺术形式，比较符合现代人的审美要求，更具有审美的愉悦性，它的审美趣味更趋向开放式的，而不是传统式的，与特区人的生活要求与审美心理更能吻合。在特区发展水彩画，是有非常广泛的群众基础的。南方气候条件好，深圳全年湿润，天气明媚，水彩的清秀风格正与这些天气特点相吻合。一个画种若与表现的内容相吻合，就能生存下去。水彩画的特点是轻松、响亮、明快，与自然环境吻合，更有利于水彩画的发展。从这方面看，深圳水彩画是大有前途的。

安裴智：深圳水彩画创作与广东建设文化大省的关系是什么？

罗宗海：广东把建设"文化大省"当作一个奋斗目标来抓，深圳把"文化立市"作为奋斗目标来搞，都是很明智的。深圳有四个美术馆，即关山月美术馆、何香凝美术馆、深圳美术馆、红荔书画馆，而且画展不断，这在全国也很少见。深圳美术的发展势头非常好，政府也很支持文学艺术的发展。深圳自改革开放以来，一直在努力，早已不是文化沙漠。社会的进步必然促进文化的发展。市领导重视文学艺术，有这个观念就不一样，移民城市的人才流动，这种不断的血缘更新，会产生很多新的东西。进一步地解放思想，必能很好地发挥深圳作为文化桥头堡的地位与作用。

黄铁山：深圳除经济条件优越外，艺术家更有宽松的创作条件，有比较好的氛围。这批画家的生活条件、创作条件是很好的。相比之下，香港画家整天为生存而奔波，少有时间创作，而深圳不是这样。深圳画家衣食无忧地搞创作，这是深圳画家的福气。另外，在深圳，印刷产业的发展在国内是一流的，文化产业的蓬勃发展，必能带动深圳美术的更高腾飞。深圳艺术繁荣了，市民的审美水平和文化素质就随之水涨船高了。

水彩画创作要有社会内涵和思想深度

安裴智：你们认为目前全国水彩画创作中存在的问题是什么？

黄铁山：水彩画创作为什么到一定层次就滞留不前呢？而进不了更深的层次呢？一是因为内容浮浅。从全国来看，水彩画创作停留在艺术表层的较多，而能深入思想深层的较少，要使画作有更深的思想表达，要画得更有内涵，包括社会内涵和思想深度。从素材上看，画见到的题材多，画想到的题材少，要提倡想象性创作。

二是格调有待提高。有些水彩作品格调不高，要进入一个更高的艺术层次，画家要多看一些东西，多看一些美术理论，多了解其他画种的新动态，多关心全国美术发展的趋势，提高自我素养。

三是有些水彩越来越不像水彩了，失去了水彩所应具备的独立品格。在一定意义上说，照相是绘画的对手，同时，又是绘画的助手，二者都是在平面的纸上表现立体的东西。利用照相机，服务于绘画创作是可以的，但画家自己要有写实的功底，照片仅可作为参考，不能完全照搬照抄照片，要有自己的感受，不要让照片成为我们的杀手，使自己变成"机器的机器"，扼杀了自己的艺术生命。边缘的东西允许存在，一方面强调本画种特色，另一方面强调宽容度，使水彩画创作更丰富多彩。

罗宗海：在广东水彩画界，深圳具有特别的意义。当然，广州、汕头也不错，但珠三角，最前沿的是深圳，具有独特的地理、人文特色。深圳经过 20 年改革开放，随着内地与香港的联系逐渐加强，随着深圳与香港的文化交流日益频繁，深圳的位置愈来愈重要。这次首届深圳水彩画展，还未完全反映深圳的水彩创作的全貌，但总体来看是好的，水平整齐，总体创作上有提高。

深圳急需培养水彩画的后备人才

安裴智：你认为深圳水彩画界的缺陷是什么？面临的危机是什么？

陈希旦：广州有广州美术学院，而深圳没有美术学院，这样，深圳美术的后备军力量的培养就面临断层。我的疑虑是：深圳本土的水彩画家什么时候出现？深圳水彩画的后备力量如何培养？需要成立深圳美术学院，或与深圳大学联合办学，培养水彩艺术的后起人才。市文联主席董小明曾提出过在深圳办一个水彩画学校，培养本土画家，这个观点和提议是好的。

安裴智：缺乏本土性，不仅仅表现在水彩画上。实际上，任何一种艺术形态或文学形态，在深圳都具有移民性而缺乏本土性。如长篇小说、诗歌、报告文学、电影、电视剧、国画、油画等，均是由全国四面八方的人士移民过来，从而带来他们的文学艺术。所以，缺乏原创性、缺乏本土性是深圳一切文学艺术均具有的一种共性。

黄铁山：深圳本土的水彩画家如何培养，这个话题非常好。希望深圳大学与深圳市美术家协会合作办一所美术类院校，也可以办一些美术高级研修班。

深圳水彩画应有特区的新风格

安裴智： 你对今后深圳的水彩画创作有什么要求和希望？

黄铁山： 水彩画在中国有 100 多年的历史，全国水彩画创作有五大基地，即广东、山东、上海、浙江和东北。广东实力是雄厚的，而深圳又在广东的前列。

我相信深圳的水彩画创作会越来越好。我的希望是：第一，水彩画创作要提倡风格的多样化。印象派也是各种各样的，不只是一种风格。每个地方的水彩画都要有自己的特点。深圳水彩画创作应该百花齐放，追求多元发展，以做到丰富多彩。因为在深圳思想比较开放，各种艺术风格都应有发展空间。如在汕头，出现了"商业水彩"的画种，美国水彩画的商业气息就很浓，要保持丰富多彩的多样性，不要走到一条道上去。第二，作为中国改革开放的前沿窗口，深圳的水彩画以什么样的面貌、形象打出去，给人家一个印象？应该有深圳的特色、特点，即特区新风格。年轻的画家们要多接触国外美术作品，吸收一些新的血液；要追求水彩的现代形态，在构图上追求现代感。像美国怀斯的画，就既是写实的，又是抽象的。第三，深圳水彩画应该更现代、更开放、更多元。当代水彩画门类较少，共同的东西太多，每个人都要争取自己的生存空间、拓展自己的艺术空间，把自己的长处发挥到极致，具象的要把具象的表现发挥到极致，抽象的要把抽象的表现发挥到极致，才能使深圳的水彩画创作得到提高。要下功夫，路子要走得对。在创作上虽不可能全面跃进，但要重点突破，树立深圳自己的艺术品牌。对于深圳水彩画，我寄予很大希望，希望以此届展览为起点，有一个更大的突破。

呼吁建立成熟的美术市场

安裴智：这次"文博会"要举行"中国书画艺术收藏品拍卖会"、"中国电影剧本、电视剧本拍卖会"、"中外文化艺术品拍卖会"、"古玉、古玩字画拍卖会"、"书画精品拍卖会"。深圳市水彩画会是否有作品要在"文博会"上拍卖？

陈希旦：中国绘画界暂时还缺少真正意义上的经纪人，要呼唤美术经纪人。

黄铁山：深圳重视文化产业，对全国有一种促进作用，起到一个先锋作用，对促进文化发展是有好处的。但是，许多城市文化产业的发展，还仅仅是一个初步工作，不要过早追求全方位的成效。就美术事业来说，全国还没有十分成熟的交易市场，没有成熟的美术经纪人。全国美术市场整体处于原始状态，现在只能促进。美术作为产业，大芬油画村是走在前列的。当前，能够认识到艺术品收藏的重要性的有钱人和企业家还很少；许多人收藏，只是为画家的名气，并不熟悉艺术，也就说不上是真正意义上的美术市场。

国内的艺术品收藏市场和购买市场尚未健全起来，国外则有一些收藏家做得比较好。收藏市场的成熟，有两个前提条件，一是有经济实力，二是懂艺术。在国内，懂艺术的人没钱，而有钱的人又不太懂艺术。为此，艺术市场有个巨大的阻隔，社会整体文化氛围的提高，经纪人水平的提高，是一个迫在眉睫的社会问题。假画卖高价，真的好画又不一定卖出好价，市场不规范、不完善。美术市场的成熟，还需要一个漫长的过程，现在只能一步一步来。

罗宗海：美术进入市场，如荣宝斋、华仕德，都是销售传统的美术作品，大多局限于中国画，其中也不乏假的。其他画种就少了。林风眠、刘海粟、李可染、李苦禅、徐悲鸿、张大千的作品，有一些进入了市场，但不协调，还未形成一个成熟的市场，需要沟通。

黄铁山：阻隔美术市场形成的另一个因素，是我国还没有一个鉴定和监督体系，炒作得厉害的不一定是好货，真正的好货没多少人赏识。好的收藏家、好的经纪人都很少，监督体系和鉴定体系都有待进一步完善。

原载《深圳特区报》2004 年 11 月 21 日

跋

如沐春风的心灵对话

安裴智

　　直到进了高校，才有机会对过去 20 多年副刊编辑生涯中的这几十篇文化访谈文字进行系统的归类、整理、编辑，付之剞劂。这一点是过去未曾想到的。重读着 20 世纪 90 年代中期以来于沧桑岁月中写下的这 28 篇访谈文字，回想 20 年前穿行于京都的大小胡同、楼堂馆所、机关学校，迈进一个个文坛耆宿、学林硕儒和艺苑时彦的会客厅，拜谒访谈之情景历历在目，却又似乎恍若隔世，不禁感慨系之。

　　1991 年 7 月底，我在北方某高校硕士研究生毕业后，分配到《太原日报》副刊部工作，负责编辑"双塔"文学评论版。先后分管文艺副刊的两位副总编辑，均是甚有造诣的文艺评论家。其中一位是美学家马奇先生和蒋培坤先生的门徒、人大中文系 60 年代毕业生，兼着山西省美学学会的常务副会长。也许是有这种文化和美学的情缘，他们非常重视报纸的文艺评论，以一种高屋建瓴的美学眼光，将文艺副刊办成了 20 世纪 90 年代为数不多的有全国影响的副刊之一，在首都文艺界很有名气。于是，组约京城和全国名家稿件成为编辑的一项重要工作。

从 1992 年秋天开始，我每年有两三次要到北京组稿，也正是凭借这样的机会，我从教科书的文学史里走了出来，走进了一个个老作家的家里和生活中，也就是走进了另一种鲜活的生活中的文学史，得以亲承謦欬地聆听文学前辈的教诲，面对面地感应文学大师的心跳和呼吸，清享一个个"藻耀而高翔"的翰林鸣凤的玉屑之谈。如慈祥高洁、爱心荡漾的一代文豪冰心，幽默睿智、潇洒奇逸的天才翻译家萧乾，耀古擎天、名满神州的文坛"鬼才"端木蕻良，鹤发童颜、飘逸洒脱、专爱收藏各种奇异怪石的美学家王朝闻，一生钟情中华文化、写一手漂亮书法的红学家周汝昌，童心未泯的儿童文学作家严文井，神采飞扬的剧作家吴祖光和表演艺术家新凤霞，健康爽朗、激情洋溢的诗人臧克家、牛汉，慈眉善目的作家荒煤，英俊伟岸的评论家冯牧，蒲黄榆畔的一代文仙汪曾祺，淡泊清淳的丹青妙手胡絜青，永葆一颗艺术童心的漫画家丁聪、方成，气质飘逸的书法家沈鹏，幽默洒脱、机智聪慧的作家王蒙，宅心仁厚的小说高手和文史随笔高手李国文，喜爱收藏古旧酒瓶的小说家林斤澜，永远作沉思状的"大墙文学"作家从维熙，文笔灵秀、以一部作品擘画、开辟了一个文学的新时期的作家刘心武，一代名门闺秀、才女作家宗璞，有文学界美男子之称的书法家、文艺评论家唐达成，有一颗知识分子良心的俄罗斯文学专家蓝英年，学识渊博的德语文学专家叶廷芳，憨态可掬、笑口常开的著名作家莫言，以笔为戈、针砭时弊、耿介不阿、骨头最硬的"四大杂文家"——牧惠、邵燕祥、舒展、蓝翎，等等。

那时，我的足迹遍及京华的各个角落，从东郊十里堡到西郊魏公村，从北大畅春园到劲松蒲黄榆，从朝内南小街到安外东河沿，从赵堂子胡同到复外大街，从西便门外到团结湖东里，从沙滩红楼到水木清华，从西直门外到崇文门内，高楼馆所，四合小院，胡同深处，寻常巷陌，凡有人烟处，皆藏龙卧虎，有我欲寻访的高士仙人。无论是白雪皑皑的严冬，还是酷暑逼热的盛夏，无论是沙尘飞扬的初春，还是枫叶红了的金秋，在京华这个首善之区，都留下我这个外地文学青年风尘仆仆匆匆走过的身影。读大学时在教科书中通过文学作品认识的一位位大师和作家就这样走入了我的生活和工作中。聆听这批堪称灵魂与脊梁的知识分子畅谈对文学和人生的看法，宛如"朝饮木兰之坠露兮，夕餐秋菊之落英"，清风扑面，甘泉灌心，真可以"疏瀹五藏，澡雪精神"，是一种难得的文化盛宴和精神洗礼。这不仅因为他们个个才高八斗，谈吐雅致幽默，更主要的是，他们那超越了世俗功利的冰雪人格，犹如诗仙灵均所讴歌的："扈江离与辟芷兮，纫秋兰以为佩"，"芳与泽其杂糅兮，唯昭质其犹未亏"，真正体现了一种"玉是精神难比洁"的人文知识分子的品格。他们是时代的良知，承载着东方民族的希冀。走进这批高人的心灵世界，仿佛踏入一片未经人踩过的碧绿青翠的芳草地，也如驾着飞艇远离浑浊的岸边驶入一片寂静而蔚蓝的天然海域，使我又看到了滚滚红尘、滔滔浊世中清纯明净的一面，感受到一种巨大的文化存在和精神存在。他们正是我长久以来所苦苦寻觅的香草美人、心灵美人。美人身上所闪耀着的良知与正气、爱心与责任，水晶般明澈光亮的书卷气，火焰般忧国忧民的热血情怀，"不为三斗米折腰"的高洁人格以及那强烈的批判现实主义思想锋芒，像千年雪山上遇虹而化的雪水，汩汩地流进我干枯的心田，使我长久贫瘠的心灵丰腴膏润起来。

　　这样美好的编辑岁月持续了整整十年，那是专职从事文学评论编辑工作的十年，这种情况一般在以新闻报道为主的报社都是很少见的。而我很幸运地从1991年7月至2001年2月，在《太原日报》主持"双塔"副刊文学评论版的编辑工作整整十年。这样，利用赴京约稿、开组稿会、研讨会等形式，我结识了北京、上海等全国各地的一大批文化名人，主要是当代文学评论界、文艺理论界的一批翘楚时彦。截至我离开太原时，各地文化名人的书简信札已经超过了500封之多。2001年2月，本人南飞鹏城，在深圳市特区文化研究中心工作六个月后，转调深圳特区报社，重操旧业，继续耕耘于文艺副刊这块芳草地，再度拿起了为别人做嫁衣的"金针"，相继在《深圳特区报》任"罗湖桥"文艺副刊编辑、主编，直到2012年2月，调入深圳高校工作，在《深圳特区报》任副刊编辑又是十年多。这样，前后共21年的报纸副刊编辑的工作经历，使我有机会接触、采访了国内50余位著名的文化人士。尤其是在《深圳特区报》文艺副刊任编辑、主编的十年，我以一种全国大报的文化视野和美学眼光，主编"文化空间"、"文艺评论"、"书香阅读"、"学术讲堂"、"学人对话"、"文史随笔"等版，组发并亲自撰写了一系列针对当下热点文化现象、热点文化事件和热点文化作品的深度访谈文章，访谈对象多是北京、上海、广州、香港、太原等全国各地文化界最活跃的文化批评家与作家、艺术家。由于写作习惯所致，这种访谈文字，就自然形成"散文体"、"对话体"这样两种文体，20多年的访谈累积，差不多已有四五十篇。虽然文体形式不同，但内容都是围绕当代都市最前沿的文化热点、焦点和亮点，都是一个个有深度的文化专题，都是以一种清醒的文化立场，对纷纭变幻、五光十色的都市热点文化现象所进行的及时的文化访谈与理性批判。这次出版的《多面折射的文化光影——中国文艺批评家、作家访谈录》是这个系列访谈录中属于"对话体"一类的文集。

《多面折射的文化光影——中国文艺批评家、作家访谈录》是一部对话体文学批评集，以深度文化访谈、学术访谈的形式，探寻20

世纪90年代中期到21世纪第一个十年中国文学艺术界、学术界约30位重量级文艺批评家、作家、艺术家的创作历程、学术道路与文学研究生态。在1995—2010年长达15年的时间跨度内，我对王朝闻、周汝昌、蓝英年、吴新雷、罗宗海、陈希旦、樊发稼、刘锡庆、黄铁山、郑培凯、葛小刚、陈建功、曹乃谦、李锐、白烨、曹文轩、杨黎光、蒋韵、莫言、杨争光、张柠、张德祥、张锐锋、马相武、阎晶明、李建军、李敬泽、张红萍、盛琼、盛可以（以年龄排序）共30位有代表性的作家、艺术家、批评家进行了深度学术访谈，内容涉及当代文化思潮的演变、作家的文学创作、艺术个性、美学追求，批评家的研究历程、学术领域、新形势下中国文学的创新与突破等。现根据文字风格、话题内容、编排体例等因素，从中挑选出28篇学术性较强、有代表性的篇章，分为"文艺批评家篇"（14篇）、"作家艺术家篇"（14篇）两大类，奉献给读者。文章的前后排列，除几位德高望重的学界前辈放在最前外，其余的，均依访谈话题的重要性为序；而不按年龄与官阶大小排序，以体现学术性。谨请各位受访老师理解。

　　1995年至2010年是时代转型与文学艺术格局急剧嬗变的历史时期，围绕文化全球化、文化地球村的历史语境，形成了种种文化思潮热点、文学艺术焦点与学术研究的亮点。本人沉浮于时代的波峰浪谷，选取30位有代表性的文艺批评家、作家进行访谈，内容包括社会转型视阈下文学艺术的生态与选择、消费主义语境下当代文化思潮的流变、全球化背景下民族文化的共融与互仿、全球化语境下的诺贝尔文学奖、国学热与读经现象、"非遗"保护与传承、东方艺术的美学神韵、"韩流"文化、"海马美学"、"80后写作"的瓶颈与对传统文学的突破、莫言的文学想象与国人的精神生存、《红楼梦》探佚的文化意义、张爱玲爱情悲剧的文化寓意、索尔仁尼琴的人性主义、文化美学视阈下的名著改编现象、"狼图腾"现象的文化象征、当代文学批评的颓靡与媚俗、影视剧创作的美学走向与得失、"散文热"的文化成因与艺术散文的审美特征、儿童文学的发展现状与美学流变、中国思想文化史研究的走向、深圳青年作家群崛起、深圳水彩画创作的生态与走向等30多个话题，粗线条勾勒了1995年至2010年这15年中国文学艺术界一些比较重要的文化思潮与文化现象，由对这些文化思潮的个性化解读，折射出当代学人丰富而深刻的心灵成长史。这部对话体文学批评集，描摹15年来波浪起伏的文化思潮向多面折射的文化光影，记载了王朝闻、周汝昌、蓝英年、莫言等30位文艺批评家、作家、艺术家丰富的精神世界与独具个性的艺术创造，探寻文学前贤与学术时彦精神求索的心路历程，是对15年来中国文化艺术思潮的回眸与考量，是一部文化访谈视阈下的知识分子心灵史。30位受访者是文坛学林的前辈、中坚与栋梁，他们对跨世纪15年中国文化思潮与文学艺术现象的深度解析与梳理，闪耀着思想光芒，具有珍贵的史料价值、文学价值与学术价值。全书视野开阔，风格活泼，轻松展读间可获得知识和思想上的启迪，对于推动中国文学的发展与飞跃，无疑也有一定的现实意义。

口述实录、文化访谈、学术访谈是21世纪以来在全球化文化反思的背景下兴起的一种比较受人追捧的文体形式，是对中国现当代文学史、文化史、艺术史、美学史的补充，它所记录的是文学史上很难甚至不能找到的史料，它真实而准确地记录了一些文学前辈、文坛大家们的创作意图、风雨人生、情感轨迹与精神探索的心路历程，尤其是记载了作家学者们丰富的精神世界与独具个性的艺术创造，内容丰富，具有珍贵的文学史料价值与学术价值，是一种文化"抢救"工程，意义重大。文化名人是中国文化领域卓有成就的学者与作家，是当代知识分子的精英，他们的文学创作或文学研究，代表了这一领域的较高水平，而他们的人格魅力，也从一个侧面反映了一个时代中国人文知识分子的精神风范。以"口述实录"、"口语实录"、"一问一答"的学术访谈的方式，重现访谈现实情境，记载专家学者与作家的人生道路，探究其文学创作与文学研究之个案价值，不仅具有非同寻常的史料价值、学术价值，也具有重要的社会学价值与精神引领的政治学价值。他们对文学创作与文学研究的看法，代表着当下中国文学中最珍贵、最厚重的声音。尤其一些文化昆仑，如美学家王朝闻、红学家周汝昌等，已经仙逝。所以，这些深度文化访谈，也就显得弥足珍贵，有一种重要的文化"抢救"意义与历史价值。

　　进入高校工作后，我越发意识到文化名人访谈这个系列工程的学术价值，于是，以"清音集——文化访谈视阈下的学人心灵史"为课题名称，作为近两年要完成的一个研究与出版任务。后来，学校有关专家慧眼识珠，这一课题顺利入选 2016 年度深圳职业技术学院校级出版基金立项资助项目、2014 年度深圳职业技术学院人文学院"三育人"科研项目立项课题。学校与二级学院的科研鼓励，就促使笔者下定决心，要将"清音集——文化访谈视阈下的学人心灵史"这个口述实录的文化访谈栏目做成一个有一定规模的文化工程与学术课题。现在，这本对话体文学批评集《多面折射的文化光影——中国文艺批评家、作家访谈录》摆在读者面前，就是"清音集——文化访谈视阈下的学人心灵史"这个课题的书面成果，其形式是"对话体"。以后，若有时间，我将以"散文体"的形式，专门写一本《清音集》的书，来记录冰心、萧乾、端木蕻良、文怀沙、叶君健、牛汉、马作楫、牧惠、顾笃璜、唐达成、李国文、舒展、从维熙、邵燕祥、胡经之、张锒、王蒙、何西来、刘心武、舒乙、王富仁、周涛、钟道新、叶兆言、朱铁志（以年龄排序）等另外 30 位中国当代著名知识分子的心路历程。所谓"清音"，典出唐朝文学家陆龟蒙《相和歌辞·大子夜歌》"慷慨吐清音，明转出天然"、"丝竹发歌响，假器扬清音"，本意"清澈之音、高洁之音"，寓意文化大家、学林硕儒的精神境界清纯明净，思想透明深邃。透过"文化访谈"的视角，我们看到的不仅仅是这些学人与作家对自己从事的文学创作与学术研究的深度解析，更感悟到一种如坐春风的心灵提升与思想净化。

对话体文学批评一直是当前文化名人访谈类书籍中的薄弱环节，它虽是"访谈"，却也是文学批评的另一种形式。那么，要做好这个双向、深度、美学的对话，以便在一问一答中展现出对谈者的个性与才情，顺利地展开深度学术访谈，就需要了解被访谈者的学术历程、研究视野、理论立场，甚至对其思维方式、理论素养、人生取向都要有一定的了解。不仅需要访谈前做大量准备工作，而且需要对被采访对象的文学创作与学术成果有非常专业的了解与详细深入的分析、全面的把握。在这方面，由于兴趣爱好，也由于长达 21 年专职从事报纸副刊的文学评论编辑工作，笔者对当代文坛特别熟悉，又对每一位受访者的文学状况心知肚明，同时，也做了很充分、扎实的准备，因而，这样一个持续 15 年、多达 30 人的文化访谈得以顺利完成。

这个"对话体"文化访谈工作的基本思路、方法、程序，大概是这样的：先系统阅读所要访谈的文化名人的相关著作与资料，了解受访者的创作成就与现状，或是研究现状，拟写出比较详细的采访提纲，再联系被采访对象，约时现场访谈、口述实录，展开对话，整理录音笔记，润色文字，起好标题，与受访者就访谈稿件交换意见，最终定稿，搜集图片，在报纸发表。每个访谈都基本经历了这么一个轮回的程序工作。现在，这个访谈的主体工程大多结束，已经完成的 28 篇访谈文章，都经当事人核对访谈内容、审稿，得到了受访者本人的认可。对体例不太一致的访谈，我又做了重新梳理与编排，做了进一步加工及文字润色，统一了体例，使之更加完善，更加体系化、系统化、整体化、科学化。

这 28 篇访谈文章大多已在《太原日报》《深圳特区报》《深圳商报》《深圳晚报》发表过，其中一些文章，还被中国人民大学书报资料中心《文艺理论》、《文化研究》、中国当代文学研究会会刊《当代文学研究资料与信息》、国家文化部与山东大学合作的重点项目《中国文化产业学术年鉴》、《散文新思维》、中国作家网、《山西文化》、《山西文学》等报刊转载，在国内文化界产生了重要的影响，得到中国作家协会主要领导等权威人士的高度关注与较高评价。中国作家协会副主席、著名作家陈建功先生多次在电话里对发表于《深圳特区报》文化副刊的这个深度文化访谈的系列文章给予高度的评价。陈建功副主席称赞笔者具有扎实的文学功底，对文学现状的认识特别到位，对作家创作特点的归纳与把握特别准确，访谈所提问题有学术水准，这样的深度学术访谈是一般新闻记者所无法驾驭、完成的。非常可惜的是，今天读者见到的，只是每个长篇访谈文章的一部分，由于报纸篇幅所限，访谈文章在《深圳特区报》发表时被删掉许多重要的文字，而因为工作调动，2012 年 2 月我离开《深圳特区报》时，由于走得匆忙，没有来得及仔细整理、拷贝报社内部邮箱的稿件。等到此次编辑书稿之时，方才发现，保存访谈全稿的邮件已全部被删掉，这样，只得选用报纸上发表时被删后的残稿，还有许多重要的文化名人访谈稿件已经丢失，这都成为遗珠之憾，难以挽回。

这部访谈录的付梓出版，得到了文艺界诸多学贤时彦的鼎力相助。在此，我衷心感谢中国当代文学研究会会长白烨先生，中国作家协会书记处书记、中国当代文学研究会副会长阎晶明先生，两位老师对此书出版给予了极大的关心与鼓励；感谢中国当代文学研究会副会长、沈阳师范大学特聘教授贺绍俊先生，中国文艺评论家协会副主席、中国文联电视艺术中心主任张德祥先生，太原师范学院文学院院长、《名作欣赏》副总编辑傅书华教授，三位评论家均系当代文学批评界的翘楚，也是我 20 多年文艺副刊编辑生涯中的良师与挚友，他们在百忙中作序，为此书增色不少！感谢中国社会科学出版社文学艺术与新闻传播出版中心主任、文学博士郭晓鸿女史的认真审稿，使拙著得以顺利出版；感谢傅书华先生为拙著的编排体例提出了许多宝贵的意见；也感谢《深圳特区报》美术编辑曹丽华女士、江川先生对本书图片的精心编辑处理，都使此书锦上添花。

最后，本书的出版得到了深圳职业技术学院学术著作出版基金的立项资助和人文学院"三育人"课题项目立项经费的资助。在此谨致谢忱！

2016 年 10 月 6 日于深圳香蜜湖